議会政治と55年体制

―― 衆議院事務総長の回想

赤坂幸一・中澤俊輔・牧原 出 編著

谷 福丸

議会政治と55年体制

――衆議院事務総長の回想

オーラル・ヒストリー

信山社

本書の刊行にあたって

平成六年六月から平成一五年一一月まで、実に九年以上にわたって衆議院事務総長の重責を担われた谷福丸氏は、同時期に同じく九年近くにわたって内閣官房副長官（事務）の要職にあった古川貞二郎氏とともに、九州大学法学部出身の議会官僚・内閣官僚として、わが国の憲政運用の一翼を実務面で下支えする役割を果たされた。平成二〇年に立ち上げられた衆議院事務局との共同研究プロジェクト（平成二一年〜二三年度科学研究費基盤（A）「衆議院事務局の未公開資料群に基づく議会法制・議会先例と議院事務局機能の研究」）の一環として、議会の法規・先例の構築過程における「議会官僚」の役割に関する調査・研究が開始された当初、議会事務局のマネジメントに造詣の深い議会官僚の紹介を衆議院事務局に依頼したところ、事務局関係者が直ちにお名前を挙げられたのが、谷福丸氏であった。

牧原出氏（東北大学公共政策大学院長（当時））、中澤俊輔氏（東京大学大学院文学研究科（当時））、および赤坂が聞き手となり、平成二一年（二〇〇九年）八月から開始された谷福丸氏のオーラル・ヒストリーは、平成二三年（二〇一一年）三月にいたるまで全一三回にわたって実施され、聞取りの内容も、衆議院事務局のリクルートシステムから人事運用の実際、各委員会の運営の独自性とその喪失、イギリス議会制度との比較考察、議長秘書・委員部総務課長・秘書課長としての裏方的任務、議員互助年金制度や議院宿舎の問題に至るまで、広汎に及ぶものとなった。とりわけ、事務局人事におけるセクショナリズムの打破、あるいは議会官僚の領分といった観点は、従来研究の光が当てられてこなかった「議会官僚」の存在を顕在化させ、公法学・政治学の研究者に新たな問題領域を提示するものであった。また、衆議院調査局の新設や、政治倫理制度および辞職勧告決議案をめぐる述懐は、議会の使命、あるいは、権力行使における「賢慮」の重要性を再認識させるものであった。とりわけ、衆議院調査局が支える予備的調査制度は、議会の政府統制権・少数派調査権の一環として、議会制度改革の眼目の一つとして導入されたものであり、学界もその運用のあり方に関心を寄せているところである。

これらの示唆を含む聞き取りの成果は、報告書『谷福丸　オーラル・ヒストリー』（二〇一一年）として刊行されているが、幸いにも、刊行直後から研究者や実務関係者、あるいは報道関係者の関心を喚起している模様である。さらに、同報告書には、ひろく議会法・議会政治に関心をもつ方々にも有益な情報が多く含まれている。そこで、出版社からの奨めもあり、衆議院事務局への奉職時代を中心に、重複を省き、注記を充実させ、構成を読みやすく再編成した上で、ひろく刊行することとした。紙幅の関係から、国会議事堂という建造物の設計思想や絵画、および部屋割りといったテーマについては割愛せざるを得なかったが、憲政運用の実態の解明には「場所」と「形式」が与える微妙な影響をも理解する必要があり、関心のある方は、上記のオーラル・ヒストリー報告書や、本書末尾の議事堂概略図を併せて参照されたい。本書が、議会政治に関心を有する多くの読者に迎えられることを、心より願っている。

編者は、上述の研究プロジェクトの一環として、この他にも事務局ＯＢへのオーラル・ヒストリーに取り組んできた。その一部は、本書の姉妹編ともいえる今野彧男（著）、赤坂幸一・奈良岡聰智（編著）『国会運営の裏方たち――衆議院事務局の戦後史』（信山社、二〇一一年）、および近藤誠治（著）、赤坂幸一・奈良岡聰智（編著）『立法過程と議事運営――衆議院事務局の三十五年』（信山社、二〇一一年）として公刊されている。併せてご参照頂ければ幸いである。また、元衆議院委員部長・平野貞夫氏、元参議院委員部長・佐藤吉弘氏、元参議院事務総長・指宿清秀氏のオーラル・ヒストリーの報告書が公刊されているほか、元・参議院委員部長・川上路夫氏のオーラル・ヒストリーも進行中である。これらの記録を併せ読むことによって、議会官僚の存在理由や職責・機能、議事運営における議会官僚の衡量過程、あるいは、政治法（droit politique）の形成・運用における議会官僚の営みについて、不可避的に生じる時代的制約・人的制約を前提とした上ででではあるが、総体的に理解することが可能となろう。

さらに、同研究プロジェクトの成果としては、現在までに、衆議院事務局における議事法研究の成果である衆議院事務局（編）『逐条国会法〔全八巻〕』（信山社、二〇一〇年）が、二〇〇九年一二月までの最新の国会法改正を織り込む形で刊行され、戦前期の衆議院事務局における議事法研究の結晶である『議事解説』も、原田一明教授の解題を付して、二〇一一年に刊行されている。また、平野貞夫（著）、赤坂幸一・奈良岡聰智（解題・校訂）『消費税国会の攻防――平野貞夫衆議院事務局日記』（千倉書房、二〇一二年）では、中曽根内閣から竹下内閣に至る時期の実務運営の一端が――ときに政治の領域との交錯を孕みつつ――日記形式で克明に記されており、この時期の政治の一断面をありのままに記録した第一級の歴史的史料となっている（同書は消費税導入をめぐる日記記述の抜粋であり、昭和六〇年二月から平成四年二月までの同日記のいわば完全版につき、信山社より別途刊行予定である）。

さらに、赤坂幸一「統治システムの運用の記憶――議会先例の形成」（レヴァイアサン四八号（二〇一一年四月）所収）では、議会先例の形成過程における議院事務局や議会官僚の衡量過程の介在につき、これを実証的に解明することを試みているほか、同「憲法習律論とフランス憲法学」（『憲法改革の理念と展開（上巻）――大石眞先生還暦記念』（信山社、二〇一二年）所収）、同「憲政秩序と議会官僚――韓国国会事務局調査の概要」衆議院調査局論究八号（二〇一一年）では、類似のテーマを比較憲政史の観点から考察している。こちらも併せて参照を乞う次第である。

本オーラル・ヒストリーの実施にあたっては、衆議院事務局の関係各位、とりわけ議事部・記録部の皆様に大変お世話になった。また、出版に際しては、信山社の袖山貴氏、稲葉文子氏、今井守氏から格別のご配慮、ご尽力を頂いた。心より御礼申し上げる。

平成二四年五月

編者を代表して　赤坂　幸一

目次

◆議会政治と55年体制——衆議院事務総長の回想

◇序　章　炭鉱の町　1

生まれ故郷 (3)／家族のこと (4)／父の出征と終戦 (6)／附属小学校へ (8)／中学校の生徒会 (9)／敗戦後の郷里 (10)／大学受験を志して —— テキ屋の娘と (12)／九州大学法学部へ (14)／教官たち —— 三池争議をめぐる風景 (17)／福岡県庁へ (18)／国家公務員試験 (20)／安保と高度成長 (21)／筑豊のケースワーク (23)／法務省・多摩少年院へ (24)／衆議院事務局への道 (25)／衆議院事務局の採用形態 (28)／リクルートシステムの変遷 (31)

第1章　少壮の議会官僚として　45

I

知野総長時代 (47)／藤野総長から大久保総長へ —— 四十日抗争 (49)／荒尾総長と『逐条国会法』 (52)／弥富総長と政治の接点 (53)／戦後の事務局の風景 (56)／「議事部の神様」と「委員部の神様」 (57)

II

内閣委員会 (61)／社会労働委員会 (63)／健保特例法の強行採決 (66)／野党への配慮 (69)／正副議長の党籍離脱 (70)／委員会運営の独自性の喪失 (70)／委員部調査課の先例係 —— 先例会議と先例改訂会議 (73)／委員部調査課と常任委員会調査室 (78)／

委員部総務課の新設（79）

Ⅲ

人事交流と在外研修（80）／外務省出向（85）／幹部候補ポストとしての外務研修（87）／保革伯中のイギリス議会（88）／イギリス議会制度の調査（90）／イギリス議会手続の特殊性（96）／イギリスの議会先例（98）／皇太子殿下、田中角栄、三笠宮（99）／IPUロンドン会議とロンドン・サミット（103）／『ディズレイリ』（104）／鈴木隆夫『国会運営の理論』（107）／議事部議事課の風景（109）／案件会議（114）／議長・副議長の党籍離脱（115）

Ⅳ

議長秘書に就任（118）／ダグラス・グラマン事件（120）／灘尾議長のこと（124）／議長と総長の間で（127）／秘書課長・議長秘書・総長秘書の関係（128）／四十日抗争（130）／日中国交正常化（133）／議長外交の姿勢（134）／議連へのサポート（135）

Ⅴ

委員部総務課長として（138）／委員指名時の会派推薦（141）／議院運営委員会の切り盛り——案件会議の準備など（143）／議会制度協議会のサポート（144）／演説・決議案の粗原稿の作成（146）／議運理事会のメモ（149）／秘密会議録の公開（151）／課長・主幹・課長補佐の給与ランク（152）／キャリアの昇進速度（154）

第2章　昭和から平成へ
——五五年体制の崩壊——　175

Ⅰ

秘書課長への就任(177)／衆議院記者クラブ(180)／議長の海外視察への随行(182)／議員の弔問(183)／ハードワークだった点呼(185)／福田議長のこと(186)／福永議長——IPUと闘病と(187)／坂田議長——靖国懇の余波(189)／定数是正と同日選挙(190)／原議長のこと(192)／給与制度の変更(194)

Ⅱ

衆議院議長の内奏と皇室行事(196)／衆議院と宮内庁(199)／副部長の位置づけ(201)／昭和天皇御不例(204)／昭和天皇崩御(205)／大喪(206)／改元——「昭和」から「平成」へ(208)／竹下内閣の頃(209)

Ⅲ

庶務部長の仕事——予算要求(212)／国会開会式の予行演習(216)／議院証言法の改正(217)／一官三給制の導入(219)／秘書の増員問題をめぐって(220)／政策秘書に関する調査会(221)／政策秘書制度の運用と課題(223)／衆議院秘書協議会(225)／議員互助年金問題(228)／議員互助年金制度の課題(230)

Ⅳ

議員宿舎（232）／赤坂宿舎のＰＦＩ（234）／国会移転構想（237）／議員会館の建て替え（239）／新ホール建設構想（241）／国会テレビのこと（242）／海部内閣の国会改革（245）／三木武夫銅像のこと（247）／国会開設百周年（248）

Ⅴ

事務次長就任（252）／事務次長の職責（256）／ねじれ国会への対応（261）／ＰＫＯ法案（265）／国民投票法案と機関承認（269）／政党の離合集散（273）／政治改革法案 ―― 政党助成の功罪（275）／政党助成制度と政党規律（279）／政党助成とチェック・アンド・バランス（280）

Ⅵ

細川連立政権と、野党慣れせぬ自民党（282）／指名点呼事件（284）／議事運営の変化（290）／緒方総長のこと（293）／政治改革関連法案（295）／細川内閣末期から羽田内閣の頃（297）／五五年体制の崩壊（302）／『先例集』の編纂と事務局（303）

第3章　事務総長の見た議会政治

Ⅰ

総長就任への反発(329)／人事への政治の影響(330)／議会運営と事務総長(333)／議員の海外派遣(335)／事務局人事とセクショナリズム(338)／議長との接触(341)／衆議院の予算(343)／記者クラブ・記者懇(345)／阪神・淡路大震災(346)／戦後五〇年不戦決議(347)／帝国議会秘密会議録の公開(349)

Ⅱ

国会改革に関する私的研究会(350)／政治倫理の確立(352)／衆参の対立――審議の公開をめぐって(353)／国会審議の活性化(355)／計画的審理(356)／立法機能の拡充(358)／請願制度の意義(360)／議会情報の発信(361)／ネット環境の整備とデジタル化(362)／党議拘束をめぐる議論(365)／衆議院事務局の人材育成(367)／外国国賓の国会演説(368)

Ⅲ

住専予算――問題の背景(370)／座り込みの開始(371)／収拾の模索(372)／事務総長の「退去命令」(375)／問題の収拾(377)

Ⅳ

行政監視とＧＡＯ構想（384）／常任委員会調査室の問題（387）／衆議院調査局の新設構想（390）／衆議院退職後のルート（393）／調査局の課題（395）

Ⅴ

参議院の問責決議案（397）／政府委員制度の廃止（398）／自民党にとっての国会改革（400）／衆議院憲法調査会（402）／定数是正（404）／冒頭処理をめぐる混乱（405）／伊藤議長の斡旋（406）／事務総長の見た自自公連立（408）

Ⅵ

衆議院改革に関する調査会（409）／事務局組織の統合構想（411）／加藤の乱（412）／議長の振鈴（413）／綿貫議長時代の国会運営（417）

Ⅶ

議員辞職勧告決議案（419）／辞職勧告決議の「強制力」（422）／先例の「ひとり歩き」（423）／辞職勧告決議と懲罰動議（426）／小泉内閣と国会改革（428）／速記者養成所の統合構想（430）／「正史」としての国会議事録（432）／速記の廃止について（435）／郵政解散の是非について（436）／事務総長の退職、引継（438）／後継人事には口を出さず（440）

オーラルヒストリーを終えて (452)

◇谷福丸氏履歴 (巻末)

◇資　料 (巻末)

1　衆議院事務局幹部一覧 (昭22〜)

2　衆議院事務局幹部一覧 (平元〜平23)

3　衆議院内全体図 (現在)

議会政治と55年体制

――衆議院事務総長の回想

◇序　章◇　炭鉱の町

◆生まれ故郷

赤坂　本日は、谷様がお生まれになってから衆議院事務局に入るあたりまでのことを中心に、お伺いさせて頂こうと思います。

谷　私も、何か自分の人生を思ったら、今からおいおい話しますけれども、淵と言ったらいかぬが、人生の淵に沈んでも別におかしくないような状況というのは何度もあったんだけれども、そういうときに何となく周りの誰かが助けて引き上げてくれた。衆議院という、今は表だけ言えば大変な職場みたいに見えるけれども、私が入った当時というのは、乱闘国会ばかりやっているから、まともな人が勤めるところじゃないというような雰囲気がまだあったんだと思う。そういうところにぽつんと入って、たまたま何となく大事にされて、ついには事務総長にまでして頂いた。不思議な気がします。

生まれは田川市(1)というところです。もう皆さん方御存じないかもしれませんけれども、戦前、特に明治、大正時代は石炭産業で殷賑をきわめた地域です。私の生まれたところは、五木寛之の『青春の門(2)』、あの冒頭に出てくる香春《かわら》岳という山があります。あの麓が私の母の里で、それからちょっと行ったところ、ちょうど田川市の境、市の外れなんですけれども、糸飛《いとひび》(3)という集落がありまして、そこで生まれた。

田川というのは割に大手の炭鉱、三井田川とか古河鉱業とか大きな炭鉱があったところなのですが、私のいたところは、いわゆる小山というのですけれども、中小企業の炭鉱です。永田町界隈みたいな狭いところに坑道一本を持った炭鉱が何社もひしめいている、そういうところ。周辺は、大きな三井田川なんといったら、果てが見えないぐらい社宅がある。炭鉱夫の住居は炭住というんです。ところが、中小企業のそれは納屋というんです。納屋というと長屋と同じですね、五軒長屋みたいな感じのが並んでいる。

そういう中で、うちは小さな商店をやっていたんです。母親がそれを切り盛りしていて、父親は中小炭鉱の一つに勤めていました。だけれども、戦時統制経済に入っていましたから、商店というよりもむしろ配給所です。

炭鉱地帯というのは当時でいえば唯一のエネルギー源ですから、兵隊さんと同じように、銃後の戦士と言われて

往時の香春岳（1957年）

いたんです。だから、炭鉱には物資が優先的に配付されていた。そういう配給物資が全部集まるから、子供の頃は、日本は台湾とかまだ植民地みたいにして持っていましたから、食料というか、キャラメルとかバナナとかパイナップルだとか、炭鉱地帯には結構ありました。だから、本当に貧乏をして物がなかったのは、戦争に負けて終わった途端に中小炭鉱は全部つぶれましたから、それからはひどい目に遭いましたけれども。

◆家族のこと

谷　家族については、私の処はちょっと複雑でね。母親が香春岳の麓の在の人なんです。そこに、福岡郊外に二日市というところ、今は筑紫野市といいますけれども[4]、太宰府の近く、そこの農家のぼんぼんが、親から炭鉱の鉱区、昔は筑豊なんというのは、ちょっと金持ちはみんな炭鉱の鉱区とか何か持っていた。それで山っ気があったんでしょう、一山当てるみたいにして、たまたま下宿したうちが早く亭主を亡くした未亡人のうちで、その未亡人と私の父親とが仲良くなって結婚した。

だから私の兄弟は、前の姓で中島というんですけれども、その姓が四人、私の父親とでできた谷姓の子供が三人、そういう家庭。父親と母親の年が一二歳ぐらい離れています。母親の方が年上なのね。何というか、世なれた熟年の未亡人と、まだうら若い男が恋愛して、そういう家庭だから、いわゆる真っ当ないい家庭に育ったというわけでもありません。

私のところの集落は市からも外れていて、家の道一つ前は田川市じゃなくて郡で、行く小学校が違うんです。同じ学校の人は同じ集落でもちょっと離れていまして、裏の方に百メーターぐらい行くと、そこはまた別の小学校に行く学区。妙なところでね。

だから、遊び友達、幼いときは普通わあわあ遊ぶじゃないの、そういうのが、遊ばなかったわけじゃないけれども、学校が違うから何となくね。内気な、家にじっとこもっているような、何かちょっとオタクっぽい子供だったんじゃないかな。子供の頃は大体臆病で、鶏が来ただけでも逃げていくような感じでした。まさかこういう政治の世界に行くなんて、その頃はそんな気質でも何でもなかった。どっちかといったら、じっと家にいて何か本でも読んでおくというようなタイプの子供だと思います。

赤坂　先ほどの中島姓の四人の方とも同居しておられたのですか。

谷　うん、兄弟はずっと仲よく、今でもね。谷姓で三人のうち、姉が一人いて、私がいて、妹がいた。

母は戦後すぐ亡くなりました。私は最後の国民学校一年生でした。戦争中に何年間かは国民学校というのがありまして、小学校なんだけれども、その最後の一年生で、入学をしたのが四月で、戦争が八月に終わりました。一年生の、昭和二一年の正月明けに母が倒れて亡くなりました。父は、戦地の台湾に行っていまして、三月頃帰ってきたのかな。だから、戦後炭鉱が潰れてちょっと無理をしたんでしょう。開墾してそこらで食料を作らないと生きていけないような時代でしたからね。

父親が帰ってきて一生懸命働いて、しばらくは景気がよかったんですけれども、結局、石炭を扱っていたものですから。朝鮮戦争というのが昭和二五年に起こるんですよ。石炭産業というのは、そこら辺りまではよかったのかな、見る見るうちに斜陽化していきましたからね。私の父が扱っていたようなちっぽけな商いは、波が来る前にひっくり返るようなことで失敗しました。それで父が家を出て、子供だけが残って、むしろ子供だけでちゃんと生きていったという感じです。それ以後、父とは生活を共にすることはなかった。

赤坂　お父さんはどこに……働きに行かれたのでしょうか。

谷　詐欺か何かに引っ掛かったんだね。石炭を送って、その後始末か何かに行ったまま、ずっと京阪神の方に行って。私どももそれからは余り父のことは知らなくて育ちました。ただ、今になってみたらよかったと思うのは、もしちゃんとした両親のうちに育っていたら、高校を出たら大体当時は家計を助けるために就職して働くとかいうのが、普通の親孝行の息子のする道でしょう。だけれども、そういうのがなくて、自分一人で生きていかなきゃならぬけれども、誰も干渉しない、何をするにも自由だったというい面はありますね。

◆父の出征と終戦

赤坂　お父様が出征されたのはいつになりますか。

谷　あれは昭和一九年ぐらいじゃないのかな。何で覚えているかというと、店だから、酒は豊富にあったんですよ。そのときはもう酒がなくて、鉄管ビール[5]というのがあった。鉄管ビールといったら、ビールじゃないんだよ。釜、昔は御飯を炊いていたでしょう、ああいう大きな釜に酒を一升入れたら水を一升か二升入れるぐらいにして薄めた酒で出征を祝う、そういう状況だった。酒を扱った店でも酒がなくなってきていた時代だから、恐らく一九年ぐらいじゃないかと思うんだよね。

ただ、一九年の夏は、八幡が大空襲を受けたことがあるんですよ[6]。そのときに、田川は山一つ手前だから、夜間爆撃を受けて、B29がわんさか来て爆弾を落としたら下から燃えるでしょう、その明かりに照らされて日本の戦闘機がわあわあ上がって戦っていた。その頃はまだ父親はいたから、〔父が出征したのは〕一九年の秋ぐらいかな、ちょっと覚えていないけれども。

赤坂　お父様が出征された日のことなど記憶にございますか。

谷　何か座敷に隣近所の人が上がって、必ず写真を撮ってね。田舎だからうちでみんなで、昔は葬式でも結婚式でも全部家でやるでしょう。大きな鍋で煮物をしたり何か料理を作って、お膳を出して、みんなで別れの宴を張った。だけれども酒がそういうぐあいに、もうそんなものをお銚子に入れて燗して飲むような状態だけれども、出征を祝う会はちゃんとやって出征していったと思います。

昭和二〇年に戦争が終わって、炭鉱がつぶれちゃったから、途端に、配給で物資が来ていたものが一切なくなっちゃった。当時はどこでもそうなんだけれども、そうすると、とにかく山を開墾したり芋を作ったりしていました。小学校一年生ぐらいだけれども、私らも手伝ったりしていました。

それでも立ち直りは早かったような気がするんです。八月に戦争が終わって、その秋には、小学校で、一学年二人ぐらい残して、絵の先生が絵を教えてくれていたから。中学校に行かない人が二年ぐらい別に行く高等科〔国民学校高等科(7)〕の生徒がまだおる時代で、高等科のお兄ちゃんなんかも一緒に習うと、小学校一年生から見ると高等科のお兄ちゃんといえば今の中学校二年生ぐらいだから、ひげも生えているし、大人に見える。そういう機会に絵を習っていました。私のところは小学校から歩くと小一里あるんだけれども、残されて絵を描いて帰ると、みんなはもう学校から帰っちゃっているから、一人でぽとぽと帰っていました。だから、どっちかといったら活発な子供ではなかった。

赤坂　二一年の正月にお母様が亡くなられますね。

谷　前々から、私の母方の血統は、私もそうだけれども、高血圧なんです。今だったら助かったんだろうけれども、当時は戦争に負けて何にもない時代だから。脳溢血みたいにして倒れて、一週間ぐらいで逝ってしまいました。当時は何もないし、お医者さんだって炭鉱がつぶれちゃってやっていけないから、一人しかいなかった。今だったら倒れたって助かっているでしょうけれども。

赤坂　では、終戦の頃は、お父様は出征しておられましたし、お母様も体調がすぐれず、すぐお亡くなりになって、兄弟だけで日々暮らしておられた…。

谷　それまでは母がいて、父が帰ってくるのは、ほんの何カ月後だった、三月にはもう帰ってきたから。だから、それからしばらくは景気よかったんです。父親が働いて、炭鉱の事業みたいなことをやっていたから。あの頃の炭鉱地帯というのは、石炭産業というのは危ないんだよ。儲かっているときは物すごく儲かっちゃうの。だけれども、一たん転げ出すと、あっという間にまた転げるような。だから、小学校四、五年までは、私らもあの頃、よく小遣いをもらったのをポケットの中に忘れていったぐらいの感じだったけれども、これがまた一風吹くと、ころころっと行ってしまう。

父が出奔したのが小学校六年ぐらいじゃなかったかな。だから、中学校に行く頃は、二番目の姉が田舎の銀行に勤めていて、その姉が支えて全部私らを養ってくれた。そんな中で育っていきました。小学校はそういう状況で、おとなしい子供で、別に取り立てて勉強ができたわけでもないけれども、そうかといって、そんなひどい生活をしていたわけじゃない。

◆附属小学校へ

谷　それともう一つは、附属小学校だったんです。試験がある東京の附属小とは違うよ。代用附属小学校といって、小学校の隣に戦争間際に師範学校の分校をつくった、その付属だった。今の教育実習みたいに、必ず、年に二回ぐらい何人かずつ各クラスに実習に来るわけです。隣の校舎だから、顔は知っているし、土地の人だし。そういう人は先生としてはまだ威厳があるわけじゃないから、子供の言いなりですよ。だから、今で言うクラス委員になると、いかに自習時間をもらうかというのが役目なんです。自習時間をもらったら、私の方は「オタスケ」と言っていたんだけれども、つかまえる人と二手に分かれて、全部つかまえたらまた交代するんだけれども、一人でも助けに来て助けられると、もう一回やり直しなんです。

この前も、官房副長官をやった古川〔貞二郎〕さん(8)が、大学の先輩だから私の個展に絵を見に来てくれて(9)、たまたま雑談していたら、私の方はオタスケと言っていたけれども、あそこは「警察泥棒」と言っていたと言うんだ。二手に分かれるのを、片一方は警察で、片一方は泥棒。泥棒をつかまえて、木の周りに全部つかまえたら交代するんだけれども、大体その間に逃げられちゃう。そうすると、遠くまで走り回って捕まえに行くんです。それが隣村ぐらいまで、帰ってこれないぐらい遠くまで行く。先生にそれで怒られた記憶もないから、そんな雰囲気だったんじゃないかな。

赤坂　古川さんとはいつ頃からお知り合いですか。

谷　古川さんが内閣参事官室にいた頃から。もともと厚生省が内閣参事官室に人を出していたんです。こんなことを言っちゃいかぬけれども、一昔前は本流じゃなかったと思うんだ。要するに、厚生行政から見たら、社会局とかなんとかそういう仕事をするのが本流であって、内閣参事官といったら政治折衝の場所ですから。だけれども、やはり田中角栄さん(10)の後、竹下〔登〕さん(11)とかの内閣の頃からは、国会もそうだけれども、私らが入った頃は、議院運営委員会とか国対とかをやるのは、どっちかといったら政策通じゃないからやっているみたいな感じだったんだけれども、やがて、議院運営委員会が中心になったり、国対が全部主導するようになった。そうすると、やはり内閣も同じで、政治折衝の場が大変重要になってきた。その頃、私は秘書課長をしていたから(12)、古川さんや羽毛田〔信吾〕さん(13)を存じていた。たまたま事務総長になったときに、古川さんも官房副長官になって、二人とも長々とやっていたから、それ以来の付き合いです。

◆中学校の生徒会

谷　それで、中学もまだ同じような雰囲気だったです。中学校の校長さんが大変実直謹厳な人で、しきりに道徳教育というのを提唱していたんです。昭和二七年〔一九五二年〕に講和条約が結ばれて独立しますから、私らが中学に入ったのが二七年、ちょうどそのころ道徳教育みたいのが強くなった。先生の中には、そういう風潮に反発する人もいた。

だから、私も中学校二年か三年のときには生徒会の役員か何かの末端にいましたけれども、あの当時、市の中学校が六つか七つあったのかな、それが生徒だけで生徒会の連合会をつくろうといって、先生も応援してくれた。それで、いよいよ設立までいった。それまで小一年ぐらいかかって準備して、それを口実に、「今日は生徒会の仕事がありますから」といって、授業を受けないでそっちの方の仕事をしていても、先生はちゃんと許してくれるみたいな雰囲気があった。だけれども最終的には市の校長の連合会で、結局つぶされてしまったけれども。一応、生徒が勝手にやっても、子供たちの自主的な活動を認めるぐらいな雰囲気はあったのかな。

赤坂　こういう動きは、やはり当時の雰囲気を反映したものなのでしょうか。

谷　そこらは私もよく記憶にないけれども、組合組織がきちっとして、それに対して日教組が政治問題になってくるのは、私らが高校に入った頃からじゃないかな。私、後に、灘尾弘吉さん(14)という議長の秘書官をしていたけれども、あの人が、当時の日教組と対決した文部大臣の始まりぐらいだから。あの人は〔昭和〕二六年八月頃までパージにかかっていて、それから議員になった。なってからすぐ文部大臣か何かになったんだろうけれども(15)。だから、やはり三〇年ごろから、いわゆる教育が大きなテーマになったんじゃないの。今、国会議員の中でも、森喜朗さん(16)とか西岡武夫(17)とか海部俊樹(18)とか長老の人はみんな文教族育ちだから。昔は、要するに、教育行政で鍛えられた人が何となくみんな政治の中心になっていた。

それまでは、さっき言ったように、本当に自由だったです。私らも、小使のおばさんのところに、先生が当直だったら誰かが鶏を持ってきてさばいて、酒を持ってきて、みんなで一緒に飲んでたりしていた。修学旅行のときも相当みんな酒を飲んだんじゃないのかな。いや、今だったら問題だけれども（笑）、皆んな飲んだから、問題にならなかったというより、要するにできなかったんです。うそか本当か知らぬけれども、遊郭に連れていかれた生徒までいた、まだ当時遊郭なんてあったから。炭鉱地帯の雰囲気はそんなものだった。大体、当時は子供の教育なんて親がかまけるほど余裕のある家庭がないから。子供は子供で勝手にしていた。だから、芸能人がその後ずっと出るようになった(19)というのは、そういう雰囲気があったせいもあるんじゃないのかな。

◆敗戦後の郷里

赤坂　敗戦後、いわゆる墨塗り教科書の御記憶などはございますか。

谷　教科書はそんなものですよ。まず、教科書がみんなに行き渡らない。だから、姉とか何かのをもらって。教科書もろくにないし、通学は大方はだしですよ。足洗場というのがありました。進駐軍が来てからは、放出物資みたいに、洋服とか靴とか、クラスに一つとか二つ、たまにそういうのが来るんです。代金は取られるんだけれども、学生服みたいなのが一学年に何ぼとか、靴が何足とかといったら、みんなでじゃんけんして当たった者に行く、そんな状態でした。それでも、絵を習っているとき、クレヨンとかはあった。ただ、いい紙はなくて、ざら紙みたいな画用紙しかなかった。

赤坂　今、占領軍のお話が出ましたけれども、実際、進駐してきた占領軍と接触した御経験はありますか。

谷　炭鉱地帯というのは捕虜を使っていたから、直接爆撃を受けてないんですよ。上から爆撃したって、地下だから。私らの年代で都会に住んでいた人なんかは、機銃掃射を受けたとか、もちろん爆弾を受けて家が焼かれたとか結構あるんだけれども、私は一遍、何か機銃掃射が遠くであったのが記憶にあるけれども、そんなにない。ただ、むしろ覚えているのは、戦争に負けたとき、毎日のようにB29が超低空で飛んで、だから操縦席が見えるのね。それは、要するに捕虜を虐待してもらっては困るから、地域の人に、慰撫する目的で、小さな落下傘に缶詰一つみたいのがついている、それをばらまくんです。その中には、当時我々も知らないビーンズとかドロップスみたいなものが入っている。私も一回ぐらい見たことがあるけれども、捕虜も、戦争に負けたってすぐには解放されたわけじゃないから、食べ物がない。だから、田んぼの中でヘビをつかまえるとかなんとかしていた光景は見たことがあります。

水陸両用艇で迎えに来るとき、学校の帰り道に出くわしたことがあります。そのとき初めて、黒人を見た。本当に真っ黒の中に真っ白い歯があってという記憶がある。だから、戦争の経験というのは、あまりない。ただ、後でいろいろな悲しい物語は聞きました。炭鉱で捕虜を使っていて、彼らは米を食うわけじゃないから、パン。でも〔日本人の〕炭鉱夫というのは、パンなんか食ったことないんだから。焼くときにいいにおいがするじゃない。自分たちはろくに米さえ配給がないときに、なけなしのパンを食べさせても、虐待として戦犯に問われた人がいる。十分な食料を提供していなかったということで。戦争というのはそういう悲しいこと。

赤坂　朝鮮戦争を境に炭鉱の活気が失われていくということでしたけれども、御実家はずっとその同じ場所にあったのでしょうか。

谷　それはずっとありました。だけれども、炭鉱があった頃は、ぽっと見れば前も後ろも納屋があって結構賑やかなところだったんですけれども、こういうのはまたなくなってしまうとあっという間に、まさに陶淵明みたいな世界ですよ、全くすぐ畑や藪になっちゃって、あれ、こんなところにこんなものがあったかと。

私の感情の中に一つありますのは、今たまに帰ると、ボタ山という、昔石炭を掘るときにでた岩石を捨てた、山がなくなっている。要するに木が生えて普通の丘になっていて、ひどいのになるとそのふもとがゴルフ場になっていたりして、えっと思う。私どもが大学に行っている頃だって、山の中に昔の炭鉱の生徒が通う大きな中学校とか小学校がいっぱいあったんだ。それが廃校になる。だから、ゴールドラッシュみたいなものです、人がわあっと全国から働きに来て、なくなったらどこかへ行って、昔はここに何があったんだろうというような。そういう何となく、人間の営みの中で人間が営々と築くことはわずかな、小さなことだなという思いがありますね。

◆大学受験を志して──テキ屋の娘と

赤坂　その後に高校に進まれることになりますけれども、田川東高校を選ばれた理由は何でしょうか。

谷　これは何もないんだよ。当時福岡県は校区が定められていた。だから何々村と何々町はこの高校、こっちはこの高校ときちっと決められていた。私は、さっき言ったように、郡のすぐ前だから、昔の旧制中学の伝統ある田川高校の方が近いんです。ところが、寄留して、何かインチキしないと行けない。だから、当然のごとく東高校に。だけれども、東高校というのは、田川に当時四つ高校がありまして、一つは昔の農林が普通高校になったのと、旧制中学校と、昔の高等女学校。私の行った田川東高校というのは、一番新しい、実業学校が戦争のちょっと前に普通女学校になったんです[20]。またその高校がなくなっちゃって、東鷹《とうよう》高校とかいう名前の学校になっちゃった[21]。

一応進学組にはいたんだけれども、身を入れて、何かこれをやって、こうなりたくてこうなんという、そんな気持ちはさらさらない。そんな曖昧なものだから受かるはずがない、受験に失敗した。たまたま一人の姉がもう東京で結婚していましたから、じゃ、ちょっと東京でも行ってと思って。また、義理の兄が友達を紹介してくれて、どこかの大手のところの下請だったのかな、そこでちょこっと働いていました。しかしもらう月給を見たら、これならアルバイトしながら大学へ行った方がいいんじゃないかと思って。また帰ったけれども、まず学資を稼がなきゃいかぬ。

私は、人生というのは色々と助けてくれる人がいると思うのは、本当に偶然、北九州で、予備校に行くだけの資金はないから、たまに模擬試験みたいなのが月に一回とか二月に一回、せめてそれぐらいは受けようかと思って、そこへ行って、帰り道に今でいうハローワークがあったんだ。何も知らないから、ハローワークというものは学生のアルバイトでも紹介してくれるのかと思って、今考えたらとんでもない話だけれども、その窓口に若いお兄さんがいたんです。「アルバイトを紹介してくれるんですか」と言ったら、「ああ、あなたやる気があるなら紹介してあげる」と言うんだ。だけれども、高卒生だよ。それで、家庭教師なんだよ。だけれども紹介してもらった。

そうしたらこれがまた、小倉の、あれは大きな町だから、そこに銀座通りみたいなところがあるんです。そこのちょっと外れのところに行ったら、今でもあるけれども、大きな手を描いて怪しげなおじさんが手相をやっている。その隣で物を安く、バッタ売りと当時は言っていたけれども、おもちゃとか何かをたたき売っている、そういう店なんだ。とにかく紹介されましたと言ったら、おまえは何者だみたいになったけれども、わけを言うと態度がころっと変わった。後にわかったんだけれども、それは九州界隈のテキ屋の大親分、村上組のひとり娘の家庭教師を頼まれんです。だけれども、考えたら高卒生をよく雇ってくれたと思うよ。破格の報酬をくれました。晩飯も食わせてくれて。一〇カ月か八カ月ぐらいしか教えなかったけれども、おかげさまで入学金ぐらいためられた。

これはまた後日談があるんだけれども、その子はちゃんと受かったんだ。明治学園[22]という北九州じゃ割に上品なミッションスクールにちゃんと入りまして、幸いなことに私も大学に入りまして、それでめでたしめでたしでよかったんだけれども、一年生の夏頃かな、その子から突然電話が来て、「学校をやめたい」と言うんだ。何でかというと、新聞を見たら、テキ屋の大親分が勢力争いで熊本の総会か何かに殴り込みをかけた。要するに主導権争いだ。もう学校におれないからやめたいと言うんです。その日私はお腹を壊して寝ていて、悪いけれどもあしたの朝一番で行くと〔答えた〕。行ったら、博多の連れ込み宿がいっぱいあるところの大きな連れ込み宿に泊まっているんだ。そこに、当時大変有名だったやくざの大親分で、別府に石井組[23]というのがあったんです。その人がいて、なぜか若い女性の検事さんがいたんだ。何で検事さんがいるのかと今でも不思議だけれども（笑）。

それでその親分が、「おまえがこの子のボーイフレンドか、遊んでやってくれ」と。当時の金でたしか一万円ぐらいだと思うよ、まだ一万円札はなかったかな。だってコーヒーが立派なところで飲んでも五〇円のころだから。映画館が封切り館で三〇〇円しなかったと思う。だから、まだうぶだから、映画見たり飯食ったりしても一万円使い切れなかった。ちょっとませてたら、いっぱい博多は遊ぶところがあって、そういうところで変な関係になっていれば、総長は総長でも別の方の……（笑）。

テキ屋というのは、その家だって面白かった。狭い家なのに何か迷路みたいになっている、やはり襲われたら逃げるために。私らも恐縮するぐらい丁重に扱うお兄さんがちゃんといたりして。だから、フーテンの寅さんは、何か知らぬけれども、最初の頃は仁義を切るようなシーンがあったでしょう。だんだん何か立派な人と褒めたたえて。しかし、あれはテキ屋だから。テキ屋というのは、結局はどこへ行っても親分衆に挨拶して、仁義切って、品物分けてもらって。テキ屋というのは暴力団と親戚なんです[24]。だから、かばん一つ持ってぷらぷら生きているような、あれはテキ屋稼業で生きているわけだから、余りああいうふうにテキ屋稼業を礼賛するというのは、ちょっと抵抗があるな（笑）。何でフーテンの寅さんがあれだけ、と思うよ。そういう話がありまして、おかげさまで大学に入りましたけれども。

◆九州大学法学部へ

牧原　九州大学では法学部に進まれましたね。

谷　私らの高校から東京大学とか京都大学も一人ぐらいしか行ったのがいないんじゃないかな。そういうところに行くのは思いもつかない。だから、せいぜい目標とできるのが九大ぐらいなもので。九大も、あそこは理科系、工学部とかの方が難しいから。文科系の中で何かといったって、やはり、生きていくためには、何か資格を持って生活の最低限の手段を確保したら、何かほかに物を書いたり面白いことができるんじゃないかな、そのためには弁護士にでもなる、弁護士になるには法学部へ行けばいいんじゃないかなと。まあ、入ってみてすぐ自分に向いてないことは悟りましたけれども。なぜ法学部かと言われればその程度の動機だね、しゃにむに何とかになろうなんという気はなくて。

赤坂　一度受験されてうまくいかなかったということでしたけれども、それは九州大学を受けられたのですか。

谷　いや、それは突然。その最初のときは、九大に一科目でも三〇点以下の科目があったら不合格という制度ができたんだ。前の年の数学の問題を見たら全然できないんだよ。それともう一つは、当時知らないものだから、博多の町なんかアルバイトないでしょう。私はアルバイトしていかないと行けないんだから。じゃあといって、急遽姉のところに行ってどこかあるかねと言って、早稲田の政経か何かを受けた。そんなもの、にわかに行って、国立大学の勉強していたのが受かるわけない。そういうことです。だけれども、そんなことするならやはり九大の方が入りやすいわといって受けただけの話。

赤坂　九州大学時代に特に影響を受けた先生や書物などございましたか。

谷　これまた申しわけないけれども、余り学校へ、アルバイトしていかなきゃいかぬから。これもまた助ける神がいたというみたいなもので、学窓会というのに入ったんですね。学窓会というのは、東大も京都大学も同じような組織があるんだけれども、今でもあるでしょう(25)。学窓会は、学園紛争のときに、昭和四八年ごろなくなっちゃったけれども。今東映の会長をしているかな、高岩淡さんというのがいるんですね。高岩淡というのは、檀ふみさんのおじさんになる人、檀一雄の親戚ですよ(26)。その人と、全日空の社長をして、今も会長をして相談役か何かをやっている近藤〔秋男〕さん、あの二人が学窓会というのを立ち上げたみたいなんだ。要するに、目的は、戦後学生も食えないから、大学も協力して学生にアルバイトを提供するというような目的で、一種の受験屋みたいなものですよ。

私もアルバイトを探していたら、たまたま事務室でこういうのがあるよと紹介してくれて、委員の欠員があるからと。一応学友会だから面接があって、偉そうに面接しているのが、後に住友生命の社長になった吉田紘一君とか、みんな同級生なんだよ。一応面接で候補者が決まったら校門前で選挙をするんです。適当に自分の採用したい人がなったころ引き揚げて。いい加減なんだよ。

それで、今は特別奨学金とか何かあるでしょう。当時はなかったけれども、奨学金と同じぐらいの給与をくれていました、委員手当を。そうすると、併せて六〇〇〇円ぐらいになるんです。九州大学なんて、当時はお父さんが鹿児島の役場に勤めているとか先生していますとか、お巡りさんとか、公務員とかお百姓さんの子供さんとか。金持ちなんかあまりいませんよ。だから月五〇〇〇円ぐらい仕送りしてもらって、あとはアルバイト、家庭教師か何かしてようやっと生活する。だから、おかげさまで余り変なアルバイトをせずに四年間過ごせました。だからといって、それは一応、事務員三人ぐらい使って事業をやっているわけだから。それを口実にサボっていたのかどうか知らぬけれども、ほとんど講義に行きませんでした。幸いにして、講義録というのをアルバイトで作るのがいるんだよ。あれがあったから試験に受かったみたいなものだね。

それともう一つは、私も貧乏学生かなと思ったけれども、当時の九大は、本当に負けず劣らずの貧乏学生がいっぱいおりました。女の人だって、今どこかの学長をしているかな、法政大学か何か行っている人だって、スチュワーデスをしていたとかね。自衛隊に行って学資をためたとか、結構いろいろな人がいましたよ。私のクラスにも、お母さんが、当時日雇い労働というのがあったでしょう、それをしながら。だから、学生でアルバイトをして逆に仕送りしながら大学に行っていたとかね。都会は知りませんけれども、九州あたりじゃ下駄履きで歩いて、そんな貧しくても恥ずかしくないような状況だったね。学窓会の委員に女性がいて、その人がやめたから欠員ができて私が入ったんだけれども、当時、おかずが買えなくて御飯だけ買っていたと話していました。みんなそういう状況だったのね、似たり寄ったり。

◆教官たち ── 三池争議をめぐる風景

赤坂 九州大学も変革期を迎えて、今、伊都キャンパスだったか、大分西の方へ移ろうとして、もう六本松校舎もがらんとしていました(27)。

谷 私、ゼミは労働法をとった。あそこは菊池勇夫さん(28)という労働法での大家がいたんだけれども、ゼミの担当になるときはもう退官されていたかな。

九州大学は、当時はマル経の牙城だったからね。向坂逸郎さん(29)以下マル経の牙城で、法学部には、政治学部だけれども、具島兼三郎(30)。今でも親しくしているけれども、嶋崎譲さん(31)。のちに社会党の議員になって政審会長か書記長をやりましたが、その頃政治学の助教授でね。当時、三池争議というのがあった。

牧原 そうですね、ちょうどそのころ大学ですね。

谷 そのときの指導教官をしていたのが、嶋崎譲です。大親分は向坂さんなんでしょうけれども。みんな何となく雰囲気が左がかっていた。経済学部なんか、ほとんどマル経の先生だからね。法学部だって、私らから見たら、刑法で井上正治さん(32)、あの人だってどちらかといったら右の方だと思ったんだけれどもね。佐世保エンタープライズ騒動(33)というのがあったんだ。そのときの文部大臣が、先程の灘尾弘吉です。本人が後に、学長の辞令を一人だけ出さなかったことがあると言うのです。だから、井上正治は学長にならなかったんだ。エンタープライズ阻止の擁護をして寄港反対運動をしたものだから。

でも、井上さんというのは、当時の刑法では、法学界の中では有名。息子が私らと同級生なんだ。嫁になったのも同級生なんだ。嫁は、在学中に司法試験に受かって弁護士になった。奥さんは、今でも私らとたまに酒を飲んだりゴルフをしたりするけれども。井上正治さんというのは、当時の九大の法学部の看板。影響を受けたとしたら、特に熱心に講義を受けなかったけれども、あの人は過失論が専門なんだ。過失相殺論、もう忘れちゃったけれども、過失を判断するときに大事なのは、社会的相当行為というのがある。因果関係、社会的相当、その言葉だけ残っている。社会的相当行為というけれども、要するにちゃんと常識的な判断ができなければだめだということだと思います。何となくそれがずっと残って、物事は常識的にという、大抵のことはそこに落ち着くという気持ちはあります。

牧原　ちなみに、今のお話で、三池争議とか、それについての話題が周囲でいろいろあったのではないかと思いますけれども、先生はこれをどうご覧になっていましたか。

谷　私は、本はどちらかといったら労働法が好きで、法律の本を読むより社会政策とか。あのころ法社会学みたいなものが盛んだったから、そういう系統とか。『資本論』は、かじっても途中で投げ出しました。また、経済学部の先生の講義を聞いたら、全く何を言っているかわからぬぐらい『資本論』を細かく言う。だから『資本論』までは手が届かないにしても、それでも『共産党宣言』とかエンゲルスの『空想より科学へ』とか、毛沢東の本『実践論・矛盾論』とか、あの頃はみんな読んでいたな。

だから、三池闘争そのものには、どちらかといったら何となく組合側みたいな思想だけれども、私は支援に行ったことがない。だけれども、学生運動をやっている者はやはり行っていましたよ、東京からも来て。ただ、後に私もケースワークの仕事をしたけれども、やはり学生というのは、どこかそういう面では甘さがあるんだね。要するに、自分の問題として本当に皮膚でとらえたような闘争心なんてあるわけないと思う。

◆ 福岡県庁へ

赤坂　そういった学生生活の中で、将来についてはどのように考えておられましたか。

谷　正直言って、アルバイトをしながら行くから、入ったときは四年で大学を卒業するとは思っていなかった。変なところにいるよりも、大学へ行きながら暮しておけばと。だけれども、そういうことで幸いにして、成績が悪いといいながら、一応単位は揃った。それで、就職というのは、どこに行きたいとかなんとかよりも、どうせ成績も悪いし、大学は遅れて入っているし、そんなあれじゃないから、どっちかといったら行き当たりばったりなんだ。

飛島土木というのが当時あった。今でも中堅の飛島建設(34)。私は、四年のとき、寮にいたんだ。それが飛島町という博多湾を臨むところ。昔、飛島土木は大きかったらしい。あれは戦前は、熊谷組とか前田建設が下請になるぐらいに大きかったらしいんです。そこを埋め立てた御縁で、当時、試験を受ける前に面接を受けていたじゃない、何か知らぬけれども話があって、面接だけで合格していたんだ。

それで、思ったのは、一つは私の義理の兄貴がやはりゼネコンに行っていまして、兄弟二人でというのも、というような感じだし、私も、いざそうなって決まってみると、本当に何も勉強していないなという反省はありましたね、何か夜一人ぽつんといると。大学で何か勉強したのかなと。そういう感じはありました。ちょうどそのときに、亡くなりましたけれども、上野英信さんの『追われゆく坑夫たち』が岩波新書でベストセラーになった〔一九六〇年〕。その本を読んで、私は筑豊育ちなのに何も筑豊の炭鉱のことなんか知らないのだなと思った。それで何となく、県庁にもちょうど受かっていたので、では県庁にでも行くかななんて。会社を断ったら、大学の事務局からえらく怒られた。当時は決まったところに行かなければならぬという決まりがあったのに、勝手に断ったから。

それで福岡県庁に行くことにしていて、春に行ったら、北九州市がちょうど合併してできたんだ(35)。県の職員のやりくりがつかなくて、一〇月頃に、卒業前に就職した人はよかったんだ。とにかく人が欲しかったのね、ケースワークする人がいなかった。「黒い羽根運動(36)」みたいに失業者があふれる頃だから。そのときはよかったんだ。だけれども、始末がつかないからといって、四月になったら、「ちょっと待ってくれ、分からない」と言うんだよ。「分からない」とはどういうことかと言ったら、採用がどうなるか分からぬからと、ええっと言ってね。

それで、大学の学窓会の監督をしていた厚生課長さんというのが面白い人で、九大の造船科を出ていた。「就職というのは縁起物だから、おまえそんなところに行くな」と言うんですよ。「おれが月謝でも出してやるからもう一回大学へ行け」と言う、有難いお言葉だけれどもね。そうかなと思って、法学部の事務室に行って大学院に行きたいんだけれどもと言ったら、けらけら笑われて、「あんたやめておいた方がいいよ」なんて言われてさ。しようがないから、経済学部へ行ったら、編入試験があるというのです。二十何人受けて二人しか編入する人がいなかったんだけれども、ちゃんと受かっちゃった。そして、しようがない、またアルバイトしながら経済学部でも行くか、なんと思っていたら、一月ぐらい遅れてかな、県庁から来てくれというんです。またアルバイトしながら大学に行くのもしんどいから、県庁に行くことにした。

とにかく「黒い羽根運動」みたいに炭鉱の失業者がいて生活保護を受けているから、ケースワークが要る。高校卒はすぐ行けないんだ、何年か経験しないと。大卒はすぐケースワークに投げ込めるんですよ。だから、採用した職員は、大卒は全部、三年たったら帰すというので筑豊に全部やられちゃう。私も、筑豊のある福祉事務所に配属された。

◆国家公務員試験

谷　だけれども、何となく、そういうふうにけちがついている話になると……。それから、当時社会党の鵜崎多一さん[37]が県知事で、財政が破綻していたんだ。月給を払えるか払えぬかぐらいの状況だし。それと一つは、若いから、こんなところで埋もれるのは嫌だからどこか都会に、何か抜け出す道はないかな、なんという気持ちもあった。

では公務員試験でも受けてみるかと。法律は大体、大学に入った途端にこんな本を読む根気は私にはないわと思った。多少本は読んでいたから、行政で受けようと。行政というのは、当時は社会政策の大内力さん[38]とか、ああいう人が試験委員をしていたんだ。美濃部〔亮吉〕さんはやっていなかったかも。大内力さんだけ覚えている。あの人の考え方は、当時はやはり左。私らの頃は、ＩＬＯ条約の批准問題というのが大きな問題だった。ＩＬＯ条約とは何だというと、国際労働条件を均一にしたら大資本の方が勝つから、あれはアメリカの陰謀だ、そういう学説なんだから（笑）。しかし、そういう学説をそのまま書いて受かったんだからあれだけれどもね。県にいてもそれはそれなりに、一応県庁の職員だから悪くはなかったんだろうけれども、そういうことで。

そうしたら、たまたま、高卒で苦節十年ぐらいかな、同じ事務所の人が司法試験に受かった。それで私もたまたま〔公務員上級職試験に〕受かったら、おめでたい、おめでたいといって、何かどこかへ出ていかないと格好がつかないみたいな感じなんだ。それでのこのこと東京に来たら、私は知らなかったけれども、合格通知が来てから初めて人事院が推薦してくれる、そういう手続だろうと行ったら、「あんた何しに今ごろ来ているの、もうみんな決まっているよ、全部一次試験が受かったときにもう動いているよ」なんてね。だから、自治省なんかも、幹部職員じゃなくても、地元の県にいる人だから採用してやりたい。だけれども、今さら何とかしようにも、うちはもう全部決まったよなんて。労働省は、今も覚えている、秘書課長さんが筑豊の人だったんだ、「何とかしたいけれども、君、学校の成績悪いね」と言われて。それで、にこにこしていたのが、法務省の矯正局の人。名前は忘れたけれども、その人が、矯正局には刑務所と少年院があるんだね、どういうわけか知らぬけれども「少年院の方に来なさい」といってくれた。にこにこして歓迎してくれるなら行くか、なんて決めて帰って、いざ行くとなったら、何と、辞令が来たら東京拘置所、副看守長（笑）。ええ、少年院の教官になるんじゃなかったのなんて。

でも、またそれも面白いのは、そのときに司法試験に受かった人は、私が事務総長になったら、あるとき、村山内閣のとき来たんだ。その人は大分県の弁護士会の会長をしていた。それで、私のところにやたらに派手な格好して来て、村山後援会の会長さんをしていて、総理を訪ねてきた。その人が言ったのを今でも忘れない。「お互いに遅れて試験に受かったけれども、結局何とかなったね」なんて。そういう話ですよ。

◆安保と高度成長

牧原　今の流れのところで、背景のところをもう一つお聞きしたいことがあります。先ほどの三池争議の話とつながるところなんですけれども、三池争議と並行して六〇年安保があって、その後高度成長になっていくということで、よく新聞とかで言われる、「政治の季節」から「経済の季節」へ変わっていくというあたりの時代に、大学から就職というところに行かれたと思うんですが、安保の御感想とか、高度成長の始まるころ、その二つについてお聞かせ頂ければと思います。

谷　安保のときは、あれはちょっと前なんだね。そのときは私らも何にも分からぬで学校の廊下に座り込んでいたような記憶はあるけれども。まだ入ったばかりの頃、教養部で動員をかけられて、寮の運動についていってというのはいろいろある。「革命の時来たる」みたいなアジ演説をやる人がいて、何かわあっとやっていた。安保はそんなに記憶はないけれども。

三池争議は、私はもう学部に行っていて、仲のいいのが政治学部に行ったのがいて、その主任教官が嶋崎譲さんで、彼はしょっちゅう三池に行って、立ち話も何回かしたことがあります。こういう役人生活を送ってみると、あのエネルギーの転換は今考えるとすごかったなと思う。あれはやはり国策としてはすごいことだったんだと思いますよ。

私らのふるさとの田川なんというのも、要するに炭鉱は月給がよかったから、きら星のごとく優秀な人が集まっていたんですよ。それが、昭和三四、五年のころにはもう三井田川は立ち行かなくなった。だから、石原信雄さん(39)の自伝を読むと、最初は、月給がいいから三井を受けて、受からなかったから当時の自治庁に入ったというぐらい(40)。あの下りようというのはすごかった。だから、その中で三池というのはやはり最後の砦だったんじゃないかな。結局、あれが敗れたことによって日本の労働運動というのが衰退するもとになったんでしょうね。就職も、私らの頃は悪くはなかったのかな。ちょうど高度成長経済、いざなぎ景気とかなんとかというのが始まっていくぐらいだった。

さっきの話の続きだけれども、四、五年前に「ブラス!(41)」というイギリスの炭鉱地帯の映画がありました。あれを見て、イギリスの炭鉱もそうだったのかなと思う。あれは、炭鉱のブラスバンドが、炭鉱がつぶれても一生懸命やって全国大会で優勝する話だけれども、あのときのせりふで、サッチャーは、日本に十何年遅れてようやっと今石炭のエネルギー合理化を進めているという話が出てくるんだね。そういう意味では、エネルギー転換は日本は早かったんだと思う。だから逆に言えば、筑豊とか九州とか北海道に、働く人にはそれだけ犠牲を強いたということでしょう。県庁に入って、ケースワークというのはまさしくそれの後始末だから。

◆筑豊のケースワーク

赤坂 そのとき、どういう印象を持たれましたか。

谷 これは話したら切りがないぐらい面白い経験をしましたよ。だから、衆議院に入って少しましに思われたのは、やはりそこの経験をしているから。あれは、人間のるつぼみたいなところでいわゆる一年間の実地研修。だって、二一、二の男と、五、六〇になった経験豊かな、しかも貧しいところで生きた人との……。あれは普通の行政じゃないんだな。特に、今でもそうだと思うけれども、七五世帯ぐらいしか持ってはいけない。それを、当時は一五〇世帯か一二〇世帯ぐらいみんな持っているんですよ。私が持っていたところも、一本道のところにずーっと納屋があって、それを支配しているのがやくざの親分。偶然にも、『追われゆく鉱夫たち』に圧制ヤマとしてメインに書かれているところを、今宗像市長をしている谷井博美さんと二人で担当していた。これもまた面白い話がいろいろあってね。たった一年しかいないけれども、面白い経験をしました。

一つだけ。東京に、法務省に行くということになって、引き継ぎに後の人を連れていった。一本道だから、バスの停留所がちょっと離れたところにあるんです。ずうっとそこの一本道を行くんです。二、三〇〇メーター、周りが田んぼで、ちょうど菜の花か何かが咲いていた。バスは、当時は車掌さんがいるバスです。降りたら、坊主頭の男の子が、私の顔を見たら「好かぬ人が来たよ」と、要するに嫌いな人が来たと言って、先ぶれみたいにずうっと走っていくんだよ。私は自分では一年間一生懸命やったつもりで、みんなに好かれていると思っていた。食えない人を、施設にも入れてやったり、布団一つ敷いて親子で寝ているんじゃ危ないからと、予算をかけ合って布団の面倒を見たこともあるのに。だけれども、夕餉の席では私は好かぬ人だったんだ。

だから、それ以来ずっと今でも思いますよ、人にも言うけれども、話は半分だよと。どんなに自分でいいと思って努力しても、半分受け取ってもらえればいい。だから、人が悪口を言っても半分、褒めてもらっても半分。私も、そのときの男の子が走る光景は今でも忘れない。まだ小学校一年か幼稚園の子だった。だって、一本道を歩いていると、何か用事があるものだから、「お茶を飲んでいきなさい」とかなんとかと言って呼び込まれてお茶をごちそうになって親しくしているつもりだったら、晩飯を食うときには私は好かぬ人なんだよ。

というのは、炭鉱のあそこらの人は、そういう底辺で生きてきているから、みんなお巡りさんに捕まるのは怖くないんだ。だけれども、生活保護は、生活態度不良とか、ケースワーカーの独断で認定できるんです。でも、生活態度不良の認定なんか、現実にはできないんですよ。それをやって自殺されたりしたら、鬼より何とかとか冷血漢みたいにマスコミに書かれちゃうから、できない。だけれども、生活保護法も難しい問題だ。だから、今矛盾が吹き出てきているのは、生活保護より賃金が安かったら、だれも保険なんか入りませんよ、年金だって。それはどこかやはり間違っているんです。今あの仕事は御苦労ですよ。私もたった一年しかしていないから余り多くは言えないけれども。

◆法務省・多摩少年院へ

谷　それで、東京に来たでしょう。中央矯正研修所というのがあるんだ。我々はみんなそれの新入生、いわゆる公務員試験を受けた連中は。あそこは権威があるのね。日本の国は、警察学校と、陸軍、海軍もそうだろうけれども、要するに学歴を問わないで内部試験で登用する道をちゃんと残しているというのは、組織としてはすごいね。だから、中央矯正研修所も、施設の管理職、課長さんとか所長さんになるためには研修所を出なきゃならない。そのかわり大学とか何かは問わない、内部試験だけ受ければいい。だから、私らはまた厚かましく、試験を受けないで、そこで一緒に研修を受けて、半年ぐらいたったら実務研修、最初に多摩少年院に行ったのかな。多摩少年院というのは犯罪少年のエリート少年院。最後は印旛、今は何か知らぬけれども、その当時は印旛特別少年院。

当時はＩＱで分類していた。ＩＱの低い人は低い人で集めていた。今はそんなことを言ったら怒られちゃうんだろうけれども、強盗とか強姦とか、強のつくのは、ＩＱの低い人が割に多いんだ。多摩少年院はＩＱ一二〇とか一三〇で、詐欺とか泥棒とか。そういうところは組織力があるんだ。ＩＱ八〇とか九〇ぐらいの人は、大勢いても組織ができないんですよ。ところが、その中にちょこっとましなのが一人入ると、瞬く間に組織化されちゃう。

印旛特別少年院というのは、私らも一遍、逃げた子を追いかけていったら、畑のおばあさんが慌てて、おばあさんがだよ、「私も女だから帰らなきゃ」と。あそこは、戦後すぐは、予科練崩れとか優秀な人が入っていた。あるとき暴動を起こして、要するに洋服から何から着がえなきゃいかぬから、みんな近在の農家に入って、盗んで、ついでにみんな強姦したりなんかした事件があった(42)。だけれども、私らが行った頃は、そういうかわいい子供しかいなかったけれどもね。研修は二つしか行かなかったのかな。でも、研修とは名ばかりで、要するに当直するための職員ですよ。だから毎日みたいに当直していた。当直だって、一庁舎に〔少年が〕五〇人ぐらいいて、一人で泊まるんだ。だから、襲われたらどうしようもないんだ。

今はないのか、虞犯少年というのが当時はいっぱいいた。少年法上まだあると思うんだけれども、実際は、今は人権問題とか何かでうるさくて。昔は、要するに非行少年、刑罰法令に触れないでも非行している子だって入っていた。今は、そんな行為をやると、何か知らぬけれども……。

赤坂　虞犯少年、触法少年とか、幾つかありますね。

谷　当時は虞犯少年も結構いたんだよ。今はうるさいんじゃないかな。

◆衆議院事務局への道

谷　そういうことで、ゼネコンに行っていた義理の兄貴が徳島出身で、戦前、お父さんが学校の校長をしていた。三木武夫さん(43)が徳島で、東條内閣のときに非推薦で出たんだ。そのとき、義兄の父の校長が非推薦の方を応援して、今で言ったら弾圧を受けた。そういう御縁があって、戦後ずっと書生してみたり家の子郎党みたいにしていて、親しくしていたの。何か心配してくれて、それを衆議院に働きかけてくれたのか何か私も知らぬ。ただ、本当の親友みたいな、同じ徳島の中学校の同窓の人が衆議院にいたから、その人が言ったか何か知らぬけれども、研修所を卒業するころ、衆議院から話があったんです。

正規の採用試験の中の一員だと私も思っていたんだ。来たら、一人で何か知らぬけれども御大層に今の事務次長以下各部長そろって面接してくれて、だけれども、面接してくれたって、当時、国会法なんか勉強したこともないから何も知らない、六法全書を横に置かれて、何かいろいろ聞かれて、国会法なんて知らないよ。そしたら、その当時次長だったのが知野〔虎雄〕さん(44)で、最近亡くなられましたけれども、「谷君、大学で憲法ぐらい習ったんだろう」って。法学部に行ったのに憲法習わない人いないよねと思って、これはもう落ちちゃったわなんて。そしたら、「また来てくれ」と。また来てくれと言われた日が、ちょうど研修所の卒業式の日なんだ。矯正局長以下、少年院に行くのがたった三人しかいないんだから、一人抜けたらすぐばれちゃう、どこに行っているかなんて。朝、すぐ帰ってきますからって出ていったのに昼まで帰ってこないんだから。ようやっと行ったら、もう宴会が終わりそうなときで。当時の矯正局長というのは、後に検事総長になって田中角栄さんの顧問弁護士になった大沢〔一郎〕さん(45)という人だった。こっちもだめだし、こっちもばれているし。

だけれども、円満にやめてきてくれという条件があった。当時、通達で、出向はいいけれども、各省の人のやりとりはしないということになっていた。行政府じゃないけれども、一応、国の機関との関係だから円満にやめてきてくれと。円満にやめるといったって、どうしたらいいんだろうと。多摩少年院に任官する辞令をもらったのかな。多摩少年院にも頭を下げに行ったり、こっちに行ったり、いろいろして。だけれども、そのとき、中央研修所の所長さんだった人が、私もその心得はずっとしているけれども、やはり教頭とか責任者はみんな怒ったらしいんだ、要するに研修を終わってすぐ逃げ出すような話だから。その人が、「民間会社に行くんじゃなくて同じお国のために働くんだから喜んで送り出してやれ」と言ってくれて、それで円満に。立派な人でした。

そのことと、研修中にダンスを無理やり習わされた。研修所は、田安門という、今武道館があるでしょう、東京オリンピックでまだ建設中でしたが、その前にあった。その近くに住宅公団があって、住宅公団にダンスクラブがあった。そしたら、月謝を出してくれて、あれは何だったのか、その人はソシアルダンスの札幌のダンス連盟の理事長か何かをしていた。北大を出たお嬢さんが通訳をしていたから、お嬢さんと奥さんを貸すから、おまえらダンスを習ってこいなんて言われたけれども、あれはだれかと娘さんをひっつけたかったのかな。おかげさまで、後に英国に行くことになったって、一応一通りのダンスを踊れるぐらいの技量は身につけました。遊び人じゃなかったけれども、有難いと思っていました。

そういうことで、衆議院に拾われたんだろうね。ただ、今思うと、国会は、戦後、国会になって、〔常任委員会〕調査室というアメリカのシステムを入れたんだ。だから、当時、満洲から引き揚げてきて、満鉄にいたとか、いろいろな人が国会に入ってそのまま来ていたものだから、要するに逆三角形みたいに頭でっかちになっていた。もともとは、本当の幹部は内務省からもらえばいいというぐらいの感じだった、そこそこの働き手ぐらいは少しずつとるようにしていたのかもしらぬけれども。それでも時代の流れで、本当のプロパー、中堅幹部じゃなくて幹部を育てたいという意向があったのか、そういう時期にたまたま私がはまり込んだのかな。私の三年ぐらい前に一人東北大学を出た人がいたんだけれども、その人の後に私が入ったわけです。

私は、別に政治に興味があるわけでもないし、大体、大学のときに公務員になるなんて言ったら、「おまえ、民間会社に行けないから公務員になるんだろう」というような、九州大学というのは当時はそういう雰囲気だった。マル経の雰囲気が強いから、権力の手先になるのかみたいな感じです。だから、おまえは成績が悪くて民間会社に行けないで公務員になるのかい、というような感じだった。

赤坂　今のお話をお伺いすると、もう先生に白羽の矢がある程度立って呼ばれたということなんでしょうね。

谷　そうでもないと思うよ。私も、図書館があって、閉会中があって、何か勉強して物でも書けたらいいなという、そんな感じだったから。ただ、何か大事にされたことは大事にされたな。「おまえ、委員会は全部出なさい」と。配属された課で、第一課というのは予算とか内閣だったけれども、普通は、予算委員会の担当であればそれがある日だけ行けばいいのに、何の委員会もあなたは全部出るようにと。

もう一つは、当時は職員として入った人はみんな、一たん会館とか宿舎の勤務に回した。それで、ちょっと気のきいているいい人を委員部とか議事部にピックアップするというのがようやっと始まった頃だった。どういうわけか知らぬけど、そういう意味では大事にされた気はするね。

赤坂　委員部の、しかも筆頭課にいきなり命ぜられたということですね。

谷　それと、違うのは、多少社会経験を積んできていたから。ほかの大卒の人だったら、国会なんかつまらぬ仕事がいっぱいあるから辞めてもいいけれども、私は帰るすべがないんだから。言われたことは何でもするという気持だから、はいはいとやる。

話は飛ぶけれども、将来の幹部だって、私の後に自治省からいっぱい来たんだよ[46]。一人は、議長秘書やって、秘書課長もやって、そのまま本当に黙っていても事務総長になったんだろうと思います。それなのにやはり自治省に帰っていった。最後には船橋市長か何かになったけれども、大橋〔和夫〕さん[47]、あの人は残っていればそのまま事務総長になったと思います。ああいう方が残っていれば、事務総長なんて私には回ってこない。結局、当時乱闘国会ばかりやっているから、言葉は悪いけれども、ここはかたぎの衆の勤めるところじゃないと思ったのではないか。だから、傍からは面白かったかもしれぬけれども、いざ仕事をすると、やはりそういう雰囲気だったんじゃないの。

私が入った頃は、大橋さんは議運の担当をしていたんじゃないかな。

赤坂　委員部の議運担当ですか、議事部にも議運の担当がありますけれども[48]。

谷　委員部の方です。ただ、大久保〔孟〕[49]、荒尾〔正浩〕[50]、弥富〔啓之助〕[51]、事務総長にならない人もいるけれども、あの世代は、同じ時期にわあっと一斉に、戦後すぐの同じ公務員試験か何かに受かって入った人がいっぱいいたんです。だからそういう人の後にもう誰も〔いなくなり〕、空白が出てきた。大橋さんなんかはそのすぐ……。

◆　衆議院事務局の採用形態

牧原　一つ確認ですが、先生は公務員試験を受けるわけではなくて、銓衡というんでしょうか、通常の行政でいえば面接で入られたわけですね。そうすると、先生と同期で、別のいわゆる公務員試験みたいな試験を受けて入った方はいらっしゃったんでしょうか。

谷　だから、当時、採用試験はしていたけれど、公務員試験合格者を採ってはいなかった。堀口さんというのも、何かそういうことでとったのかどうかは知らない。ただ、公務員試験そのものがちょっと違ってきたんですよ。六級職の時代というのがあって、その後、上級職何とかという制度になった(52)。私がその一回目か二回目じゃないかな(53)。その後に、私がよかったんじゃないんだろうな、二年ぐらいたって、やはり公務員試験を通ったのを三人ぐらいとって、その後ぽつぽつととり出した。それで少しずつ試験制度みたいに。

それでも余り人気がなかったんじゃないのかな。優秀な人が国会で働きたいというような雰囲気じゃまだなかったんだと思う。私が庶務部長になった頃だって、衛視に来手がいなかったから。一年か二年前に女性の衛視を採用した、男性と二人で国会議事堂の前で写真を撮ってポスターをつくって、それを持って全国に出張して声をかけていたんだから。そういう時期もあったんですよ。それからしばらくしたら今度は全国から来るようになって、大卒が衛視さんになるような時代があったけれども。

牧原　それと、三木武夫さんの名前をおっしゃられたんですけれども、こういうような形で衆議院の事務局につかれるということは、よくあったのでしょうか。

谷　何というか、縁故採用のような雰囲気はずっとあった(54)。だからやはり、私らも、庶務部長をやったり何たりしたけれども、ここはきれいさっぱりというわけにはいかないんだ。八割方ぐらいはきちっとするけれども、二割ぐらいは創意工夫みたいな（笑）。例えば面接の数をふやすとか、できるだけ拾うとか、そこまでも拾えないなら、もうしようがない、それを理由に断るとか。ある程度の、若干ののり代みたいなのを作ってしないと。例えば委員長とか、議員に泣きつかれて、後援会の会長の娘だとかに、成績悪いからだめですとかいうのは……。だって、やっている仕事が、この子だってできる仕事みたいなものがあるじゃないかという話になってくる。だから、多少は。極端なことを言うと、普通の行政と違ってサービス業なんだ。サービス業だから、気が利いてちゃんとやれる人ということになってくる。知野さんなんかも、あるときそういう苦労話をしたら、「だからおまえ、うちはそんなちゃんとした試験なんかやらなくてもいいんだよ」みたいな、ちらっとそんなことを言っていたことがあるから。

だから、やはりそういうところはどこかほかの行政官庁と違ってある。

もっとひどいのは、私が庶務部長になったときにこれはやめようと言ったのは、初任給の違いがずっと尾を引いているから、でこぼこになっているわけ。同じ大学を出てとか、同じ年に入ってどうして月給が違うんだと。特別昇給とかも同じ、それはもうやめようといって、地ならしするのに大分かかりました。余り自慢はできない、褒めたことじゃないけれども、そういう組織だった。

いつ頃かな、ちょっと聞いてみないと分からぬけれども、少なくとも私が庶務部長になった頃ぐらいはちゃんと整うようにした。その前、何年か前ぐらいからはきちっとするようになってきたと思うんだけれども、本当の意味でやったのは私の頃ぐらいからかな。要するに、初めに配属されたら本籍がそこになって、「おまえはタイランド生まれ、おまえは中国生まれ」みたいな。それでどこへ行っても、おまえはタイランド生まれがついて回るような雰囲気がずっとあったんだ。そんなのはやめると。

それは確かに委員部とか議事部が花形だから。それはそうですよ。特に乱闘国会のころは、五、六月になったら新聞の一面は全部国会の記事で、騒ぎで、その中でみんないろいろ活躍しているわけだから。だから、超勤だって何だってもちろん多い。昔は予算を、何か口実をつけて要するに配分していたんだ。そういうのだってやはり花形の部署に多く行くわけですよ。

赤坂　花形部署というのは、今おっしゃった委員部とか議事部というのは確かに議事運営部門で重きをなしてきたと思いますけれども、最近の人事の流れを見ていると、どうも庶務部門にも近年は随分比重が移ってきているようにも見受けられます。その辺りはどういうふうにお感じですか。

谷　私はそういう考え方だった。それは随分顰蹙を買ったけれども。というのは、要するに一応国の機関に働いているんだから、まず事務が真っ当にできなきゃだめなんです。委員部というのはどちらかといったら、人との折衝に気も使うし大変な部署なんだけれども、手書きの文字を書く仕事というのは会議次第くらい。また〔常任委員会〕調査室は、アメリカの制度を入れたものだから、あれはまた部屋ごとに、外務委員会なら外務委員会だけで独立していたんです。それはやめということで、私のときに調査局に直して全部トータルで仕事をするようにして、交流もした〔平成一〇年〕[55]。

ところが、本当に、委員部にそういうのをやると、何か俊寛和尚みたいに島に流されたみたいな感じになって[56]、みんな泣いちゃうんだ。今でもそういう雰囲気があると思うんだけれども、やっぱり委員部。確かにあるんだよ、委員部に行くというのが、衆議院に入った、例えば会館、庶務だとかで働いた人の憧れで、そういうところからまた出さされるというのはやはり。そういう雰囲気をなくそうといって交流し出したんだけれども、今はどうしたか。当時はまだ泣く人が随分いました。やはり何か左遷の感覚みたいね。

◆リクルートシステムの変遷

谷　今考えると、私が最初に福岡県庁に入ったときは、県職員というのは、一応、上級職扱いなんだ、地方自治体は。だから、給料は国家公務員より高いんだ。それで、法務省に移ったら、今度、法務省の矯正局は公安職で、これはまた若いときは月給が高いんだよ[57]。それで、上級職というのは、一年たったら昇格をすることになっているんだ。衆議院に円満にやめて来いという話だが、一応、四月の一〇日、多摩少年院というところに任官はしていた。だから、それはもう昇格していたんだ。また、公安職だから月給が高いわけだよね。

それで、大久保孟さんが当時の衆議院の庶務部長で、たしか、四号俸か五号俸かぐらい月給が下がるんだよ、「それでも来るのか」と言われて、しかし、話は行きがかりそういうことになっているから、お願いしますという話で。だから、ちょっと一号俸ぐらいは足してくれたんだろうと思うけれども、いわゆる大卒の一般職の給与みたいな感じで入ったんですよ[58]。だから、初任給を三年ぐらいやったんだ。

それで、その後に、次の次の年かな、私が昭和四〇年で、四二年に、今井君と中原君と永野君という三人、公務員試験を通ったのが入ってきた。彼ら、一人は司法試験に受からなくてやめて、二人は司法試験を勉強していたんだね。それで、中原君は五年ぐらいいたんだと思うけれども、今井君はもう三年ぐらいで受かって出ていきました。

それで、彼らが入って一年たったときに、昇格の手続がとられなかったんだ。だから、「公務員試験合格者は一年たったら昇格するんだから、ちゃんと言いな」と言ったら、どうも、うちの方はそういうことさえ知らなかったみたいなんだよ。それで慌てて三人昇格させたら、私、昇格してないんだよ（笑）。そのときに、藤野〔重信〕さん[59]が委員部長で、わざわざ呼ばれて、「七月には昇格させるからしばらく我慢してくれ」と言われたのは覚えているから[60]、そのときに、ああ、そういう扱いになっているのかなとは思ったけれども、それまでは全然そんな気もないし、まして、私もそんな心づもりもないし、暇だから図書館で勉強して、何か物書きにでもなろうかぐらいしか思っていなかった。

ただ、何となく、これは後の話になるのかな、委員部に配属されていたけれども、当時、仲間にちょっと聞いたら、みんな試験はあったんだけれども、人事課か何かで試験をつくって採点して、そういう、多少、融通無碍な試験制度であったんだよ。それで、まず、みんな宿舎に配置して、その宿舎の配置の中で、多少、目立つというか仕事ぶりのいい人を議事部とか委員部とか、いわゆる本社〔＝事務局本体〕の方に引き上げるとか、そういうシステムみたいなんですね。

それで、試験システムの話は、それからその二年後の四四年に、近藤〔誠治〕[61]、大西〔勉〕[62]とか、二人採ったのかな。そのまた二年後の四六年に、駒崎〔義弘〕[63]、鬼塚〔誠〕[64]――今の総長――、それから清土〔恒雄〕君[65]と三人採った。それからまたしばらく採ったり採らなかったりじゃないのかな。ちょっと記憶がないけれども。うち独自の上級職というのを通ったのが、岸本〔俊介〕という今秘書課長をしている人が最初だから、昭和六二年に採用されているから、六一年の試験だな。そのときに、もうそのときは私らも多少かかわりがあったから、要するに、うちの上級職と、それから公務員試験の上級職を何人か、二人ぐらい採るとかいう、それからは大体、毎年同じ傾向でやっていますよ。

六〇年に、試験問題とか何かを初めて外部委託したらしいんだよ。だから、それまでは、ちゃんと試験は一応何かやっていたんでしょうけれども、要するに、客観的な、それほど厳しい試験をしなきゃというような意識はなかったと思うんだよね。それで、それと同時ぐらいかな、次の年ぐらいかに官報で掲載して、全国的に広報するようになった。だから、役所の制度としては大変後れていると思いますよ。JST研修という、人事院がやっていた中間管理者になるための研修というのがあるんだ。法務省なんかでは、私は研修中にはそれを受けて、ちゃんと監督者の資格を持っているわけだよ、入ったとき。だけれども、衆議院で初めてJST研修に誰を行かせるかといって大騒ぎしていたことがあるから、ちょっと後れているところだと思っていますよ。それが我が社のいいところだったのかもしれませんけれども。

赤坂　昭和四〇年に、次長以下の面接を受けて入られたということですけれども、一般にキャリアの方を採用するときというのは、そういう試験方法だったんですか。

谷　堀口〔一郎〕さんが三三年に入っているんだよね。それ以来、公務員試験の人を採ってなかったんだよ。だから、正式な、新卒のちゃんとした人を採ったのが、中原君と今井君、その中間に新卒者じゃない私が四〇年に入ったわけで、一般の人は、一応試験はしていたんでしょうけれども。全体の雰囲気からいうと、二八年に、ある程度まとめて人を採っているんですよ。二八年組、二八年組と言っていましたから(66)。これはある程度、皆さん、管理職になっていった。

その後、よく分からないな。だから、その都度、何かあったら適当に面接して採っていたということもあると思うんだよね。だけれども、四月の採用の人、何人かちゃんと一応試験はして採っているんだろうけれども、その試験が、自分のところで作った問題と自分のところで採点していたような話だから、多少、どんぶり勘定か大福帳みたいな感じがあったんでしょうかね。

赤坂　今から振り返ってみますと、普通の人は宿舎などに割り振られて、その後、適性に応じていろいろなところに配属されるということですけれども、谷さんは委員部の第一課にいきなり割り振られて、しかも、全部の委員会に出なさいということでした。それと採用のときの事情を考え合わせると、これはもう一定の幹部候補として採られたということですよね。

谷　うん、そうなんでしょうね、今から見ると。ただそういう話は、大体、何か事情が伝わってくるじゃないですか、後々。だけれども、そんな話もなかったね。知野さんは、たまたま大学の先輩ではあったけれども、しかし、それまで全然知らないわけだから、そういう関係じゃないだろうと思うし、だから、今でもよく分からない。ただ、そういう目で見られたことは今考えても事実だろうし、だけれども、世間には人がいっぱいいるのに、どうして私を採ったかというのも、それは分からない。

赤坂　もう一つは、鈴木隆夫さんというのは東北大学の御出身で、恐らく、鈴木さんの目から見ると、周りが東大の人が多くて、だけれども、自分が一番できるという自負を持って運営されておられたと思います。それで、自分の腹心に置いたのが九州大学出身の知野さんで、やはり、出身大学だけを誇りにして生きている人たちとは自分たちは違うんだ、何かそういう意識があったという話を聞いたこともあるんですけれども……[67]。

谷　そういう面でいうと、誰かからきちっと話を聞いたわけではないけれども、大体、戦前の帝国議会の時代は、幹部はみんな内務省から来て、あとは臨時職員を開会中雇って賄うようなところだったんだよね。委員部とか議事部とかの人員は一応ちゃんと内務省から来て、だから、書記官長について皆さん来て、採ったと思うんですよ。だから、戦後も、要するに、事務総長になるような人材は内務省からもらえばいいみたいな雰囲気はあったんだと思うんだよね。

昔、高等文官試験というのがあったんだよね。高等文官試験は、四年制の大学を出て、それでちゃんと受かったというのは中曽根〔康弘〕[68]さんとか知野さんとか、それぐらいが最後だと思うんだよね。あとはもう、大学を繰り上げ卒業とかそういう形で処理しているから、高等文官よりは見習い士官候補になって、短期のあれで、見習い士官でみんな徴用されたんでしょうから[69]。

それで、戦後、高等文官試験というのはなくなっちゃった。一回目の、それは何といったか知らぬけれども、公務員試験みたいなので入ったのが、荒尾〔正浩〕さんとか弥富さんとか泉〔清〕さん[70]とか、あの人たちがみんなそのときに入ってきたんだと思うんですよ。うちは、戦後、国会に変わって、委員会制度を導入して調査室なんかができたから[71]、大勢の人がそのとき入ってきているんですよ。満鉄にいたとか、中には官選知事をやった人がいたり、だから、いろいろな人が調査室なんかには入っていたんですよ。

　基本的には、本当の幹部を、事務総長になるような人は外からもらってくればいいぐらいの雰囲気はあったんじゃないのかな。だけれども、世の中だんだん変わってきて、だんだんプロパーの人を育てなきゃいかぬのと、五五年体制になって、一応、曲がりなりにも二大政党制みたいな形になったね。そうすると、与党は政府を使えるけれども、野党にとってみれば、どちらかといって、調査局とか事務局が頼りになっちゃう。だから、そういう意向で、やはり、プロパーの人という志向が強くなってきたと思う。そういう意識がちょうど芽生えたときに、たまたま私は採用された、こういうことだと思います。

---

(1)　福岡県の北東部に位置し、市の南には英彦山、北に福智連山、東には香春岳を望む三方山で囲まれた田川盆地の中心都市。筑豊地域の中核都市である。

(2)　一九七〇年から筑豊篇・自立篇・放浪篇など、計一〇冊が出版された。のち、『五木寛之作品集〔第一〇巻〕』（文芸春秋、一九七三年）に纏められた。この中で五木氏は、一ノ岳、二ノ岳、三ノ岳の三連山から成る香春岳を「異様な山」と評している。

(3)　この地名には由来がある。すなわち『平家物語』巻六「小督」に小督局（こごうのつぼね）と高倉天皇との悲恋話が出てくるが、小督は藤原成範の娘で宮中一の美女、かつ琴の名手であった。小督は高倉天皇の寵愛を受けていたが、平清盛により宮中を追われ、嵯峨野から大宰府（親戚が同地の役人をしていた。）へと落ち延び、成道寺に身を隠すことになる。この道中、田川の地を通るときに、小督の侍女の糸が溝を飛び越えようとして誤って死んだ。これを悲しんだ小督は、成道寺で病床に伏し、村人たちの看病の甲斐もなく、二五歳の若さでこの世を去ったという。

　ちなみに、谷氏が聞かされた話はこれと異なり、「大友宗麟に攻められて香春岳鬼ヶ城が落城した際、上の姫は山頂から飛び降りて自殺し、下の糸姫は家来に背負われて逃げる途中、川を飛び越えて、逃げて山に隠れ住んだ。その川は糸飛川と呼ばれ、一帯は糸飛という地名になった」という。

(4)　二日市町・山口村・筑紫村・御笠村・山家村が新設合併して筑紫郡筑紫野町が発足したのが戦後の一九五五（昭和三〇）年三月のことであるが、その後、一九七二（昭和四七）年四月の市制施行により筑紫野市となった。

(5)　一般には、水道水のことを茶化していう言葉（大辞泉）とされるが、本文での使用法とは異なる。

(6)　一九四四（昭和一九）年六月一六日未明、中国四川省の成都基地から飛び立ったB29が八幡製鉄所を第一目標として実施した空襲で、初の日本本土空襲となった。罹災者三〇〇人、死傷者約八〇人。防空体制の脆弱さが明らかとなり、後の八幡大空襲の起因ともなった。

(7)　一九四一（昭和一六）年の国民学校令に基づいて設立された教育機関で、従来の高等小学校を母体とした（二年課程）。

(8)　一九三四（昭和九）年、佐賀県大和町生まれ。佐賀県立佐賀高等学校、九州大学法学部等を経て、一九六〇（同三五）年厚生省入省。その後、内閣官房の首席内閣参事官（一九六八（昭和四三）年）として昭和天皇の崩御による「大喪の礼」や今上天皇の「即位の礼」を担当し、一九九三（平成五）年、厚生事務次官。一九九五（平成七）年より八年七ヶ月にわたり内閣官房副長官を務めた。著書に『霞が関半生記 ── 五人の総理を支えて』（佐賀新聞社、二〇〇五年）がある。

(9)　谷氏は現在、油絵を嗜んでおり、個展を開いたこともある。

(10)　一九一八～一九九七年。新潟県出身。中央工学校を卒業後、建築事務所を開業、戦時中に理化学研究所と提携して急成長する。一九四七（昭和二二）年、衆院選に初当選。衆議院議員として道路や土木に関する議員立法を数多く手掛ける。一九五五年、自由民主党の結党に参加。一九五七年、岸内閣の郵政大臣として初入閣した後、第二次・第三次池田内閣の大蔵大臣、第三次佐藤内閣の通産大臣を務める。自民党幹事長など党の要職を務め、自民党最大派閥の田中派を形成する。一九七二～七四年、内閣総理大臣。一九七四年、金脈問題で総辞職。一九七六年、ロッキード事件で逮捕・起訴（第一審・第二審で有罪、一九九七年、田中の死去により公訴棄却）。著書に『日本列島改造論』（日刊工業新聞社、一九七二年）および『自伝わたくしの少年時代』（講談社、一九七三年）がある。

(11)　一九二四～二〇〇〇年。島根県出身。早稲田大学卒業。島根県会議員を経て、一九五八（昭和三三）年、衆院選に初当選（以後連続一四回当選）。自民党に所属。一九七一年、第三次佐藤改造内閣の官房長官として初入閣。田中内閣の官房長官、三木内閣の建設大臣、大平内閣・中曽根内閣の大蔵大臣を歴任。自民党のニューリーダーとして頭角を現す。一九八五年、田中派内に創政会を結成、一九八七年に経世会を結成して竹下派として独立。一九八七（昭和六二）～一九八九（平成元）年、内閣総理大臣。著書に『まごころの政治』（新樹企画、一九八三）、『素晴らしい国・日本』（講談社、一九八七）、『証言保守政権』（読売新聞社、一九九一）、回顧録に『政治とは何か』（講談社、二〇〇一）がある。

(12) 谷氏が秘書課長を務めたのは、事務取扱の時期を含めて、一九八三（昭和五八）年一月〜一九八九（平成元）年七月のことである。
(13) 一九四二年〜。京都大学法学部を卒業後、厚生省に入省。厚生事務次官を経て、二〇〇一（平成一三）年より宮内庁次長、二〇〇五（平成一七）年より宮内庁長官。
(14) 一八九九〜一九九四年。東京帝国大学法学部を卒業後、内務省入省。敗戦後の公職追放を経て、衆議院議員となる。一九七九（昭和五四）年二月〜一九八〇（昭和五五）年五月、衆議院議長。評伝に高多清在『灘尾弘吉』（中国新聞社、一九九一年）、追悼集に灘尾弘吉先生追悼集編集委員会（編）『灘尾弘吉先生追悼集』（一九九六年）がある。一九八二（昭和五七）年には日本経済新聞に「私の履歴書」を執筆している。
(15) 一九五六（昭和三一）年の石橋内閣で文部大臣に就任し、池田内閣での厚生大臣を挟み、計六期文部大臣を務めた。
(16) 一九三七（昭和一二）年〜。石川県出身。早稲田大学卒業。一九六九年、衆院選に初当選。自民党に所属。一九八五年、第二次中曽根内閣の文部大臣として初入閣。宮沢内閣の通産大臣、村山内閣の建設大臣。自民党内では政務調査会長、幹事長、総務会長を歴任し、森派を率いる。二〇〇〇年、内閣総理大臣。著書に『自民党と政権交代』（朝日新聞社、二〇〇七年）など。
(17) 一九三六（昭和一一）年〜二〇一一（平成二三）年。長崎県出身。早稲田大学教育学部、長崎新聞社常務取締役社長室長、論説委員等を経て、一九六三年に衆議院議員（通算一一期）。二〇〇一（平成一三）年から参議院議員を務め、参議院議運委員長を経て、二〇一〇（平成二二）年より参議院議長。文教族として知られ、自民党時代は青年局・文教部会長、文部政務次官を振り出しに、文部大臣も二期務めている（一九八八〜八九年）。なお、一九九〇（平成二）年の自民党総務会長としての党三役入りは、同じ文教族であり、かつ早稲田大学雄弁会の先輩でもある海部俊樹首相の強い意向で実現したと言われる。
(18) 一九三一（昭和六）年〜。愛知県名古屋市出身。旧制東海中学、早稲田大学第二法学部法律学科等を経て、一九六〇（昭和三五）年、衆議院議員に初当選（以後通算一六期）。文教族として知られ、一九七六（昭和五一）年の福田内閣、および一九八五（昭和六〇）年、第二次中曽根第二改造内閣で文部大臣を務める。一九八九（平成元）年、内閣総理大臣。著書に御厨貴ほか『海部俊樹（元内閣総理大臣）オーラル・ヒストリー〔上下巻〕』（政策研究大学院大学、二〇〇五年）等がある。
(19) 例えば、元チェッカーズの武内享（ギタリスト）や大土井裕二（ベーシスト）が挙げられる。
(20) 一九三九（昭和一四）年四月、福岡県田川東高等女学校が発足した。一九四八（昭和二三）年四月の学制改革で、全日制普通課程としての福岡県立田川東高等学校が発足した。

(21)　一九九四（平成六）年の移転に伴い、校名を福岡県立東鷹高等学校に改称した。

(22)　一九一〇（明治四三）年に安川敬一郎・松本健次郎がカトリックの教育理念に基づき、明治専門学校附属小学校として創立した。その後若干の変遷を経て、一九四二（昭和一七）年の国民学校令により「明治学園」となった。

(23)　一九五三（昭和二八）年一二月頃、石井一郎が愚連隊を結集して石井組を設立し、小倉のテキ屋村上組系列に入った。別府市浜脇の貸席「新都」を本拠とし、既存の暴力団（井田組、大長組など）と対立抗争を繰り返しながら勢力を拡大していった。この間の事情については、大分県警察本部『大分県警察史〔第一巻〕』（大分県警察本部、一九八六年）を参照。

(24)　テキ屋（的屋）はまた、香具師・街商・露店商とも呼ばれる。祭礼時、寺社の境内や参道に開設する屋台で食品や玩具を売る商人のこと。祭礼に合わせて移動するため、区割りなどの秩序維持を仲間内で行うが、秩序維持を担う上層団体が暴力団化したケースも存在した。この間の事情については、大分県警察本部・前掲書を参照。

(25)　東映株式会社会長の高岩淡氏が創設した模擬試験運営組織。ＡＮＡ最高顧問の近藤秋男氏（一九五四年九大法学部卒）は、次のように回想している。いわく、「東京大学、京都大学と九州大学の学生が協力して、大学入試の模擬試験を運営したのです。各学科ごとの試験問題を、大学の助手や研究生たちと作り、監修を教授にお願いしました。私の時は京都大学に問題案を持ち寄って、どれがいいか会議を開きました。最終的に問題が決まると担当大学がそれを持ち帰り、刑務所に印刷を依頼します。刷り上がった問題は大学の金庫に保管し、試験の二日前に試験場となるそれぞれの大学に到着するように送ります。私たちは、送られてきた問題を学生部の金庫に保管させてもらいました。問題は試験当日に封を切って試験を実施し、答案はまた助手や研究生に採点をしてもらう。試験結果は朝日、毎日、読売各紙が掲載してくれました。それに私たちが、「一番から何番までは〇〇大学に合格できる」とか「〇番以下の者はいま一段の努力が必要」などとコメントを付けていました。記者たちもよく来ていて親しくなっていました。ニュースもあまりなかったのでしょうね。――結構儲かったのです。年に二回くらいの実施で運営ができていました。そのうち通信添削も始めました。これも助手や研究生に問題作成や採点をお願いし、彼等はこの建物（九州大学本部事務局）の二階の大きな会議室に籠もって採点していました。一階の玄関を入って右手に学生部厚生課があって、その奥の倉庫を学窓会事務室として使わせてもらっており、当時は入り浸っていました。ストライキが起こりましてね。助手や研究生が賃上げを要求したのです。そのときは、年上の彼等との団体交渉に、学生の私たちが経営者側として臨みました。全日空で何度も労使交渉を行いましたが、それは九大生時代にすでに体験済みだったわけです（笑）」と。

http://www.kyushu-u.ac.jp/magazine/kyudai-koho/No.35/35_01.html

(26) 高岩氏の母が前夫との間に儲けたのが、作家の檀一雄で、高岩氏の異夫兄にあたる。

(27) 二〇一一（平成二三）年一月、九大の伊都キャンパス移転に伴い解体された。

(28) 一八八九～一九七五年。『日本労働立法の発展』（有斐閣、一九四二年）、『労働法の主要問題』（有斐閣、一九四三年）などの著書がある。同氏の略歴と業績については、林迪広「菊池勇夫博士の生涯と社会法」法時四七巻一〇号（一九七五年）八三頁以下を参照。

(29) 一八九七～一九八五年。福岡県大牟田市出身。五高、東京帝国大学経済学部を卒業後、ドイツ留学等を経て、九州帝国大学教授。マルクス経済学に基づく実践的活動に没頭し、三井三池炭鉱闘争の理論的支柱となった。『経済学方法論』（河出書房、一九四九年）、『マルクス経済学の方法』（岩波書店、一九五九年）など著書多数。評伝に小島恒久『マルクスと向坂逸郎』（ありえす書房、一九八六年）、同『向坂逸郎——その人と思想』（えるむ書房、二〇〇五年）がある。

(30) 一九〇五～二〇〇四年。『戦う平和論者』（大雅堂、一九四八年）など著書多数。具島に関する近年の研究として、熊野直樹「具島ファシズム論の再検討」法政研究七一巻四号（二〇〇五年）四二三頁以下を参照。

(31) 一九二五年～二〇一一年。石川県出身。九州大学卒業後、九州大学法学部助教授・教授。一九七二（昭和四七）年以降、日本社会党の衆議院議員として連続八期当選。一九八一～一九八六年、社会党政策審議会長を務める。兄は自由民主党参議院議員の島崎均。

(32) 一九二〇～一九九七年。福岡県出身。九州帝国大学法文学部卒業、高文試験（司法科）合格。一九四八年以降、九州大学法文学部助教授・教授。一九六九（昭和四四）年三月、学長事務取扱となるも「警察は敵」との発言により灘尾弘吉文部大臣が発令を拒否、これに抗議して九州大学を辞職した。民事訴訟法学の井上治典（九州大学教授、立教大学教授。一九四一～二〇〇五年）は長男。

(33) 一九六八（昭和四三）年一月、米原子力空母エンタープライズの米軍佐世保基地への寄港に際して、新左翼系全学連、公明党・共産党などの革新系団体が大規模な反対運動を展開した事件。

(34) 一八八三（明治一六）年創業、一九六一（昭和三六）年東証一部上場。大学施設やダム・トンネル等を手掛ける中堅ゼネコン。

(35) 一九六三（昭和三八）年二月、門司市、小倉市、戸畑市、八幡市、若松市が合併して、北九州市となる。同年、政令指定都市に指定された。

(36) 石炭産業の崩壊で壊滅的な打撃を受けた筑豊の子供たちを救おうと、一九五九年に福岡や東京の女性たちが中心となって起こした救援運動。日本中に広がりを見せた。

(37) 一九〇五～一九七一年。京都市出身。一九五九（昭和三四）年から福岡県知事を二期務め、福岡県内の炭鉱閉鎖による失業者増加への対策事業に取り組んだ。没後、『鵜崎多一遺稿集』（刊行委員会、一九七六年）が公刊されている。

(38) 一九一八～二〇〇九年。マルクス経済学の大家で、東京大学名誉教授。著書に『大内力経済学大系〔全八巻〕』（東京大学出版会、一九八〇～二〇〇九年）など。

(39) 一九二六年～。群馬県出身。一九五二（昭和二七）年に東京大学法学部卒業後、地方自治庁（現総務省）入庁。財政局長、事務次官等を経て、一九八七～九五年、内閣官房副長官として、竹下・宇野・海部・宮澤・細川・羽田・村山七代の内閣を支えた。回顧録に御厨貴・渡辺昭夫インタビュー・構成『首相官邸の決断――内閣官房副長官石原信雄の二六〇〇日』（中央公論社、一九九七年）がある。

(40) 前掲『首相官邸の決断』二三八頁。

(41) 一九九六年制作のイギリス映画。閉鎖騒動の持ち上がる小さな炭鉱の町を舞台に、ブラスバンドを通じて、「音楽」と「生きること」の素晴らしさ、人間模様と社会風刺を上手に織り交ぜて描いた作品。

(42) 一九五四（昭和二九）年八月二六日、印旛特別少年院から収容少年七四人の脱走事件が起きた。少年院内の勢力争いや処遇への不満が原因であったとされる。

(43) 一九〇七～一九八八年。徳島県出身。旧制明治大学法学部を卒業した後、一九四二（昭和一七）年以降、五〇年に亘って衆議院議員として政治の中枢に位置した。逓信大臣、運輸大臣、科学技術庁長官、通産大臣、外務大臣、環境庁長官などを経て、一九七四～七六年に内閣総理大臣。活動録に『議会政治とともに』（三木武夫出版記念会、一九八四年）、評伝に『三木武夫とその時代――政治記者の記録』（一七会「三木武夫とその時代」刊行委員会、一九九〇年）、国会通信社（編）『三木武夫の熱い二百日』（国会通信社、一九七九年）、三木睦子『三木と歩いた半世紀』（東京新聞出版局、一九九三年）、明治大学史資料センター編『三木武夫研究1』（大学史紀要一四号、二〇一〇年）などがある。

(44) 一九一九～二〇〇九年。和歌山県串本町に生まれる。一九四二（昭和一七）年に九州大学法学部法文学科を卒業し内務省に入省。海軍軍務に従事したのち、熊本県地方課長兼人事課長として出向したが、昭和二一年、（最後の）衆議院書記官として中央に戻った。それ以後の二七年間を衆議院事務局に奉職し、一九六七（昭和四二）年七月～一九七三年九月、衆議院事務総長を務める。その後、会計検査院の検査官に転じ、一九七八～一九八〇年には会計検査院長。靖国懇談会のメンバーでもある。

(45) 一九一〇～一九八六年。大阪府出身。一九三二（昭和七）年、京都大学法学部卒業、一九三三年司法官試補。法務省

矯正局長、大阪地検検事正、最高検刑事部長、法務事務次官、最高検次長検事、東京高検検事長を経て、一九七三年～一九七五年、検事総長。退官後は弁護士となり、ロッキード事件で小佐野賢治の弁護人を務める。

(46) この間の事情については、今野彧男（著）、赤坂幸一・奈良岡聰智（編著）『国会運営の裏方たち ── 衆議院事務局の戦後史』（信山社、二〇一一年）「間奏」を参照。

(47) 大橋巨泉の兄。一九二八（昭和三）年八月三日に新潟県長岡市で誕生し、一九五二（昭和二七）年東京大学法学部を卒業後、自治庁（現総務省）に入庁。滋賀県、総理府（現内閣府）内閣総理大臣官房審議室に勤務の後、一九五八（昭和三三）年四月千葉県へ赴任。外事広報課長、地方課長等を歴任した。一九六一（昭和三六）年八月には一旦千葉県を離れ、衆議院議長秘書官、埼玉県財政課長等を務めた後、一九六八（昭和四三）年四月再び千葉県へ。企画部長を経て、一九七一（昭和四六）年七月には千葉県教育長に就任した。教育長として県立高校七校を新設開校したのをはじめ、若潮国体の開催、県立美術館の開館等に尽力するなど、三年六カ月の在任期間中、同県教育界の発展に大きく寄与した。

その後、習志野文化ホール理事長を経て、一九八一（昭和五六）年七月、公選制第六代の船橋市長に就任。同市の第二の発展期と呼ばれた時代に行政手腕を発揮した。その際、海老川・長津川の治水事業や医療センターの開設、ドクターカー・システムの導入など、救急医療の先進都市の実現にも尽力した。

市長在任中は、千葉県市長会会長や全国人口急増都市協議会会長を歴任し、地方自治の振興に寄与した。こうした功績により、平成一一年四月、勲三等旭日中綬章を受章された。二〇〇五（平成一七）年一〇月二五日死去。なお、大橋和夫氏については、『平野貞夫オーラル・ヒストリー〔上巻〕』（二〇一二年）第七回記録も参照。

(48) この間の事情については、近藤誠治（著）、赤坂幸一・奈良岡聰智（編著）『立法過程と議事運営 ── 衆議院事務局の三十五年』（信山社、二〇一一年）第2章Ⅰを参照。

(49) 一九二二～一九九四年。一九四五（昭和二〇）年一一月に衆議院事務局に採用され、一九五五（昭和三〇）年一二月に委員部第三課長となる。以後、委員部の各課長・副部長を歴任したのちに、管理部長、庶務部長を務めた。一九七三（昭和四八）年九月事務次長、一九七六（昭和五一）年九月に事務総長。

(50) 一九二五～二〇〇三年。一九四九年衆議院事務局に採用される。記録部長、警務部長、管理部長、庶務部長、委員部長などを経て、一九七六年九月事務次長、一九八〇年七月事務総長（一九八二年八月退職）。一九八二～八六年、国立国会図書館長。

(51) 一九二六～二〇〇〇年。一九四九年九月、衆議院事務局採用。庶務部長、委員部長、事務次長などを経て、一九八二～八九年、衆議院事務総長。一九九〇～九七年、人事院総裁。

(52)　六級職試験は一九四九（昭和二四）年から一九五七（昭和三二）年八月までで、同月に上級職試験に名称が変更された。その後、一九六〇（昭和三五）年七月に上級（甲）と上級（乙）に分割された後、一九八五（昭和六〇）年に前者がⅠ種試験に名称変更され、後者は廃止された。

(53)　谷氏は一九六三（昭和三八）年度の国家公務員採用上級甲種試験（行政）に合格しており、上級職試験に変更されてから九回目、上級甲種試験に変更されてから四回目の試験を受けていることになる。

(54)　参議院でも同様の現象が見られたことについては、『佐藤吉弘オーラル・ヒストリー』（二〇一一年）一六〇頁以下を参照。

(55)　調査局の発足をめぐっては、近藤ほか・前掲書、第3章を参照。

(56)　職員の「委員部志向」については、今野ほか・前掲書、第1章Ⅲも参照。

(57)　谷氏は当時、公安職（一）五等級二号俸を支給されていた。

(58)　昭和四〇年四月二一日、衆議院参事に任命された谷氏は、行政職（一）七等級三号給を支給されることとなった。

(59)　一九一五（大正四）年九月生まれ。一九四九（昭和二四）年一〇月衆議院法制局参事に採用（第二部第二課長）。一九五八（昭和三三）年四月法制局第四部長を経て、一九五八（昭和三三）年六月衆議院参事に任じられ、管理部長を命じられる。その後、庶務部長、記録部長、委員部長を経て、一九六七（昭和四二）年七月事務次長、一九七三（同四八）年九月事務総長。一九七六（同五一）年七月四日、北アルプス岳沢で滑落して遭難死。

(60)　実際、谷氏は、昭和四一年七月一日に行政職（一）七等級五号給に昇格している。

(61)　一九四四（昭和一九）年一一月生まれ。一九六九（昭和四四）年三月衆議院事務局に採用され、委員部第九課長、議事部議事課長等を経て、一九九四（平成六）年議事部長、一九九七（同九）年事務次長、一九九八（同一〇）年七月調査局長（二〇〇四年一月退職）。

(62)　一九四七（昭和二二）年〜。一九六九（同四四）年三月に衆議院事務局に採用され、庶務部会計課長などを経て、一九九四（平成六）年七月警務部長。委員部長、常任委員会専門員を経た後、二〇〇四（平成一六）年一月調査局長（二〇〇七年七月退職）。

(63)　一九四七（昭和二二）年〜。昭和四六年三月に衆議院事務局に採用された後、委員部総務課長などを経て、平成八年記録部長。その後、委員部長を経て、平成一〇年七月事務次長、同一五年一一月事務総長（同二二年七月退職）。

(64)　一九四七（昭和二二）年鹿児島県生まれ。一九七一（同四六）年七月に衆議院参事に採用され、一九八九（平成元）年、庶務部人事課長。その後、警務部長、議事部長、委員部長を経て、二〇〇三（同一五）年一一月事務次長、二〇〇九（同二一）年、事務総長（現職）。

(65) 一九四七（昭和二二）年兵庫県生まれ。一九七一（同四六）年、衆議院参事に採用され、議長秘書、委員部第八課長、渉外部総務課長、秘書課長等を経て、記録部長（一九九五（平成七）年）。その後、庶務部長、議事部長、予算調査室長、調査局長などを経て、二〇〇九（同二一）年事務次長（同二二年六月退職）。聞き取り当時、民主党特別参与。講演録に「最近の立法過程と国会の役割 ── 議会政治発展のために」北大法学論集五六巻一号（二〇〇五年）三二九頁以下がある。

(66) 「二八年組」については、今野ほか・前掲書、「間奏」を参照。

(67) 今野ほか・前掲書、第1章Ⅱを参照。

(68) 一九一八（大正七）年〜。群馬県出身。一九四一（昭和一六）年、東京帝国大学卒業、内務省に入省、まもなく海軍主計中尉に任官。戦後は一九四七（昭和二二）年の衆院選で初当選。一九五五年、自由民主党に参加。一九五九年、第二次岸内閣に科学技術庁長官として初入閣。佐藤内閣で運輸大臣、防衛庁長官に、田中内閣で通産大臣（兼科学技術庁長官）に、鈴木内閣で行政管理庁長官に就任。自民党では中曽根派を形成し、一九七四年、自民党幹事長に就任。一九八二〜八七年、内閣総理大臣。公益財団法人世界平和研究所会長。著書に『政治と人生 ── 中曽根康弘回顧録』（講談社、一九九二年）、『自省録』（新潮社、二〇〇四年）など。

(69) 海軍の短期現役制度（エリート学生を主計士官として徴用する制度）が戦後もった意義や、オールド・ネイビー・クラブの存在については、今野ほか・前掲書、第1章Ⅱ・第2章Ⅲ、および『今野彧男オーラル・ヒストリー』（二〇一〇年）一〇二頁以下を参照。

(70) 一九二四（大正一三）年一〇月生まれ。一九四九（昭和二四）年一〇月に衆議院事務局に採用され、一九六七（同四二）年七月から一九八二（同五七）年八月という長期にわたって議事部長を務めた。その後、一年間のみ事務次長となっている（一九八三（同五八）年八月五日退職）。

(71) なお、韓国国会でも同様の委員会調査室制度が採用されており、国会に法案が提出されると、議事局が所管の委員会に送付し、専門員（次官補クラス）が検討して報告書を作成し、委員会審査はこの報告書に基づいて行われるというシステムになっている（この点については奥村牧人「大韓民国の議会制度」レファレンス二〇〇九年八号一〇二頁以下を参照）。

◇第1章◇　少壮の議会官僚として

I

◆知野総長時代

赤坂　採用された当時の事務局幹部や上司などについて、どのような御印象をお持ちですか。

谷　まず申し上げたいのは、私らが入ったとき、とにかくみんな部長だったんだよ。新入社員のときもう既に、大方というか、後に事務総長になる人等はみんな部長だから、部長さんに気安く物を言う雰囲気じゃなかった。だから、知野さんだって本当に親しくなったのはやめてからです。むしろ、この前お亡くなりになって、奥さんが、「主人は何かあると谷君、谷君と言っていました」と言ってくれたけれども、そう言ってもらえるようになったのは、もう知野さんが会計検査院の院長時代ぐらいから。たまたまあの人も用賀に、馬術の大家だから(1)、お辞めになったら馬事公苑の近くのマンションに移ったんですよ。今は横浜の青葉区の方に移っていますけれども。

それで、私は、たまたま英国から帰って住んだ公務員住宅が用賀にあった。近くに衆議院の速記者養成所があるんだ。御近所に住んでいたわけだね。たまに盆暮れの挨拶とか何か伺ったりなんたりして、いろいろな話をするようになって、私が総長を辞めるころ日本倶楽部に入れてもらったら、あの人は日本倶楽部に精勤していたから、何かあったら、日本倶楽部でお会いしていた。そういうことで、知野さんは、謦咳に接するという意味であれば、在職中はまずないな。むしろ、伝説みたいな話は聞かされましたよ。まず一つは、あの人は、内務省に入ってすぐ海軍にとられたんだろうと思うんだよね。海軍の国会担当じゃなかったかと思うんだ、連絡員。だから、海軍さんの正装で短剣つって制服着て、馬が上手だから馬に乗っていったんでしょう、国会の構内の中。そうしたら、若い女性職員が追っかけて回っていたというんだ。確かに、姿勢もいいし、端正な顔をしているし、そういう話になっている。まあ、本人に言ったら、いやあ、そんなことないとは否定しなかったから……（笑）。

もう一つは、私が入った頃かな、すぐ上司にいた人が、知野さんの委員部長時代の思い出みたいなのをよく話してくれた。あるとき、何か、強行採決寸前、昔は委員室の隅で理事会をやっていたんだよ。大臣が座って答弁する席をちょっと理事会の席にして、そこでぱぱっと話がまとまったら、そこですぐ委員長が委員長席に戻って採決するわけですよ。気風にもよるけど、当時は、やはり大事なときには委員部長として出張っていたんでしょう。委員部長が出張ってきて、そのまとまったというのを次第書きに書く。そうしたら、みんなシーンとなって、満座の中で、みんな見ている前で、鉛筆の音だけがさらさらっと聞こえたという、嘘か本当かは知らぬけれども、そういう物語がちゃんと伝わるぐらい、仕事の威力みたいなものは職員には感じさせていたんでしょう。

もう一つは、総長時代に、議運で、とにかく、目が動いただけで資料が出てこないと怒りが顔に出るぐらいの、それは私もちょっと経験があるんだよ。私も、後に委員部調査課の先例係というのになった(2)。調査課の先例係というのは、当時は、委員会が揉めたときにいろいろな資料を出す、そういう仕事。そうすると、国会が揉めていると事務総長のところで、議事部の泉さんがいて、議事部の神様みたいな人と、委員部には芦田〔茂男〕さん(3)という委員会運営のまた神様みたいな人がいた。芦田さんは、表で委員部長とか事務総長がやれない、自由民主党の強行採決の相談に乗るわけです。どうやったらいいとかこうやったらいいとか、ベルをここで鳴らしたらあなたはここに入ってくるとか、そういう作戦の、委員部にそういう人がいて、総長室から二人に指示が来る。芦田さんが持ってきたら、三階の先例係というのが、それに応えて一生懸命資料をつくって持っていく。議事部は、今度は泉さんが帰ったら、それでぱあっと持っていく。後で聞いたら、大体、委員部の方が負けていたという話だけれども。それは競争みたいにして、いかに早く資料をつくって、という話だった。だから、それだけやはり、知野さんの威厳というかそういうのはあったと思う。

ただ、あの方は、そういう意味で、仕事で具体的に仕えたことがないから、外からその他大勢と見るだけだった。でも、お辞めになって、用賀に住んでいて、何回か会ったとき、前の総長の久保田〔義麿〕さん(4)の何かお彼岸か祥月命日に、久保田さんは鎌倉にお墓があったから、〔知野さんは鎌倉に〕行かれていましたよ。それは一回じゃないな。だから、そういう折り目正しい人だったよね。それはずっと、手紙でも、何かあったらすぐきちっと返事をくれるし、非常に折り目正しい人だった。だから、やはり、資料のことだって折り目正しくきちっとやる。私は、そういう穏やかになってからの知野さんしか知らないから、総長時代にどれだけ厳しかったかというのは、本当に身近には知らない。

余計なことだけれども、下々の下世話みたいな話で、例えば鈴木隆夫さんと知野さん、こういう人の流れとか、久保田さんと大久保さんとはこういう流れとか、そんな話はいろいろあったから、当然、私らも、知野さんと久保田さんというのはそんなにね、というふうな感じは持っていたけれども、そういうのを見ると、やはり、ちゃんと筋を通される方でしたね。

◆ 藤野総長から大久保総長へ ── 四十日抗争

谷　その後は、藤野さんだね。藤野さんが事務総長のときには、ちょうど私は英国に行っていた。委員部長のときは、ちょこっと、あの人が研修してくれた。そのころ、何かそういう気風があったんだと思う。それから絶えて、委員部長がそんな話をしたって聞いたことないから。私が入ったときに、当時、若者がいたんだよ、一緒に宿舎から上がってきた人が、七月ごろ。独身で、そういうのが五、六人いたの。それから上の独身者は、とにかく三十過ぎて嫁をもらってないというだけの話で、そのときに、五、六人集めて、委員部長が一週間ぐらい研修してくれた。

だから、やはり、何かそういう気風があったのかな、少しちゃんとしておこうという。そういう思い出しかないね。それで、私が帰る最後の年ぐらいかな、事務総長をもうやめるから、やめたら英国に家族で行きたいって手紙をくれたの。それで、そういう心づもりをしていたら、山で亡くなったという報せが入ってきた(5)。その秋か何かに奥さんとお嬢さんが見えたけれども、残念だった。それぐらいの話しかない。

大久保さんは、帰ってきてからそれなりにお仕えして、私、結婚したときは大久保さんが委員部長の時代、たまたま部長だったから仲人をしてもらった。申しわけないことに、男の子が生まれたばかりのときに。

赤坂　イギリスは単身で行かれたんですか。

谷　いえいえ、家族で。結婚するのはもう行く前、四〇年に入って、四三年に結婚したかな。

それで、帰ってきたときは、大久保さんが事務総長なんだよ。帰ってきたら、「しばらくゆっくり休みな」なんて優しいことを言ってくれたら、一週間もしないうちに議事課に行って、議事課へ行くということは、次第書きを書けということなんだね。あの当時までは、次第書きを書くという仕事は大事に思われていた。やはり、書くということは勉強になるんだよね。だから、育てたい人にその仕事をさせたんですよ(6)。

私も、ひどい字を書きましたけれども、私の先任の先任の古田さんという方がいらっしゃったけれども、その人が書いていて、その人の字は、私がこんなことを言っちゃいかぬけれども、右下がりの独特の字なんだよ。うまい下手は別にして、読みづらい文字ってあるね。私は、字は下手くそだから論外だろうけれども。ただ、事務総長がそんなこと一言も言わないし、議長だって一言も言わないというのは、やはり、みんな偉かったんだ、そういうものだと。だから、汚い字でもちゃんと読んでいたんでしょう。今と違って強行採決とかなんとかの連続のときだからね。当時はそういうふうだったな。私も、まさかそんな仕事をするとは思っていなかったからね。

それで、一つの思い出があるのは、四十日抗争というのがあった。そのとき私は議長秘書だった。この四十日抗争も、議事課にいたんだよ、灘尾さんの二回目の議長のときに議事課から出て、そうしたら、四十日抗争になって、大平〔正芳〕さん(7)と福田〔赳夫〕さん(8)、自民党が二人を本会議に持ち込んで首班指名を争った。そういう準備も全部したら、突然、大平内閣になったら灘尾さんがまた議長になることになって、また出ていった。それで、いわゆる大平内閣不信任案というのが選挙から半年もたたないうちに出るわけだよ。当時、いわゆる可否同数みたいな勢力だから。

それで、家を出るときに、当時、灘尾さんは岡本町というところで用賀から近いところに住んでいたから、私、会社に行くの面倒くさいから、いつも議長のうちから一緒に車に乗ってきていたんだ。それで、朝、いつものようにお喋りをして、どうだと言うから、ひょっとしたら、可否同数ぐらいにはなるかもしれませんと。「こういう場合は英国はどうする。」と言うから、半年だったら、普通は解散じゃなくて総辞職ですよと。まだ半年しかたってないからね。それで「分かった」とか何か言って。

四十日抗争について詳しいことは後にしますけれども、大久保さんに関して言えば、大平内閣不信任案のときに、福田さんとか三木〔武夫〕さんが出ていっちゃったんだよ。だから、明らかに可決される状態になった。中では、休憩しろという。閉じこもった方も、当然、そういう場合は休憩すると思っていたという。しかしそれは、議場騒乱とか何か理由がないと、要するに、議長が一派閥のために味方するような行為になっちゃうから、それはできないんだよね。大久保さんは泰然としていたね。灘尾さんも泰然としていた。それをやったら自分の政治生命をかけるみたいな話だから、そういうことはできませんよ。

だけれども、大久保さんは泰然としていたんだけれども、それはもっと裏があるのは、大久保さんは、その日、退任する辞表を書いていたんだよ。だって、順調に終わる予定だったんだから、まさかそんな、出ていくとは思わぬから。「終わったら辞表を持って議長のところに行くから、議長を議長室に残しておいてくれ」と言うから、はい、分かりましたと言って。だから、辞表を懐に演壇に座っていたんですよ。だから、そういうせいもあったかもしれぬけれども、本当に微動だにしなかったから感心したよね。普通だったらおろおろするでしょう。出ていって、だって、不信任案可決したらどうなるかわからぬときに野党は騒いでいるし。その泰然さにけちつけちゃいかぬけれども、その裏には、ちょうど、本日をもって退官しますという辞表をもう懐に用意していたんですね。そういう思い出があります。

あの人は、そういう意味では、何かよく「君とおれとは同じだからな」と言った。何か知らぬけれども、それは、お互いに余り頭がよくないからなということだと思うけれども（笑）。あの人は、浦和高校なんだよね。浦和高校で、ひょっとしたら、ちょっと上だから、まだ高文試験か何かがあったのかもしれぬな。だから、おっこちたのか受かったのかよく知らぬけれども、何かよく、冷やかすように、おまえとおれとは、お互いに頭はよくないからなという感じだったんだけれども。でも、やはり、そういう点では度胸があったと思いますよ。大変いい人だったけれども、ただ、ちょっと、はた目から見ると、やはり、事務局内にも派閥抗争みたいな流れがその頃はありましたね。

弥富さんは、やはり、政治の世界とか職員にも信望がありましたが、あの人は、どっちかといったら、私も長年お仕えしたからあれなんだけれども、ちょっと人に対して内と外を意識するところがありましたね。

◆ 荒尾総長と『逐条国会法』

谷　そういう点では、大久保さんの方が淡泊なのかもしれぬけれども、荒尾さんに至っては、そういう流れとは埒外だから。そういう点では、荒尾さんは、私は総務課長の時しか知らないから余り云えないけれども、一つは、あの人、ずっと議員に出ようという気持があったんだね。だものだから、政治家の中で、何となく、事務屋としての信頼感というか、あれは何か政治家になりたいらしいというような話があったもんだから、事務屋としての信頼感がなかったのではないかと思う。

そういう意味では、運営畑にそんなに堪能だとは誰も思っていないから、だから、みんなの意思を統一するために、国会法逐条解説〔『逐条国会法〔全七巻〕』のこと〕なんて、あの人がみんなでやろうとやったというのは、逆に言うと、そういう意識がある人の方が、組織の仕事をしようとか、そういうのが生まれてくるのかもしれない。うちはどこか職人気質の仕事みたいなところがあるから、委員部なんというのは。そうすると、いえいえ、おれがもう全部やれるからいいなんということになってくるから、そういう点では、弥富さんはでき過ぎた。

国会法逐条解説は、私も何かのときにあれを随分見ていたけれども、あれは全部、国会法から、当時の解説書とか『国会運営の理論』を初めから読まなくたって、そこの部分だけちゃんと載っているから。何かのときにぱっと見ると、憲法の学説だって、見るのに便利でね。

赤坂　『逐条国会法』は復刻版がもうすぐ出ます。解題を書かせて頂きましたので[9]。

谷　だから、そういうのをあの人はおやりになった。それと、今でも覚えているけれども、あの人のとき、福田一さん[10]というのが議長だったんだ。でも、仲がいいというか、福田さんも福井だし、荒尾さんも富山か福井かどっちか。逆に言えば、お互いによく、議員になりたいことも知っているんだろうし、だから、反発されるところもあったのかもしれぬけれども、甘えても許されるところがあったんだろうと思う。だけれども、六月頃といったら、当時だって国会は開会中で忙しいんだよ。事務総長、何言うのかと思ったら、議長に「アユの解禁日だから明日休ませてくれ」と（笑）。

あの人、魚釣りが本当に趣味だったから、閉会中なんか、事務総長室に入ったら、釣り針の仕掛けかなんか一生懸命いじっているんだ。そういう人だった。だけれども、人様に趣味と言うのは、やはりこれぐらいの覚悟がないと趣味とは言えないのかなと感心しましたよ。

◆弥富総長と政治の接点

谷　その後が弥富さん。弥富さんは、私は話はいろいろ聞いていたけれどもお会いしたことがなかった。初めて会ったのが、ロンドンで、議運の委員長にあの人が委員部長でついてきたことがあるんだ。そのとき初めて、「あ、おまえが谷か」というぐらいの感じですよ。だけれども、帰ってきてからはよく酒飲みに連れていってもらったりなんかしていましたけれども。

それで、弥富総長になったときに、半年遅れぐらいで私も秘書課長になった。多田〔俊幸〕さんというのが秘書課長をしていて、その後、私。だから、弥富さんの総長時代の半年ぐらいは多田さんが務めていて、その後、ずっと。だから、私も、事務総長も長かったけれども、秘書課長も一番長くやったんじゃないかな、六年ぐらいやったから[11]。

赤坂　その当時の秘書課長の位置づけ等については、後にお伺いしたいと思います。弥富さんのキャラクターについてはいかがですか。

谷　何というか、とにかく人に好かれたというか独特の、何か、政治家には大変信望がありましたし、職員にも信望があったんです。ただ、酒好きで、酔っぱらいで、だけれども、仕事がやはりそれだけできたね。だから、こんなことを言ったら語弊があるかもしれぬけれども、総長、次長、それから何かあったときに、野党なんか政党との関係とか、どこかに渦巻きができるんだよね。そうすると、総長がそういうことが余り得意じゃないと次長のところに渦巻く。だから、弥富さんというのは、やはり荒尾さんのときからずっと、次長の時に渦が巻いていました、はたから見ても。委員部長のときもそうだろうから、ずっと巻いていて、総長になったら、それはもうそこに渦が巻くようになった。

そういう意味では、私なんかはどっちかといったら事務方としてのサポートみたいなことしかできなかったけれども、そういう仕事の面の裏方は平野貞夫氏がやったと思います。

赤坂　〔平野氏も〕全く同じことをおっしゃっておられました。弥富さんが委員部長のときにはそこで実質的な事務局の仕事が行われていた、次長、総長になるに従ってそこに中心が移動していったと。

谷　ただ、五時半過ぎたら、しょっちゅう次室で酒を飲んで。それは一つは意味があるんです。当時は、新聞記者とか議員だとか、表の記者会見なんてできないし、懇談といったって……。そうすると、あそこで酒を飲んでいればみんな来て一緒に飲んで、そういう風習がずっとあった。一言で言うと愛嬌のある人なんだね。結構悪口を言うんだよ。女の子なんかでも、おしりはさわるわ、手を持ってこうやって、そういう人だったから（笑）。それをまた、土井〔たか子〕[12]先生だって何だって構わずそうやる。そういう人だけれども、要するに、そう言って余り人に嫌らしく思われないみたいなところがあって。

それで、弘前御出身だから、閉会中になると、次室の女の子とか、私らも弘前に随分お供した。行けば、交通費だけで、地元にやはりファンクラブがあって、ちゃんと飯をごちそうになって、飲んで騒いだりしていました。千葉にもやはり、昔、お父さん〔弥富破摩雄氏〕の代からお世話になっているところ〔館山〕があって、その御縁があって、私らもしょっちゅう千葉に行っていました[13]。

独特のキャラクターで、同じことを真似したら、顰蹙を買ったり嫌われるんでしょうけれども。それだけやはり、議員に相談されるし信頼感があって、いわゆる事務方としての表のやるべき仕事じゃないことも、頼まれれば、総長というのは政治的な仕事をしなきゃしょうがないから。

赤坂　政治との接点というのは、総長レベルだけの話なんでしょうか。平野貞夫さんとかは…。

谷　平野氏は、あの人は議運が長かったから、そうすると、極端なことを言うと、委員部長だって、やはり一番中心は議運だから、その議運の担当が彼だし、当時そういういろいろな問題は全部議運に行く。先例係にずっと一緒にいたこともあるんだよ。堀口、平野、谷と、もう一人、清水という、死んじゃったけれども、年は平野氏とか堀口さんと同じ年なのに大分遅れて入ってきて。そういう時代もありました。

赤坂　ちなみに、平野さんとはどういうご関係になるんですか。

谷　私よりも早く入ってきて先輩だけれども、法政大学の大学院に行っていて、政治活動のサークルかなんか入っていたんじゃないですか。

赤坂　ええ、共産党入党寸前だったという話です。

谷　そういうのに入っていて、本人から聞いたことはあるけれども、詳しいことはよく承知していません。でも、私が入って何年かして社労委に行ったときには、もう園田直さん[14]が副議長になってその秘書官に出たから、先例係になったのはそれから戻ってからの話だよね。

本当に活躍し出したのは、小沢〔一郎〕さん[15]が委員長だったとき、あの人は大臣にならないで、田中角栄さんにもう一回雑巾がけをさせられて、ほかの人が大臣になったんだ。だから、小沢さんは議運委員長を二年ぐらいやった。普通は議運の委員長を一年やったら次は大臣という暗黙の決まりだった。平野氏は私の後に委員部の総務課長になったんじゃないのかな[16]。私は秘書課長に出ていったから。

赤坂　総務課長が議運担当ですね。

谷　それで、議運担当で、そのとき、要するに公明党と自民党とのパイプ役となった。もう死んじゃったけれども、公明党の理事に権藤〔恒夫〕さん[17]というのがいて、もともと平野氏は権藤さんと親しかった[18]。小沢さんとは、それまではそんなに関係なかったと思います。その小沢委員長のときに、公明党の権藤さんとかを結びつけて、結局、一・一コンビというかな、そういうのができる政治の渦巻きになっていく始まりなんだ。そのときに平野氏がいてずっと関与した。だから、むしろ彼が自民党と公明党をくっつけるために立ち働いたことは事実です。だから、公明党の悪口の本[19]を書いちゃだめなんだよ（笑）。

赤坂　あれが自分の一番の痛恨の出来事だったと言っておられました。自分でやっておきながら（笑）。

谷　ただ、あの人は、本当に今でも感心するんだけれども、議運の理事会というのは速記録がとれないから、議運の担当がメモをとるんです。確かに、メモをずっととっていた。その習性はずっと残っていたんじゃないのかな。

だから、議員になって、小沢さんのもとで自由党かなんかの国対関係の仕事をしているときに、聞いた話だけど彼は必ずメモをとっていて、それは違う、あなたは一昨日こう言ったじゃないかと、必ずメモにつけている。そういう会話でもちゃんとメモをとっていたんじゃないの。だから、本を書くだけの材料はあの人はいっぱい持っています[20]。

赤坂　ええ、恐ろしいぐらい細かく覚えておられます。

谷　だから、ずっとメモをとって。我々は横着だから、そんなの耳で聞いて次の日は忘れているけれども。

◆戦後の事務局の風景

谷　あと昔話みたいな話に聞いたのは、戦後、ばーっと組織が広がって、焼け野原で住むところもないんだよね。だから、瀬戸内寂聴さん[21]もここの地下に住んでいたという話もあるんだ。その名残か何か知らぬけれども、当時、我々が大学に入った頃までは、東京に来るといったら、米穀通帳、米屋に行って判こを押してクーポン券をもらわないと東京に来れなかったんだ。食料を確保して出てきなさいということなんだよ。そういう時代で、ここにもクーポン券食堂があったような時代。

そういう時代だから、議員も地方の人が東京に出てきて、議員宿舎も、高輪なんて昔の宮様の家かなんかで平屋の、九段なんて共同風呂だとか、そういう時代の雰囲気があって、みんなも帰るところがなかったら委員室に寝て、朝起きて机並べて委員会をやっていたとか、私らは経験したわけじゃないけれども、そういう話は聞いて、それが遠い昔じゃないんだ。そういう経験をした人がまだ残っているわけです。

それともう一つは、戦争経験のある人が、私のお仕えした高橋文雄さんというのは、課長だったけれども、明治神宮で学徒動員の行進をしていった人で、陸軍特攻隊で、特攻に行く寸前に戦争が終わった人だが、そういうような経験を持った人が結構いたし、課長補佐ぐらいのレベルの人はみんな予科練に行っていたとか、そういう年代だった。だから、いろいろな人がいました。中には、私が入ったばかりの二、三日たった後、夜いたら、酔っぱらっていたんだろうと思うんだけれども、「気をつけ、名前を名乗れ」なんて。そういう雰囲気がありました。

それから私だって、まさか夏は背広を着るとは思ってなかった。当時はまだ、県庁ぐらいでは夏は開襟シャツでよかったんだ、背広なんか要らなかった。みんな夏に背広を着ているから、慌てて買いに行った記憶がある。ああ、夏、背広を着るんだなんて。そんな時代だった。もっと面白いのは、最初、内閣委員会で、松崎〔幸二〕さんというキャップ(22)がいたんだよね。当時だって、もう昭和四〇年代。梅雨かなんかだったんだな、長靴、ゴム長というのがあるでしょう、あれ、普通、上からズボンを垂らしているならまだ分からぬけれども、中にズボンを入れて、そのまま委員会のキャップでやっている。それで誰も恥ずかしいとも文句も言わないような、まだそういう時代だったんだ。雰囲気としてはそういう雰囲気だったです。

開会中は確かにひどかったよ。会期末になったら、いつ帰れるか分からぬぐらい遅くまでやって大変だったけれども、閉会中になると、今度はまたころっと、一〇時出勤、四時に帰っていいとか。今だったら許されぬけれども。ただ、世間もまた、国会はそういう堅気の衆が勤めるところじゃないと思われるような雰囲気のところだったものだから、理解があったのではないかな。

◆「議事部の神様」と「委員部の神様」

谷　そういう時代に、上司の話だけれども、泉さんは、私がイギリスから帰ってから初めてお仕えしました。その前、四二年〔一一月〕かな、入って三年目かに調査課に行くんだよ。五六回国会の健保というのがあるんだ。それが終わってから暮れに調査課に行って、芦田茂男さんという、これは仕事は厳しく調査の指導をするんだけれども、終わったら、四谷に小さな飲み屋があって、当時は女性と一緒に飲むというような風習がないから、男は男で酒を飲んで、必ず連れてかれた。それで、ごちそうしてくれるんじゃないんだよ。ちゃんと庶務担当がいて、給料に従って配分した。それも、月に一回ならいいけれども、ほとんど毎日おつき合いしていた。面白い人だったけれども。だから、平野氏の前は、そういう政党からの相談事、特に自民党からの裏相談を受けたのは恐らく芦田さんでしょうね、表の相談の処理をやっていたのは泉さんで。要するに、事務局の最終的な仕事というのは議決を間違わないということ。政党との何とかかんとかというのは表の仕事じゃなくて、本来は議決を間違っちゃいかぬだけの話だから。その仕事はやはり泉さんが几帳面におやりになっていたんでしょう。

だから、芦田学校というのがあって、芦田さんの部下にいるということを誇りに思っていたわけです。そういう意味では平野氏もその一人だよ。私は芦田学校の一番末席の末でしょうけれども、国会運営術みたいなものがあれば、そういう薫陶を受けた人の一人じゃないかな。大変だったんですよ。今の人から見たら、そんなことがと思うことがいっぱいある。例えば、修正案を配るのは野党から配らないと文句を言われるとか。文句を言われるだけならいいんだよ。それを理由に委員会を止められちゃうんだから。野党にとっては何でもいいんだよ。止めればいいんだから。

一遍、私もうっかりしているから、開会放送してなんてことになって、電話をかけて、はい、開会放送ねとお願いしたら、委員部の総務課でやってくれるわけです。三〇秒ぐらい前だったんだよ。そうしたら、当時の社会党の筆頭理事の河野〔正〕さん[23]という方が歩いてきたんだよ。おれがまだ着かないのに開会放送しているというわけです。それでわあわあ言い出して、えらいことになったなと思ったら、たまたま厚生省の、後に官房副長官になって、武田薬品の社長か何かになった梅本純正さん[24]というのがまだ官房長だったんだな、理事会は委員室でやっているから、委員長か何かに用事があってのこのこと耳打ちみたいにして来たら、今度は、怒るならそっちの方が主だから、官房長なんかは社会党の筆頭理事は百も承知じゃない、顔を見て。「おまえはだれだ、名を名乗れ」とか言ったんです。それで、そっちの方ですったもんだになって、こっちのことを忘れてくれたからいいけれども。そんな話はいろいろありますよ。

赤坂　ちなみに、泉さんだけ異例に議事部長の時代が長いですが、これはどうしてでしょうか。

谷　一つは、泉さんの人柄というか性格にもよるかもしれません。面白い人で元気のいい人なんだけれども、余り社交的な人ではないかな。でも、議事部に行ってから、結構おもしろい人で、若いときは、はげ茶瓶といって、当時の法制局長とか何かと机に上がってけんかしていたよなんて、そういう元気のある人だった。ただ、私らが知っている頃は、ビールが好きで、おつまみもかっぱ巻きぐらいしか食わなかったな。だから、余り健康じゃなかったと思う。

そういう面では、議事部の仕事の人を育てたのが泉さんで、委員会運営の人を育てたのが芦田さん。昭和四〇年代ぐらいの、当時、乱闘国会ばかりやっていた頃の事務局は、大ざっぱに言ってそう言っていいんじゃないか。

赤坂　ところで、部長の中で何となく、格といいますか、暗黙のヒエラルキーのようなものはあったりしますか[25]。

谷　それは、私のときに、もう人が詰まって、ちょっとヒエラルキーを壊した。私と平野氏の関係もあって壊れたけれども、大体ずっと、庶務部長をやって委員部長をやって次長になって総長に上がるというのが何となく一つのルートだった。やはり庶務部長をやらないと院内行政が分からぬ、そうかといって委員部長をやらないと今度は運営が分からぬという。議事部は、昔から、いわゆる会計検査院じゃないけれども、最後の間違いをチェック、ないようにする、そういうおかたい感じだったのかな。その分、ほかの部署は、今考えたら少し……（笑）

議事課は部屋は狭いし部長と一緒だったから窮屈だったけれども、その点委員部の方が気楽だった。桑形昭正さん[26]とか堀口一郎さんと一緒の部屋で、何か知らぬけれども、しょっちゅう議論をしていた。中原君というのはおとなしい人で、今井君は口八丁手八丁で弁護士になったけれども、そういうのが好きでわあわあやっていましたよ。それで、課長に呼ばれて、「うるせえ」なんて。

そのころ委員部に若い人はあまりいなかったんだよ、先日も一緒に飲んだんだけれど、さっき言った五、六人で。彼らが入ってきて、当時、男女で飲みに行くなんてないから、葉山に保養所があった[27]。それで、みんなで連れ立って、独身の女の子と連れ立って葉山に行っていました。それで、喧々諤々やっていました。そのとき行っていたグループがふえて、今、十何人残っていますけれども、それがみんな退職していますが。それ以来ずっと年に一回ぐらい旅行していた。私がいないときも、私がイギリスに行く前までは、年に一回温泉地に行って、電車代も払って芸者を呼んで、一万円ぐらいで行けたところが当時まだあったんだ。年に一回旅行する会だったんだけれども、帰ってきたら、みんな生意気にゴルフをするようになっていて、ゴルフの会になった。それがずっと今でもゴルフの会で続いています、旅行を一回して。

赤坂　先日はゴルフですか。

谷　いえ。私、今、絵の展覧会をみんなでやっているのがあって、それを口実に、見に来ると称して夕方集まって、要するにそれは飲むために集合しただけなんです。

赤坂　絵の展覧会……絵をお描きになるんですか。

谷　そうです。その道じゃ知る人ぞ知るなんてね、嘘よ（笑）。それは冗談だけれども、秘書課長になった頃かな、NHKの日曜教室ができたんだよ。月二回ぐらいなんだ。私、子供のころ絵がうまかったと思ったものだから、じゃ、行ってみるかと。それで、始めて、ちょうど役所をやめて次の次の年ぐらい、それに行き出してもう二五年ぐらいになるんだよ。二五年も行ったんじゃひとつ何か個展でも、絵は下手だけどと言ったら、お世話してくれた人が国会の絵を入れるときに働いてくれた人で、その人が銀座の一流のオークションギャラリーを紹介してくれた。銀座の目抜き通りで、場所が物すごい広いんだよ。行ってみたら、作品なんてそんなにあるわけないじゃない、昔のものから何から、あるだけ架けた。絵よりも、やめたばかりだから、花輪をくれたのがすごいんだよ。この人は何という人だろうというぐらい花輪が飾ってあって、森喜朗さんから綿貫民輔さん[28]から谷垣禎一さん[29]から武部勤さん[30]から、今考えたら、よく反発し合う人同士だな。

　また、この夏、そこは御高名な人しかやらぬところだから、冗談にたまにこのギャラリーを貸してよなんて言ったら、突然、「谷さん、いいよ、貸すよ」と言うからまた個展を開いて、終わったらまた、何か知らぬけれども、図書館にいた古い人たちが、結構うまい、プロみたいな人がいるんですよ、四人でやろうと言うから、いいよといって、今ちょうどやっている。

Ⅱ

◆内閣委員会

谷 では、衆議院に入ってからのことを、時系列を追って話させてもらおうと思います。昭和四〇年の四月二一日に衆議院に入りまして、最初のころは内閣委員会とか予算委員会。予算はもう通っていたから、四月のころはそんなに予算委員会を開いているはずはないと思うんだね。そのとき、五月一四日かな、内閣委員会で農地報償法の強行採決があった。そのころ私は入ったばかりで、「国対に行ってこい」と言ったって、「コクタイというのは何だろう、まさか体育会じゃないだろうな」と思ったぐらいで、すぐ上の人について走り回っているぐらいで、まだ何も分からない見習いみたいなものでした。それで農地報償法の強行採決があった。これは、農地解放で土地をとられた地主さんに、補償じゃなくて何かお見舞金みたいな一時金を出そうという法律なんだけれども、当然社会党は反対しますね。それで強行採決になった。後に「笑わん殿下」で有名になった河本敏夫さん(31)という方が内閣の委員長で、筆頭理事に伊能繁次郎(32)という、東京から出ていたかな、佐藤栄作さん(33)と同じころの運輸官僚出の人がいました。

当時は、本館の第二何とかという小さな委員室で、内閣委員会は二五人ぐらいの小さな委員会なんですよ。ライトが煌々と入って、委員室の、委員長席の横で理事会をやっていましたから、それが終わって、さあこれからという感じになったときに、課長に中嶋米夫さん(34)というまじめな方がいらっしゃって、その方が、キャップの松崎〔幸二〕さんが「よした方がいいですよ」と言うのに、まだぺいぺいだったから何の問題か私も覚えていないけれども、「これだけは事務局として言っておかなきゃいかぬ」と言って、ライトが入ってまさしく騒然となっているところに、伊能繁次郎さんのところに行って何か説明していたら、事務局の出る幕じゃないと一喝されて。それでも中嶋さんも立派だったね、ちゃんとしゃべっていましたよ。今でも印象に残っているのは、ああ、衆議院の委員部というのは言うときにはちゃんと言わなきゃいかぬ仕事をするところだと思った思い出があります。

それで、すぐ国会が終わっちゃって、予算は何回か出たな。まだぺいぺいだから何にも覚えていない。会議録の頭書きというのがある。あれは、今はちゃんと原稿用紙になっているけれども、当時は一枚紙に出席政府委員とか見出しだけがあって、それに書くんですよ。だけれども、予算委員会は各省が全部出るから出席者が多いんだよ。そうすると、最初にちょこっと斜めになると、線が引いていないからだんだん斜めになる。それをまた今度は、一枚では足りないと張りつけるんです。そうしたら、弁慶の勧進帳みたいに巻紙になっちゃう。それをまた、巻紙でさすがに汚いなと思うけれども、三階にお年寄りの検閲する人がいて、ちょっとでも間違っていると呼びつけられて書き直さなきゃいけない。そういう記憶があるね。

それと、そういう強行採決のときに初めて知ったんだけれども、一番末端のところがするのが、「何月何日第何委員室にいた出席委員は次のとおりである」と名簿を作ること。野党はまだいいんだけれども、特に自民党は、全部満杯にしなきゃいけない、鉄則は。要するに、委員配分のある数だけいなかったら、国対に連絡して委員交代してもらう。これだけしかなく「議場騒然、聴取不能」ということで速記録がとれないときがあるから、そうすると、事務的に、これだけの人間がちゃんといましたという書類をつくるために、それが末端の一番大事な仕事なんだ。だけれども、実際問題、何回かそれで満杯にしないで強行採決をして、後でいろいろ、瑕疵があるという問題になった、そういう話はありますよ。

政治的に、約束違反とか採決無効というのはまだいいんだけれども、定足数を欠いていたとか、議決の定数が欠けていたというのは、これはもう抗弁できない。採決無効といったって、過去に差し戻したケースはみんなそうなんだね。差し戻しは何回かあるけれども、政治的な問題の決着で差し戻したことはない。

◆社会労働委員会

谷　それで、その国会が終わったらすぐ社会労働委員会に行った。最初の課にいたのが半年ぐらいだったのかな。社労というのは強行採決が日常茶飯事。今考えると、国鉄運賃だとか健康保険料とかは全部法律事項だったんだね[35]。役人が利口なのは、それらを全部委任事項にしちゃった。国鉄運賃だって何だって、昔はそれでもめごとになって強行採決。だから、社労も例に漏れず、大体会期末になるとわあわあ揉めたわけです。

いろいろあった中で記憶が一つあるのは、五五回特別国会というのがあるんです。昭和四二年かな。その一週間か一〇日ぐらいで五六回臨時国会。そのときの健康保険特例法は審議未了になってすぐ五六回でやるんだけれども、その話の前に、五五回国会。昭和三八年に三池で炭鉱爆発があるんだ[36]。炭じん爆発を起こして、近代炭鉱ではあんな爆発は起こらないと思うんだけれども、坑道一本吹っ飛んじゃった。それで一酸化炭素中毒の人がたくさん出た。その救済法案がもめて、ちょうど五五回の会期最終日にようやっと話がついた。健保はもちろん継続だけれども、参議院から送られた法案と、閣法何本か、児童福祉法とか環境衛生金融公庫法案とか。これが話がついて、最終日だよ、では、これからやりますといったときに、衆議院の委員会から始まるわけ。調べたら、委員会が午後一〇時六分なんだ。一二時までに全部参議院を通さなきゃいかぬわけだよ。それで終わって、本会議が一〇時五二分に開いている。参議院は参法もあったりするから多少先にやっているんだけれども、それでも、一一時半ごろに参議院の委員会が終わって、本会議が終わったのが一一時五一分ですよ。

考えてみたらひどい話だよ。八本か九本の法律案で、しかも、参議院から送付された参議院先議法律案というのは衆議院で趣旨説明しなきゃいかぬから。それに、大体、附帯決議とか修正がついているんですよ。それを委員会で配りました。当時はうるさくて、何事も野党から配らないといちゃもんをつけられる時代だから、議員に頼んで配ってもらったりしてやりました。

牧原　配るというのは、附帯決議とかを配る場合には、当時はコピーはないですから、印刷したものを何か用意してあるのですか。

谷　それはあらかじめ印刷して用意してあるの。だけれども、そういう話し合いの結果、大体自民党が出すから。

牧原　そういうのは、議事の事務方が配るわけではないのですか。

谷　事務方が配るんだけれども、それを野党の方から先に配らないといちゃもんをつけられちゃう。そのときは、議員に頼んで。だって、そのときはみんな一生懸命だから協力するわけよ、当時は。

中澤　与党と事務局が協力してということですね。

牧原　そうした場合、議員さんは、決議の紙を配るとか、そういう細かいことは頭にない…。

谷　ないけれども、そういう非常の事態だから。我々はよく戦時国際法と言うけれども、そのときには与党だって一生懸命だから。

そのとき、今でも忘れないけれども、中野四郎[37]という、いかにもそちらの世界の親分みたいな感じの人が、環境衛生金融公庫法案の提出者なんだ。それで、採決をやっているときに委員室に駆け込んできて、そしたら、国対委員長の渡海元三郎さん[38]が、本当に忠臣蔵の梶川某みたいに、「殿中でござる」みたいに羽交い締めにして。それは何かと言ったら、要するに、環境衛生の方を早く採決しないと一二時までに参議院を通過しないわけだよ。だから、「早くしろ」と言いに来たんだ。だけれども、せっかく話がついて今やっているところで騒がれたんじゃ困るからと、顔を真っ青にして渡海さんが中野四郎さんを羽交い締めにして。だけれども、中野四郎さんが、それが終わった後、我々のところに来て、「迷惑をかけて申しわけなかったけれども、きょうは母親のお通夜だった」と言うんだ。「それでもおれはこの法案にかけていたから来たんだ」と。そういう情景がありましたね。

中澤　そのように非常に紛糾した社会労働委員会ですが、委員の人数、規模はいかほどでしょうか。

谷　予算が五〇だから、社会労働委員会は四〇ぐらいじゃないかな。予算が一番大きかったからね。

中澤　四一年に初めてできたということですか。

谷　社会労働委員会ですか。いや、これはもう昔から当初、厚生・労働に分かれていて第二二回国会から社会労働委員会になった。戦後のいわゆる労働と厚生の社会立法はみんな、最賃法とか失対法とかああいうのはずっと社会労働委員会でやってきたから、常にそこで乱闘を繰り返してきた。だから、そういう意味では、当時の委員部では社会労働委員会は花形委員会の一つだった。要するに乱闘ばかりやっているから。

牧原　社労と比べると、やはり内閣委員会は、仕事に慣れるという意味では、比較的最初にやるようなところという面があるということですか。

谷　そうなるね。だけれども、入って三週間目ぐらいにならぬときに強行採決したから。社労のころは、一番ぺいぺいだから、次第書きを書くのと、そういうときには出席委員をちゃんとするのと、あとは連絡係みたいなものでした。

赤坂　今の点ですが、そもそも内閣委員会を若手の入りたての方が担当されるというのは少ない事例ではないですか。

谷　よく分からぬけれども、課長さんがまじめな人だったから、そこに見習いにやられたのかもしれぬな。

赤坂　そもそも、委員部の、しかも第一課に配属されたというお話でしたが…。

谷　二課かな(39)。予算と内閣があったような気がするな。もう忘れちゃった。予算はひょっとしたら第一課にあって、私はそっちに行っていたのかもしれぬ。課長が、中嶋さんは二つぐらい兼ねていたのかな。大きな部屋にいたような気もするね。

牧原　確認ですけれども、一課、二課が幾つかの委員会をそれぞれ持っていらっしゃって、その一課の中で、谷先生は、例えば最初は内閣委員会を担当された。そうすると、内閣委員会を担当する課の方は、課長さん以外には谷先生だけですか。

谷　キャップを含めて四人だったかな。予算と内閣委員会と、当時、地行〔地方行政〕も一緒にいたのかな。地行には私は余り行った記憶がない。予算と内閣ぐらい。全部出るといったって、同じ日にやっていることだってあるから。だから、それも半年ぐらいしかいなかったと思うんだ。閉会になって、次の国会はもう社労に行ったんじゃないか。

◆健保特例法の強行採決

谷　社労に行って、四二年にそういうことがあって、五六回国会というのがある。健保の強行採決。あの強行採決は今でも覚えているけれども、黒い霧国会の後、公明党が出てきて、まじめに強行採決。それまでは、強行採決といったって、社会党と自民党では、多少は水が引いてある。だけれども、当時の公明党はまじめに、採決阻止といったら本当に体力を使って阻止しちゃったものだから、今の分館の委員長机より昔の本館の委員長机の方ががっしりしているんじゃないかな、あれがぺっちゃんこになっちゃったんだ、上に乗ってわあっとやるもんだから。

そういうことで、結果的には、修正、修正に応じているうちに、法律で改正しなきゃならぬ範囲でないぐらいの話になっちゃったんじゃないかな。それでも値上げするには値上げだから、強行採決してね。そのときに、徹夜国会になっちゃって、あれは五日間ぐらい続いたと思うよ。その前までは日韓国会(40)も大変だったんだけれども、その記録を破るぐらいの長期になったね(41)。

私は委員会の末端の担当だから別に本会議を五日やろうと我々が何かするわけでもないんだけれども、ただ、何かあったらいかぬということで、一応毎日つき合って残っているわけですよ。独身だし、最後には着るものがなくなって、洗面所でシャツか何か洗っていたら、終わったと。終わったって着るものがないのを覚えていたけれどもね。

中澤　事務局に泊まられて待機されていたということですね。

谷　布団はいっぱいあるんですよ。その頃はもう裏に泊まるところがあったかな。その前は委員室に泊まったりしていたんでしょうけれども。ただ、社労というのは請願が多かった。件数一件でも、「外何とか」と。あれは終わると報告書をつくるんですよ。またその報告書も、ちゃんとしたおじさんがいて。ほかの委員会は百とか五百とか六百。社労は五千とか六千とか三千とか。私は怠け者だから、忙しいのもあるけれども、終わってから作ろうと思うと、みんなは閉会中になってわあっと楽しく帰っているとき一人残って請願の報告書を作る。昔の布海苔《ふのり》で、刷毛で張って一件一件切って作るんですよ。夏の暑いときにあんなものをやっていたら、夕方になったら、あの匂いでぽうっとなっちゃう。

五五回と五六回はそんなに時間がなかったと思うんだ。それで、べた張りにして、審査未了とか何とかという判こを押す。そしたらまたおじさんが厳しくて、昔の人のべた張りしたきれいなのを持ってきて、「しようがないから、この程度にやれますなら結構です」とかなんか言って。そんな、やれるわけないよ。一つ抜けているとか。当時はそんなことをやりましたよ。

牧原　初歩的な質問ですけれども、委員会とかに出席される場合、事務局の方はどこにいらっしゃるんですか。

谷　〔部屋の中を指して〕向こうのマイクのあるところが委員長席とするでしょう。そうすると、右の方に大体大臣が座る。それから後ろに政府委員の方が座る。こちらから見ると左側が委員部の席で、大体三人か四人で担当します。

牧原　その議事の最中に、乱闘とかがなければ、事務局の方は普段どういうことをされているんですか。ただ聞いているんですか。

谷　聞いてメモを取ったり、中にはいろいろ連絡事項があったりします。それと、平穏無事なら、かわるがわるトイレに行ったり水を飲みに行ったり。

ただ、そのころは今と違って、日本社会党にも論客がいっぱいいた。社労では島本虎三さん[42]とか、田川市長を長いことやった滝井義高さん[43]とか、多賀谷真稔さん[44]とか、それから農林では芳賀貢さん[45]とか、何々委員会の何々さんというその道の人がいっぱいいて、朝から晩まで質問をしていましたよ。だから、今いろいろ言うけれども、その当時の国会の実際の働きから見たら、年々落ちています。そのときは空白があったり審議中断とあるからも、実質審議がどうのこうのという議論は別にして、実際の委員会の稼働時間というのは、そのころの方がはるかに充実していた。

牧原　事乱闘となった場合には、通常、委員部の人たちはどういうことをするんでしょうか。

谷　まず委員長に、次第書きが破られてもちゃんと言えるように、メモ用紙でこんな小さいのを作るわけです。当時は、選挙区に帰るのでも、書いてもらったものをポケットに入れて、ちゃんと覚えてくるといって帰る。やはり成功報酬みたいなあれがちゃんとあったんだよ。強行採決は、質疑打ち切り動議というのから始まるんですよ。そのときも合図を決めていて、「委員長」と言って質疑打ち切りの動議を出す。言った瞬間に委員長は次第書きを読む。野党はわっと来るから。程度にもよるけれども、そんなに反対じゃなかったら野党もそこまでしないけれども、ひどいときは次第書きを破られる。委員長は、そのときは、そらで覚えた次第を言う。ちゃんと係がいて、起立で立つとかそういうのも指揮する人がいる。

あれも何回も私ども見ましたけれども、やはり動議を出すときに緊張するんですよ。鉛筆を倒したらぱっとやるとか。そうすると何かもう、いかにも震えるような感じでね。だって、一回失敗するともう一回というわけにはなかなかいかないからね。本当に、よくしゃべれなかったら、多少速記にでもちゃんと入っておかないと、初めから終わりまで何も聞こえなかったというといかぬからね。

牧原　きょうは動議打ち切りで採決をするということは、委員部の方も分かっているわけですね。それは前もって与党の方から連絡が来る。

谷　先にもお話しした芦田茂男さんというのがいて、与党国対の方から相談があったり、各委員会のキャップにもいろいろ相談が来るけれども、「どうするんだこうするんだ」と話する。ベルと同時に、何時に鳴らすからベル一分前にはもう入れる態勢を作っておいてとかね。もっとひどいのは、その前は突然委員室を変えたことだってあるんだよ。さすがにそんなだまし討ちは私らは知らないけれども、昔はそういうこともやったらしいんだよね。公報に何々委員室と書いてあるでしょう。それを突然、第三委員室に変更になりましたからといってわっとやっちゃうとかね。無効になったケース、差し戻しになっているのは、中身がいろいろあるんだよ。野党が勝手に、社会党が委員長席に座って勝手にやっちゃったとかね。そういうのもいろいろあるんですよ。だけれども、さすがに私が入った頃の四〇年代はもう、そんなめちゃめちゃなことはなかったね。

◆野党への配慮

赤坂　今、複数のいろいろな委員会に関与されたということですけれども、委員会ごとに運営の独自色というのですか、そういうものは何かありましたか。

谷　そういう面でいうと、話はちょっと余計になりますけれども、まだ各委員会の独自性というのが尊重されたと思うんです。昭和四〇年代の中頃までは、社会党もまだ政権をとる夢があったと思うんだよね。だから、一つは、自民党も手間暇かけてやっていましたよ。それはしょっちゅう乱闘もやっていたから、正常な国会運営と念仏のように唱えていたけれども。強行採決するまでに時間をかけて、それで強行採決をするといったら、野党もある程度はもうしようがないという話になる。それで、今度は本会議に持っていくと、それまでには野党もいろいろ上程に反対するから、そうすると国対委員長のレベルとかいろいろなレベルを経て、最後は議長の斡旋に頼むとか、いろいろ手間暇かけて。

当時は大体、野党が反対する重要法案は一会期で成立しないことが多かった。二会期か三会期ぐらい、それだけ時間をかけて、ここまでしたからしようがないなと。そこまで自民党も我慢するだけの手間暇をかける運営があったと思うんですよ。

それと、日韓国会が乱闘国会だったから、終わった後に議会制度協議会というのができるんです。四一年かな。その議会制度協議会で、あれは当時は国会の反省会みたいなものだね。四〇年代の終わりか五〇年ぐらいになってくると、野党にも委員会運営の責任を持ってもらおうという考え方が出てきて、それで野党に委員長を配分するようになった。昔も配分はしていたんですよ。だけれども、勝つとどうしても、自民党が全部占めるとか、そういう話になってくる。原則に戻って選挙すると。選挙したら、それは自民党が全部占めちゃうから。そういう傾向が出てきた。

◆ 正副議長の党籍離脱

谷　それと、議長が党籍を離脱するようになった。議長が党籍を離脱したケースは前にもあるんだけれども、正副議長がそろって離脱するのは保利〔茂〕さん(46)からかな。保利さんも三宅さんも、最初は違うんだよ。三宅〔正一〕さん(47)は最初から離脱していたかもしれぬけれどもね。政治的な混乱の責任をとって保利さんが離脱して、正副議長が離脱する習慣になって、それ以来ずっと続いている。それで野党に大体副議長のポストが行くようになった。幸いなことに、前尾〔繁三郎〕さん(48)も良かったけれども、その後、保利さん、灘尾さん、福田〔一〕さんと、割に力のある人が議長を務めた。

それで、いい面は、要するに議長の権威を高めようということなんだよ。そのかわりに議長、副議長は党籍を離脱して公平中立な議事をするということなんだけれども。片一方で、日本の議長の権威の高揚というのは……。斡旋の仕事を議長にしてもらうわけでしょう。

中澤　調停役として。

谷　調停役を。そうすると、日々の議事には迷惑をかけないようにといって、議院運営委員会理事会で微に入り細に入り協議するようになっちゃったのね。本会議場も、私らの頃もそうだけれども、議場内交渉係というのが上がってきて協議して、その結論に従って議長が運営する。議長にとってみれば議事主宰は楽だけれども、会議体としては儀式みたいになっちゃうね。闊達さを欠いていく、そういう傾向が出てきた。

だから、いわゆる議事主宰の権威みたいなものは日本には育たなかったわけです。側の人々が、そういうことでは議長に御迷惑をおかけしませんからと、一生懸命用意して、滞りなく議事が終わればよしとするような雰囲気になっちゃった。その雰囲気がずっと続いていると思う。

◆ 委員会運営の独自性の喪失

赤坂　では、先ほどの話に巻き戻しまして、昭和四〇年頃から、まだ社会党としても政権をとる夢があったということでしたね。

谷　私の勝手な想像だけれども、当時はまだあったと思うんだ。例えば社会主義国への憧れや革新首長の誕生とか。それが路線闘争に明け暮れて内向きになっていったんだと思う。

赤坂　その話と、委員会ごとの運営の差があったということとは、どう関係してくるのでしょうか。

谷　これは皆さん方の御専門で検証をしてもらわなきゃいかぬけれども、田中内閣のときにロッキード事件が起こりました。それまでにロッキードはいろいろ問題はあったんだけれども、国会の中でロッキード事件が問題になってくるのは五一年の予算からなんだね。そして、航空特という特別委員会を作った。そうすると、時の総理の絡む事件だから、結局、当時の自民党はできるだけ開かせないとなる。野党は、開け開けと言う。要するに、ロッキード問題を軸に国会が回るようになっちゃった。

そうすると、何となく国対が司令塔みたいになっていくんだ。要するに、管理的な傾向が強まったんだね。全部委員会は開かせないとか、そういう指令が国対から出るようになっちゃうから、委員会が独自に自分たちでいつ開こうとかそういう雰囲気じゃなくて、中央の指令に従うような雰囲気になってきた。そうすると、議運も同様に、そういう調整機能の場がだんだん力を持ってきた。だから、言葉は悪いけれども、管理的な傾向が強まったと思う。だから、内閣も同じように内閣参事官室が非常に重要なポストになってきたというのは、やはりそういう傾向の中にあると思うんだ。政治折衝の場が大変重要になってきた。

牧原　内閣参事官室との連絡とか折衝みたいなのは、衆議院の方ではどこがやっていらっしゃったのですか。

谷　特にない。もしあるとすれば、接触面でいうと、表の儀式みたいなのは割にかかわりがある。そういうのは秘書課でやる。ただ、総理大臣が発言を、あれは実際、国会が要求するんだけれども、形だけは出席を求める、発言したいという申し出があるとか、そういう事務的なことは議事課で扱います。

赤坂　昭和五一年の前までは、委員会ごとの独自性がより強く出ていたということでしょうか。

谷　ロッキードの前までは各委員会で自分たちがいろいろ、そうはいっても幹事長もいるし国対委員長も当時だっていたわけだけれども、それでも現場現場で処理するという気風はまだあったと思う。

赤坂　それは、実質的には委員長が決めていたのか、それとも事務局側の課長補佐（キャップ）が決めていたのでしょうか。

谷　委員長が理事会で。そして、やはりちゃんと成功報酬をね。動議を出すと次は政務次官に登用されるとか、議運の委員長、何とか委員長をやると次は大臣だとか、そういうのがある程度見えていたと思います。

中澤　ロッキード以前の委員会は非常に独自性を持って法案などを議論していたとおっしゃられましたが、例えば与野党間、自民党と社会党のその委員会の常連の議員の間で、お互いライバルといいますか、ある程度の知った顔というか、そういう協調性というものはあったのでしょうか。

谷　公の場で協調するというんじゃなくて、当時、みんな九段宿舎とか高輪宿舎に住んでいて、風呂は共同だとかね。高輪宿舎なんか平屋だから、あれは高松宮かな、宮様の屋敷の跡だね[49]。土井たか子さんなんかが当選したときは、それこそ石原慎太郎[50]の『太陽の季節』みたいな世界ですよ。障子一つで隔てられて、それで男も女もなく平屋に入っていたわけだから。そういう感じのところ。食堂だってみんな朝一緒、風呂だって一緒に入っているわけだから。そういう意味では、仕事場ではけんかしても、帰ったら何となくやあやあというような感じの雰囲気はあったと思いますよ。

そういう意味では、永田町のこの国会の中にいると、職員も含めて、何か同じ釜の飯を食っているような感じなんだよね。ただ、おれらは上座に座るけれども、おまえらはそこに座れよというぐらいの決まりがあるだけで。何かそういう雰囲気はありましたよ。

牧原　そうすると、議員の皆さんの中でも、あるいは委員長の中でも、比較的事務局に対して面倒見がいい人がいれば協力してくれるということになりますでしょうか。

谷　今言ったらあれだろうけれども、昔は、委員長になると、大体秘書が気をきかせて、事務局の人をしょっちゅう折り目折り目にごちそうに連れていくとかね。それが気のきくいい委員長だったりしてね。それは社会党もそうよ。むしろ社会党の方が我々には気を使ってくれた。災害の委員長なんて歴代社会党だけれども、歴代社会党委員長の秘書はみんな、担当者をしょっちゅう呼んでくれてたな。

牧原　大体そういうのは相場があるんですか。それとも、議員によって物すごくいいところに連れていってくれたりとか、そういうのはあるんですか。

谷　いやいや、それは相場というか、自分たちのごひいきの店に。当時はそんなものでしたね。

◆**委員部調査課の先例係 ── 先例会議と先例改訂会議**

谷　それから、次のとき〔昭和四三年七月〕に行ったのは、調査課の先例係というのがあるんだ。さっき話した芦田さんというのが三階にいて、当時もう知野〔虎雄〕さんが事務総長、泉〔清〕さんはもう議事部長の時代でした。芦田さんが委員部の副部長。それで、大方、併行して調査依頼をするわけです。総長のところだから本会議に係ることが多かったんだろうけれども。

そうすると、芦田さんが面白い男で、上がってきたら黙って飛行機みたいに紙をぽんとくれて、キャップの人がそれを見て資料をばたばたとつくる。それは私が末端で資料を整理しているから、汚い資料だから。ゼロックスもまだようやっと入ったか何かで[51]、温まらないとすぐ砂が溶けてしまって消えちゃうような時代だったんですよ。後から聞いたら、キャップが一生懸命書いて持っていったら、全部大体議事部の方が先に資料ができていたと。後に議事課になったら、それは議事課の資料の方が整っているよ。委員部の三階の資料なんというのはロッカー一つぐらいしかなかったから。議事部の方がちゃんとしていた。

赤坂　委員部の手持ちの資料というのは、例えばどういうものがありましたか。

谷　何でもあったよ。調査依頼に来ると、何かタイトルをつけるじゃないの。委員長が何とかした例とかね。まさか定足数を変えて委員会をやった例というのはないけれども（笑）。そういうのが項目別にちゃんとあるのはある。だけれども、総長のところになると、委員会のいろいろなことというよりは、大方は本会議のことなんだよね。当然議事部の調査の方が多くなると思うんだ。

それで、平野〔貞夫〕氏も、私が三階にいたとき最初は園田〔直〕さんの副議長秘書に出たのかな[52]、だからそれが終わって帰ってきて一緒に〔委員部調査課の〕先例係をしていた。

赤坂　重なっていた時期があるんですね。

谷　園田さんが副議長をしていた。当時はまだ副議長は自民党がなっていたんだ。副議長はまだ大臣になる前のポストだった。園田さんが副議長をやって大臣になって、帰ってきて一緒に先例係をしていたのかね。それで、その後に堀口〔一郎〕さんというのが先例係のキャップになって、堀口、平野、谷、清水というのがいて、私以外は年が同じなんです。私が一番若くて。四人でやっていたことがある。

当時の先例係というのは、開会中は委員会のいろいろな調査依頼が来たら調べて何かやるんだけれども、委員部先例会議というのがあった。私もそういう点では反省しなきゃいかぬけれども、当時は一週間ぐらいやっていた。それだけやはりいろいろな面白い事件がいっぱいあった時代だから。その先例係をやっているのはみんな若かったから、自分たちで勝手に先例集の事例の資料をつくって、会議に持ち出すわけ。説明するのは作った方だから。喧々諤々やっていましたよ。中にはひどいのがいて、「あなたの意見はおかしいとは、上司に向かって何ということを言うんだ」と怒られたこともあるけれども。

牧原　谷先生は、思うこと、考えるところは割としっかり発言されたわけですか。

谷　余り慎重じゃないから、うかつな人だから（笑）。だから、こう言ってはなんだけれども、当時の部長さんとか何かというのは、運営に堪能だとか知らない人の方が逆に勉強会に熱心なんじゃないの。だから一週間でもずっと耐えるんだ。弥富啓之助さんが委員部長の頃からだんだん短くなったのは、本人が何もかもできるから、そんなもの会議しているのはばかばかしいという話になってきちゃう[53]。

それともう一つは、そういう強行採決でも混乱でも、事例が重なってくると当たり前みたいになっちゃうんだね。その最悪の形が残ってやったのが小泉内閣のあのときですよ。「数があるから何でもかんでも強行採決しちゃえ」

というみたいな話になっちゃった。強行採決というのは、時間もかけずにただ採決の一方法みたいに手軽になっちゃったところがある。だから昔は先例係で面白かったよ。一週間ぐらい喧々諤々、当時はやっていましたよ。委員会の担当者がまず説明して、これは間違っているとか、おかしいとか、どうしてこんなことしたんだとか、あそこで連絡しておけばこんなものは済んだはずだとか。

牧原　そういうことなんですか。先例を一つ一つ新しくつくるというよりは、一週間、前の会期の運営の仕方を一つ一つ洗い直していくということなんですか(54)。

谷　それもあるし、それからやはり、何をしたかということをみんなに周知するという面もあるわけ。そしてそれに、法律的な意味づけをする。

牧原　では、すべてが『先例集』という形になるわけじゃないような了解がたくさんあるわけですね。

谷　そうです。要するに、これは後々規範性を持たせて『先例集』に書いておこうかというものをその中からやっていくわけ。

牧原　そうすると、一週間だと何件ぐらい項目があったんですか。

谷　一〇〇とか一五〇ぐらいあったんだと思いますよ、各委員会から上がってくる先例事項を全部やっていましたから。

牧原　メンバーは委員部の全員ですね。

谷　係長以上とか何か、そんなのかもしれぬ、委員部にはそんな大きな部屋はなかったから。

牧原　何人ぐらいなんですか。

谷　担当が、少なくともキャップと二人か三人は出るでしょうから。そうすると、それぞれ課長さんとか何かを入れていったら結構な人数です。

牧原　それは部長が議事を進行するんですか。

谷　副部長です。芦田さんなんかとか。まあ、芦田さんはそれからちょっとして専門員に出ていったから。その後の人だってやはり同じです。委員部長なんかは最終的な結論を出すんだけれども、それはちゃんと自分でみんなの意見を聞いて考えて言わないと、後々の指針になっちゃうから。

中澤　一件一件、担当の係の方が説明をして、意見を集約するのが委員部長でしょうか。

谷　集約をするというか、資料を作るときに何回も担当と先例係とが協議しているわけ。それを表で今度は担当が説明して、我々が補足して。そうすると、また今度はほかのところも、結構うるさい人がいるんだ、理屈ばかり達者な人が（笑）。そういうのがまたいろいろ言い出して。だから、そういう雰囲気はあった。課長が言ったらみんなしんとなるような雰囲気じゃなかった。

牧原　もうちょっとお聞きしたいんですが、議論して例えば先例にしようというふうに委員部長が判断した場合には、先例の案を担当者がまたつくるんですか。

谷　『先例集』というのは、やはり一〇年に一回ぐらいしか改訂しないんだ。だから、毎年の会議の素材がその間の基本資料になるわけ。それを改訂するときになったら、先例改訂会議というのはまた改めて別途やるわけ。

牧原　とすると、その先例改訂会議のいわば資料になるものを毎年毎年つくっていると。その資料になるものは委員部限りですか、それとも事務総長の決裁みたいなものは入るんですか。

谷　資料は委員部限りです、先例改訂会議は総長まで決済が上ったと思う。

牧原　そうすると、例えば与野党の理事とか委員長がそれでいいという判断はしないんですか。

谷　しない。『先例集』には議員は入ってこない(55)。

牧原　そうですか。そうすると委員部限りで。

谷　改定のときは総長のところで最終的にはやります。

牧原　ただやはり、基本的には本会議についても委員部でやっているわけですか。

谷　本会議の『先例集』は議事部がつくってやります。

牧原　それは今の委員部の先例会議と別にやるわけですね。

谷　先例改訂会議というのは別途やるわけ(56)。これは一〇年に一回ぐらいの改訂期にやる会議であって、毎年の先例会議は毎年の事例をやる。結局、『先例集』といったって、柱は大体固まっているから、あとは事例追加、それにふさわしい事例を幾ら載っけるかとか、そういう選択が今は主になっていると思います。

赤坂　ちょっと確認なんですけれども、私がかつて調べたところによりますと、昭和四〇年代ぐらいまでは、委員部の先例会議というのは、まず各課で検討会議というのをして、その後、委員部の調査課で一カ月ほどの検討を経た後に全体会議、これは先例会議と呼ばれるのかもしれません、これが三日から四日間行われる、こういう流れで行われるということを調べたことがあるんですが。

谷　流れは大体そうだけれども、〔全体会議（先例会議）の〕日にちはもうちょっと長かったと思う。調査課の先例係に出すまでに課で議論して、それを今度は調査課の先例係がまとめて、全体会議に出す事例をつくる。それで、三、四日じゃなかったと思う。私が係の頃はもうちょっと長かったと思うな。

赤坂　では、一カ月ぐらいの調査課での集約作業というのが相当重みを持っていたわけですね。その間に各課と調整をする。

谷　四人で喧々諤々やっていたね。

赤坂　その場というのは四人だけでやるんですか。

谷　各課から来たりして、それでどうするかと。自分たちでこれはどうする、ああするとか。それは一応運営の担当者が尊重されるのは当たり前だけれども。当時の全体のレベルからいったら若かったんだ、その先例係をやっているのはみんな、堀口、平野、何とかいっても。キャップクラスはみんな堀口さんとか平野さんより五歳か六歳ぐらい上の人。それでも生意気におかしいとかおかしくないとかやっていたね（笑）。

赤坂　委員部の調査課は若い人で構成されるようになったのですね。

谷　いやいや、先例係だけ。あとは古い人も結構いた。調査課は選挙とか災害とか特別委員会を担当していたから、結構古い人もいましたよ。

赤坂　では、その先例係が特に若い構成になったのはどうしてだったんでしょうか。

谷　当時はまだ何となく、そういう意味で勉強させようという雰囲気があったんじゃないのかな。それから後はだんだん、私も知らないけれども、当時はまだそういう意識はあったと思うよ。人事配置でも、将来何とかするのは勉強させて育てていこうぐらいの気持ちはあった。

赤坂　平野さん、堀口さん、谷さんと、いずれも重きをなしていかれる方ですね。

谷　重きをなしたかどうか。生意気な男が三人いたのは事実だね。

◆委員部調査課と常任委員会調査室

赤坂　いま委員部調査課時代のお話をいただいたんですけれども、調査課の仕事というものと調査室の仕事の関係、外部からはよく分からないので、これを教えていただけますでしょうか。

谷　基本的には、委員部の調査課は特別委員会を所管する。また、幾つか、調査課以外でも特別委員会を担当していました。だから、特別委員会は〔常任委員会であれば〕調査室に相当する仕事も含めて、全部委員部が所管した。だけれども、ほとんど委員会の担当だから、いろいろ調査室の仕事は、今は常任委員会になっているけれども、公害対策とか安保といった特別委員会ができると、実際には関係調査室で合同のチームを組んでいて、その後、別に特別委員会調査室ができて、沖縄特とか公選特の調査を所管するようになった。私らがまだ若いころは、一義的には委員部の担当が特別委員会の調査を担当した。それはいわゆる調査業務も含めて。その片手間ではないけれども、委員部の調査課が先例の仕事も担当した。先例というのは、各課にも先例係がいるんだけれども、要するに、その大元締めみたいな先例の仕事も委員部の調査課がする。こういうような関係です。

常任委員会調査室の方は、今は調査局にしましたけれども、昔は、それぞれの委員会に委員会調査室というのがあって、そこに必ず専門員がいて、今でも七、八人から十何人ぐらいの部屋がありまして、これが要するに委員会に直結した調査室だった。だから、横の関係は何もないわけです。そういうのがずっと私らのときには続いていた。

赤坂　常任委員会化した特別委員会が昔は多くありましたね。
谷　私らがおるときに、大体毎年つくられるのは災害対策、公職選挙、それから、交通安全もその頃できていたかな、それと石炭対策があった。それから、沖縄北方領土。だんだんふえて、当時、六つか七つぐらいあったかな。
赤坂　そういった常設型の特別委員会の調査業務も一義的にはすべて調査課で担い、先例関係の調査も調査課で担ったということは、委員部各課の中で調査課というのは、過重負担といいますか、随分忙しくはなかったですか。
谷　でも実際は、石炭は通産省だから商工委員会の調査室が調査するとか。ただ、石炭なんかは、失対事業とかの関係もあるから、今でいう労働省の関係もあった。でも、だからといって石炭対策何とか調査室というのはなかった。要するにそれは〔常任委員会調査室ではなく〕委員部でやっていたということです。

◆ 委員部総務課の新設

赤坂　もう一点、昭和四二年に委員部に総務課ができますけれども、総務課が新しく設けられた経緯を御存じであれば教えてください。
谷　あれは四二年なの。総務課は随分前にあったような気がしたけれども、なかったのかな。
赤坂　昭和四二年八月二一日の第二一次国会法改正です。
谷　では、私の入った頃にはまだなかったのかな。
赤坂　そうなんですね、途中でできたはずです。
谷　でも、実際問題として、三階は、課の名前は違ったかもしれぬけれども、景色は同じだったですよ。私が総務課長になった頃と私が入って一年生の頃、部屋も変わらないし、中の景色もほとんど同じだったから、同じような仕事はしていたんじゃないかな。
　そう言われると、確かに、第一課というのが今でいう総務課で、私が第一課と言っていたのは〔現在の〕第二課のことだよ。

赤坂　では、名前というかナンバーがずれたわけですね。
谷　そうだと思う。
赤坂　では、今、議運なんかを担当するのが恐らく総務課だと思いますが、かつてはそれを第一課がやっていた。
谷　第一課だと思います。

Ⅲ

◆人事交流と在外研修

谷　次に他省庁との交流は、私らが知っている限りでは、堀口〔一郎〕さんは行っています。私の知っている話は、知野さんから、後になって「堀口は自治省に出向させようと思ったら、あれは断った」と言うから、てっきり行ってないと思ったんですよ。だから、そういう話があったときに最初断ったのかな、結果的には行ったんだろうけれども。そういう話を聞いたことがあるから、てっきり行かなかったのかと思っていたら、ちゃんと一年、自治省に行っていますからね。それで、堀口さんの後には自治省にはしばらく行ってないけれども、私が総務課長になった頃は、大体、一人ぐらいは出して、その人が帰ってきたらまた出すというような感じで続いていましたね。それから、経企庁も割に早く、ぽつんぽつんと交流していたんじゃないかな。
　それで、今聞いたら、在外も含めて大体二八人ぐらい出ているというから。
赤坂　通算して二八人ですか。
谷　いやいや、今現に……
赤坂　現在、二八人ですね。
谷　だから、交流は結構盛んにやっていると思いますね。それで、研修は、私が記憶している限り、やはり、プロパー意識が出てきたのか大久保公民さんという渉外の方がいらっしゃった。この人は語学に堪能な人で、その人が、桑形〔昭正〕さんがロンドン大使館にいるときに、昭和四四年か四五年ぐらいに、イギリスのコルチェスターという語学学校に半年か一年かな、これは忘れましたけれども、研修に出たのを覚えています。それはやはり、要人が国会訪問するときに、一々外務省に頼んで通訳を出してもらってというよりも、自前でできる人をと、いうような意気込みがあって出したんだと思います。

その後、今井君とか中原君のときはできなかったけれども、大西〔勉〕君とか近藤〔誠治〕君が入ってから後は、公務員試験に受かった連中は短期に、一カ月か二カ月ぐらい英国と米国に、まあ何しに行っていたんだろうなという感じになるけれども、学校に行くわけでもないし、議会の勉強にということで、やっていました。二カ月ぐらいやっていたんではないかな。だから、みんな行っていると思います[57]。

そういう形で少しずつ出すのが続いて、私が庶務部長になった頃は、そういうのは駄目だということになって、というのも、そうじゃなくても海外に出る機会は、出張するとかそういう機会もできるようになっていたから。今、留学制度になっている。今も、聞いたら、留学を二人はずっと続けていますと言ったね。それは毎年というのじゃなくて、帰ってきたら出すとか、多少でこぼこはあるでしょうけれども、二人は出していると言っていました、大体英国に。

私の知っているのでは、女性職員で、ちゃんとオックスフォードに入学して、オックスフォードからさらにケンブリッジまで卒業して帰ってきたのがいます。あれは普通、Aレベルとかなんとかといって、イギリスでも、大学のいわゆる共通一次みたいなのがありますね。それに受からないと大学の受験資格がないんだよね。それに受かったのかと言ったら、ちゃんと受かりましたと言っていたから。そういうことで、全体として見れば、そういう面で衆議院は、交流とか留学とかは各省に引けをとらないぐらいのことはやっていると思います。

赤坂　時代によって変遷はあるかもしれませんが、留学や在外研修という形で海外に出るときに、主にイギリスを念頭に置かれているんでしょうか。

谷　一つは言葉の問題があるんだよね。例えばドイツだとかいっても、ドイツ語というのは一種の特殊語みたいになっているでしょう。大使館に出すのは、これは仕事しなきゃいかぬから遮二無二勉強するけれども、留学は向こうの大学側の問題がある、受け入れるか受け入れないかとかいうのが。だから、英国はそのところが、オックスフォードとかケンブリッジは誰でも入れるわけじゃないから、ロンドン大学とかなんとかぐらい。要するに修学というものです。ちゃんと卒業できなくても二年ぐらい勉強するなら結構ですよ、そういうことになっちゃう。

それでも、勉強すれば見聞を広めて、特に調査室なんかは、やはりプロパーになると、それは各省並みとは言わぬでも、その何分の一かぐらいはレベルを上げないと、向こうも大体、入ると外国に行く機会がいっぱいあって、みんなそこで勉強してきたり仕事をしてくるという。そういう経験を衆議院は積まないで、議員の補佐が十分できるかというとやはりね。そういう点は、大蔵も予算的にも少しは配慮してくれたんじゃないかと思いますけれども。

赤坂　今はイギリス以外にも在外に行っておられると聞きましたけれども。

谷　在外は、初めて出たのは桑形さん。この人は京都大学の大学院を出ていて、大石義雄(58)の門下生で、四四年から四八年まで四年間いたのかな。その後に、どういうわけか、「おまえ行ってこい」という話になって、そういうときには総長に挨拶に行くものだなんて言うから、当時知野さんがもう総長になっていましたけれども、挨拶に行ったら、挨拶なんか来なくてもいいような感じだった。「おまえが勉強することなんか期待してないから、知り合いでも作って、分からぬことがあったら、私はあそこに知り合いがいるから私が問い合わせて調べますとか、そういうぐらいの人間関係を作ってきてくれればいい」とかいう。おかげさまで、その言葉を信じて勉強はしなかった、人間関係は多少できましたけれども。

その後もずっと続いていまして、それで、ルクセンブルグ。これは、今はもうEU議会にちゃんとなりましたけれども、昔、ECの時代は、ECの議会と、それから、ちょっと忘れちゃったけれども欧州議会というのがあった。三つぐらいあった。もう一つは、欧州評議会とかなんかいって、OECDの議院版みたいな、そういうのもあったと思う。ちょっとややこしかった。

それで、欧州議会は大体ストラスブルグが中心になっていた。EC議会の方はベルギーの。その中間にあるのはルクセンブルグという小さな公館です。まああそこあたりでと。私がまだ直接タッチする立場じゃなかったから、ルクセンブルグは昭和五八年に初めて出しているから。そのときどうしてもらったのか、誰かがこっちでちゃんと要求したのか、それは知らない。

その次に、パリにもらった。このときだと思うんだ、藪さんという、外務の専門員に来られていた方がいらっしゃる。それは後から聞いたんだけれども、藪さんが「国会ももう一つぐらいちゃんと」といって、パリに出すように口をきいてくれたという話は聞いた。後になってパリはワシントンと交換してもらった。

そのときだと思うんだけれども、渉外の課長にいた安藤さんというのが、渉外課長をしてから本省に帰って人事課の専門官をしていた。人事課長は北島〔信一〕さんといって、どこかの局長をして、どこかの大使もされて、もう退官されたと思う。彼は、私がおるときに、ロンドンでIPU[59]会議というのがあった。そのとき、大使館側の下働きするのに、橋本恕さん[60]という、これは余談になるけれども、大変有名な、中国課長から最終的には中国大使になったけれども、日中国交回復には大変力を持った人です[61]。その人が参事官ぐらいで来ていて、当時、大使館はばらばらだったんだ。それで、館員全部挙げてこの仕事をやろうとかなんか言うのはいいんだけれども、館員といったって私よりみんな偉いんだから。私、国会だから、議員の世話とかなんか、それはやるのはいいけれども……。IPU会議は議員が来るからおまえが中心にやれと、館員挙げて全部やるといったって、偉い人ばかりで、私が使えるわけじゃないのにと言ったら、「では官補を全部動員する」といって、当時、オックスフォードとケンブリッジにいた官補を全部動員して、では、おまえ、これを使えと。その中の一人が北島だったんだ。ちょうど人事課長で、それでワシントンは意外とすんなりくれたんじゃないのかな。

赤坂　それは外務省との交渉で決まるわけですか。

谷　事実上、人を出すか出さぬかの話は、外務省の定員にかかっちゃうから。向こうも定員を増やさなきゃいかぬから。

赤坂　食われたくないわけですね。

谷　そうそう。ただ、そうはいいつつ、だんだん世の中が細かくなってくると、大使館の接遇とかなんか、旅行者の世話とか、議員だっていっぱい来ると、そういう人手が要るのもまた事実なんだ。だけれども、それでしばらくして、私が事務総長になったときぐらいかな、若い議員の意識というのはアメリカ議会なんだよ。処遇とかいろいろな議会運営の話、委員会制度なんかも、アメリカの制度がまず頭に来るわけ。そうはいっても、アメリカの議会のこと、細かい内実も何も我々は知らない。だから、最初私も遠慮がちに、パリは、フランス議会を勉強するわけじゃないから交換してくれと。それでワシントンと交換してもらったんです。そうしたら参議院も、衆議院が出すなら出したいとかいうような話になってきて、その話の中でまたパリも復活しているんじゃないのかな。

そして、もう一つ、ジェトロ〔日本貿易振興機構〕が、瘴癘地《しょうれい》〔湿熱の気候風土に起因する熱病・皮膚病が発症している地域〕なんかに行く人は余りいなくなっちゃったんだな。だから、ジェトロなんかでも、出せるんじゃないのと誰かが口利いてくれて、だれか一回はジェトロに行っていたのかな。結局、そういう話から、瘴癘地でもいいということになって、だったら、瘴癘地に出てくれる人がいるということは外務省も歓迎する。それで、ベトナム大使館に一人やって、今は、聞いたら、それはラオスになっているらしい。今、ラオス大使館に一人。だから、在外に五名いる。

私が庶務部長のときに方針を決めていたのは、ルクセンブルグはうちでいうとⅡ種の人をと。ワシントンとか英国は、官僚社会の嫌らしいしきたりがあって、やはり私もそういうのを感じたけれども、「谷さん、何年ですか」と言うんです。何年ですというのは、ロンドン大使館に来ているのは東京大学法学部何年卒業という前提なんだ。それを奥さんが言うんだ（笑）。だから、奥さんの意識というのは、要するに、花の都のロンドンにいる……。「いや、私は九大よ」とよく言っていたけれども。だから、ちょっとそういうのがあるから、要するに余り言葉に言えない陰湿なものはどこかあるんだよ。そうすると、仕事もそういうふうになっちゃう、何となくローカル職員みたいな仕事ばかりさせられかねないから。やはり英国とかワシントンはちゃんとした人を出して、そのかわり、うちはそんな人ばかりそんなにいないんだから、当時はルクセンブルグしかなかったから、ルクセンブルグはⅡ種の人しか行かせない。それはずっと守られていると思っています。

赤坂　よく外交官の人の話とかを聞きますと、大使の奥さん、大使以下のそれぞれのクラスの奥さんというのは大使本人と対応したヒエラルキーを形成して、若い外交官の妻が行くとちょっと嫌がらせをされたりして苦労するという話を聞きますけれども……

谷　まあいろいろあるんでしょうな。悪いことに、妻加俸というのをくれるんだよ。ある程度、奥さんの分の手当もあるんだ。当然、奥さんも働くために手当を出している、こういう前提になっちゃうんだな。働くといったって、電報書いたり情報をとったりする仕事をするわけじゃないから、結局パーティーに出たり、そうすると、おのずから大使夫人のヒエラルキーのもとに、そういう話になっちゃうんだよ。

赤坂　衆議院から行かれた方というのは外交官になるんですか。

谷　外務省に移るわけだから(62)。

赤坂　では、そのヒエラルキーの中に組み込まれる。

谷　組み込まれちゃう、全く。

赤坂　なるほど。ルクセンブルグだと……

谷　ルクセンブルグも同じよ。同じだけれども、館が小さいから、三人か四人ぐらい、今は知らぬけれども、まあそんなものでしょう。だから、逆に言えば、そういうことは余りない。そのかわり、こじれたら大変よ、三人か四人だから。何かうちでも一回ぐらいこじれたケースがあるんじゃないかな。泣き言を綿々とつづってくるようなこれはもう人間関係だからしようがない。永遠に外務省にいるわけじゃないから。たしか、今三年だろう。私のときも三年になったんだけれども、何か知らぬけれども、衆議院だけ例外だとかいって四年いました。

◆外務省出向

谷　私の場合、昭和四六年ごろに外務省に出る話があったんだよ。桑形〔昭正〕さんが四四年から四八年まで行っていたんだけれども、「次はおまえ行け」という話になって。よっぽどみんな心配したんじゃないのかな。手弁当で外務省に出向することになった。要するにこっちから給料を持って、手弁当で。それがもう四六年の暮れぐらいからあって、来年、年が明けたら早々に外務省に行かせるとかいうので、みんなで、じゃ送別会だとかいって箱根に連れていってくれたり。四月になったら、いやいや、もうちょっと延ばして夏に行くとか、何か三回ぐらい送別会してもらった。

最終的に四七年の夏に外務研修所に入るんだ。そのときは、今でも覚えているけれども、もういいやといって、部屋で乾き物でビールか何か飲んで、それで終わったのは覚えている。要するに、一年前ぐらいから外務省に手弁当で行け行けという話になっていて、よっぽど英語ができないと思われていたのかな。それで外務研修所にいきなり入って。当時はクラスがA、B、C、Dまで四クラスあった。英国に行くのが、六人いたうちの四人がDクラスなんだよ。大蔵省と衆議院と防衛庁と農林省かな。運輸省の人は、あそこは国際会議があるから英語が堪能で、もう一人、大蔵の鈴木さんという水田三喜男さん(63)の秘書官をした人も英語が堪能でした。それで帰ったら、何か知らぬけれども、手弁当で三カ月ぐらい、五月に赴任するまで西欧二課に行っていました。だから、そういう意味ではもう四六年の終わりごろから余り衆議院の仕事はしてないな。

中澤　外務省出向に選ばれたというのは、何かしらの理由などはあったんでしょうか。

谷　よくわからぬ。何で選んだか今でも私もわからぬな。英語ができるわけじゃないし。一たんは、英語できないから行かないよなんて言ったような記憶はあるけれども。

中澤　なぜ若い世代の方に…。

谷　桑形さんはもともと学者だし、英国に行けば議院内閣制議会の本家だから、あの人はそういう意味で適任だろうと思うけれども。

赤坂　桑形さんというのはフランス語には堪能でおられましたけれども、英語も上手だったのですか。

谷　フランス語は、あの方は本当にアテネ・フランセにずっと通っていたから堪能で。でも、イギリスに行っても割に本ばかり読んでいたんじゃないかな。奥さんが、天井裏にいっぱい原書を積み上げていたと言ってた。あの人は確かに勉強家だから。

牧原　そうすると、桑形さん以降、イギリスに行くというポストみたいにある程度なって、あとはずっと継続して行かれていた。

谷　私でも務まったから、それから後は行きやすかったんじゃないのかな。

◆幹部候補ポストとしての外務研修

赤坂　委員部の調査課の先例係や今の海外に派遣されるというのは、一つ将来の幹部になってもらうために勉強の場を設けるという意味合いがあると思うんです。そういう意味で注目すべきポストというのは、議事運営部門でこのほかにもありますでしょうか。

谷　それから後は、やはり委員会運営の中心はどうしても議運が中心になってきた。要するに議運のキャップ、それから議運の担当になるというのはやはりそういう意味では重視したのと、それから、本会議では議事課長と、若いのでは次第書きを書く人はその当時はそういう目で見ていたと思う。やはり勉強するポストにあれは一番いいから。

赤坂　次第書きを書くのは、クラスとしてはキャップが書くんですか。

谷　委員会でいえばキャップクラス〔＝課長補佐クラス〕の人かそれぐらい。

赤坂　そのあたりの人が次第書きを書く。その課長補佐クラスになるまでは、中に入ってから比較的横並びなんでしょうか。

谷　私らの同じ年代の連中は、当時はまず宿舎にやられたから。その中で一年ぐらいして、だんだん気のきくのが何となく議事部、委員部あたりにピックアップされてきて、庶務に向いた者は庶務部に行ったり何たりして。それで、委員部に来たり何たりすると、大体そう余り異動しなくて。その頃は、調査室に行くと本籍が調査室になっちゃったり、庶務部に行くと本籍が庶務部になっちゃう。当時は余り交流していなかった。特に調査室なんかは専門員制度だから、一〇人か七、八人の部屋が独立した単位になっているんです、委員長に直属していることになっているから。だから、私も総長になった頃は、二五年も同じ法律をいじっていればだれだって専門家になれるとよく言っていたんだけれども。そういう具合に独立していて、全体の交流はなかった。だから、私も若いときに経験したことがあるけれども、何というか、ばらばらだった。管理部門は管理部、だから衆議院管理部、衆議院委員部というのが別々の会社みたいになっていて、余り交流もしないし(64)。

赤坂　各省庁でいうキャリア組のような動きをする人がいなかった。

谷　当時まだいなかった。それで、私の後に三人入ったんだけれども、これは司法試験に受かってすぐ全部出ていっちゃった。それでその二年後に近藤〔誠治〕君と大西〔勉〕君が入ってきて、それから多少、彼らはもうそういう宿舎とか行かないで、いきなりずっと。今井君とか中原君もいきなり委員部に配属されていましたから。今の総長の鬼塚〔誠〕とかはそのまた後に入って、それでしばらくとらなかったんじゃないか。うちは狭い世帯だから。でも彼らはそういう扱いはしていました、宿舎とかそういうところへやらないで。

◆保革伯中のイギリス議会

赤坂　議員のアテンドをするのが一つ重要な仕事だと伺いましたけれども、その四年の間に、そのほかいろいろ担当されたと思いますが、その具体的な内容はどうなりますか。

谷　それは徐々にお話するけれども、当時は人が少なかったんです。それは私らもある面では恵まれていたのかもしれぬ。その便宜供与みたいな仕事は一人でやれるわけじゃない。例えば農林委員会が来たら農林の人にまたお世話してもらわないと、逆に向こうが怒っちゃうんだよ、自分たちの出番だから。特に郵政なんというのは、当時はＫＤＤとＮＴＴ、まあ電電公社、ＮＨＫ、それと郵政から出ている外交官、そういうのは、ＫＤＤとかなんとか、みんなお金を持っているから。郵政の委員の先生だから、たまにほかの国対のメンバーとか何かに交じって来るんだよ。そうすると、お世話したいといったって、全部お世話するんじゃないんだよ、郵政の委員の先生だけお世話したいというの。私らが世話しても、専門的な勉強の話になると、そういう人にしてもらわないと。だから、便宜供与といったって、便宜供与の割り振りとかそういう下働きもあるけれども、しょっちゅう、三六五日、人が来ているわけじゃない。そうすると、口実を設けてよく議会に行っていました。

当時は大変、イギリスも保革伯仲の時代で、いわゆる英国病がきわまったような時代です。保守党にヒース[65]というのがいて、サッチャー[66]がちょうど売り出す直前です。労働党が大変強いときで、政治的にも面白い時期でした。皆さん方も専門だろうけれども、イギリスの国会の議事手続というのは、昔からのしきたりがあってちょっとわかりづらいんだ。何をやっているんだろうと思うような手続がいっぱいあるんだよ。新聞を読んでもよく分からないんです。だから、しょっちゅう聞きに行ったり、食事に誘ったり。幸いに、後に事務総長になったけれども、有名な『パーラメント・アンド・コングレス』という本を書いたブラッドショー[67]というのがいる。あれは、着いた日のパーティーか何かで、憲政記念館ができて、セルウィン・ロイド[68]という議長が日本に行くんですよ。その送り出しの会みたいなところで、ブラッドショーにたまたま会ったら、おまえはいいネクタイしているなんていって、私も当時、誰かからもらった派手なネクタイをしていたのかな、そういう話になって親しくなって、それで、その人がいろいろ言ってくれたんじゃないかと思うんです。

要するに、議会から勉強に来ているということで。イギリスは東西対立と北アイルランド紛争の最中で情報に敏感な社会だから、余り大使館員と議会の人間がどこでも簡単に飯を食うというのはやはりいけないんですよ。スパイがおる。そういうのはイギリスなんかはまだ敏感だから。だけれども、割に気さくによく飯を食っていました。

今から考えると、後の人の話を聞くと、大変恵まれていたのかな。というのは、館員が今の半分ぐらいだった。当時、ヒースという独身の音楽好きの総理がいて、選挙に弱くて、次の選挙のときにウィルソン労働党内閣にかわって、キャラハン[69]にかわった。私が帰るまでは労働党だよね。サッチャーが影の党首になって出てくるまで。だけれども、保革伯仲の時代で面白かったですね。当時は、一つはEC加盟騒動があって、もう一つは、北海油田に石油が出ることが分かって、要するにあれはスコットランドの沖だから、その権益をスコットランドに使えということで、スコットランド議会をつくって、もともとあれは分裂していた国だから、もう一回、いわゆる一種の独立の動きが出た。そういうのがある。

それから、内政では所得政策というのがあった。当時はインフレで、賃金の上昇率をインフレの率内に抑え込もうと。それを、ああいうのは与野党の主義主張が違うんだけれども、ドグマみたいになって、保守党は法律でやる、労働党はソーシャルコントラクトとかなんとかいって社会契約でやるかとか、そういうのが国政の大きな問題だった。それと、全国労働党は物すごく左派が強かった。造船業とかああいうのを全部国有化しよう、ひどいのになると銀行も国有化しようという動きがあったぐらいの時代で。

だから、議会の中が保革伯仲で、結構、新聞に出ても分からぬようなことがいっぱいあるわけですよ。毎週水曜日に書記官がみんな集まってスタッフミーティングというのがあるんだ。いろいろ手続の面白いことが出ているけれども、議会のことなんかみんな分からぬの、そういう説明をやったり。新聞記者も分からないから、大使の記者会見の前の前座を務めさせられたり。だから、結構、私も分からぬから、議会に行って話を聞いたり。

◆イギリス議会制度の調査

中澤　いろいろとイギリス議会の様子などを解説、調査したり情報を収集されていたということですか。

谷　そういう意味では少しは勉強したと思うけれどもね。頭で勉強しなくて、足を運んで。

名前は言わぬけれども、後に御高名な先生になった人で、イギリスに留学に来ていて、一週間後に帰るんだけれどもイギリス議会を見たことないと言うので、何をしているのと聞くと、「憲法を教えている」と言うんだ（笑）。何をしていたのと聞いたら「大英博物館にずっと通って古文書か何かを一生懸命調べていた」と言ってさ。じゃあと、連れていったことがあります。

この前、日本記者クラブでイギリスの話をして、要は小沢一郎の国会改革をどう思うかということだけれども。そのとき、今、二十一世紀臨調が提案している中で、あれは皆さん方も関係があるのかもしれぬけれども、委員会を二つに分ける提言があったでしょう(70)。

あれは、ちょっと違うのは、私が行ったときに、英国の学者グループが勉強していたんだよ。イギリスは本会議主義だから、議案が輻輳するから本会議が詰まるんですよ。それで、日本のような常任委員会による行政監視の機能が余りよく働かないんだよ。それともう一つは、イギリスはフロントベンチャーとバックベンチャーの区別が歴然としているのね。だから、テレビで見る討論の光景は、あれはほとんどフロントベンチャー同士の議論であって、バックベンチャーといったら、日本よりもっとひどい、投票マシンみたいな感じなのね。それに、議事運営を一義的には政府が決めるから、イギリスの議会は政府が強いんですよ。第一、下院リーダーというのは、昔からの経緯があるけれども、貴族院と下院はお互いに行き来できないから。昔は、貴族院から総理を出すときは、下院で総理の代行をする下院リーダーという人がいたんです。それが今でも残って、今は下院リーダーと貴族院リーダーがいますけれども、役目は日本の幹事長みたいなもの。閣内の閣僚のナンバーツーぐらいの地位を占めるんです。下院リーダーが長期的な立法の方針をつかさどったりする。全体から見たら、圧倒的に政府の思うままに議会を操縦できるわけです。それじゃいかぬというので、バックベンチャーにも何とか活動の場を与えてるのと、議会の権威を回復しようという二つの点から学者グループが勉強していたんだ。その中の一人がジャネット・モーガン(71)。

ジャネット・モーガン宅にて

それで、ブラッドショーに紹介されて日本の国会に調査依頼したら、回答を持ってきた時の渉外部長が、「英語でクエスチョンネアをくれたから、しゃくだから日本語で回答を持ってきた」と言って。しようがないから、「日本語が分かるわけないから私が説明してやるよ」と。それで電話して、大使館に来た女性を見たら、背の小さいトルコのスルタンの孫みたいな服装をした女性が立っているわけだよ。それで、あなたはドクター・モーガンの使いかと言ったら、「私がドクター・モーガンだ」と言うわけ（笑）。慌てて応接間に通した。そのうち、有名なクロスマン・ダイアリーの編集を始めて、それで、大学の先生もしながらかな、それに没頭していて、月に一回か二回、ロンドンに出てくるんです。そのとき私が飯をごちそうして、それでずっとね。

当時、ジャネット・モーガンは委員会改革の提言を勉強していて、日本の制度が、アメリカ型大統領制と議院内閣制のちょうど中間みたいな制度だといって、日本に興味を持って勉強していたんです。学者グループの提言の結果だろうと思うが、一九七九年、私が帰った次の年に実現して、省庁別の調査委員会ができたんだよね。

赤坂　セレクト・コミッティーですね。

谷　イギリスが反省したことを遡って、また法案審査委員会と調査委員会に分けちゃうと、ちょっとややこしいんじゃないかと思うね。イギリスのスタンディング・コミッティーといっているけれども、あれは日本でいえば特別委員会みたいなものだから。法案ごとにその場でつくって、法案の審査が終わったら解体する委員会だから。まさしく専門家みたいな知識を持った人が入って逐条審議をやるわけですよ。そうすると、日本でいうと、バックベンチャーに当たる人は発言権、活躍の場がますますなくなっちゃうんだ。

だから、どういうのをイメージしているのか知らぬけれども、少なくとも私から見たら、イギリスが反省したことを逆になぞってするのは、ちょっと……。今の制度は、私は制度としてはよくできていると思うんだよ。ただ、政権交代がなかったから運用がうまくいかなかったけれども、制度としてはいいと思っていますよ。あとは運用の問題は、政権交代が習熟していけば幾らでも改善できると思っています。

牧原　イギリスに行かれて、イギリスの議会の事務局の方といろいろ接したと思うんですが、先生は向こうの事務局をご覧になられてどういう印象をお持ちになりましたか。

谷　まず、今の仕分けじゃないけれども、圧倒的に人数が少ないね。

それで、あそこは夜中でもやるから。というのは、毎週やっているけれども、クエスチョンタイムなんかは、金曜日は特別だけれども、毎日月曜から木曜までやるのは、始まるのが二時半かな、一時間くらいクエスチョンタイムをやるね。緊急問題とかがあればそれからすぐまた議事をやるけれども、重要問題というのは大体夜にやり出すんだよね。採決が夜九時とか一〇時にやるの。みんなパーティーを入れたり飯を食うのがあるから、それが終わってから採決するんですよ。重要問題は本当に夜中までやっているし、ときには徹夜して討議している。職員はどうするのかといったら、やはり当番で残る。事務局は静かですよ。

あの考え方は日本と違うんじゃないかな。一遍、衆議院の施設面の人が勉強に来て案内したときに、地下室に行って、潜望鏡があるんだよ、本会議場に。潜望鏡で人を見て、普通は人が少なかったら寒いだろうからと温めるじゃないの。少なかったら、温度を下げるんだよ。要するに、こんな人にこれだけサービスすることないからというので。日本だと、「人数が少なくなったら寒いから暖房を上げよう」となるけれども、「これだけ少なかったら暖房を下げるんだ」というんだよ。

中澤　あちらの事務局は人数が少ないということで、それでも一応運営は可能であったということでしょうか。

谷　当時は、まず、秘書さんだって二人で一人とか三人で一人とか。電話しても同じ女性が出てくるんだよ。「あれっ」と言ったら、「いやいや、私はだれだれ先生とだれだれさんの秘書を兼ねていますから」と。

それから、年金のことだって尋ねたことがあるんだよ。「何で議員をやめたり落ちた人に特別な年金が要るんだ」といってけげんな顔をされた。もちろん会館も宿舎も、そんなもの何もありゃしない。今は会館は立派なのがあるし、秘書もちゃんとしているし、年金もあるし。だから、日本はそういう意味じゃ先進国だったんだね。

だから、あんまり縮こまって何もかも止めることはないんだよ。

赤坂　日本の事務局の一つの大きな仕事としては、議事法をつくり上げていく過程に裏方として関わるというものがありますけれども、イギリスの場合はいかがでしょうか。

谷　事務総長は確かに権威が高いよね。だけれども、見ていると、議長はだれも補佐していないよね。議長秘書官が横について、あれはキャッチ・ザ・アイというんだけれども。バックベンチャーの議員というのは、フロントベンチの討論があると、途中でぽこぽこ立つんですよ。それで発言を求めるけれども、「いやいや、私はまだギブウエーしない」とか、何かしょっちゅうやって。それで許してもらっても、ちょこちょこっと議事進行の発言とか何かはさせてもらっている。それは何かアレンジがあるのかと言ったら、「ない」と言っていたね。またややこしいことに、名前で呼ばないから。御承知のように、敬称をつけて選挙区の名前で相手のことを言ったり、分かるのはせいぜいプライムミニスターぐらいなものじゃないか。だから、ああいうのを議長もちゃんと采配するんだから大変ですよ。

一度、議長秘書官に聞いたことがある。「発言させてくれ」と議長のところに事前に連絡は来ることもあるらしいが事前のアレンジはないという。フロントベンチ同士は大体決まっているんですよ。重要案件は先ず首相が発言して、次いで影の首相が発言して…最後にワインディング・アップ、締めくくりの発言を首相か担当大臣あたりがしてと、大体決まっているみたいだけれども、その途中は議長の目をとらえてやるんだ。だけどあれを見ていると日本の方がはるかにいいよね。ちゃんとアレンジしてもらって、二〇分とか一〇分とか発言させてもらう方がね。

だから、議長秘書官も大変ですよ。議長席の横に立っていて補佐しなきゃならない。日本だったら、委員会では三人も委員部がいたり、本会議では事務総長が横に座ってやるんだけれども。事務総長は議長を背にして座っているから、聞くときは、ポイント・オブ・オーダーというのかな、議事進行の発言があると、議長が先例の内容をずっと述べるときがあるから、そういうのは事務総長がちゃんと補佐しているのかもしれませんけれどもね。あれは三人座るんだよね。事務総長と、事務次長というのはアシスタント・クラークといったかな。ただ、あそこは全院委員会というのが残っている。全院委員会の委員長と副委員長がいるんだ。それが副議長になっちゃう。だから、副議長が二、三人いて交代できるようになっているんだね。

赤坂　全院委員会を補佐する事務局は、メンツは同じなんですか。

谷　はい。本会議中心主義だからね。法案審査の委員会は、日本と違って逐条審議だけど、だれか一人いたと思うな。速記者がいて、ウィットネスのときだけはちゃんと手で記録をとるんだとか言って、小さな箱の中で手を動かして速記していたけれどもね。委員室でも本会議場と同じ柵があるんだよ。柵内が委員室なんです。だから、普通の人はその外しかおれない。だから、今小沢さんが言っているイギリスでは役人は、しゃべれないじゃないかと。それは、柵の外にはいるんですよ。それで、戦前に日本でもあった議員大臣秘書官というのが連絡役をつとめる。大臣政務官というのは、あれを作ったときに、イギリスでいうと一番下のパーラメンタリー・プライベート・セクレタリーを作ったんだと私は思ったの。政府の人から資料をもらったりして大臣を補佐する役割の人だとイメージしていたら、昔の政務次官がそのまま政務官になって、副大臣がもうちょっと格上げになったような感じになっちゃったけれども(72)。

確かにイギリスは、今はちょっと多いといったって一〇〇人ぐらいだけれども、ふだんだって六、七〇人は政府に入っているね。一つは、あれは貴族院用にいるんですよ。貴族院の会議では貴族院議員じゃないとしゃべれないから、説明できないから、その人がいるんですよ。それで、それぞれの役所にアンダーセクレタリーが何人かいて、それからミニスター、閣外大臣がいて、それからキャビネットのセクレタリー・オブ・ステートというのがいて。だから、あれは一種のテストなんですよ。パーラメンタリー・セクレタリー〔政務官〕から始まって、アンダーセクレタリーになっていろいろ答弁する機会があったりするでしょう。テストを受けているんだ。それで昇進して、キャビネットに入れるぐらいになったら、今度はキャビネットの中で、いろいろ大臣をやって経験を積んで、大蔵大臣をやって次は……。サッチャーも、教育大臣か何かをやったときに少し名を売ったんだよね。それで、影のファイナンスミニスターのときに急速に圧倒的な存在になってきた。それで党首になったんだよね。

だから、日本みたいに年功序列でなるということはまずない。それと、バックベンチャーはやがて常任委員長とか議長のコースに行くんですよ。セルウィン・ロイドが議長に選ばれるときに問題になったんだよ。あの人は保守党で、大蔵大臣とか閣僚経験が豊富だったの。その人が議長になったというので、当時の労働党側が議場で騒いだんだよ。日本と同じで、事務総長が議長の選挙を主宰するわけ(73)。ところが、事務総長は秩序保持権がないから、わあわあとなって議場がおさまらなかった。

それで、私が行ったときは、手続が変わりましたよ。ファーザー・オブ・ザ・ハウス・オブ・コモンズ〔議院の父(74)〕という、日本でいうと年長者みたいな議員が議長の選挙を主宰することになった。今もそうかどうか、それをまたもとに戻したのか知らないが、それから余り閣僚経験のある人が議長になったと聞かないんだよね。

だから、イギリスの模倣といったって、全部が全部いいところばかりじゃないね。日本はずっと政権交代しなかったからいろいろあるけれども、政権交代してうまく運用が軌道に乗れば、制度としてはそんなに悪くないと私は思っているけれどもね。イギリスの本会議中心主義というのは、議員が多い割には、一般の議員には活躍の場が本当にないと思いますよ。

◆イギリス議会手続の特殊性

谷　議会の関係でいえばそういう委員会制度の話が一つあるのと、ついでにイギリスの話をすれば、政府は、重要ニュースとか重要事項は、まず第一声は議場で発言しなきゃいかぬことになっている。そのかわりに、いつも会議が開かれている状態にあるわけだ。クエスチョンタイムというのはローテーションでやっているし、総理は木曜日に行う。それから、イギリスで面白いのは一日の閉会や休会に入るのもアジョーメント〔延会〕というんだよ。選挙から選挙まではパーラメントというんだね。

赤坂　立法期ですね。

谷　あとは、毎年のはセッションというんです。そのかわり会期不継続の原則、セッションごとに全部きれいになっちゃうんだ。日本はうっかりあれをまねすると、会期不継続が今の規定を使うようなことになるとずっとつながるし、ついでに、衆議院では切れないで参議院を通ったら、二会期に亘って通ったらいいじゃないかみたいな話にだってなりかねない。だから、ちょっとそれはね。イギリスはセッションごとに切れちゃうから。そういうのがありますよね。

アジョーメントは延会なんだね。一日の終りも延会なんだ。あの動議の使い方がまた難しくて、毎回終わるときに政府から散会のための延会動議が出るんだけれども、そうしたらくじで当たった人が発言を三〇分できるようになっています。それで自動的に終わることになっている。特別な緊急質問はアジョーメント動議を使うときがあるんですよ。私の記憶しているのは、一遍、ウィルソンが経済政策で、それで負けたら不信任に当たるような、公共事業の削減計画というような重要な議事だった。ウィルソン内閣は一票差で負けちゃったんだ。どうするのかなと思った。不信任案可決の事態だという。議論はあるんだ。ちゃんともう一回不信任案を出してしなきゃならぬという議論もあるけれども。そうしたら、アジョーメントの動議を使って、これは延会の動議だけれども実は内閣の信任を問うものであるとか何か言って。それはちゃんと否決されたからいいんだけれども。

一度面白いのがあったのは、造船業国有化法案というのがあって、イギリスにハイブリッド法案というのがあるんだね。政府提出法律案だけれども、日本でいえば特別立法みたいなものを中に含んでいる。そうすると、それは何か手続が、一部私法案の審議でややこしいんですね。時間がかかる。保守党がハイブリッドだからそういう審査手続をとりなさいという動議を出して、片一方はそんな必要がないという動議を出した。そうしたら、最初の保守党の動議は、ペアリングをやるでしょう、欠席の申し合わせ。組んでいてちょうど可否同数になったんだ。イギリスだって議長の決裁権はそう乱暴に使わないから、否決の方向に行ったんだ。次にすぐ労働党、政権党の動議をかけたら、一票差で労働党の方が勝っちゃったんだ。そうしたら、中でメイスを振り上げたり、日本では考えられないような事態になった。サッチャーがもう影の党首になっていて激怒した。要するに、院内幹事長かだれかが指示して、ペアリングをだれか一人破ったんだよ。

国会が全部とまったわけじゃないけれども、重要法案の審議は一カ月ぐらいとまっていたよ。だから、決して空白がないわけじゃないんだね。ほかの何か簡単な法案は審議に応じていたけれども、重要法案は一カ月ぐらい審議がとまっていましたよ。チートした、だましたというんです。そういうこともあったな。

中澤　そういった手続、すき間をつくようなうな方法というものは、ある程度イギリスでも用いられていたのでしょうか。

谷　当時は本当に保革伯仲だったから。キャラハン内閣というのは、イギリスは御存じのように、死んだりやめたりすると補欠選挙をするでしょう。その間ちょっと少数党内閣になっていたことがあるんだ。そうすると、一つは、イギリスではノッディング・スルー、うなずいて通るというのがあるんですよ。本会議場には出られない、デイビジョンのロビーに入れないけれども、この人は賛成ですよと届ければ数に入れてもらえることになっている。要するに代理投票だね。ところが、それは院内におるのが条件なんだ。外にいたらだめなんだ。だから、ひどいときは、みんな連絡して車を手配してね。無理矢理運び込むという手配をしたことが何回かあると思いますよ。そういう面白いことがいろいろあったな。

もっと面白いのは、国務大臣の不信任案というのは、働きが悪いから月給何ポンド下げろとかいう動議が出るんですよ。一遍可決されちゃって、それでどうするんだこうするんだという話になって、下げるべきだとか、やはりちゃんとした不信任決議案をもう一回出さなきゃなんとかと議論が出てくる。あれも何かうやむやで、ちゃんとまたかかわりのものをやって信任を問うたんじゃないかな。何か変なのがいっぱいありますよね。

それで、もうないと思うけれども、昔は、会議が終わったら衛視さんが回っていたんだよね。フー・ゴーズ・ホームとか言うんですよ。要するに、十八世紀ごろは強盗がいっぱいいたから、一人で帰ったら危ないんだ。だから、連れ立って帰る人を誘う習慣があったんじゃないの。そういうのがいっぱい残っていて、面白いといえば面白いけれどもね。

◆イギリスの議会先例

赤坂　日本では『先例集』があって、比較的それに準拠しながら議事運営が行われますね。イギリスの場合だとアースキン・メイ(75)のあの分厚いものがありますけれども、あれは実際どういうふうに用いられているんでしょうか。相当重きをもって受け入れられているのでしょうか。

谷 たまに議長が何か言っているから、裁定するときにやはりアースキン・メイを割合と用いているんじゃないの。『先例集』なんかはないけれども。

赤坂 アースキン・メイが日本でいう『先例集』のかわりとしてしっかり機能しているのでしょうか。

谷 ただね、マニュアルみたいなのは結構ありますよ。パブリック・ビジネス・マニュアル(76)とか。途中までしか、必要なところしか読んでないけれども。日本の衆議院規則の方がまだ簡単だというぐらいの厚いのがあるよ、特別委員会とか常任委員会ごとにいっぱいあって、こちゃこちゃ書いている。あれは大変だなと思った。

赤坂 それとアースキン・メイの関係はどうなっているんですか。同じようなことがアースキン・メイにも書かれているんですか。

谷 アースキン・メイは昔からの事例が載っているでしょう。だけれども、マニュアルの方は今使うのぐらいしか載っていないんじゃないかな。『衆議院先例集』に近い。

赤坂 直接役に立つ部分だけが書かれているということですね。今、アースキン・メイを改訂している人は何者なんですかね。事務局の中の人が改訂しているんですか(77)。

谷 それは知らない。事務総長ではないですか。私の持っているのは一〇年以上事務総長を務めたコックスが編者ですから。

◆ 皇太子殿下、田中角栄、三笠宮

牧原 話が前後しますが、国会議員が来たときは谷さんも接待するわけですか。

谷 夜、しょうがないからお客さんを劇場とかクラブとかカジノへ御案内したり。カジノは楽なんですよ、こちらがお金を出さなくていいから。ばくちの金ぐらい自分でね。結構いいところのカジノも連れていきました。後は勝とうと負けようと私らが知ったことじゃない。

中澤　議員のほかに日本から来る方のお相手をしたことはありますか。

谷　ＶＩＰでは、皇太子殿下。行ったとき、最初に来たのが田中総理。なったばかりで、世の中が大変な時期で。そのとき外務省が初めて派遣員をつくって、英国に二名ぐらいもらったのかな。準外交官みたいにして館務を手助けする人を、ローカル職員じゃなくて東京で採用している。それを私の手下にもらっていた。もう今は呼ばれなくなったけれども。一〇年ぐらいたったら、天皇陛下になった初めの頃かな、外国でお世話になった方といって全部呼んでくれた。偉い人じゃないんだよ、実際に世話をした、接遇してくれた人を呼ぶということです。それで、しばらく一〇年ぐらいしたらまた呼ばれたよ。さすがに行く国が多くなったんだから、もうそれきり呼ばれなくなったんだけれども。最初の頃は本当にぱらぱらで、行った国が少ないから、何人もいなかったんだけれども、我々も気さくにぺらぺらしゃべっていた。今も続いているんじゃないか。だけれども、今はもう天皇陛下で行っている国が多いから。

中澤　皇太子殿下御夫妻が実際おられた期間はどれくらいだったでしょうか。

谷　一週間ぐらいいたのかな。クラリッヂス・ホテルに滞在されて、私はホテルの担当だった。一晩か二晩ウインザー城に泊まられた。美智子さんのお世話役の女性が二人来ていて、その人たちはウインザー城に泊まったんだよ。大使館の連中は城の前のホテルに泊まって。赤い電話が、普通日本は公衆電話みたいに思うじゃないの。火災報知機だった（笑）。上げて、びゃっと鳴って、夜中に消防車が来ちゃって、そんな事件もあった。

それから、田中角栄さんが来たときは、イギリスの地図にも載っていないけれども、チルターンの山の中、チェッカーズというところに首相の別邸があるんですよ。そこは大使と田中角栄さんしか泊められないんだ。あとはその近くに、まだ覚えているけれども、ショルダーマトンという田舎の宿屋があって、そこに秘書官からみんなね。そこのロジスティックは私が担当していたから、よく行っていた。角栄さんが来たときに、これは全く当て推量ですが、ヒースは、予定を変更して自分の選挙区にゴルフに連れていったんですよ。ヒースはゴルフをしないんだよ。それなのに、ついて歩いたんだ。ということは、ロッキードのあの話はやはりちょっと根が深いんじゃないかと思うね、私らぺいぺいだから知らないけれども。ロールスロイスの航空部門がつぶれそうで、そのエンジンをトライスターに積むんですよ。日本はトライスターを買ってくれるんだ。そういう構図があったと思うんだね。詳しいことは知らないけれども、少なくともロールスロイスが危ないという話があったから。

そのときに森治樹さん(78)という大使で、この人は例の西山太吉(79)の機密漏えい事件のときの事務次官なんだよ。あの人が駐英大使だった。もしそれがなかったら駐米大使になっているのか知らぬけれども、あの人のときにみんないい人が集まっていたね。外務審議官から最高裁判事になった中島敏次郎さん(80)という人は、参事官から公使になって、特命全権公使までいって帰ったのかな。それから、中国大使になった橋本恕さんとかね。それから中平さんというのがその前にいたけれども。みんなできる人がいたよ。森さんというのは面白いんだ。九州の造り酒屋の息子なんだ。余り人をはべらせて飯を食うのは嫌いなんだよ。大使とだれか一人ぐらいいて、それであとは送り迎えする人、お客さんを連れてきて連れて帰る人。それは私の役目なんだよ。可愛がってもらった。一緒に席に入れてくれて、ご馳走になった。

面白かったのは、結構、議会のこととかは分からぬことがあるでしょう。だから電報を打つんですよ。電報を打つと、勝手に大臣までとか何か書いて。そのころファクスで送れるようになったんだ。そうしたら、中島さんというのは、私が「何とかさんに聞いたところ、以下、何とかの要点は次のとおり」と箇条書きで書いたのを、がっと全部つなげちゃう。最後は、御如才なきことながら御参考までにとか、目の前でうわっと。あの人はやはり能吏と言われただけあって。ところが、ファクスでそのまま送ると、そういう手を入れた電報、特に報告書の翻訳なんか、私の書いたつたない文にみんなで手を入れているでしょう。あるとき報告書が送り返されてきて、このように汚いのは、かかる場合は清書して送られたいと送られてきた。そんなこともありましたね。

ある意味では自由勝手に仕事ができたんじゃないのかな。だって、私は外務省の牢名主と言っていたけれども、兵藤長雄さんというロシア大使をしてやめられた人が上司で、私が行ったとき同じ部屋にいたのかな。その後、今東宮大夫をやっている野村一成さん(81)が来て、しばらく一緒にいて、最後の一年ぐらいは、あれは外務省でも異端と思われるような本ばかり書いている孫崎享(82)という、防衛大学の教授にずっと出ていて、もうやめたけれども、あの人はイラン大使をして、アンチ外務省みたいな本ばかり書いていた。なかなかの人とも思いましたけれども。他に行管の人と私と三人で一緒の部屋にいて国内政治のことは行管の人と私とで殆んど担当していました。

それで、田中角栄さんの後、三笠宮様が御留学になった。飛行機が朝早く着いて、迎えに行ったら、一時間ぐらい早くて、冬の朝四時ごろ着いちゃったの。護衛官と三笠宮と、大きなリムジンを持っていっているから乗れぬことはないんだけれども、私が乗っては恐れ多いと思って、そのまま帰って、大使もそのまま帰っちゃった。私も、ちゃんと場所を教えて、気をつけて行ってくれとは言ったんだけれども、大使は「ゆっくり慎重に運転しろ」とか何か言ったんじゃないの。朝、だれも通っていないから、一二〇、三〇キロでばあっと飛ばして帰っていると、いつまでたっても来ないんだよ。「谷君お前何と言ったか」って、公邸の場所をちゃんと教えているけれどもね。大使館やいろいろなところへかけたけれども、車が来ないんだよ。そうしたら、一時間ぐらいたって、ぱかっと車の灯が見えた。「大使に言われて三〇マイルで運転してきた」と運転手が来た。本当に肝を冷やしましたよ、やんごとなき人だから。

皆さん方も偉くなったら覚えておくといいよ。案内役を仰せつかった。地図を持って。「この通りは何というの」、そんな細かい通りまで知りませんよ。また、大きな街路樹に花が咲いていた。「これは英語で何というの」と。日本語でも知らないのに（笑）。「知りません」なんて言って、帰ってその話を冗談話にして笑っていたら、「いや、そういうときにはお許しくださいと言うんだよ」と。知りませんなんて言ったらいかぬのです。

中澤　年間を通してそういった接待なり、ＶＩＰが英国に来る頻度というのはどれくらいあったんでしょうか。

谷　夏は大体議員がわんさかわんさかやって来ます。むしろ手分けしてやらないとね。例えば農林の委員会の人とかが来たら農林の人に世話をしてもらったり、むしろその仕分けをね。有力な議員はみんなお世話焼きをしたがる人がいるわけだよ。ところが、余り有名じゃないとだれも世話役はいない。むしろ私らがそっちの方を担当していた。

それと、皇太子殿下が御夫妻で来たね。あれは最初のころかな、ユーゴとか何かがまだあったころだから。そのときは森さんじゃなくて加藤匡夫さん(83)という大使になっていた。森さんが残した人と余り仲がよくなくて、派閥争いみたいになっていた。だけれども、山本五十六(84)がロンドン軍縮会議に来たとき大使館にローカルで働いていたおじさんがいたんだ。その人に、書記官、官補でだれが一番印象に残っていると聞くと、そうしたら「加藤さんだ」って言っていたね。あの人はよく仕事をやると。確かにオックスフォードのブルーなんですよ、サッカーの。ブルーというのは正選手だから。それぐらいのスポーツマンだった。

◆ IPUロンドン会議とロンドン・サミット

谷 それで、〔一九七六年に〕IPUのロンドン会議というのがあったんだ。当時、福永健司さん(85)というのがIPUでは幹部の一人で、あの人はうるさいから。橋本恕さんがもうそのころ参事官で来ていたのかな、館務の中心に。それで、要するに、加藤さんが大使になったときに館内なんかまとまってないんだよ。よし、全館挙げて取り組むというんだよ。それはいいんだけれども、私よりもみんな偉いんだから、全館挙げて取り組むといったって、下働きするのがいないんだ。そうしたら、じゃ官補を全部集めてやると。そうしたらまた会計のしっかりした人がいて、予算はちゃんと要求しましょうと言って。ちゃんとというのは、余り掛け値を出さずに要求しましょうと言って。だけれども、全館を挙げてやると、みんなめいめいに金を使うから、どうせこれは危ないなと思って、橋本さんのところに行ったら、いや、金はおれが全部責任持つと。案の定、終わったら本省から当初要求予算を超えるような予算の執行は厳に慎まれたいと名指しで怒られた(笑)。橋本さんに言ったら、あの人はそういうのは巻紙に手紙を書く人だから、大平さんでも何でも。「おれ〔橋本氏〕と何とかの死体がテムズ川に流れてもいいのか」なんて書いて本省に圧力をかけたというくらい。そういう豪傑も外務省にいたんだね。

それから、ロンドン・サミット〔一九七七年〕というのがあった。福田赳夫さんね。鳩山威一郎さん(86)が外務大臣。

グロブナーハウスというホテルに泊った。ロンドン軍縮会議のときにオープンしたばかりで、日本全権が、当時は船で来て大勢で行っているから、借り切ってくれた。それを恩義に感じて、戦争に負けたら日本人を泊めてくれないところばかりだったんだけれども、そこだけは泊めてくれて、これはもう経営者がかわってだめだけれども、私が行った頃はまだ全経費の二割ぐらい引いてくれていました。ただ、それから帰ってきてまた行ったときは、経営者がユダヤ人か何かになっていて、もうそういうのはなくなっていた。

ロンドン・サミットは、あのとき覚えているのは、野村一成さんがいわゆる政務班の班長みたいなのをやっていた。私はいつもロジスティックの担当だから。日にちが何日と日本側に知らせてきたときは、いいホテルはもうみんな押さえられていた。どうしてといったら、要するに日本に日程を連絡したら全部漏れるからといって。だから、そういうものなんですよ。ほかの国は全部いいホテル。そうしてろくなホテルがなくて。特にプレスのがなくて。本当に探し回りました。だから、日本の国というのは本当のことはなかなか教えてもらえないんだよ。日本人というのは、やはりそういう点では口が軽いと思われているんじゃないかな。そういう話がありました。

◆『ディズレイリ』

赤坂　のちに『ディズレイリ』[87]の翻訳をされたのは、この留学と関係があるんでしょうか。

谷　それはまた話が飛ぶけれども、議長として仕えた灘尾〔弘吉〕さんは、大変な、一高、東大、銀時計で出た人だけれども、内務省に入って、普通、本流は警保畑、警保局長とか、ああいうのから次官に上がるんだけれども、あの人は入ったときから社会局なんだ。それで、厚生省ができて厚生省に移って、また戻って、終戦の最後の内務次官なんです。だから、いわゆるサーベルをつけないで次官になったということで、大変珍しい人なんです。

ちょうど大正の末ぐらいのときに、日本もちょうど救貧法とか、いわゆる戦時体制のまだちょっと前だから、軍人保険とか、要するに社会福祉政策をやらなきゃならぬ時期なんでしょう。そういうときにいろいろ勉強すると、そういう面ではディズレーリというのはそういう方の立法をいっぱいやっているんだ。それもあってかディズレーリのファンなんだよ。よく話を聞かされていたんだけれども、それもいわゆる英雄伝なんだ。グラッドストーンとディズレーリなんかの英雄物語なんだけれども、どっちかといったら、タイプからいうとグラッドストーンに、風貌からいって謹厳実直そうで大変似ているんだよ。ディズレーリというのは、イギリス人もそう思っているかもしれぬけれども、借金だらけで、小説を書いて、ロマンスがいろいろあるということで。

議長をやめてよく事務所に遊びに行って、そういう話になって、あの人は暇になったら何かディズレーリの原書を読んでみたいと言うんだよ。じゃ、私が知っている学者〔ジャネット＝モーガン氏〕がいるからもらってあげましょうと。私がいた頃はまだ若い政治学者だった。その後は労働党ウィルソン内閣のシンクタンクに入っていた。サッチャー内閣になったものだから、スコットランドのスコティッシュ・ワイヤレスという大きな、実際は投資会社じゃないかな、その取締役か何かに移って、今はロバート・ブルースという、スコットランド王朝をつくった『ブレイブハート』(88)という映画を見ましたか、あのロバート・ブルースの直系の貴族と結婚して、だからタイトルは、レディー・バルファ・オブ・バーリとかいう、何かそんな名前ですよ。一昨年かな、行って、お城というほどじゃないけれども、泊まってきた。

その人がまだ政治学者で、いいディズレーリの本があったら送ってくれと本を紹介してもらって、それで送ってもらったんだけれども、あれは結構古い本なんだよ。だから、オックスフォードに留学した外交官なんかでも教科書では少しずつ習っている。それは差し上げただけで、あるとき家に呼ばれてみんなでわいわい騒いでいたら、あれは読めぬというんだ。読めぬなら私がかわりに読んであげましょうなんて安請け合いしたら、勘違いしてた。こんな薄っぺらい本だと思っていたの。でも、こんな分厚い本じゃない。それが事の始まり。まあ、言った以上は少しずつ訳して。

ただ、忘れないうちに言っておきますが、その人はジャネット・モーガンという人なんだけれども、今はアガサ・クリスティーとかマウントバッテン、日本嫌いのイギリスの元帥とか、ああいう人の伝記を書いたりしているけれども、クロスマン・ダイアリーというのがあるんですよ。リチャード・クロスマン(89)の日記というのかな。だれも翻訳していないし、あんなのを翻訳する人はいないだろうけれども。英国病のウィルソン内閣時代の英国の政治を知りたいと思ったら、それを読んだら一番いい。その日記を編集して有名でした。

というのは、イギリスは、要するに、閣議の内幕とか、あれはタブーなんです、外に出すのも漏らすのも。むしろ漏れたら事件になるぐらい。ところが、リチャード・クロスマンというのは、日本でいうと、あそこは皆さん御存じのように、貴族院と下院で互に発言できないから、昔から下院リーダーというのがいて、ナンバーツーみたいな地位なんです。だから、日本では幹事長がナンバーツーの閣僚になっているみたいなもの。その人が膨大な日記を残したんです、ほとんどテープで。それを世に出すことを内閣が許可した。その人が編集することになった。それで、大学の先生をしていたんだけれども、白羽の矢が立って、遺族から頼まれたんでしょう。それで、あれは我々まねできないけれども、オックスフォード郊外に住んでいるんだよ、朝起きたらそのまま机に向かい、テレビも何にもないんだ、テレビを見たいときは前の農家に見に行くぐらいで、倒れるまで仕事をする。そんな仕事をしていて、月に二回ぐらいロンドンに出てくるのかな。じゃ、そのうち一回ぐらいは私が飯をごちそうして、そのかわり議会のことを教えてよと。それ以来、ずっと交流が続いています。

だけれども、そのリチャード・クロスマンの日記というのはイギリスでは大変ニュースになったんです。三冊ぐらいの分厚い日記はもっているかな。私も、四冊目ぐらいのときはもういなかったから持っていないけれども。当時のイギリスの労働党の政策とか人の関係とか、大変詳しい。

赤坂　日本の閣議でも形式的には記録はないということになっていますけれども、実際はメモをとって、終わったらすぐにメモ内容が出回りますね。

谷　イギリスは閣議の模様を漏らしちゃだめなんだよ。日本は得々として省庁に帰って大臣がぺらぺらしゃべるわけでしょう。戦前の有名な話があるけれども、閣議が終わったときにはもうその内容を重慶で放送したというぐらい。まあ余談だけれども、そういうことがありました。

それで、えらいこっちゃと思ったけれども、まあ、土地カンがあるだけに、議会の中とディズレーリの家のあたりはしょっちゅう行っていたから。チルターンというロンドンの郊外の丘陵地。昔から、イギリスのジェントルマンの憧れは、バッキンガムシャーのジェントルマンになってバッキンガムシャーから国会議員になること。いいところですよ。だから、よくうろうろしていた。

赤坂 イギリスではどこにお住まいだったんですか。

谷 当時はヘンドンといって、北の方ですよ。バッキンガムシャーは、車で行けば小一時間で行けるところです。

赤坂 どちらもロンドンの郊外にあるということですか。

谷 郊外です。郊外だけれども、東京でいうといわゆる多摩丘陵みたいな感じなんだ。まぁ暇があったら、ディズレーリの本をどうぞ読んでください。ただ、宗教、キリスト教というのは、我々には分からぬ。それで、何とか教会派とか何とか教会派とか、当時の文献を見ると、要するに政治の中でも大変大きな影響力を持っている、何宗教を信じているかによって。だけれども、これは我々は分からぬし、なまじ分かったって、字面だけでは分からないことだから、そこらは専門家の人が見たら、何だこれはということだってあるだろうけれども。

私も、余り学者に向かないのは、頭が大ざっぱだから、翻訳も、細かいことを言ったって翻訳だから読みづらいのではしようがない。当時、幸いに超訳というのがはやっていたんだ（笑）。

◆ 鈴木隆夫『国会運営の理論』

赤坂 事務局の人がこういうふうに、ある意味アカデミックな翻訳なり著作なりを出すというのは、鈴木隆夫さんが本を出されたようなことはありますけれども、最近になってくると少ないような印象を受けていますが。

谷 ちょこちょこ書く人はいるだろうけれども、ああいう大がかりなものは書く人は少ないね。政治の裏面史を一生懸命書いているのは平野貞夫さん(90)がいる。

赤坂 例外ですね。学術的な雰囲気の著作を書かれるというのは……。

谷 『国会運営の理論(91)』というのは、新しい国会になって、やはりそれなりの使命感みたいなものがあったんでしょうね、これからのあるべき新しい国会。そういうので議論をして、何とか一冊の本になるだけのエネルギーと熱意もあったんだろうと思うけれども、今は手続法なんというと、余り細かい議論なんかあほらしくなってきたんでしょう、定足数がどうのこうのとか、棄権を入れるの入れないのとかといったって。『国会運営の理論』だって、必ずしも今は合っているとは思わぬところもありますけれどもね。

赤坂　よく今でもバイブルとして扱われていると書く学者もいるんですけれども。

谷　私らから見たら、戦後の考えには、国権の最高機関という意識が強過ぎるところがある。たとえば、イギリスなんかの議会侮辱みたいな考え方がある。ところが、日本の国会というのは議会侮辱みたいな考え方はないからね。外部に対して議長の権威なんというのは、そんなに高まっていない。だから、そういうことを主張したって若干無理があるし、また、二大政党がちゃんと成熟しないうちにそんなことをやると危険なんだよ。だから、そういう面でいろいろとそういう意見は言ったことがあるよ、現実に『国会運営の理論』にはこう書いているんじゃないか、と反論されましたが。

それは、当時はやはり立法府が最高機関だと意気に燃えていたから、うっかりすると国政調査権も議員個人個人にあるんだというような考え方もある。だから、逆に言うと、それを今の時代に自由民主党はむしろよく使わなかったなというぐらいの感じになっちゃう。むしろ使おうとしたのは野党の方だけれども、本来は権力を持った人がそれを使うのはおっかない話なんですよ。

議会侮辱法だって、うっかりそういう考え方が議会にあるんだということになってくると、日本は野党がそれを一生懸命主張するけれども、それは間違いですよと随分言ったことがあるが、それは一歩間違うと、要するに、権力の側が使えば、幾らでも不穏当発言だって不謹慎な行為だって出ちゃうわけだから[92]。私は辞職勧告決議案なんというものはやるべきじゃないよと随分言ったけれども、それはやはり論拠の一つに、要するに議院の品位をおとしめたみたいな考えが処罰の対象に出てくるわけだよ。

赤坂　そういう権力をうまく使っていくためには、ある程度の成熟が必要なんでしょうね。

谷　私の基本的な考えは、四十年近く国会で働いて、五十年も政権が変わらぬというもとで、真っ当な議院内閣制に育たなかったとの思いです。だから、手続面でも、攻める方と守る方が決まっているんだから、お互いに立場を理解し合うことがないわけですよ。その上で、いわゆる政治的解決の方法が育ってきているわけだから。

本格的な政権交代ができたから、これからどうなっていくかというのは、ちゃんとした方向に行くのか、あいつらがやったことはおれらもやっていいみたいな世界になるのかは全く分からぬ。それはまたおいおい話していきます。

◆ 議事部議事課の風景

中澤　さて、昭和五二年五月に帰朝され、同年六月より委員部調査課に、同年七月より議事部議事課に勤務されています。この時代の日常の業務の実際についてお教え下さい。

谷　五二年に帰ってきて、夏から「議事課に行け」ということになった。うちの世界で二階筋というのがあるんですよ。議長サロンがある廊下と、それから正面の玄関の上に秘書課と議事課というのがあった(93)。委員会は三階でやるんだよ。だけれども、あのあたりは私らも余り歩かないんだよね、議事課なんて。ただ唯一行っていたのは、委員会で法案を上げるでしょう、そうすると、本会議に上程するためには審査終了通知というのを議事課に持っていかなければいけない。上程は採決順なんですよ。だから、終って、委員会散会なんて連絡すると、議事課は散会の順序というのは大体分かっているから、報告書を持ってこないと仕事が順序よくいかないのね。とにかく急いで走って持っていくわけですよ。

議事課のドアというのが、今でもそうだけれども、昔の古めかしいドアをあけると、こんな蛍光灯の電気ではなかった。あれは何というのかな、白い大きな、いわゆる普通の電球をすりガラスでカバーして、昔の夜汽車の電灯みたいなのが天井からぶら下がっているんだよ。薄暗くて、当時はたばこを吸っているからもうもうとしてさ。堺谷〔哲〕さん(94)なんていう何か神様みたいなおじさんがいて、開けたらみんながぞろっと見て。終了通知を渡したら慌てて飛んで逃げて帰るようなところだったものだから、まさか行こうとは思わないからね。

その議事課で「次第書きを書け」という話になった。当時は次第書きというのは筆で書いたんだよ。私の頃、戦争で負けてから、中学はまだ習字の時間はなかった、進駐軍が禁止してね。講和条約を結んで独立するまでなかった。だから、基本的な筆の使い方とか何もできていないんだよね。ちょうど幸いそのころ筆ペンというのができていた。「筆ペン使っていいですか」ということを言ったら「いい」と。ところが、朱で書く部分があるんだよ。今考えたら、赤いサインペンがあったと思うんだけれども、それは思いつかなかったのかな。人の名前の振り仮名とか、それだけは朱で書いていましたよ。

それから、動議というのが出るでしょう。それも朱で書くのです。「そんなもの次第書きに書く必要ないんじゃないか」と言ったんだ。あれは議長が読むわけじゃないんだからさ。しかし、議事進行係が読む動議の言葉をちゃんと書くんだよ。「議長が読みもしないのにどうして書くの」と言ったら、「いやいや、これは後の人が見て書くからちゃんと書かなきゃいかぬ」とかなんか言われて、それでもたもた書いていましたよ。当時は可否同数のような情勢だから、いつ可否同数になるか分からないんだな。だから、可否同数のケースも幾つも作っていた。

法律案の件名は平仮名でいいんだけれども、そのほかは片仮名なんだよ。だから、「何々を議題といたします」というのは、「を」というのは昔の「ヲ」なんだ。「これより会議を開きます」というのはもう印刷物にはなっていた。そういうのはあったけれども、あとはみんな手書きで書くんです[95]。それで、日常の平穏無事なときに使うのは三部ぐらいで済んだと思うんだ。ゼロックスは性能は悪いけれども、もうあったと思うんだよ。だけれども三部。それで、いわゆる混乱のときの牛歩、ああいうのになると六部つくるんですよ。当時、議運の理事に、もうその頃から主みたいな古い人だったけれども、山口鶴男さん[96]というのがいて、たまに国会がもめて強行採決でもすると、議事課に寄ってにやにやしながら、「うちは～本の不信任案を出すからな」と。投げ込まれると、それは一件ずつ準備しなきゃいかぬ。

あれはまず発言時間の制限というのからやるんだよね。そして、決議案、要するに不信任案なら不信任案の趣旨説明、これは決められたとおりでいいんだけれども、決議案の質疑とかは二人ぐらいすると質疑終局の動議というのがある。そうすると、これまた記名投票になる。それが終わると今度は討論になるんだ。討論は賛否一人ずつとかいう決まりがあって、やるとまた討論終局の動議が出る、またこれは記名投票で牛歩になっちゃうわけですね。本決議案を採決するのにまた牛歩になっちゃう。一件に三回か四回記名投票をやらなきゃいけない。そうすると、普通に牛歩しても一件で大体三、四時間はかかっちゃうんじゃないかな(97)。それを六部つくるんだよ。「何で六部つくるのか」と言ったら、議長が一つ、事務総長が一つ、次長が一つ、あと議事部長に一つかな、あと何かいて、最後に「担当のおまえに一つ」と。「私のは要らぬよ」と言ってさ。それでも、しばらくはまじめに書いていたんだけれども、そのうち余りあほらしくて、もうゼロックスもあるから、一部しか使わぬものを何でこんなに六部も用意しなきゃならぬのと。それで三部ぐらいにしてもらったのかな。またそれでしばらく三部ぐらい用意してたけれども、そのうち、「面倒くさい、ゼロックスでいいじゃないの」ということで、ゼロックスにしてもらった。

それと、書いたものを点検する議事課のおかたい厳しい人がいるんだよ。中村信さんというのは亡くなったかな、これがまじめな人で、「本日は会議を開くに至らなかった」なんて、たった一行じゃないの、それだって必ず前のものを持ってきて点検している。ところが、たまにそういうもので丸がついていたり横のを張っていたりして間違っているときがあるんだよ(笑)。動議なんかも朱で書くでしょう。皆さん方はちゃんと国語の教育を受けた世代だろうけれども、私らのときは混乱したときに受けているから、行うの「なう」を送る時代だったんだよ。そうすると、つい癖が出て、行うの「な」を入れちゃうわけ。そうすると、「いや、谷さん、これはだめだ」と言うんだ。「だめだって、読むわけじゃないからいいじゃないか」なんて言ったって許してくれなかったな。もう一回書き直した。それがまた小さな字なんですよ、動議だから。

特に、当時は一二月召集だから、一二月に召集したら、まず日ソ漁業協定というのがある。これを暮れまでにちゃんとやらないと、イカとかサケをとりに行けないんだよ。これが、「北大西洋何々におけるソビエト社会主義共和国連邦と日本国との間における何々」と長いんだよ(98)。それと、もう一つ、今もう名前は変わったかな、公共企業体等労働関係法[99]、仲裁裁定の、国が金を支出する案件があるんですよ。これは組合ごとなんだよ。そうすると、機関車労働組合とか、ひどいのになると「千葉労働何々鉄道何々組合」とか、そういうのを一〇何件ぐらい。近藤誠治君が動議を書く係だったけれども、読む人も大変だけれども、一〇何本ぐらいのものを議事進行係が読んでね、それを書かなきゃいかんぬ。余りばかくさいから、だって文章は同じなんだから、組合関係が違うだけだから、「もう以下何件でいいんじゃないの」と言って変えてもらったこともあるけれども、そういう仕事をしていました。

中澤　先ほど、議事部には古株、ベテランの方が詰めていらっしゃったというお話を聞きましたが、総じて議事部の方は長期になるケースが多いんでしょうか。

谷　私がそこに行ったときは、堺谷さんはもうおやめになっていた。だから一緒に仕事をさせてもらったことはないけれども、議事部に入ると何となくやはり議事課あるいは議案課あたりで大体長く過ごしていましたね。だから、何かちょっとほかの部と違う。いわゆる戦前の帝国議会からいうと読会制だから、やはり戦前は議事部がメーンな部署ですね。だから、やはりそういう格式みたいな意識はあったのかもしれぬけれどもね。その中でいたのが泉議事部長で、泉さんは、当時は場所の問題もあったんだろうけれども、各部長が個室にいるのに、議事部長席の奥に次長がいたものだから、いわゆる課長の後ろにいるぐらいのもので、我々がわあわあわあわあ騒いでいても、泉さんはみんな聞こえているわけだよね。たまに余りひどいことを言っていると、来て、「そんなこと言うもんじゃない」とか何かよく言われていました。

泉さんは、いわゆる戦後のずっと議事部を知っていて、委員部では芦田〔茂男〕様というのがいたけれども、議事部はやはり泉さんが全部ね。大変細かい人で。だから、戦後の本会議の難しいときは全部、恐らく知野さんの時代から泉さんがずっと支えてきたんだと思います。その前に三樹秀夫さん[100]という方もいたんだけれども、三樹さんは委員部に行ったりしていた。泉さんはずっと議事部にいらっしゃったから。あの人は面白い人だったよ。あそこの部屋で何かのときはみんな飲むんだよ。ビールしか飲まないんだけれども、おつまみはかっぱ巻きか何かをちょこちょこっとつまむだけで。それで、ジャイアンツファンで、うちに帰って全部統計をとっていたのかもしらぬけれども、ジャイアンツの選手の打率から何からみんな覚えているんだ。そういう人だった。

だけれども、一遍、「みんなで葉山〔洗心寮〕に行ってマージャンをしよう」と言ったら、やめないんだよ。体に悪いからみんな早く寝ましょうよなんて言ったって、あの人はやめないんだ（笑）。徹夜したことがあるよ。好きだったのかな。聞いたら、「前は泉さんのうちに行ってみんなでマージャンをしていた」なんて言っていたから。

ただ、あれは四十日抗争のときかな、私、次第書きを書いているから、みんな議場の片づけとか点検に行っていたんだね。誰もいなくて、新聞記者から電話がかかってきたから本会議の結果を、だって結果の報告は本会議場でやっているわけだから、私も地声が大きいから、大きな声で結果を電話で教えてやっていたら泉さんが飛んできて、「そんなもの言うんじゃありませんよ」と。「言うんじゃありません」といったって、本会議で事務総長が結果を報告するわけだから、それを訂正するといったら、それは本会議場で訂正するしかないんです。そう言ったら、それまで公報を出すまで公表しなかったのを、直ぐプレスにも公表するように改めた。

ただ、今分かるのは、やはり何かいろいろ問題があったことがあるからね。特に、私の頃はもうそういうのはなかったと思うんだけれども、それまでは、漢字が読みづらいのは何と書いているのか一々諮っていたんだよ。「田んぼの田にも見え、日にちの日にも見えますけれども、これは有効としてよろしいか」とか諮っていたの。ところが、だんだんそれがなくなった。だけれども、私らもよく冗談で言っているんだけれども、「読み切る責任は全部議事部長の月給分だ」と。中には、左手で書いた人の字なんか、それは読めない字があるんですよ。だけれども、それは分かっているからいいんだよ。あの人の字はこんな字だからと読めるんだけれども、知らない人が見たら、これがどうしてこんなふうに読めるかというようなものだった。私が議事課にいたころはそれはなくなっていた。だけれども、その読み切りは全部議事部長がやっていたということですね。だから、「事務総長の月給分は議長斡旋の案文を下書きすることであって、議事部長の月給分は首班指名とか選挙のときの名前を読み切ることだ」なんて、冗談で言っていたけれどもね。

そういう、細かいといえば細かい仕事をさせられていました。「あなたはほかの仕事しなくていいからじっと机に座って書いておればいいんだよ」みたいな。本会議場だって、いつ可否同数になるか分からぬから、「谷、あなたはじっとここにいなさい」みたいなことを言われてさ。それでも、そんなことは滅多にあるわけじゃないから、我々クラスはわざと、長いときはしょっちゅう本会議場を途中で抜けて飯食いに行ってたりなんかしていました。

ただ、私が秘書課長時代もそうだったかな、すずり箱が置いてあったんです。議長から事務総長から、本会議場の事務方のところに座る人の前にはすずり箱が置いてあって、たしか端渓か何かのすずり。まあ形は変哲もない普通のすずりだけれども。それで、私の頃はもうそんなことする人は誰もいなかったけれども、昔はちゃんと水を垂らしてすっていたんでしょう。だから、議事課員というのは、本会議がある日は、まず事務方の机の上に案件を並べるのも一つの仕事で、そういうすずりにちゃんと水を入れて、いつでもすれるように用意する。

それから、記名投票の札、青票と白票が入っているんだよ。あれは何枚ずつ入っていたかな。牛歩のときには四、五回記名投票すると区切のいいところで一遍休憩してもう一回札を入れかえないとだめなんだ、確か六枚ずつじゃなかったかな。本会議がある日、一〇時ぐらいになるとそれを点検に行くんです。ベテランの人は、ぱっとやったらぱっと札が帰ってくるんだ。何か宙を踊って帰ってくるみたいなんだね。我々がやると、色々手間取るんだけれども、楽しいから、私はあれだけは毎回行っていたな。みんなでやりました。

◆ 案件会議

谷　それと、これは委員部もそうだったけれども、案件会議というのがあって、本会議があるとき、要するに運営に関係のある部長だけが集まって総長のところで会議をやるんです。そのときに案件〔協議事項〕を作らなければいかぬ。それと、次第書きは、そのとき部長が持っていって総長に見せる。あとは、いわゆる協議事項。議事課の場合は、本会議にかける法案の態度を書いたのをつくるんです。これがまた大きな紙に法案を書いて、反対会派とかいうようなはんこを押して。それで今度はそれを並べて堂々めぐりして。委員部も大体似たようなことをやっている。修正案がつけば修正案の項にもはんこを押して、それで今度はそれを並べて堂々めぐりして。そうすると結構時間がかかるんですよ。だから、委員部総務課もそうだけれども、議事課も帰りは結構遅かった。

赤坂　今現在の案件会議というのは、恐らく庶務部長や秘書課長も参加していると思いますけれども、当時はどうでしたか。

谷　秘書課長は昔から案件会議に入っていたかどうか……確か総長室の隅に座っていたかな。次長がいて、委員部長がいて、議事部長がいて、それぐらいでやっていたのかな[101]。

まあ関係のあるときはほかの人も来てもらうけれども、通常は、これはちょっと確かめなきゃいかぬけれども、私の頃は、週に一回じゃないけれども、開会中は、全部の部長が集まってくる会議も一月に一回かなんかやっていたと思う。

赤坂　それは、その案件会議とは別に、ですね。

谷　部長会議をまた別にね。案件会議には多分秘書課長はオブザーバーみたいなものです。

赤坂　案件会議は主に、議事運営を念頭に置いたものでしょうか。

谷　ルーチンでやるのはね。…そういうことで、議事部にいましたけれども、いわゆる本当の国会の中の話とかは、徹夜したというような記憶も余りないから、印象に残るような事案はなかったような気がするな。日韓大陸棚〔協定〕[102]というのがあったんだけれども、あれは、協定そのものは私はまだいなかったから。その後の日韓大陸棚特別措置法〔昭和五三年〕というのがあって、その名残のものは何か少しもめたんじゃないのかな。そういうのは記憶にあるけれども、運営上、徹夜して牛歩の本会議があったとかなんかというのは余り記憶にないから、そんな印象に残るような法案は私は覚えてないな。

◆議長・副議長の党籍離脱

赤坂　議長秘書になられる前の時期、大平内閣の成立の経緯をめぐって御印象に残っていることがあればお願いします。

谷　大平内閣ができるのは五三年。大平内閣ができて最初の国会も余り記憶にないな。それで、私、議長秘書になるのは五四年かな、あれは保利〔茂〕さんが病気になって辞任したので。その前に、保利さんと三宅〔正一〕さんは、最初たしか党籍を離脱していなかったんだよ。その前の前尾〔繁三郎〕さんは党籍離脱したけれども、前尾さんのときの副議長は野党じゃなかったんじゃないかな。秋田大助さん[103]だと思うんだ[104]。

だから、与野党に配分するようになって、正副議長が同時に党籍離脱していくのは保利さんからじゃないかな。保利さんも最初からじゃなくて、あれは会期延長か何かの問題のときに国会がもめていて、いわゆる斡旋の中身として、正常化する条件として正副議長が離脱すると。それからずっと続いてきたんじゃないかな。灘尾〔弘吉〕さんがなったときなんかは、もうごく当然のごとく離脱しましたから。それからずっと続いていますね。それがだんだん当たり前みたいになって、党籍離脱することになっています。

赤坂　議長が党籍離脱をするという慣行が生じる前と後とで、議事運営の面で何か変化というのは生じましたでしょうか。

谷　これは確たることは言えないんだけれども、その前も党籍を離脱したケースはないわけじゃないんだ。ただ、それがそういうものだというふうにはなっていなかった。それで、前尾さんもなかなか力のある議長だったけれども、その後に保利さんがなって、保利さんがそういうことで党籍離脱する。それが先例になって、その後、灘尾さん、福田〔一〕さんとか、割に国会の中で重きをなす人が議長になって、福永〔健司〕さんもそうだし、櫻内〔義雄〕さん[105]とか、そういう人が続いたから、そういう意味では、議長の権威というのは自然に高かったと思うんです。だけれども、その背景には一つ議会制度協議会がある。あれは日韓国会の後にできるんだけれども、日韓国会というのは大変混乱したから、船田〔中〕議長[106]が混乱の責任をとってやめて山口喜久一郎さん[107]がなったときに、いわゆる議長の抱負として、議会制度協議会をつくって、これから正常な国会運営を話していこうというような雰囲気ができて、それからずっと議会制度協議会が続いていました。その中で、しょっちゅう混乱しているから、必ず正常化、正常化となるわけです。そうすると、何となく、議長の権威を高くしなきゃというような雰囲気になって、議長の権威を高くしたのはいいんだけれども、これは私の勝手な推論だけれども、議事主宰の権威じゃないんだよ。調停役を期待するから、中立公平な議事運営に努めます、こういうことになっちゃうわけだ。そのあかしとして党籍を離脱する、こういうことなんだ。

それは大変結構なことなんだけれども、一方では、日本流で、要するに、議長さんを傷つけちゃいけないみたいな雰囲気が出て、とにかく議院運営委員会理事会で微に入り細に入り協議するようになって、突発的な揉め事は議場内交渉係がちゃんと交渉して、そこで結論が出たらそれに従って議長が議事運営するみたいな雰囲気になっちゃったんだ。私らが参考にした昔の次第書きがとじて残してあって、それを見ると、議長が自分で書いた字だとか事務総長が殴り書きした字だとか、そういうのがいっぱい挟み込んであるわけ。そのときの状況に応じてそれぞれが発言して。だから、不穏当な発言だって、昔は議長が、「これは私が会議録から削除します」とか、そういうことだって言えたんだけれども、今はもうできない。今はもうそんなことを言おうものならわあわあ大変になっちゃうしね。

だから、ある意味では闊達な議事運営を殺していったという雰囲気もあるんだろうけれども、議長そのものは楽といえば楽だけれども、面白くはないと思うんだよ。

赤坂　議会制度協議会が設置された頃〔昭和四一年〕に、知野さんの国会正常化試案というのがたしか出たと思いますけれども[108]、これについては何か御記憶はございますか。

谷　あれは私も直接は知らない。関連する論文かもしれないが、それのコピーを私持っています。あれは恐らく泉さんが書いたのかもしれぬけれども。知野さんの国会正常化私案はあの後だと思うんだ。石井光次郎さん[109]と小平〔久雄〕さん[110]という正副議長のコンビがいて、だから昭和四三年暮れに召集された第六一回国会かな、健保の記名投票で牛歩して、野党が演壇占拠して投票しなかったことがあるんだ。あのとき、それは知野さんの指示だろうけれども、記名投票を起立採決に切りかえたんです。あれは憲法に書かれたことを無視することだから。議長が声明文を出して、「自分たちが要求した権利でありながら、議事妨害して投票しないというのは許されない」と。時期的に、そういうことがあった後に出たんじゃないかと思うんだけれどもね。

知野さんも、もともとそういう気持はあったんだと思うんだよ、腹に据えかねるみたいな話が。そのかわり、石井さんと小平さんが、やはり異例なことをしたからその責任をとって二人はおやめになった(111)。そういうことがあります。

赤坂　では、議会制度協議会と同時というよりは、そのもう少し後、数年後の出来事だったんですね、知野さんの正常化試案は。

谷　六一回国会というのは、私が五六回ぐらいまで社労にいて、その後の話だから、四三、四年ぐらいになるのかな(112)。

Ⅳ

◆ 議長秘書に就任

谷　それで、大平内閣のときに、昭和五四年一月かな、保利さんが病気でおやめになって、灘尾議長になって、突然呼ばれて、「おまえ議長秘書になれ」というんだけれども、正直言って、灘尾さんというのは、それまでお見かけしたことも接したこともないんだよ。あの人は岡本町というところに住んでいた。世田谷の外れに岡本町というのがあるんです、昔、砧村《きぬたむら》とかなんか言っていた。その手前に用賀というのがあるんです。そこに私、イギリスから帰って住んでいたから、歩いていくと三〇分かかるかかからぬぐらいのところ。それで、恐る恐る灘尾さんの御自宅にお伺いして。

会社〔衆議院事務局〕に行ってまた行くのも面倒だからと、毎日歩いて灘尾さんの家まで行って、車に乗って一緒に来ていました。それまで私も意外とだらしない生活していたけれども、毎日高速道路に乗ると込みぐあいによっては時間がえらい違うんだよね、だから、多少身をきちっとして、トイレもちゃんと行って。それまではしたくなればすればいいみたいな心持ちだったんだけれども、おかげさまでそういうのが身につきました。

牧原　議長秘書は事務局の中で、代々どういう方がなられるものなんでしょうか。

谷　何か知らぬけれども、誰ということもないと思うんだな。秘書制度もそんなに昔からちゃんとしていたんじゃないんだよね。荒尾さんなんかが、清瀬一郎さん(113)の頃ぐらいに初めて事務方からもそういうふうに出るようになったんじゃないかな(114)。

牧原　そうすると、その政治家の議員個人の秘書がいて、それと事務局からも秘書がいる、そういう形になるわけですね。

谷　うん。だから、私の頃はちゃんと、いわゆる議長政務秘書官という方が一人と事務方が一人、そういう感じになっていました。その前、清瀬さんの頃はまだきちっとしていなかったんじゃないかな。もともと秘書課もそんな規模じゃなかったわけだから。参議院はずっと、今は秘書課というのがあるけれども、衆議院みたいにあんな大きな部屋じゃなくて、議長次室を何人かが秘書課と称していたぐらいで。衆議院は少し大々的に組織していたけれども。

赤坂　戦前、秘書課はございますね。鈴木隆夫なんかが秘書課長をしています。それが戦後になって部制になったときに、秘書課だけが独立の課として残ったのには、どういう背景があるのですか。

谷　そこらの来歴は知らない。確かに戦前はあったはずです。だれかに聞いたな、灘尾さんか。御内帑金があった、天皇陛下が役所にお金をね。衆議院もそういうのがあったらしいから、それは秘書課長のところに行くんでしょう。

赤坂　少なくとも受け取る窓口としてあったはずであると。ちなみに、秘書課長は準部長クラスですが、単独の執務室は与えられるんですか。

谷　いえいえ、そんなことありませんよ。これからお話ししますけれども、みんなと大部屋に一緒に。今はもう本館1階に移りましたけれどもね。これは総長のときだったけれども、議運の理事会室を作るためにあそこをちょっと変えて、秘書課を泣かせて、下に行ってくださいよといって移動させたけれども、それまでは、ちょうど二階のエレベーターのところに議事課と秘書課が並んでいた(115)。

赤坂　そのときは大部屋の隅っこに課長が座っているという形ですか。

谷　そう。前に小さなテーブルといすが二つぐらいありましてね。秘書課長のところも結構お客さんが多いんですよ、いろいろな人が。

◆ダグラス・グラマン事件

谷　それで、議長秘書になりまして、あれは何国会だったか、その年の予算は早期警戒機、Ｅ２Ｃ問題というのがあった。ダグラス・グラマン事件〔日商岩井事件〕。ロッキードが一応捜査が片づいた段階で、灰色高官とか何かいろいろ、国会の中ではずっとそれから問題になっていくんだけれども、ダグラス・グラマン事件というのは、松野頼三さん(116)、震えながらサインした日商岩井の海部八郎さん(117)とかいたじゃない、あれがダグラス・グラマン事件だよね。

あれがちょうど話題になった頃で、詳しいことは私もよく知らないけれども、Ｅ２Ｃの代理店がたしか日商岩井で、その予算を組んでいた、それがけしからぬということで、結局、会期延長になったのかな。それで、予算を通すときの条件が、議長斡旋みたいな形で、要するに議長預かりみたいになった。凍結するということ。それで、国会が終わって、凍結していたのを解除しなきゃいかぬわけです(118)。

ところが、当時は議長外交というのがありまして、あれは前尾さんのときから始まったんだけれども、国対委員長を帯同して各国を訪問するんですよ。そういう慣習が前尾議長のときにできて、それからずっと続いていた。その年もドイツに行くことになった。今はもうそんな話じゃなくなったけれども、当時は共産党にきちっと声をかけて行くんですよ。たまには議運の理事の一行がお伴することもありますが、大体御夫妻でついていく。

そのときに、衆議院が招待して西独の議長が、一月か何か、冬に来たんだよ。カルステンス(119)というんだけれども、その人が大統領になっちゃったんだ。それで夏に行ったときは大統領だったんだよ。だから、御丁寧はいいけれども、ドイツはきちっとしているから、すごいモーターケード〔車列〕をつくって、朝の八時頃に出発したら、ずっと日程が詰まっていて、夜の六時頃まで帰ってこないんだよ。それで、とうとう灘尾さんは、ドイツの公式訪問が終わったら、ウィーンでぶっ倒れちゃった。

そういう話がありますけれども、そのE2C解除のときは政府からやんやの催促、要するに、アメリカの関係もあるし予算執行を早くしなきゃいかぬから。山下元利さん[120]が防衛庁長官で、金丸〔信〕さん[121]が幹事長なんだ。それで、こそっと議長のところに来るわけよ。山下元利さんなんかは、一遍、約束の時間におくれたら悪いからとタクシーで駆け込んできた。詰まっているから高速を途中でおりて、コンクリートを越えて下に飛びおりてタクシーで来たと。そんなこともありました。

それで、E2Cの予算の凍結がそのときの国会の一番大きな問題だったのかな。参議院も同じような始末をしたんだよ。参議院で予算が通るときも、参議院議長が預かるみたいになっちゃった。結局、衆参両院議長にげたを預けたわけです。しゃくなのは、当時は閉会になったらみんな海外旅行に行っていたから、議運なんかもさっさと行ってさ。要するに議長二人の周辺だけで、国対委員長と。ただ、後々いわゆる金丸・田邊〔誠〕[122]と二人の関係が言われる始まりはこのときから。そのときに金丸国対委員長と社会党の田邊国対委員長とか一行で旅行に行ったから。

それで、解散になるわけだ。

中澤　そうですね。九月七日、臨時国会で解散・総選挙。

谷　負けちゃうんだよ。負けちゃうということはないけれども、要するに過半数ギリギリになっちゃったんだ。それで逆転委員会がいっぱいできた。ただ、そのとき、選挙のときは議長はいないから、半年ぐらいだったけれども、「ああ終わった、終わった」といってまた議事課に帰った。

そうしたら、あに図らんや、特別国会で自民党から首班指名に二人立てるような話になった。その過程で灘尾首班の話が出て、大平さんが慌てて灘尾さんを議長に推挙した。それでまた議長秘書になることになった。決選投票になるのは大体分かっているから、決選投票の準備をして、決選投票で同じくなったら規則上くじを引かなきゃならぬからね。後にも先にもそれっきりしか見ていないけれども、ちゃんとくじがあるんですよ。漆を塗った箱に、おはし立てみたいに二本棒が入れてあった。

だけれども、権力闘争しているのに、決選投票で同数だからくじを引いてもらうなんて、「黙って引くわけないじゃないか」と冗談で言っていた。結局、決選投票になって大平さんが選ばれるんだ。

中澤　当時、大平政権のもとでいわゆる保革伯仲の時代と呼ばれていますが、その状況についての御印象はいかがでしょうか。

谷　結構もめていたことがあっても、当時は何かあると議長のところにお願いしようという雰囲気があったんだ。そうすると、大体最初は、事情を聞くというのは当該委員長とか、議運の理事を呼んでまずは斡旋の下ごしらえを頼んで、それでも埒が明かぬときは国対委員長を呼んで、何となく話が煮詰まってくると、では議長にと。議長が、斡旋とは言わぬでも、裁定とも言わぬけれども、何か物申せばおさまるというような雰囲気になってくる。そういうときには連絡役の一番下働きみたいなのは議長秘書がやらなきゃいかぬ。

それで思い出した。その国会はＥ２Ｃの問題があって、航空特、要するにグラマン・ダグラスの疑惑を解明する特別委、それで、松野証人喚問とか何かいろいろあるから自民党は嫌なんだよ。それでもめて、決着ついたのが最終日の一一時過ぎぐらいだったんじゃないかな。各委員会は調査案件だけしかとらない〔＝閉会中審査案件にしない〕ということになったんだ。そのかわり航空特は閉会中も存続させるということになった。そうしたら、何か委員部と議事部議事課の連絡が悪くて、文教委員会だけ法案も閉会中審査の案件に入れていたんだ。それで、次第書きをばたばた作ったものだから、もうベルが鳴っているときに議事課が次第書きを持ってきたんです。すると文教だけ法案が入っているんだ。そうしたら、大久保〔孟〕さんはしっかりしていると思ったけれども、あの人、ぶわっと破って、「やっておくから中に持ってきてくれ」と。

議事課も、時間がないからプリントのものを切り取ってぺたっと張って持ってきたんですよね。それで、そのとき私も、本当にあれは神様がついているみたいに、何の気なしに議長室の机の上にあった老眼鏡を議長に持たした。

普通の字は大きくて見えるけれどもプリントの字だから見えないんだな。だけれども、老眼鏡を持たせていたから、いかにもさりげなく眼鏡をかけ直して読めたけれどもね。一刻を争うので、もたもたしたら航空特の閉会中審査まででいかないんだよ。反対があるのは別個に諮るんだ。参議院は時間切れになっちゃった。だから閉会中審査がとれなかったし、まして航空特は継続できなかった。

念のために調べたら、面白いんだね。「一二時になりました、これにて散会します」、日が変わるから議長がそういう宣告をして……。だから、大久保さんもそういう点は感心というか、ぱっと破ってさ。あれは、もう一回押し戻したりもたもたしていたら一二時過ぎちゃうから。そういうこともありました。

ただ国会も、保革伯仲のときは案外もめないんですよ。要するに、野党もそれだけ運営の責任を持つから。だから意外ともめなくて、そのかわり、修正案とかそういう話はいっぱい出てきますけれども。だから、むしろそれが終わった後に、大平さんが亡くなって衆参同日選挙になって、自民党が絶対安定多数と言われる数をはるかにクリアして、そのときに、今まで逆転委員会とかで大分痛い目に遭っているから、議長も副議長も常任委員長も全部自民党でとろう、そういう機運が出てきたんです。

それで、灘尾さんがやめた後、そのときまだ、やめた議長とか総理とかが入る最高顧問会議というのがあった。それで「何か言うことあるか」と言うから、その頃、正副議長とそれから常任委員長を配分して、野党と共同して委員会運営の責任を持たせるみたいな話がある程度定着していたから、「それはやはりちゃんと守った方がいいんじゃないでしょうか」と言ったら、「そう言ったよ」と。しかし、正副議長の方はそのとおり慣例が守られたけれども、常任委員長は自民党が全部とって、特別委員会を少し配分したんじゃないかな。そういう話がありました。

牧原　最高顧問会議は、実は私、岸信介[123]の日記でそれを見たことがあるんです。いろいろ書いてありましたけれども。あれで、「どういうことを言ったらいいか」と灘尾さんは秘書に聞くわけですね。それはどうして……

谷　それは、たまたま灘尾さんが行くときに、「おれはこういうのになっていて、事務方として何か言うことがあるかい」と言っているだけの話で、そんな改まった御下問があるわけじゃないです。そういう一つの記憶があるだけの話で。あれもいつの間にかなくなっちゃったんだな。

牧原　中曽根内閣時代にもう形骸化していましたね。自民党は、この頃顧問会を最高顧問会議に変えたんですね。岸信介を入れたかったみたいなんですけれども。

◆灘尾議長のこと

谷　次に行く前にもう一つ。灘尾さんは大変面白い人で、東大を優秀な成績で、銀時計か何かで出たんでしょうけれども、社会政策畑しか歩いていないんだよ。前に言ったように、内務省といったらいわゆる警察畑が本流なんだけれども、あの人はサーベルをつらないで内務次官になった人なんだ。だから、そちらの方には思い入れ深い人だったと思うよ。世間では寡黙な人だと思われているんだけれども、結構話好きで、とまらないんだよ。だから、我々はいいかげんで失礼しようと思って頭を下げようとしたら、「それでな」とか、突然声が大きくなるんだよ。新聞記者も同じよ。「灘尾さんのところへ来たら話ばっかり聞かされて取材にならぬ」とかいって。ニュースを聞けないわけだよ。話好きだから、新聞記者もあきらめて帰ろうとしたら、「それでな」なんてまた……。たばこはぷかぷか吸うし。

おうちに行くと、奥さんがまた面白い人でね。戦前だから、東京大学を銀時計というのは、嫁さんの口の希望はいっぱいあっただろうけれども、奥さんというのは、能美島の分校の校長さんの娘で、お父さん同士が友人で、小さいときから許嫁みたいな人だそうです。本当に瀬戸の花嫁なんだ。瀬戸内海を船で渡ってきたんじゃないの。灘尾さんは面白い人で、しょっちゅう応接間で、車が出発するまでちょこっと国会の話とか世間話とかをする。奥さんがお茶を持ってきて、灘尾さんにはジュースか何か持ってくるんだよ。灘尾さんがたまに奥さんに小言を言うんだよ。そうすると話がちょこちょこっとずれていくんだよ。だから、私らもしょっちゅう近寄っていたのはむしろ奥さんだな。議長にしては、後にも先にもそんなことをしてくれたのは余りいないんじゃないかな。

庭に一本大きな桜の木があって、春になったら道に垂れるぐらい桜が咲くんです。そうしたら、はっきり言わないんだよ。「桜が咲いた」と。桜が咲いたということは、要するに、「また一杯うちで飲もうや」という話なんだよな。そうすると、奥さんがおでんか何かをいっぱいつくってくれてさ。だから、やめてからもしょっちゅう行っていました。そういう会合があると、みんな集まった。一遍、大久保さんとか弥富〔啓之助〕さん、荒尾〔正浩〕さんを呼んで議長の家で花見をした。総長秘書が気を使ってバンドを呼んできたことがありますよ。

灘尾議長と

今考えたら、車に一緒に乗っているから、随分いろいろ話をしてくれましたよ。ちゃんとした秘書官だったら、帰ってそれをちゃんと書きとめるんだろうけど、聞きっ放し。本人にしてみれば、役人時代の話をいろいろして、「おまえにちゃんと」と御指導して頂いていたんでしょうけれども。

牧原　やはり内務省時代のお話の方が、議員になってからのお話よりも多かったですか。

谷　多かったです。あの人は、そういうのは私も見習わなきゃいかぬのになかなかできないけれども、何か理屈で議論みたいになっちゃうと、地位で物を言わないんだよ。おかしいとかは言うけれども、「おれに向って何を言うか」というようなことは言わない。もともとふつつかな秘書官だと思われていたんでしょうけれどもね。

あれは私らもいかぬと思うんだけれども、当時は、法律案が出ると、議員立法でも内閣提出でも、全部議長に判こをもらってた。今は秘書官が判こを預かっていて、秘書官が勝手に押すんですが、昔は公邸に女の子が車で持ってくるんですよ。そうしたら、係は早く印刷して配らなきゃいかぬから、「早うして早うして」と言うんだけど、議長のところはお客さんなんかがあるでしょう、こんなに厚いのを持ってきて恐る恐る判こをもらう。昔の内務省というのは、今でいったら行政の半分ぐらい、建設省から何からみんなあるわけだから。判こを押してもらうときには、要旨というのがついているんだ。「これはどういう法律案だい」と言われて、そんなものは一々見ている暇はありゃしないから、こっちは、判こを押しているうちに要旨のところだけ斜めに読んだものを、「こういうものらしいですよ」なんて言ったら、「おまえな」なんて……（笑）。だって、自分は全部知っている話だから、「おまえはまた」なんて思われていたんじゃないかな。

でも、何か知らぬけれども可愛がられたな。よくうちにも送ってくれていたよ、早く帰るときは。「おまえ帰るか」と。「帰る」と言うと、途中だからうちに送ってくれるんだけれども、私だけ早く家に帰ったってしようがないから、「済みません、今日はちょっと」とかと言うと、何か寂しそうに帰っていったけれどもね。そういう人だった。

エピソードといったら、一遍、私の家内の実家は菓子屋で、当時はまだ忙しかったから、子供を連れて実家に帰ってたんだね。それで灘尾さんと二人で、奥さんもいて、紅白歌合戦か何かを見て、うちに帰って、また新年祝賀に行かなきゃいかぬでしょう。そうしたら、御夫妻、老夫婦二人と書生ぐらいだから、奥さんが着物を着つけたら、「谷さん、どう」と言うから、ちょっと襟元があいていたんだよ、私も余計なことを言ったと思うんだけれども、「ちょっと襟元があいていますよ」と言ったら、気にして着がえたんだ。そうしたら出るのが遅くなって、大平さんが同じような世田谷の方に住んでいたから、ちょうどぱったり会ったから、それについていったのはいいんだよ。

ところが、議長とか総理は車を別のところにとめるんだけど、新しい運転手だったものだから順序よく入っちゃったから、出るとき今度は一番最後になっちゃうんだ。終わったら、灘尾さんは飲まないから、お神酒だけでぽおっとなって。ただ、車が出てこないんだよ。そうしたら、周りの議員や議運の委員長から何から、「議長はどうした、どうして出てこないんだ」と。事務総長以下、議長より前に車に乗って帰るのもいかぬから、議長を待っているわけだよ。本人はお神酒でぽおっとなって気持ちよさそうにして、「いいよ、いいよ」なんて言っているんだけれども、ほかの周りはわあわあ言ってさ。新年明けて出勤したら、おめでとうも言わぬうちにみんなに呼びつけられて、「あれは何だ」なんて総長室じゃ怒られ、次長室へ行ったら怒られ……(笑)。

◆議長と総長の間で

牧原　役所だと、大臣の秘書官というのは大臣と役所との板挟みになるなんて言われますけれども、議長秘書をやられて、事務局の事務総長を初めとする方々と議長との間の橋渡しで苦労されたことはおありですか。

谷　余りないけれども、やはり総長に言われるわね、議長はどうだろうとかこうだろうとか。総長は直に聞くわけにいかぬところがあるから。またそのクッションに秘書課長というのがいるけれどもね。そういう意味では余り苦労したということはないけど、一遍だけ昔だったらお手討ちになるようなことがあったな。

宮中晩さんのときに、燕尾服には外国からもらった勲章をつけるんだけれども、ボタンが特殊なボタンで、それが入っていないと言うんだよ。その日に限って、公邸長というのが勲章をつけたところを写真に撮りましょうなんてカメラを据えて待っていたら、ないんだよ。女の子が「ない」と言うから、いろいろなところに問い合わせたけど、燕尾服のボタンなんというのは貸し衣装でも置いていないんだよ。公邸長が、しようがない、縫いつけようといって勲章の帯を服に縫いつけた。そうしたら、縫いつけているからどうしてもかぎ形になるんだよ。勲章が自然に垂れないんだ。本当は自宅から公邸に届いていたんだよ。あったんだよ。だから、平謝りに謝ったけれども、昔なら、「そこへ直れ、手討ちにしてくれる」というようなものです。それでも余り怒られた記憶がないから。その後もずっと、ディズレーリの翻訳を引き受けたり、事務所が全共連の中にあったから、やめてからも一月に一回か二回は行ってお話ししていました。

牧原　灘尾さんという方は仕えやすい議長だったということでしょうか。

谷　はい。そういう細かいことは余り言わなかった。灘尾さんというのは、前尾繁三郎さんと椎名悦三郎さん(124)と三人で三賢人とか言われて、それとなく何となくね、政界に重きをなしていた。だから、田中角栄さんだって、竹下登さんもそうだけれども、昔の内務次官というのは一目置かれる、それなりの人物だったんじゃないか。

◆秘書課長・議長秘書・総長秘書の関係(125)

赤坂　先ほど、議長秘書それから総長秘書の話も少し出ましたけれども、秘書課長と議長秘書、総長秘書というのはそれぞれどういう関係にあるのでしょうか。

谷　議長秘書は議長の秘書、総長秘書は総長秘書なんだけれども、大体、総長秘書の方がシニアな人がなることが多いのかな。

赤坂　シニアというのは、どれぐらいのポストの人ですか。

谷　そのときによるけれども、大久保さんのときは、もう亡くなったけれども、下尾晃正さんがやっていた。でも、彼は私より大先輩だから。総長室と議長室の間に少し空間があって、次室と呼んでいますが、そこに議長秘書も総長秘書も机を持っていて、女の子が何人かずついて、そこの部屋長みたいな人は実質上総長秘書がなるんです。だから、議長秘書は別だけれども、議長秘書の下にいる女の子とかは全部総長秘書が指図している。

赤坂　例えば課長補佐とか課長とかそういうクラスでいえば、議長秘書というのはどれぐらいに相当しますでしょうか(126)。

谷　大体、私の知っているぐらいのときには〔総長秘書は〕課長補佐ぐらいの人だったけれども、だんだん長く秘書をやっていると、仲間がみんな課長ぐらいになってくるときに、総長秘書をやっていて取り残されるのはいかぬから、課長というふうにはちゃんとしないけれども、何か兼命で主幹ぐらいの役職にして、事実上管理職にするケースはあったと思う。

赤坂　それは、秘書をしながら主幹にするということでしょうか。

谷　月給を上げられないからね。公務員というのは俸給表でいくから、等級を上げないといつまでも月給が上がらないんです。等級を上げるためには何か役職名をつけなければいかぬ。だから、そういうあれでね。だけれども、肩書は総長秘書で通るわけです。議長秘書はそうはいかぬ。あれは秘書官給与になっちゃうから。給与表が違うんだよ。

赤坂　そうですね。谷様の履歴書でも、それまでは行政職の俸給表であったのが、特別給料表に移りますね。

谷　月給は必ずしも上がるんじゃないんだよ。秘書官給与になったら超勤手当とかなくなっちゃうから、実質収入が下がっちゃうんだ。

赤坂　ああ、そうですか。では、〔議長秘書から議事部議事課に戻り、再び議長秘書になる〕五三年から五五年にかけては、いわば上がったり下がったりを繰り返すわけですね。

谷　そうそう。

赤坂　秘書課長と議長秘書、総長秘書との関係というのはどうなるんでしょうか。

谷　一応、我々は部下ですよね。

赤坂　議長秘書も総長秘書も秘書課長の部下…。

谷　部下になる。ただ、私が秘書課長時代はもうそんなことはなかったけれども、議長秘書と総長秘書の部屋はちょっと何か、秘書課の本室とまたちょっと違っていたような気がするな。何でそんなことを言うかといったら、あるとき、「秘書課みんなで旅行へ行く」と言うんだ。そうしたら、いつも議長が少し心遣いするのが慣例だとか何かいって、「ああ、分かりました」とそれは了解していたんだけれどもさ。秘書課だから我々も旅行に誘ってくれるかと思ったら、それは違うんだよ（笑）。それで、秘書課の次室、総長秘書と議長秘書がいるところはまた別途旅行に行っていました。だから、「そんなばかなことはもうやめようや」と言って、私の頃はみんなで旅行に行くようにしていました。

◆四十日抗争

谷　これからは、本論の四十日抗争ね。あれは要するに、大平さんで選挙に負けたから責任とれということなんだよね。退陣しろという話なんだ。それで結局、福田〔赳夫〕さんと二人〔の首班指名候補〕を本会議に持ち込んで、大平内閣が成立して、その次の次の国会は常会でしばらくやっていたら、大平内閣不信任案というのが提出された。私の記憶では、そんなに、議事運営で大きな問題があって不信任案を出さなきゃいかぬというような状況じゃなかったんだよ。言っちゃ悪いけれども、飛鳥田一雄さん(127)が社会党の委員長に再選されて、その年の夏に参議院選挙があることになっていたんだ。だから、社会党は不信任案でもやって参議院選挙に入るかとか、いわゆる景気づけなんだよ。どこかでぶち上げたんだよ。委員長がぶち上げた話だから、社会党は不信任案でもやって参議院選挙に入るかとか、こういう雰囲気だったと思うよ。

それで、そういう話が何日か前からあって、実際に出てくる前の日ぐらいには、社会党は野党に呼びかけていたんだよ。だけれども民社党は乗らなかった。やはり、そういうのは特別な何かアンテナがあって、分かっていたんでしょう。だから、たしか理事会でも難色を示して、うちは夜通しで議論しているよという話で。

そして、その提出された日に、たまたまトンガか何かの大統領が来ていて、宮中午餐があったんだよ。議長はそれに行かなきゃいかぬから、デザートを食べないで、食事が終わったら立ってもらって来るということで。でも、どうしてもやはり一時開会には間に合わないんだよ。だから、議運委員長の亀岡高夫さん(128)のところに行って「三〇分遅らせてください」と私は頼んだんです。そうしたら、「分かった」と言った。それで、議長は午さんに行って、灘尾さんはデザートなしに出てきたんだよ。あとは大平総理大臣に任せたんでしょう。そうしたら、大平さんも、「灘尾さん」なんて言って追っかけてくるんだよ。「私はこれから国会に帰る」と言ったら、大平さんも「私も帰る」と言い出した。灘尾さんはちゃんと車を用意しているけれども、大平さんは車を用意していないものだから、秘書官の車に乗って、たしか一緒に帰ってきた。そうしたら、その間に議運の理事会で開会時間が午後三時に変更になっていたんだ。あれが何か微妙な影響があったのかなという気が私はするんだけれども。

それで、三時になったけれども、社会党は気楽なもので、早くやって参議院選挙にでもいこうというので、「早くやれ早くやれ」と言うんですよ。それで、亀岡さんが党に行って、幹事長から何から全部了解を取りつけて、「議長やってください」という話になった。それで午後五時からやるということになった。そのときまだ三木〔武夫〕さんと中曽根〔康弘〕さんは一緒にこもっていたんだ。福田派と中川グループもそうだったんだけれども。そして、ベルを鳴らしたら、森下元晴さん[129]という人が、あの人は当時自民党の中曽根派かな、議長室に飛び込んできて、「議長に迷惑かけたくないから私ら入りますから」と言いに来たんだ。それがよく分からないんだけれども。

議長が「討論はどれぐらいかかるんだ」と言うから、普通、内閣不信任案の討論は一五分だから、当時、五党ぐらいあったのかな、大体一時間くらいかかると言ってたんですよ。それで実際に始まったら、もめている国会の中の不信任案じゃないから、討論が早いんだよ。それで、私も部屋に待機していたら森下さんからまた電話がかかってきて、「うちの議員が入るの入らぬのってもめている」と言うから、「そんなこと私に、秘書官に言ったってしょうがないよ、先生、もう議場に入って説得しなきゃ」と言った。そうしたら、討論の途中で中曽根さんが入ってきて、有名な安倍晋太郎さん[130]が出ていって。そのときはもう、数を見たら当然不信任案可決の状態なんだよ。先にも話したけれども、あのときは総長も議長も泰然としていたんだよ。特に総長は、その日やめるつもりで辞表を書いて、「終わったら議長室に議長を残しておいてくれ」と。私も、ちゃんと書いた辞表も見せられて、「分かりました」と言っていた。そうしたらああいうことになった。

あれは、一つは、閉じこもった方、海部〔俊樹〕さんなんかも、若いとき何回か議運委員長やったから、そんな事態になったら、議長が六時過ぎたら延会できるという規則があるから[131]当然やってくれるんだろうぐらいに思ったのかもしれぬ。実際、弥富〔啓之助〕さんに後で聞いたら、休憩する話はあったみたいなんだけれども、もっと後で聞けば、田中角栄さんはあのとき、そうなったら解散だという覚悟をもう決めていたんでしょう。

だけれども、粛々と進んでいるんだから休憩はできないんだよ。議長がそれで勝手に休憩したりなんかすると、派閥に味方するみたいな話になっちゃうから、あれはできないんです。でも、あの後は、解散になってからはいろいろな議員が議長のところへ寄ってきて、何で一たん休憩しなかったんだよなんて。それはそうだよね。半年で解散になったんだから、辛かった話だと思うんだけれども。ただ、これは言っちゃいけないのかもしれぬけれども、灘尾さんもぽつりと言ったことがありますよ。要するに、一歩間違えば自分もやはり政治生命かけなきゃいかぬわけでしょう、派閥の抗争で。だから、「福田〔赳夫〕君でも私のところに電話してくれれば」と。休憩してくれとか、片がつくまで本会議を待ってくれとか。福田さんとは仲がいいんだから。だからそういう話はなかったんだね。三木さんとも別に…、三木内閣のときの総務会長だったから。だから、本当にハプニングで。だから、社会党はあれ以来何年間か不信任案を弄ばなかったでしょう。

中澤　社会党側としても、まさか通るとは……

谷　まさかまさかね。だから、やはりそこまで自民党の中の大平さんと福田さんの対立というのは厳しかったんじゃないかな。私のいろいろ思い出話の中で割に重要に考えているのは、あの四十日抗争の、一つは、総理の指名に自民党が二人候補者を立て本会議に持ち込んだということと、それから、内閣不信任案のあの議事で、自分の総理に対する不信任案が出されたのに、同じ党内から造反が出て可決されたということ。いわゆる法規の世界でいえば、投票は態度の結果を受け取ればいいわけですから、余り法律がどうのこうのとか憲法がどうのこうのとかいう話じゃないけれども、少なくとも政党政治を考えたら、昔の言葉で言えば憲政の常道に反する。戦後の国会でもでたらめなことはいっぱいあったけれども、そこまではしなかったんだと思うんですよ。まだそこまでの弁えはあったと思うんですね。

だから、あのときに、同日選挙になってたまたま勝ったものだから、すべて何事もなかったようにみんな仲よくなって自由民主党がまた歩き出したけれども、マスコミも学者の先生方も、あそこはきちっと検証しなかったと思うんだよね。要するに、大福とか田中〔角栄〕さんのロッキードがあったから、目の前の政局の話に目を奪われた。だから、私は、日本の自民党の政治が衰えて流れていく、綱紀の緩んでいく始まりがあそこだと思っているんです。

◆日中国交正常化

谷　それから、覚えていることでは、一つは外交問題で、灘尾さんは日華懇という台湾派の会長さんだったんです。日中国交回復のを田中角栄さんのときにやって、あれは福田〔赳夫〕さんのときに正式に調印するのかな、ちょうどその間もないとき。中国側は台湾派の会長を、議長の立場というんじゃなくて、議長であることにかこつけて招待して、来てもらいたかったんだ。

鄧穎超さん(132)、周恩来の奥さんが、あれは日本でいうと参議院みたいな、政治協商会議と言うのか、全人代とちょっと別組織みたいな全国組織の会長さんというか、委員長さんをしていたんだ。国会の招待でなかったかも知れないが、その方が来て、その目的は、灘尾さんを中国に行かせるために口説く役目。当時、そういう要人だって中国はまだ人民服の時代だから。今でも覚えているのは、公邸でのレセプションで、すきがあったら、とにかく灘尾さんを柱の陰に連れて、おばあさんがおじいさんを口説くみたいに話していたのを覚えています。

そういう動きがあると、今度は亜東関係協会(133)、要するに台湾の大使館、そこの大使の馬樹禮さん(134)は台湾では大変大物な人でしたけれども、そういう人がすぐ来てお食事。私も、何か知らぬけれども、「お前入れ」と言われるんですよ。要するに、亜東協会の方は行かないでくれと縷々止めるわけです。そういうのを私に見せて、なかなか簡単にには行かぬぞということをアピールしたんだと思うんだけれども、何回かそういう話がありましたよ。

結果的には、不信任案可決で解散になっちゃったから〔灘尾議長は中国に〕行けなかったんだよ。でも、その前はよく丸善か何かに寄って中国の本を買っていましたよ。やはりあの世代の人は、漢文というか、中国のそういう素養があって興味のあるところだから、特に習字なんかやっている人は。特にあの人は、私らにも何が何でも『十八史略』を読めと勧めて、私も随分読んだけれども、『十八史略』を読めば人間の営みは大体全部わかると言うんだな。そういう人だから、本当の気持ちの中では大変興味があったんでしょうけれども、立場上なかなか行きづらかった。でも、あれが不信任案可決にならなかったら、その年の秋かその次の年ぐらいには行かざるを得なかったんじゃないかと思う。議長だから名目は立つからね。

◆議長外交の姿勢

牧原　灘尾さんは、やはり中国になんか行きたくないという感じでしたか。

谷　そこが分からないんだ。丸善に行って一生懸命、中国の本を買うんだよ。難しい本じゃないよ。要するに風物詩とか歴史とか、ああいうのを買うんだよ。だから、個人の感じとしては行きたいんだろうけれども、立場上ね。今だったら別だけれども、当時は、台湾派の日本のお偉方が来てくれたということによって、政治的な意味合いが大きかったんでしょう。鄧頴超さんが来たというのも、明らかにそれが目的みたいな感じだったからね。

牧原　例えば、中国の大陸側の方から来れば、今度は台湾の方もまたしょっちゅう会いに来たりというのはされていたわけですか。

谷　当時は、それはもう秘書課長になってからの話だけれども、事務局もそうだったと思いますよ。全体の心得としては、議長は大体どこの国の人とも会う。

　当時は、社会主義国でもいろいろあるじゃないの、ルーマニアでも、それから、もめているところだって。ソ連は、ちょうど灘尾さんのときアフガン侵攻があったから、あのときにちょっとそういう交流をやめたんだよ。私が秘書課長の頃始めることになって、それで、すぐ失脚しちゃったけれども、向こうからソ連の最高会議の議長さん[135]が来て、そのお返しに坂田道太さん[136]のときに行くんだけれども、それがまた始まる機縁になるんです。だから、議長の外交としてはそういう姿勢。

　それから、表に出る公のスピーチのときの心得は、国会内で論議がある、例えば核何とかとかいう決議があるとかいうのならいいけれども、未解決で論議のあることには余り表で立ち入らないというのが議長の立場だった。それが事務局の心得みたいな感じではありました。

牧原　例えば、そういう議連の会長とか役職みたいなものは、議長になった段階でも続けられるんですか。それともやめるんですか。

谷　それは続けられる。

牧原　そうですか。例えば、まさに台湾とか、それ自体議論があるような気がするんですけれども、それでも議連の会長はやめずにいたんですか。

谷　やめずにね。ただ、台湾というのはちょっと特殊。それまでずっと台湾だったからね。だから、本当に日中派の人から見たら、そこまでも絶ってほしかったんだろうと思うけれども、やはりそれは……。ただ、政治的には、ＩＰＵだって、あれは北朝鮮だとかなんかも一緒に入る、それこそそういうイデオロギーを問わないから、国交があるとかないとかも問わないから。そういう国が加盟しているんだ。ＡＳＥＡＮの議員グループがあったんだ、これにはそういうグループも入るわけですよ。それに反発する反ＡＳＥＡＮグループみたいな、太平洋何とか連盟とかいう議員連盟がまたありました。そういうところは、共産国を排除した、だから当然、太平洋諸島のパプアニューギニアとかパラオとか、ああいう国なんかが主体になるような感じ。

だから、当時の政治状況というのは、反共を意識するグループと、グローバルに全部入れるグループがありました。逆に言うと、議長なんかもそういう点では、そのような懸念があっても、そういう組織が議員の中で動いているから可能だったんだと思いますけれどもね。

◆議連へのサポート

赤坂　議連の活動状況というのはどのようにして実態を把握できるんでしょうか。

谷　これは、事務局で分かるのは、会費とかを歳費から引いてくれと会計課に全部来たわけですよ。それは議連だけじゃないよ。何とか鳥類保護連盟の会費とか、そういう議員の会合があると全部会費を取っていたわけ。ニューギニアの議員連盟の何とか会費とか。ただ、中川昭一さん(137)が会長さんで林業活性化議連というのがあって、私も多少かかわりがあるから、緑の羽根の関係で(138)、議連がどうなっているかと思って聞こうと思ったら、どうも、今ではあいまいになっているみたいなんだ。それはいいんだけれども、会計課に聞いたら、「あれは党から、『全部、幾ら引いてください』と固まりで来るんだ」と言うんだよ。会計課では、「個人個人にどれだけどういう明細で引かれているか、中身は全然わかりません」と言うの。今はそういうやり方らしい。

いずれにせよ、そういう会費を取っているところは少なくともちゃんとした議連だということ。しかも、お金を集めているところは会長さんもいて割に活動しているけれども、何とか議連といったって、そういうお金も取っていなけりゃ、ただ自分たちが勝手に称しているだけで、事務局もよく把握していない場合がある。ただ、おおむね恒常的に一生懸命活動するというのは、大国の議連とかそういうのはいいんだけれども、一遍国会に招待して向こうの人が来たときに、歓迎する意味でちょっと議連ができて、それで終わったら、事実上、形は残っているけれども議連としての活動はしていないみたいな議連がやはり相当数ありましたよね。何かのときにあったあったといって活動するけれども、恒常的には活動していないという議連が。ただ、議連は数も多いし、それから、議員さんも本当にいろいろなグループを作るんですよ。こんなのがあるんですかというような。タンポポを育てる会でもいいんだよね、だれかが提唱して仲間を募って、そういう会がいっぱいありました。

赤坂　事務局として議連の活動を何かサポートするというようなことはありますか。

谷　それはない。何か行事があるときにお手伝いする。江田五月さん[139]は日本鳥類保護連盟の顧問だとかなんか言っていたけれども、憲政記念館のあの木に年に一回ぐらい巣箱をかけるんですよ、学校の子供を呼んでみんなでうわっと。一応そういう窓口は秘書課がなって、そういう連盟との連絡役とかをやる。セレモニーをやらないといけないし、そういうのに例えば議長を出してそこでやってくれとかいうと議長も関わるから、そういうセレモニーは秘書課とかでやります。

赤坂　今の話から少しずれるんですけれども、国会前庭のたくさんある木というのは憲政記念館の管轄だと聞いたんですけれども[140]、それはどういう経緯でしょうか。

谷　私らもよく分からないのは、もともと尾崎記念財団というのがあって、最初、尾崎記念館というのがあったんです。それがどういう経緯でどういうあれになったのかは知らないけれども、私が英国に行って直ぐにセルウィン・ロイドという英国下院議長が招かれて、そのとき初めて憲政記念館が開所したんですけれども、そのときに尾崎記念財団から全部譲り受けたのかな。それで一応あそこは衆議院の管轄になっていますよね。だけれども、尾崎記念財団も実はあそこに事務所はずっと持っているんだよね。だから、尾崎記念財団がもともとそこをどういう具合に処理したのかは私らも分からぬ。分からぬけれども、多少そのときから国会が絡んでいたことは事実だと思うんですよね。

川崎秀二さん(141)という、今の自民党国対委員長〔川崎二郎〕のお父さんなんかが割に一生懸命やったんだと思うんだよ。どういうわけか知らぬけれども、その件で一遍、私が秘書課長のときに、福永健司さんが議長で、あそこの記念財団の会員に大方の議員がなっているんだ、だけれどもそれは全議員じゃないんだよ、けれども、尾崎財団の会費を歳費から取ろうとしたんだ。そのために、国対委員長が連名で、議長にも判こをもらってこういう回覧を回してくれと言う。各党の国対委員長は皆賛同して判こを押しているんだから。それで、議長のところに持っていって、「済みません、こういう趣旨でこういうことでございますから」と説明に行ったら、あの人はそういう格好をつける人だから、国対委員長が持ってこなかったというのがしゃくにさわったのかもしれぬけれども、怒られたことがあるんだよ。絶対判こを押さないと。だけれども、いろいろ聞いたら、あの人も議運の委員長を何回もやっているからそういうときに関係したんだろうけれども、何かそのときのいきさつに反発があった。しようがないから事務総長までも動かして、「ちょっと行って説明してください」と弥富〔啓之助〕さんに頼んだけれども、それでもあの人は判こを押さなかったな。「尾崎財団が、全議員から強制的に会費を徴収するのはけしからぬ」と言って。何かあったんだと思うんだけれども、それは知らない(142)。

ただ、木の手入れはちゃんと憲政記念館でやっていますが、あれは、申しわけないんだけれども、日本さくらの会というのがあって、それは議長が会長になっているんだけれども、アメリカとか外国のさくらの女王なんかが来ると、あそこで桜の木を植えるんだよ。日本のさくらの女王も来て(143)。専門家を呼んで、ちゃんと庭師を呼んで設計してここだとか言えばいいんだけれども、適当にあいているところに植えたから、桜の木がもうどうしようもなくなっちゃったんだ。いっぱいあるんだけれども、要するにちゃんとした設計図のもとに植えていないから、何かみっともない姿になっています。

V

◆委員部総務課長として

谷　次に、総務課長になった頃の話ですが、総務課長の仕事というのは、一つは委員部の庶務的な仕事があるわけです。委員部の人事とか超勤の管理とか、そういう事務局の委員部につながった庶務的な事項と、それから委員会運営の庶務的な事項があります。今はもうなくなりましたけれども、昔は、委員会開会の状況が分る、廊下に大きな告知板みたいなボードがありまして、それに委員会札を全部かけて、開きましたとか開きませんとか。閉会・開会の看板は担当者がたしか持っていってかけることになっていたと思うんだけれども、委員会名の一覧はそれは総務課の若い子が担当した。それから、水を入れなきゃいかぬ。委員長の席と大臣の席、それから委員の質疑する人の席ぐらいに。当時は本館でやっていたから、それを配るのと、それから、分館もその頃できていましたから、そういう全部しつらえをやらなきゃいかぬという仕事がある。それと、委員会としては議院運営委員会を担当していた。そういうことです。

もう一つ、委員会の運営の中で、委員会全体の運営に係る会議録の頭書きというのがあるんだよね。その部分は要するに総務課の係の人がやるわけ。会議録の本体は速記、記録部でとるんだけれども、出席委員とか出席政府委員とか、各委員会で書いたものをとりまとめる。

赤坂　会議情報というものですね。

谷　はい。あれを総務課でまとめる。それから、いろいろな報告書とか何かもやはり総務課で。それから、議案とか何か配付しなきゃいかぬ。そういう仕事は全部総務課でやっていましたね。

もう一つ大事な仕事は、委員交代というのがあるんだ。法規上は、理由なく交代できないことになっているけれども[144]、あんなものは都合で、しょっちゅう、定足数が足りなくなれば適当に呼び込んで交代するとか、委員交代というのを総務課の委員係が行う。一つ難しい仕事をするのは、特別国会の前は、要するに会派に応じて委員を割り当てることになっているから、これは大変な作業なんだよ。それと、理事の数もそれに従うんだけれども、理事はちょっと考え方が違うんだ。特別委員会の理事とか常任委員会の理事というのは、特別委員会というのは会期の途中につくられることがあるでしょう、そのときに会派の構成が若干変わっているときがあるんだよね。それでも特別国会のときに決めた会派の割り当てで大体通すんだ。合併とか何かあるとまた別だけれどもね。

それと、実務をやったことがないから知らぬけれども、委員の割り当ての最後の調整の段階になると、特に難しいのは、小会派なんかは全委員会に割り当てが出ないんだよ。そうすると、五つとか六つぐらいになったら、どこの委員会をもらうかという交渉になっちゃうわけだよね。だから、委員係というのは、国対とか、そういう関係筋からいうと結構関係が深いし、本当に重要なポストだよね。特に議運なんかも、議運の理事に出るのは、ちゃんと割り当てで出るところが理事になるんだけれども、オブザーバーというのがいるんだよ。殆ど理事と同じように扱われるんだけれども、理事会とかなんとかで手を挙げるときには表決権はない。

ただ、オブザーバーにも資格があって、少なくとも議運の委員会の委員じゃないとオブザーバーになれない。小さい会派でも議運のオブザーバーにしてくれというのがあるんだけれども、その最低条件は、議運の委員の割り当てが出てこないと、割り当てというか、取引でもいいですよ、とにかく、そこのメンバーにいないとオブザーバーにはなれない。だから、議運の委員でもない人が理事会に出るというのは特別に措置して、委員会でいえば委員外の出席議員というような扱いになっちゃうんだよね。

だから、そういう割り当てとか細かいことは結構いろいろありましたね。

牧原　今の割り当てというものなんですけれども、具体的にどういう手順で決まるんでしょうか。

谷　要するに、トータルとしたら常任委員の数の方が多い。議員が四八〇だったら五二〇とか。それで、一人分を出して、党派の人数を掛けていくんだと思うんだ。

牧原　そういう計算はすべて委員部の方で……

谷　委員部の委員係というのがやる。

牧原　その計算に対して、例えば議員さんの方からいろいろ注文が来るんじゃないかと思うんですね。それは全くないんですか。

谷　全常任委員会に整数が出るのはいいんですよ。誰を委員にするかは党の問題だから。それで、全部もらえないところがあるわけ。例えば今の社民党だったら全常任委員会に員数がもらえない。ただし、必ず一個は常任委員にならなきゃいかぬから、要するに自分の人数分はもらえるわけですから、人数分プラス一つか二つ多くね。そうすると、どこの委員会をもらうかというのがまた問題なんだ。いいところは誰でも貰いたいじゃないですか。例えば予算委員会に一つとかいったら、お前のところは予算委員会はやらぬとか、それはもう政治的な駆け引きになっちゃう。

牧原　政治的な駆け引きで調整の部分が決まっていく、その結果が委員部に伝えられる、そういうことですか。それとも、政治的な駆け引きの中に委員部の方は入りますか。

谷　いや、それは入らない。入らないけれども、事務方として、それはしょっちゅう相談を受けるから、数はどうなっているんだとか、そういうお手伝いはするけれども、そこは……

牧原　全く同席されないんですか。何か黙って立っているとか、そういう……

谷　いえいえ、そうじゃない。特に国対がそういうのを事実上やりとりするから。国対の事務局が来てどうのこうのとやって、そういうのは特別国会ですから、各派協議会(145)でのうちうちの話です。

牧原　国対の事務局は、主に各党から……

谷　うん、各党の専属職員。

牧原　要するに各党の職員が来る。そうすると、今度、国対の事務局と委員部とのすり合わせみたいなことというのはどういう形でやるんですか。

谷　国対も、担当委員会というのが決まっているんですよ。Aさんは社会労働と何とかと何とかが担当とか。そういうのがそれぞれ、何人かの職員で分担が決まっている。

そういうのと、特に委員会が開会していると、しょっちゅう定足数が欠けそうになったり、そうすると委員交代しなきゃいかぬ。特に採決のときは満杯に埋めなきゃだめなんだよね。そういうのでしょっちゅう駆けずり回ったりする。要するに、一番大事なのは委員交代の話なんです。委員交代で電話して、何とかかと。そういう事務を国対と調整するわけです。だから、委員会の担当者ももちろん国対の事務局といろいろね。

だけれども、それは大まかな運営の、今日は何をやるかとか、採決でどうするとか、そういう相談事にあずかるんだけれども、委員部の総務課の仕事としては、国対との関係が一番深いのは、委員交代の委員係というのがやはり一番深い関係だね。もちろん、議運は、議会運営の話だから、それは関係あるわけですが。

それとさっきのことだけど、委員係の仕事の中で、特別国会の各派協議会というのがあるんだ。議運がまだできていないから、実質上の議運の理事会みたいな仕事をする各派協議会をやるんだ。そこで委員の割り振りとかを最終的に決定するんだけれども、委員の割り当ては、特別国会の各派協議会でやるのは、結局、会派の按分だから。一人分の基準値を出して、それで所属議員数をかけていって、トータルの全常任委員が例えば六百だったら六百の中に自由民主党が何人という一つの横のラインと、それから、各委員会の構成、例えば二五人だったら自民党が幾らもらえるとか、それを縦で全部足すんだ。そうすると誤差が出てくるんだ。無所属は必ず一つもらわなきゃいけない。そうするとプラスマイナスが必ず出てくるんですよ。そのプラスマイナスを各派協議会の各党が、それはもちろん国対レベルの話で、国対委員長までがそれをやるんじゃないけれども、事務局なり係の議員がいて、それをやる。幾つはき出すとか、これはどこの会派がもらうとか、そういうのをやっていたと思う。

◆ 委員指名時の会派推薦

赤坂　委員の指名の件ですけれども、ちょっと記憶がはっきりしませんが、会派推薦がなかった場合があったように思うんです。議長は、通常、会派から推薦を受けて、それをそのまま委員指名すると思うんですけれども、たしか、社会党が会派推薦をしなかったことがあったように記憶しています[146]。そういう場合、事務局としてはどのように対処されるんでしょうか。

谷　そういう動きがあったことはありますよ。動きはあったけれども、衆議院は表になって騒動になったことは私は記憶にない。何日か後には届出をしている[147]。それはあるんだよ。設置に反対、ロッキード何とか委員会設置反対といったら、無理やり自民党が設置の議決をする、今度は逆に委員を出さないとか、そういう話なんだよ。だけれども、出さないなら、開会の要件を充たしているから勝手にやりますよという考えがあった。参議院は確か委員会が構成できてないと考えたのではないか。

参議院は何でこんなことしたのかというのは忘れちゃったけれども、あれは自自公のときだと思うんだよ。自自公の連立のとき、最初は自公で行っていたのが自自公になって、それで最終的に定数是正の選挙法改正をめぐって争って、それで衆議院もひどいことになったんだよ。

当時、野党はつんぼ桟敷に置かれていたから、施政方針演説に野党は出ないと言い出すんだ。小渕〔恵三〕さん[148]というか内閣は、そんなことはお構いなしに定数削減をまずやれと。じゃないと小沢さんは離れていくから。そんなもの、施政方針なんかどうでもいいという話になっちゃった。だけれども、そうはいきません。明治二三年以来、所信表明のときは野党が欠席したことはあるけれども、施政方針演説に会派が欠席したというのはないんだよ。だから、それはだめですと言って、あのとき、議長、副議長でいろいろ頑張った。

その法案が今度は参議院に行っちゃったんだよ。その流れで、何か特別委員会ができた、ちょっと忘れちゃったけれども、それに関連したと思うよ。要するに野党が委員を出さなかったんだ。それで動きがとれなくなった。斎藤十朗さん[149]が議長をしていて、それが元でお辞めになったのか、その真偽のほどは知らぬ。

衆参ねじれ状態という事情があるけれども、要するに小沢さんとの連立が最優先だったんだよ。とにかく小沢さんを引きとめておかないと、と連立最優先だった。そのどこかの行き違いで自由党が離れて、自公の連立に固まっちゃった。そこの政治の裏話は平野〔貞夫〕先生あたりが一番詳しいのかもしれぬ[150]。公明党の悪口言うところは、恐らくそこらの経緯だと思うんだよ。

◆議院運営委員会の切り盛り ── 案件会議の準備など

赤坂　議院運営委員会の仕事を総務課長として担当されたということでしたけれども、その具体的な作業内容はどのようなものでしょうか。

谷　一番のあれは、委員会の運営もさることながら、本会議とか理事会があるときに案件会議の資料をつくらなきゃいかぬ。総長室で朝九時半ごろから案件会議をするんですけれども、そのときの資料を前の日に作るわけ。日程とかは、本会議に係るものは全部議事課でつくるんです。態度を入れたり修正だとか、本会議の議決に関わることはね。それで、委員会の決定事項というのは議運でつくって、理事会で話す協議事項も委員部で作るんだけれども、そうすると、全部委員会が終わってからの作業になるでしょう。議事課もそれから作業をし、委員部の総務課もそれから作業をするから、そうすると毎日結構遅くなるんだよね。印刷物にしてとなると、タイプかなんかを打って、輪転機をかけて、それができ上がったらとじ合わせる。理事に配るから、みんなで堂々めぐりして、それをまとめて。そうすると、各委員会の人は委員会が散会になったらちょっと後始末すれば終わりだけれども、委員部の総務課と議事課はそれからまた仕事をやり始めるので、そういう意味では、結構帰りは遅くなるんですよね。

部長なんかはそんなところにはいないから、朝来て、その説明を受けて、それで議運委員会の次第書きを持って総長室に行って案件会議になるというわけでね。

赤坂　その準備する資料の具体的な内容はどのようなものでしょうか。

谷　協議事項というのは、その日、理事会にかける協議事項はいろいろありますね。上程する案件をはじめ、請暇、休みをとりたいとか海外に行くとか。とにかく議運理事会の話題になることはそれを一まとめのペーパーにして。政治家が出すものはタッチしませんけれども、総長の発言に関わることは別に書き込んでいきます。

赤坂　では、議事課との事前の調整が重要になるわけですね。

谷　委員部から渡す資料もあったと思うけれども、一番大事なのは、本会議にかける議案の態度とか何かが入った表を〔議事部が〕くれるんですよ。それを議運の協議のときに挟み込まなきゃいかぬ。それができるのを待って、それから堂々めぐり。

赤坂　では、その資料は、物理的には準備するけれども、ペーパーの中身を実際につくってくるのは主に議事課ということになるわけですか。

谷　本会議マターのことは議事課で。しかし、議運の理事会と委員会にかかわることは委員部総務課が担当します。それで、理事会の協議事項はタイトルだけ書いておけばいいというわけじゃないから、今度はそれにまたいろいろ書き込みしなきゃいかぬの、鉛筆で注意書きみたいな、こういう問題ですと。だから、担当者は結構遅く帰っていました。議運の委員会がどうのこうのともめることは余りないからね。もめたといったって、採決でもめるとかそんなことはめったにない話で、理事会の協議が長引くことはいっぱいあるけれども。何か知らぬけれども結構遅く帰っていました。一二時過ぎたら大体あの部屋で一杯飲んでそれから帰るから、さらにまた遅くなって帰っていた。だから、結構忙しかった記憶はあります。

◆議会制度協議会のサポート

谷　それともう一つ、議会制度協議会があるとその担当は議運〔担当である委員部総務課〕がやるんです。国会法改正に関わることなどですね。私が総務課長のときに記憶にあるのは、問題として議院証言法の改正がそろそろ始まったんだ。あれはロッキード事件があって。そのロッキードの最初の事件が起こったときは私いなかった。委員会で問題になるのは五一年度予算の頃だから。それまで、事件としてはもうその前の年ぐらいから、田中さんが逮捕されたり何たりね。私が総務課長になったときには、佐藤孝行さん[151]が有罪判決を受けて、辞職勧告決議案というのはあれが初めてだったんじゃないかな。戦前にみずから処決を求める決議というのが出たことがあるんだよね。だけれども、辞職勧告決議案という名称で出たのは佐藤孝行さんが初めてじゃないかな。

その前に中曽根さんの証人喚問があったんだと思うんだよね。その後にダグラス・グラマンで、日商岩井の関係で海部さんとか松野さんの証人喚問問題があった。まだ総務課長になる前だけど、中曽根康弘さんが、ロッキードに絡んで、たしか幹事長だったから証人喚問を受けたんだよ。そのときに「こんな証人喚問は私で最後にしてほしい」、要するに証言法を改正してくれという要望があったんじゃないかな。それを受けて議会制度協議会で検討するということになっていたんだよね。その後に、海部さんの問題。海部八郎さんがこんな手が震えて。これはもうロッキードじゃなくてダグラス・グラマンのときだけれども、そういう証人喚問の話があって、議会制度協議会で検討する、こういうことになって、動き始めたころです。

それで、総務課長のときは動き始めていたのかな。議院証言法の改正は、テレビを禁止する、撮影をやめるということと、それから補佐人制度を設けるということが大きな焦点だったと思うんだ。だけれども、野党は、田中角栄さんの証人喚問を要求する、自民党は拒否なんだよね。だけれども、表向き、やはり多少は話に応じていかないと世間が許さないわけでしょう。それで、証言法の改正が実現した晩には証人喚問に応ずるみたいな話になっちゃったんだ。要するに、喚問は言い逃れというか駆け引きの材料で、小委員会を作ったんだよ。証言法改正小委員会ね。その前にいろいろ提案が、法務委員会に一遍投げて法務で改正させようとかいろいろあって、それでやはりまた議運に戻ってきて、議会制度協議会の中でたしか小委員会をつくったと思うんだよな。私らもびっくりしたんだが、竹下〔登〕さんが小委員長か何かに最初はなったと思うんだよ。

今でも印象に残っているのは、組織をつくるけれども、船は進めちゃならぬみたいな方針なんだ。だって実現したら証人喚問に応じなきゃいかぬから。ところが、機構ができちゃうと何となく船が進むんだよ。これは不思議なものだと思って見ていましたけれども、そういう記憶があります。それで、最終的には六三年に実現するんだけれども、そのときはもうロッキード事件じゃない。ロッキードは、その前六〇年に政治倫理綱領とか政治倫理審査会とかができて、あれで一応決着になったんだよね。

ただ、辞職勧告決議案というのはもうずっと続く。自民党も私らも、これは断固やるべきではないという考え方だったけれどもね。

◆演説・決議案の粗原稿の作成

谷　それに関連して一つ。公の儀式の発言なんというのは秘書課とかがお手伝いするんです。追悼の粗原稿とかいうのは、これは議事部で書いていたな。追悼演説の粗原稿は全部議事部で。だけど、公の儀式とかは全部秘書課で粗原稿を書くんだけれども、そのほかに、党から余計なことを頼まれてくるんだよね、だれだれ議員がこういう討論をやりたいけれどもちょっと原稿を書いてくれとか。それは個人ベースで。佐藤孝行さんのときも、自民党の誰かが議運で反対討論をするんだよね。要するに、委員会でとにかく上程を否決するわけだよ。野党が本会議にかけろと言うから、否定するときに、討論しなきゃいかぬ。反対討論の粗原稿を私も書いたことがある。

牧原　そういう粗原稿というのは自分の秘書とかには頼めないということですよね。

谷　そんなしっかりした秘書さんを持っていない人もいるんでしょうよ。

牧原　党の方でそういうのを面倒見てくれる人はいないんですか。

谷　いや、それはあるんです。またその党の方が要するに事務局の職員にちょっと書いてもらおうとかね。だから、平野氏なんかもそういう面ではいっぱい書いているはずよ。党がどうするかこうするかといったときに、ちょっとそういう運営の筋書きを書いてくれとか。

事務局はどうしても、何も平野氏に限らず、キャップとか課長とか、個人ベースで親しい人があるとそういう話になってくるわけ。じゃ、これはどうするかこうするかという相談。

牧原　そうすると、例えば谷先生がそういうふうに親しかった人というのは、多分与野党にいろいろいらっしゃると思うんですが、どういう方が多いんですか。

谷　事務総長のときは、何が何といったって一義的には議運の委員長ということになっちゃうね。議運の委員長プラス与野党の筆頭理事。野党だって、議運の理事になると、一つは情報収集もあるんだよ、本当は自民党はどう考えているかということとかね。だから、それはやはり辛いこともありますよ。みすみす知っていても……。それで、後で、「お前はわざとおれに言わなかったな」なんていうのもある。だから、秘書さんもいるんだけれども、結局、国会の中で動く手助けというのは、議員にしても頼みやすいんだろうね、委員会の担当者とかなんとかは。中には、野党の方なんかは調査局に質問の原稿を書いてくれとか。

牧原　もう一つお聞きしたいのは、さっきの決議ですね。本会議で決議するあの決議案の案文というのは、これも委員部で粗原稿を書いたりとかするんですか。

谷　決議案の案文は、これはまたいろいろあるんだけれども、政策に余り関わらないことは党で書いたりするけれども、付帯決議とか、政策が絡むことはやはり調査室とかああいうところが粗原稿を書いています。だから、それは事務的にこうこうときちっとした流れがあるわけじゃないけれども、何となく。そういう面では、漠然と議員を補佐するということしか書いていないから、国会職員というのは補佐するのが当たり前みたいなところがある。平野先生がいろいろ本をお書きになるだけの仕事ができるのはそういうことですよね。

それで、証言法の改正は後で実現するんだけれども、当時は、その佐藤孝行さんの話はなぜ覚えているかというと、後で荒尾〔正浩〕さんか何かに怒られたんだ。要するに、疑惑で政治生命を絶たれた人は洋の東西問わずいっぱいいるから、どうのこうのって書いて。

イギリスだって、そういう疑惑は外に出さないんだ。内々で特別委員会をつくって自分たちで始末する風習になっているんだね。やはり政治的な身分は絶たれたらおしまいだからね。だから、いろいろ言うけれども、最終的には鈴木宗男[152]と坂井隆憲[153]の辞職勧告決議案をやっちゃうんだ。野党が「やれやれ」と日本は言うんだよ。これは危ない話ですよと口を酸っぱくして言うんだけれども。だって、与党が使えば幾らでも、特に不穏当とか院内の発言の問題は政治的にあいまいに日本は処理してきているから、そういうのを引っかけて幾らでもやれる。数を持っていれば除名だってすぐできちゃうわね。だから、そういうのを野党が軽々にやるのはちょっと危ないよと言うんですよ、私に言わせれば。

世論受けに野党の方がやれやれと言うけれども、一歩翻ったら、これはやはり危ないんですよ。特に数を持っているときに。理屈づけなんて幾らでもできるんだ、あいつはけしからぬというような話は。そうすると除名なんてね。過去の除名だってひどいケースだってあるわけだから、そういうのはねと思いますけれども。

赤坂　ちなみに、鈴木隆夫さんは、辞職勧告決議案のようなものが出た場合にそれに従わなかったら懲罰もあり得るというようなことを書かれていますね。

谷　これはちょっと私が違うのは、確かに、イギリスなんかも議会侮辱罪みたいな観念があるんだよね。法廷を侮辱したみたいな観念があるんですよ。だから、イギリスは、新聞が議会を誹謗することをやったら、今でも理論上は、議長が新聞記者を呼んでバーの外に立たせて譴責することもできるし、ひどい場合は、まだ今だって議会の中に拘置所を持っている、今は使わないけれども。議員は、政治犯はロンドン塔に送り込まれる習わしになっているけれども、その他の人は議会の中に拘置所みたいなのがあるんだよ。だから、慣例上、議長は対外的には大変権威を持っているけれども、日本はそういう権威はない。

私は、院内の議事運営に関する、特に会議における懲罰事犯だけが対象だと思うんです。それはなぜかというと、それは平野氏が一番詳しいんでしょうが、政治倫理綱領をつくるときに、あれは懲罰でできないかというのでいろいろ議論したんですよ。結局、院外のそういう、議院の品位をおとしめたとかなんとかいっても、懲罰委員会じゃどうにもならぬということになって、それで要するに政治倫理の方に行ったんですよ。有責議員というのか、当時そういう言葉で言っていたけれども。だから、私はそこで片づいたと思ったんだよ。だから、鈴木さんのあの本〔『国会運営の理論』〕の考え方はちょっとね。終戦直後の新しい国会になって、国会というのが国権の最高機関になったからと言って。それはまた私のときも出てきた。鈴木宗男さんの辞職勧告決議案の議決をして、それで言うことを聞かなかったら懲罰で除名だとか。だけれども、それはちょっと乱暴でしょうといって反対した。

だから、それは同じような考えはまたどこかで出てくるよ。ちょっと耳になじみやすい意見ではあるんだよね。そういうけしからぬことをしたとマスコミが騒いでいる人の事件のときには、特にそういうことになりがちなんだね。

◆議運理事会のメモ

赤坂　ちょっと戻るんですけれども、総務課長として議院運営委員会、特に理事会にタッチされた場合に、その理事会での協議内容のメモというのは、少なくとも議事課でも作っていますよね。委員部総務課としても同じようなものを作成されているのでしょうか。

谷　理事会は速記者は入れないから、議運の担当者がメモをとるんです。私が課長の頃からもしばらくあったんじゃないかな。名称は何と言ったかな、記録手当とか、議運の担当だけに理事会のメモをするのに手当が出ていたんだよ。何とか手当。それがまた一日百円ぐらいなんだよ（笑）。名目だけ残っていて、馬鹿馬鹿しいからこんなものはやめようといって、大蔵省がやあやあ言うときに、これは止めますからというようなことで、止めたことがあるよ。

とにかく、何か知らぬけれども一日百円か何か。一時間百円とかそんなんじゃなかったよ。

赤坂　そうすると、議事課の作成するメモとすり合わせたりということはあったんですか。

谷　それはない。それから、委員部の議運担当者が作成する理事会のメモとは別に、事務総長が読むメモが別にある。案件の中に、注意書きみたいなのと、いわゆる説明文、事務総長の説明文を御丁寧につくるわけですよ。あれはいつ頃からそうなったんだろうね、大久保〔孟〕さんの頃まではそんなメモは余りなかったと思うんだよね。事務総長になる人はそんなものなくたってしゃべっていたんだと思うんだけれどもね。何か知らぬけれどもだんだん御丁寧になって、私の頃は、理事会はもちろん、委員会のなんかも、議長の次第書きと同じぐらいきちっとしたものを作るようになった。ちょっと間違って読まなかったら怒られたりして、「何だお前、おれはでくのぼうか」と言っていたよ。だから、だんだん事務的にも御丁寧に総長が発言するメモを作るようになりました。

赤坂　今の総長への説明メモというのは、議運の前の案件会議で……

谷　持っていって、こういうことで用意しています、こういうことなんだな。読むか読まぬかは総長次第なんだけれども。

だけれども、議運のときに与野党で侃々諤々言っているときに、おかたい言葉でありきたりのことを言ったって、「お前馬鹿か」と言われるだけの話だからね。そこらは、突然に聞かれることだっていっぱいあるから、それは一応そういうための用意はしているんだろうけれどもね。

赤坂　各種メモが併存して今もそのようにずっと作られているのか、またどのように保存されているのか、という点についてはいかがでしょうか。

谷　議運理事会の協議内容は、外に出さないけれども、議運の担当者がメモしています。だから、前に話したように、平野氏はそこを、議運担当が長かったから、毎日毎日メモをとっていて。だから、自分のノートもあるでしょうから、コピーをとじて保存しているのかどっちか知らぬけれども、そういうあれですよ(154)。微に入り細に入りメモしなきゃいかぬから、大方の話は残っています。だから、いろいろな議論を後で調べようと思ったら、やはり議運の理事会メモを見る。どこかでそういう話をしたことがあるかとかなんかといったらね。

赤坂　最近の議論の経過がどうだったのかというのを確認するということはよくあるかもしれませんけれども、以前の記録を探るということはありましたか、委員部で仕事をされているときに。

谷　そのときには余りメモを繰ることはなかったな。私らが怠けていたのか、横着していたのか知らぬけれども。昔のことというのは滅多にね。その場その場の議論というのは背景が違うし、とにかく議運でその場を処理すればいいという話だからね。だから、昔のメモは、総長の下から調査依頼が来たりなんかしたらそれは担当者で調べているけれども、それを頼りに仕事をしていたというような感じはないね。どっちかといったら調査課の先例係の方にいろいろな事例は行くとか。特に本会議のことは、その頃は議事課の方がすぐれた調査ができるみたいになっていたからね。

牧原　今おっしゃった調査課の先例係というのは、理事会関係で問題となった事項についてもいわば共管的に集めているということですか。

谷　そこらはやはり議運は議運という雰囲気があったのかも知れぬ、運営のかなめみたいな。議運はむしろ本会議と連動しているから。だから、どっちかといったら調査課は全体の委員会の問題に関わっていたと思います。

牧原　むしろ議運以外の委員会。

谷　うん。議院運営委員会というのはむしろ議事課と一体になって、本会議の話が殆どですね。それと、証言法の改正は、後でどこかでまとめて話した方がいいかと思うけれども、私の総務課長時代は手がついた初めの頃だよね。それと、佐藤孝行さんの辞職勧告決議案が出たのと、その一年ぐらい後に、田中角栄さんが有罪判決が出たものだから、今度は田中角栄さんの辞職勧告決議案が出て、証人喚問の問題、国会全体がロッキード事件のそういう問題で回っていたような感じがします。

◆秘密会議録の公開

谷　それともう一つは、帝国憲法改正小委員会秘密会議録の公開問題。五五年体制が崩壊してあっという間に全部会議録も公開になって、皆さん方だったら何だこんなものはというぐらいの話だと思うけれども、あの当時は大変だったんだよ。要するに、議会制度協議会で大きなテーマの一つは、憲法の秘密会議録を全部公開しろ、こういうことなんだよね。それで、社会党は断固反対なんだよ。何かまずいことを当時は言っていたのかもしれぬ、憲法の最初の会議のときに。ともかく反対なんだ。

ただ、憲法調査会というのは、あれは吉田内閣じゃない、鳩山内閣だったかな。

牧原　吉田内閣にも、党レベルですね。

谷　その後、結局、社会党が反対して単独で作っちゃったんだ。その膨大な会議録があるんですよ。だから、自民党ばかりに偏っているといったって、あれはそのときの錚々たる学者がみんな入って残した研究課題だから、大体そこらで研究は尽くされているんだと思うんですよ。それの取り扱いも、会議録も何か厳しい取り決めがあって、見るのはどこで見なきゃいかぬとか本人じゃなきゃいかぬとか。そういうわけで、憲法改正推進論者が当時熱心に秘密会議録を出せと。森清さん[155]という、四国から出ていた、自治省から議員になった方なんかは大変熱心で、御丁寧に、逆にアメリカ側の憲法草案を持ってきてどうのこうのとか、最初の基礎はどうのこうのとか、もう全部その頃出ていたと思うんだけれども、そういう議論がありました。それがまた世の中が変わったらあっという間に片づいたから、今になったら何でというような話だけれども、そういうのが議会制度協議会のテーマだった。あれは、押しつけ憲法、特に九条の問題は当時ややこしかったから。

『議会政治研究』の大久保昭三さん、あの人も、こんなことを言っちゃいかぬけれども、新聞社を退職するきっかけになったのは、芦田メモの九条のところを書き直したという疑いがあの人にかかっちゃったんだ。本当かうそか本人に確認したことはないけれども、それで新聞社をやめたんだ。やめた後どうするかこうするかというので、あの人はこういう専門誌みたいなものを作りたいといって、平野氏も相談に乗ったと思うけれども[156]、私も相談に乗って、多少あの発足には関わりましたよ。だから、恐らくあの人が新聞記者として全うしていたらあの雑誌は生まれなかったんじゃないかな。

赤坂　今の話は私も何かで読んでいたんですけれども、もともとあった芦田さんの日記を書籍にするときに微妙な形で修正を加えていたという話ですね。何かもっともらしい説だなと思って読んだ記憶があるんですけれども。

谷　とにかく、あれはたしかニュースになって、大久保さん、具体的に出ていたかどうかは知らぬけれども、要するに書き換えたのはあの人だということになって、やめたんだよ[157]。

◆ 課長・主幹・課長補佐の給与ランク

赤坂　委員部総務課長時代との関連で、かつての俸給表ですと、三等、四等が課長補佐該当だと聞いたことがあるのですが、先生は課長補佐時代にすでに二等級に昇級されていますね[158]。これはどういう背景があったんでしょうか。

谷　そんないっぱいもらっていたかな。課長補佐で……でも、総務課長も二等級でしょう。

赤坂　課長から二等級になるのはわかるんですけれども、まだ課長補佐時代から二等級に昇級されています。

谷　今は主幹制度とか何かあるけれども、当時、主幹制度とかなかったからね。だから、課長の予備軍みたいな感じで処遇してたのかな。

赤坂　そういうやり方もできるんですね。

牧原　定昇と書いてありますからね。

谷　何か知らぬな、二等級なんて。指定職にはいつ頃なったのかな、よくわからない。秘書課長は指定職じゃなかったと思うけど…。

赤坂　秘書課長は指定職になれないですね。指定職級になるのは副部長になられてからです。

谷　そうですか。こういう細かい資料があるとは知らなかった。

赤坂　いわば課長予備軍という扱いを一年間お受けになったということですね。

谷　役人社会というのも、結局、予算要求をするでしょう、管理職のポストをよこせとかなんとか。そうすると、何か知らぬけれども名前をつけなきゃいかぬから。係長だって、いろいろ工夫してとんでもない名前つけたり。そのうち、だんだん主幹制度とかなんかできた。

一つは、バブルとかなんか、今みたいに月給を下げようというのじゃなくて、世の中がそういう時代だから。とにかく月給を上げるには役職をつけていかないと上がらないんだ、等級を上げていかないと。

赤坂　主幹には指定職給が出るのですか。

谷　委員部だったら委員部の課長の下に、要するに、課長補佐じゃいかぬ、だけれども、管理職にしなきゃいかぬけれども課長にはできない、その間に一見準管理職みたいな、主幹制度みたいなのができた。だんだんそういうふうになってきて。

赤坂　その場合は二等級が給される、というわけですね。

谷　〔貰う本人にとっては〕そういう意識はなかったんでしょうけれども。仕事は、二等級になったからといって別に変わったという記憶もないから。

赤坂　これは、俸給表が三等から二等にかわることになって、どんとアップするものなんですか。

谷　ただ、各省から見たら、今はその反動が来ているんだと思うけれども、そういう意味では衆議院は優遇されているんだよ。優遇されているのと、支店がないから異動もないし、本社で。女性なんか、各省から見たらとんでもない月給をもらえるほど。課長補佐とか専門職とか、ああいう制度ができてさ。あれは、女性が詰まってきたから、課長補佐に全部上げるわけにはいかぬから、結局ああいう制度ができて専門職になっちゃったんです。

あれも難しかったのは、片や課長補佐のコースを歩いて、片や専門職。同じ高校を出てどうしてですかとかいうふうな話になっちゃうんだ。多少そこらは、大卒だからとかいうようなことを理由にして。

牧原　参議院ともまた違うんですね。

谷　参議院はまたちょっと、あそこは衆議院よりもっと緩くやっていたんじゃないのかな。あそこは議運の委員長が、衆議院は大体一年ぐらいしたらかわって大臣になったりするんだけれども、あそこはなかなかならないから。結構長くやっているんです。そうすると、やはり人事まで口を出してくると聞いたことがある。

◆キャリアの昇進速度

赤坂　参議院には佐藤吉弘さんという元委員部長の方がいらっしゃったのですが、三七歳で部長になっておられます。今の話でちょっと思い出したんですけれども、大分緩くといいますか……。

谷　ただ、衆議院も戦後、事務局の方は、知野さんだって四八ぐらいで事務総長になったんじゃないのかな。鈴木隆夫さんに至っては四八ぐらいのとき図書館長を終わってたぐらいじゃないかな(159)。戦後ぱっと膨らんだからね。だって、弥富さんと私と一回りちょっとしか違わないんだ。それなのに、私が入ったときはもう部長だったから。まだ三〇幾つですよ。

そういう時代だったんじゃないの。だから、四〇そこそこではみんな部長になっていたんじゃないかな。

赤坂　知野さんは大正八年生まれで、昭和四二年に事務総長。ですから、五〇歳ぐらいですね。部長になられたのが昭和三〇年ですから、早いですね。やはり戦後に急に膨張して……

谷　だから、戦後はみんな早かったんじゃないの。

赤坂　これは他省庁でいえば局長級ですから相当……

谷　衆議院はその伝統があるので、私らなんかも事務総長になったときまだ五五歳ぐらいだから。だから、やはり各省から見たら、何で衆議院はということになる。役人の世界でいえば、いじめの対象になるような。

赤坂　やはりそういう声が谷さんのときにもあったんですか。

谷　それはあるよ。各省、その頃は五二、三で事務次官になるのはもういなくなったんじゃないかね。そういう時代だったから。大蔵なんかも、事務次官になるのは六〇近くになっていたんじゃないかな。

---

(1)　知野氏と馬術との関わりについては、今野彧男（著）、赤坂幸一・奈良岡聰智（編著）『国会運営の裏方たち――衆議院事務局の戦後史』（信山社、二〇一一年）第2章Ⅲを参照。

(2)　谷氏は一九六七（昭和四二）年一月、委員部先例調査課勤務を命じられ、一九六八（同四三）年七月に先例第二係長、一九七二（同四七）年七月に先例第一係長となっている。

(3)　一九二一（大正一〇）年五月大阪府生まれ。一九四九（昭和二五）年、臨時主事補として衆議院に採用され、一九五六（同三一）年、衆議院参事に任じられる。委員部調査課長、委員部副部長等を経て、一九七一（同四六）年、商工委員会調査室主任調査員。その後、逓信委員会調査室長を最後に退職（一九八四（同五九）年五月）。

(4)　一九一二～一九七二年。一九四六（昭和二一）年四月に衆議院書記官となり、秘書課長などを経て、一九五三（同二八）年四月庶務部長。その後、記録部長、委員部長、事務次長を経て、一九六四（同三九）年一一月事務総長（一九六七（同四二）年七月退職）。久保田総長時代については、今野ほか・前掲書、第2章Ⅱを参照。

(5)　今野ほか・前掲書、「間奏」Ⅰを参照。

(6)　衆議院事務局における次第書作成業務の実際については、近藤誠治（著）、赤坂幸一・奈良岡聰智（編著）『立法過程と議事運営 ―― 衆議院事務局の三十五年』（信山社、二〇一一年）第2章Iを参照。

(7)　一九一〇～一九八〇年。香川県出身。一九三六（昭和一一）年、東京商科大学（現一橋大学）卒業、大蔵省に入省。一九四九（昭和二四）年、池田勇人蔵相秘書官。一九五二年、衆院選に初当選（連続一一回当選）。一九五五年、自由民主党に参加。一九六〇年、第一次池田内閣の官房長官として初入閣。第二次池田内閣の外務大臣、佐藤内閣の通産大臣、田中内閣の外務大臣、大蔵大臣、三木内閣の大蔵大臣を歴任。自民党では池田派、前尾派に所属したが、一九七一年から宏池会会長に就任して大平派を率いる。一九七八～一九八〇年、内閣総理大臣。一九八〇年六月一二日、総理として迎えた衆参同日選の選挙戦の最中に急死。著作集や回顧録のほか、評伝に福永文夫『大平正芳 ――「戦後保守」とは何か』（中公新書、二〇〇八年）等がある。

(8)　一九〇五～一九九五年。群馬県出身。一九二九（昭和四）年、東京帝国大学卒業、大蔵省に入省。一九四八年、昭和電工に関連して逮捕・起訴される（一九五八年、無罪確定）。一九五二（昭和二七）年、衆院選で初当選。一九五五年、自由民主党に参加し、岸派に所属。一九五九年、第二次岸内閣の農林大臣として初入閣。佐藤内閣の大蔵大臣、外務大臣、田中内閣の大蔵大臣、三木内閣の経済企画庁長官を歴任。党内では幹事長、政調会長などを務め、福田派を形成。一九七六～一九七八年、内閣総理大臣。長男は元総理の福田康夫。

(9)　二〇〇九年一二月までのアップ・デートを加えた上で、二〇一〇年三月に信山社より全八巻で出版された。

(10)　一九〇二～一九九七年。福井県出身。東京帝国大学卒業、同盟通信記者。一九四八（昭和二三）年、衆院選に初当選。一九六二年、池田内閣の通産大臣として初入閣。田中内閣、三木内閣の自治大臣、北海道庁長官、国家公安委員長を、福田内閣の法務大臣を歴任。一九八〇年七月から一九八三年一一月まで衆議院議長。

(11)　谷氏の秘書課長時代は、秘書課長事務取扱の時期も含めると、一九八三（昭和五八）年一月から一九八九（平成元）年七月の六年間に及ぶ。

(12)　一九二八（昭和三）年～。兵庫県出身。同志社大学卒業。同志社大学講師（憲法学）。一九六九（昭和四四）年、衆院選に初当選。日本社会党に所属。一九八六年、第一〇代日本社会党委員長に就任。一九九三年八月～一九九六年九月まで衆議院議長。一九九六～二〇〇三年、第二代社会民主党党首。

(13)　弥富家と館山との縁については、『平野貞夫オーラルヒストリー〔下巻〕』（二〇一二年）第一八回記録を参照。

(14)　一九一三～一九八四年。熊本県出身。陸軍大尉。一九四七（昭和二二）年、衆院選に初当選。自由民主党に参加。一九六五年一一月～一九六八年一一月、衆議院副議長。一九六七年、佐藤内閣の厚生大臣として初入閣。福田内閣の官房

長官、外務大臣、鈴木内閣の外務大臣。評伝に渡部亮次郎『園田直・全人像』（行政問題研究所出版局、一九八一年）がある。

(15) 一九四二（昭和一七）年～。東京都出身（本籍は岩手県奥州市）。父は政治家の小沢佐重喜。慶應義塾大学卒業。一九六九（昭和四四）年、衆院選に初当選。自由民主党所属（田中派）。一九八五年、第二次中曽根内閣の自治大臣、国家公安委員長として初入閣。一九八九年、自民党幹事長。一九九三（平成五）年、新生党代表幹事。一九九五年、新進党第二代党首、一九九八年、自由党党首。二〇〇三年、民主党第六代代表。二〇〇六年、民主党代表代行、二〇〇九～二〇一〇年、民主党幹事長。

(16) 平野貞夫『国会新時代への提言』（五月書房、一九九二年）一五六～一六七頁によれば、一九七三（昭和四八）年五月から一九七六（同五一）年一二月まで前尾議長の公務秘書を努めた平野氏は、その後委員部に戻り、建設委員会・科学技術委員会を担当した以外はすべて、議運関係を担当したという。とりわけ、一九八三（同五八）年に委員部総務課長に就任して以降は、「自分でも何をやっているか分からない毎日」であり、本来の事務局の仕事はごくわずかで、与野党からの相談、各省庁・マスコミとの対応などをこなしてきた、という。

(17) 一九三〇～二〇〇一年。福岡県出身。一九七九（昭和五四）年、衆院選に初当選（当選七回）。公明党国会対策委員長、同副委員長。公明新党、新進党、自由党に所属。

(18) 平野氏と権藤氏との親交については、赤坂幸一・奈良岡聰智（編）『消費税国会の攻防――平野貞夫衆議院事務局日記』（千倉書房、二〇一二年）にも随所に表れている。

(19) 平野貞夫『公明党・創価学会の真実』（講談社＋α文庫、二〇〇八年）および同『公明党・創価学会の野望』（講談社＋α文庫、二〇〇八年）。ともに初出は二〇〇五年。

(20) これらの資料の一部は廃棄されているが、昭和六〇年から平成四年まで、すなわち委員部総務課長時代から委員部長時代（及び退職時）までの日記及び付属資料が遺されており、前掲の『消費税国会の攻防』としてその一部が翻刻出版されたほか、付属資料を含めた全文が『平野貞夫日記〔全四巻〕』として信山社より出版される予定である。

(21) 一九二二（大正一一）年～。小説家。天台寺名誉住職。著書に『夏の終り』（新潮社、一九六三年）ほか多数。

(22) 委員会運営の事務面においてオールマイティの権限を持つとされる、課長補佐クラスの事務局職員を指す。

(23) 一九一四～二〇〇七年。福岡県出身。一九五五（昭和三〇）年、衆議院に初当選。日本社会党に所属。社会党代議士会長。

(24) 一九一九（大正八）年～。厚生事務次官。三木内閣の内閣官房副長官。武田薬品工業元社長・元会長。

(25)　この点については、今野ほか・前掲書、第1章Ⅲを参照。

(26)　一九三一（昭和六）一一月生まれ。一九六〇（同三五）年に衆議院事務局に採用され、一九七三（同四八）年に議事部議案課長、一九七八（同五三）年に委員部総務課長等を経て、一九八五（同六〇）年に渉外部長（一九九二（平成四）年退職）。フランス語に堪能なことから「ムッシュー桑形」と呼ばれていたという。

(27)　葉山洗心寮については、今野ほか・前掲書、「間奏」Ⅱを参照。

(28)　一九二七（昭和二）年〜。富山県出身。井波八幡宮宮司。慶應義塾大学卒業。富山県会議員を経て、一九六九（昭和四四）年、衆院選に初当選。自民党に所属。第三次中曽根内閣の国土庁長官として初入閣。橋本内閣の建設大臣。二〇〇〇年七月〜二〇〇三年一一月、衆議院議長。二〇〇五年、国民新党初代代表。二〇〇九年、政界引退。

(29)　一九四五（昭和二〇）年〜。京都府出身。父は元文部大臣の谷垣専一。東京大学卒業。一九八三（昭和五三）年、衆院選に初当選。自由民主党に所属。一九九七（平成九）年、橋本内閣の科学技術庁長官として初入閣。小泉内閣の財務大臣、福田康夫内閣の国土交通大臣などを歴任。宏池会を継承して谷垣派を形成。二〇〇九年、自民党総裁。

(30)　一九四一（昭和一六）年〜。北海道出身。早稲田大学卒業、北海道会議員を経て、一九八六（昭和六一）年、衆院選に初当選。自由民主党に所属。小泉内閣で農林水産大臣、自民党幹事長を務める。

(31)　一九一一〜二〇〇一年。兵庫県出身。日大法文学部。衆議院議員（自由民主党。一九四九年以降、連続一七回当選）。一九六八（昭和四三）年、第二次佐藤内閣の郵政大臣として初入閣。三木・福田内閣の通産大臣、鈴木・中曽根内閣の経済企画庁長官。自民党政調会長。旧三菱汽船の実質的オーナーでもあった。著書に『世界の中の日本 ―― 八〇年代政治への提言』（新政策研究会、一九八二年）ほか多数、評伝に中村慶一郎『河本敏夫・全人像』（行政問題研究所、一九八二年）がある。謹厳実直で笑顔を見せなかったことから、タイの王族であるワンワイタヤーコーン・ワラワン殿下に因んで「笑わん殿下」と渾名された。

(32)　一九〇一〜一九八一年。千葉県出身。東京帝国大学英法学科卒。一九二六（大正一五）年に運輸省入りし、一九四八（昭和二三）年運輸事務次官。その後、衆議院議員を六期、参議院議員を二期務めた。第二次岸内閣の防衛庁長官。自民党参議院幹事長。

(33)　一九〇一〜一九七五年。山口県出身。東京帝国大学法学部法律学科卒業。一九二四（大正一三）年、鉄道省に入省。一九四八年、吉田内閣の官房長官として初入閣（民間）。衆議院議員（民主自由党、自由民主党。一九四九年以降、連続九回当選）。岸内閣の大蔵大臣、池田内閣の通産大臣、北海道開発長官、科学技術庁長官。一九六四〜七二年、内閣総理大臣。岸信介は実兄。

なお、池田勇人と佐藤栄作の人柄・派閥構造の分析をも試みるものとして、御厨貴『知と情』（朝日新聞出版社、二〇一一年）および安井謙『ほどほど哲学 —— 私の履歴書』（日本経済新聞社、一九八五年）九一頁以下を参照。

(34) 一九二三（大正一二）年生まれ。一九四七（昭和二二）年に衆議院に採用され、委員部第四課長・同第二課長等を経て、一九七六（同五一年）記録部長。一九七八（同五三）年常任委員会専門員（文教委員会調査室長）となり、一九八五（同六〇）年二月退職。

(35) 例えば国鉄運賃については、一九四八（昭和二三）年の国有鉄道運賃法（昭和二三年法律第一一二号）により、国鉄運賃の基本的な賃率が法律事項とされた（それ以前は鉄道会議に諮問して主務大臣が決定していた）。その後、昭和五二年法律第八七号（国鉄運賃法定制度緩和法）による国有鉄道運賃法の改正によって、「当分の間、鉄道の普通旅客運賃の賃率、航路の普通旅客運賃又は車扱貨物運賃の賃率は、…運輸大臣の認可を受けて日本国有鉄道が定める賃率又は運賃による」こととされた。この点については、寺前秀一「もう一つの憲法論議 —— 旧国有鉄道運賃法が投げかけたもの」地域政策研究第一〇巻二号（二〇〇七年）一七頁以下を参照。

(36) 一九六三（昭和三八）年一一月九日、福岡県大牟田市三川町の三井鉱山三池炭鉱所で発生した炭じん爆発事故。死者四五八名、一酸化炭素中毒患者八三九名を出し、戦後最大の産業事故とされる。

(37) 一九〇七～一九八五年。愛知県出身。豊山中学中退。東京市議、日本農民党中央執行委員長などを経て、一九四六（昭和二一）年から衆議院議員（自由民主党、当選通算一三回）。第一次大平内閣の国土庁長官。自民党国対委員長。碧南市長。浅香光代のパトロンとされる。

(38) 一九一五～一九八五年。一九五五（昭和三〇）年以降、衆議院議員に連続一〇回当選（自由民主党）。一九七〇～一九七一年、衆議院議院運営委員長。第三次佐藤内閣の自治大臣、大平内閣の建設大臣。自民党幹事長代理。渡海紀三朗は長男。

(39) 履歴書で確認したところ、谷氏は、衆議院参事となった昭和四〇年四月二一日に委員部第二課勤務、同七月一二日に委員部第四課勤務を命じられている。

(40) 一九六五（昭和四〇）年一一月一二日、日韓基本条約は徹夜国会の末、衆議院で可決承認された。同年一二月一一日、参議院で可決（自民、民社のみ）。日韓国会をめぐる紛糾については、今野ほか前掲書、第2章Ⅱを参照。

(41) 今野ほか・前掲書、第2章Ⅲを参照。

(42) 一九一四～一九八九年。北海道小樽市出身。公害・労働問題に造詣が深く、一九六〇（昭和三五）年以降、北海道第一区から衆議院議員に通算五回当選（日本社会党）。

(43)　一九一五〜二〇〇五年。東京慈恵会医科大学卒業。一九五三年以降、衆議院議員（日本社会党、当選通算五回）。一九七九（昭和五四）年以降、田川市長に連続六回当選。日本社会党の発足に関与し、地元の炭鉱労組の社会労働問題に造詣が深かった。

(44)　一九二〇〜一九九五年。広島県出身。早稲田大学法学部卒業。一九五二（昭和二七）年以降、衆議院議員に当選通算一二回（日本社会党）。衆議院副議長。社会党政審会長、一九七七年、同書記長。一九八六〜一九八九年、衆議院副議長。著書に『私たちの年金』（日本社会党中央本部機関紙局、一九八三年）がある（大原亨との共著）。

(45)　一九〇八〜二〇〇五年。北海道出身。一九五二年以降、衆議院議員に当選通算一一回（日本社会党）。

(46)　一九〇一〜一九七九年。佐賀県唐津市出身。中央大学経済学部卒業。新聞記者を経て、一九四四年以降衆議院議員を通算一二期務めた。吉田茂の寵愛を受け、吉田内閣の労働大臣・官房長官・農林水産等を歴任した。佐藤内閣期に建設大臣・官房長官・自民党幹事長を務め、一九七六（昭和五一）年衆議院議長。回顧録に『戦後政治の覚書』（毎日新聞社、一九七五年）、評伝に岸本弘一「死の床の保利茂」文芸春秋五七巻一〇号（一九七九年）四〇六頁以下および保利茂伝刊行委員会編『追想保利茂』（保利茂伝刊行委員会、一九八五年）等がある。

(47)　一九〇〇〜一九八二年。岐阜県出身。早稲田大学政治経済学部卒業。小作争議や労働農民党の結成に参画した後、一九三六年以降衆議院議員（当選通算一五回、社会大衆党、日本社会党）。一九七六（昭和五一）年から一九七九（昭和五四）年、衆議院副議長。近年の評伝に飯田洋『農民運動家としての三宅正一 ―― その思想と行動』（新風舎、二〇〇六年）がある。

(48)　一九〇五〜一九八一年。京都府宮津市出身。一高、東京帝国大学法学部を卒業後、大蔵省に入省。一九四九（昭和二四）年以降、衆議院議員に当選通算一二回。自民党の宏池会に所属し、岸内閣の通産大臣、佐藤内閣の北海道開発庁長官、法務大臣を歴任する。一九七三年〜一九七六年、衆議院議長。読書人・教養人・十二支研究者としても知られ、『政治家のつれづれ草』（誠文堂新光社、一九六七年）ほか著書多数。回顧録に『私の履歴書第五〇集』（日本経済新聞社、一九七四年）、評伝に平野貞夫『昭和天皇の「極秘指令」』（講談社＋α文庫、二〇〇七年（初出二〇〇四年））がある。

(49)　衆議院旧高輪宿舎は、北白川宮邸跡に、プリンスホテルと並んで建築されている。この旧高輪宿舎は二〇〇七（平成一九）年の衆院赤坂議員宿舎の完成に伴い閉鎖されたが、二〇一一（平成二三）年三月の東日本大震災の復興財源に充てるため、同年七月二四日の衆院議院運営委員会理事会において、国への返還、及びその後の売却手続きに入ることが確認された。

(50)　一九三二（昭和七）年〜。兵庫県出身。一橋大学卒業。一九五六（昭和三一）年、『太陽の季節』で芥川賞受賞。一九

六八年、参議院議員に初当選。一九七二年より衆議院議員（自由民主党、連続八回当選）。福田内閣の環境庁長官として初入閣。竹下内閣の運輸大臣。一九九九年より東京都知事。石原裕次郎は実弟。

(51) 二〇〇九年三月四日の平野貞夫氏からの聞き取り調査によれば、衆議院事務局にゼロックスが導入されたのは、昭和三〇年代後半のことであった。平野氏によれば、一年で一〇〇〇万円というリース料で売り込みにきたところ、庶務係長の松原氏と平野氏が知野委員部長を口説いて、結局すべての部においてゼロックスが導入されることになったという。

(52) 園田氏が副議長であったのは、一九六五（昭和四〇）年一二月～一九六七（昭和四二）年一一月の二年間。この時期に平野貞夫氏は園田副議長の秘書を務めた。

(53) 久保田総長や知野総長時代との関係で、同趣旨の証言をするものとして、今野ほか・前掲書、第2章Ⅱを参照。

(54) 議事部及び委員部における先例会議・先例集改訂会議の実際については、赤坂幸一「事務局の衡量過程のÉpiphanie」（衆議院事務局（編）『逐条国会法〔第一巻〕』所収）を参照。

(55) ただし、議運で簡単な報告が行われるとの証言もある。赤坂・前掲論文を参照。

(56) 念のために付言すれば、議事部・委員部共に、毎年の先例会議と、一〇年に一度の先例集編集会議（本文にいう先例改訂会議）とが開かれている。

(57) 在外研修のあり方や、近藤誠治氏自身の経験については、近藤ほか前掲書、第1章Ⅰを参照。

(58) 一九〇三～一九九一年。日本の法学者（憲法）。京都大学名誉教授。著書に『日本国憲法概論』（青林書院、一九五八年）、『日本憲法史と日本国憲法』（嵯峨野書院、一九八四年）。

(59) 列国議会同盟（Inter-Parliamentary Union）。一八八九年、イギリスとフランスの提唱者によって創設された、主権国家における議会の同盟。本部はスイスのジュネーブにある。

(60) 一九二六年～。徳島県出身。一九五三（昭和二八）年、東京大学法学部卒業、外務省に入省。アジア局長、駐シンガポール大使、駐エジプト大使、駐中国大使。

(61) 日中国交正常化と橋本氏との関係については、橋本恕「官僚生命をかけた日中国交正常化」時評四二巻八号（二〇〇〇年）八六頁以下を参照。

(62) 谷氏の場合、一九七三（昭和四八）年四月に外務省に出向を命じられ、外務事務官行政職（一）五等級（在連合王国日本国大使館）に転任という形で在外研修を行っている。

(63) 一九〇五～一九七六年。千葉県出身。京都帝国大学法学部卒業。東京市職員、専修大学講師、北越石油監査役、日本鋼板常務、大同石油取締役等を経て、第二次大戦後の一九四六（昭和二一）年、衆議院議員に当選（以後連続一三期当

選）第四次吉田茂内閣の経済審議庁長官として初入閣。石橋内閣の通産大臣、池田内閣の大蔵大臣、佐藤内閣でも七一代・七二代大蔵大臣。城西大学の創立者でもある。回顧録に『私の履歴書〔第三九集〕』（日本経済新聞社、一九七〇年）および『蕗のとう―私の履歴書』（日本経済新聞社、一九七一年（改訂版、城西大学、二〇〇〇年））が、追悼録に『おもひ出―水田三喜男追想集』（水田三喜男追想集刊行委員会、一九七七年）がある。なお、水田氏の履歴の詳細については、『春光―水田三喜男写真譜』（非売品、一九八八年）の一〇一頁以下を参照。

(64) 参議院における同様の現象の克服の試みとして、『佐藤吉弘オーラル・ヒストリー』（二〇一一年）一五六～一六〇頁および二七三頁、衆議院調査局における各調査室の分断状況の克服の試みとして、近藤ほか前掲書、第4章Ⅰを参照。

(65) エドワード・ヒース（Sir Edward Richard George Heath）。一九一六～二〇〇五。英国下院議員（保守党）。英国保守党党首。英国首相。

(66) マーガレット・サッチャー（Margaret Hilda Thatcher）。一九二五年～。英国上院議員（保守党）。元英国保守党党首。元英国首相。

(67) ケネス・ブラッドショー（Kenneth Bradshaw）。一九二二～二〇〇七年。英国下院事務総長。ケンブリッジ大学教授。著書に Kenneth Bradshaw and David Pring, *Parliament & Congress*, London : Constable, 1972.

(68) Selwyn Lloyd. 一九〇四～一九七八年。英国下院議員（保守党）。英国下院議長。

(69) Leonard James Callaghan, 1912-2005.

(70) 常任委員会を「議案審査会」と「国政調査・行政監視会」とに分けるという提言のこと。議案審査会が法案審査を政治家同士で行うのに対して、国政調査・行政監視会は官僚による答弁を認め、行政統制作用を果たすという構想である。

(71) Janet P. Morgan. 著書に"*The House of Lords and the Labour government, 1964-1970*"(O Clarendon Press,1975). 深町真理子・宇佐川晶子訳『アガサ・クリスティーの生涯』（早川書房、一九八七）。校閲・編集に"*The diaries of a Cabinet Minister*"(London : Hamish Hamilton and Jonathan Cape, c1975-1977).

(72) 副大臣・大臣政務官ともに、一九九九年の「国会審議の活性化及び政治主導の政策決定システムの確立に関する法律」で設置された。なお、大臣政務官は Parliamentary Secretary と英語表記するのが通常であるが、議会職員との誤解を回避するため、Vice-Minister の語を充てることもある（この場合、副大臣は Senior Vice-Minister）。

(73) 衆議院について今野ほか・前掲書、第2章Ⅲを、参議院について『指宿清秀オーラルヒストリー』（二〇一一年）第一一回記録を参照。

(74) 一度も落選せず引き続いて最も長く在職している議員を指し、この議員が議長候補者の提議を行う。その具体的な提議方法については、木下広居『英国議会』（潮新書、一九六六年）一一頁以下を参照。
(75) Thomas Erskine May. 一八一五〜一八八五。英国の憲法理論家、議会実務家。Erskine May Parliamentary Practice (A Practical Treatise on the Law, Privileges, Proceedings and Usage of Parliament) の編者。
(76) その邦訳として、国立国会図書館調査立法考査局『イギリス議会下院議事手続提要（公的議事）一九八〇年版』（調査資料八二—一、昭和五十八年六月）がある。
(77) この点については、木下和朗「英国議会下院事務局の経緯と現況」論究第八号（二〇一一年）一九四頁以下を参照。
(78) 一九一一〜一九八八年。福岡県出身。東京帝国大学法学部卒業。一九三五（昭和一〇）年、外務省に入省。ＯＥＣＤ日本代表部大使、外務審議官、一九七〇〜七二年、外務事務次官。一九七二〜一九七五年、駐英大使。
(79) 一九三一年〜。ジャーナリスト。毎日新聞在籍時の一九七二年、日米間の密約について、外務省女性事務官に秘密漏洩を唆したとして国家公務員法違反で逮捕、有罪（外務省機密漏洩事件）。著書に『沖縄密約——「情報犯罪」と日米同盟』（岩波新書、二〇〇七年）がある。
(80) 一九二五〜二〇一一年。東京都出身。東京大学法学部卒業。一九四八（昭和二三）年、外務省に入省。条約局長、アメリカ局長、駐シンガポール大使、外務審議官、駐オーストラリア大使、駐中国大使。最高裁判事、国際常設仲裁裁判所判事。宮内庁参与。著書に井上正也ほか（編）『外交証言録——日米安保・沖縄返還・天安門事件』（岩波書店、二〇一二年）がある。
(81) 一九四〇年〜。元ロシア大使。愛知県名古屋市出身。東京大学法学部卒業。宮内庁東宮職東宮大夫。著書に『松尾中佐とその母——日豪友好の架け橋』（あきつ出版、一九九三年）および明成社（編）『皇太子殿下——皇位継承者としてのご覚悟』（明成社、二〇一〇年、共著）がある。
(82) 一九四三年〜。旧満洲国出身。東京大学法学部中退。一九六六（昭和四一）年、外務省に入省。駐イラン大使。二〇〇二〜二〇〇九年、防衛大学校教授。主な著書に『日本外交——現場からの証言』（中公新書、一九九三年）。
(83) 一九一六〜一九九六年。一九三九（昭和一四）年、外務省に入省。ＯＥＣＤ日本代表部大使、一九七五〜一九七九年、駐英大使。日英協会理事長。
(84) 一八八四〜一九四三年。新潟県出身。元帥海軍大将。連合艦隊司令長官。
(85) 一九一〇〜一九八八年。滋賀県出身。東京帝国大学法学部卒業後、内務省に入省。一九四九（昭和二四）年より衆議院議員（自由党、連続一五回当選）。一九五二年、吉田茂によって自由党幹事長に指名されるも、党内の混乱により辞退。一九五三年、第五次吉田内閣の官房長官として初入閣。一九五五年、自由民主党に参加。池田内閣の労働大臣、佐藤内

閣の官房長官、田中内閣の厚生大臣、福田内閣の運輸大臣。衆議院議院運営委員長。一九八三年一二月～一九八五年一月、衆議院議長。自民党総務会長。息子は元自民党衆議院議員の福永信彦。

(86)　一九一八～一九九三年。東京都出身。父は首相の鳩山一郎、祖父は衆議院議長の鳩山和夫。一九四一（昭和一六）年、東京帝国大学法学部を卒業し、大蔵省に入省。大蔵事務次官。一九七六年、参議院議員に初当選（自由民主党、連続三回当選）。福田内閣の外務大臣。息子に元首相の鳩山由紀夫、元法務大臣の鳩山邦夫。

(87)　ロバート・ブレイク著・谷福丸訳『ディズレイリ』（大蔵省印刷局、一九九三年）。

(88)　一九九五年製作のアメリカ映画。メル・ギブソン監督・主演。米アカデミー賞受賞。スコットランド独立を目指して戦った歴史上の人物、ウィリアム・ウォレスの生涯を描いた作品。

(89)　Richard Crossman. 一九〇七～一九七四年。英国下院議員（労働党）。ウィルソン内閣の住宅・地方行政相、枢密院議長、社会問題相。著書に小松春雄訳『政府と人民』（岩波書店、一九五五）。

(90)　一九三五（昭和一〇）年～。一九六〇（昭和三五）年七月に吉田茂との縁で衆議院事務局に採用され、委員部第九課長、同総務課長などを経て、一九八九（平成元）年九月委員部長（平成四年二月退職）。衆議院退職後は参議院議員を二期務めた。『日本を呪縛した八人の政治家 ── 政治改革を阻んだ永田町の妖怪』（講談社、二〇〇三年）、『わが友・小沢一郎』（幻冬舎、二〇〇九年）ほか著書多数。なお、衆議院事務局時代の平野氏については、『平野貞夫オーラル・ヒストリー〔上・下巻〕』（二〇一二年）、および奈良岡聰智「消費税導入をめぐる立法過程の検討 ── 『平野日記』を手がかりに」レヴァイアサン四八号（二〇一一年）所収を参照。

(91)　聯合出版社より一九五三年に刊行。

(92)　なお、不穏当発言の取り扱いとその政治性については、今野ほか・前掲書、第3章Ⅳも参照。

(93)　二〇一〇年一月現在、秘書課は議事堂一階に移動している。

(94)　一九〇八（明治四一）年七月生まれ。一九二三（大正一二）年一二月に衆議院事務局に採用され、一九二八（昭和三）年一二月に雇、一九三七（同一二）年六月衆議院属、一九四七（同二二）年五月衆議院副参事となる。議事部議事課に配属され、一九四八（同二三）年七月衆議院参事。一九七二（同四七）年三月退職。衆議院事務局には大量の堺谷メモが遺されており、今後の調査・分析が期待される。堺谷氏について詳しくは、今野ほか前掲書、第1章Ⅳを参照。

(95)　当時の次第書作成業務の詳細については、近藤ほか前掲書、第2章Ⅰを参照。

(96)　一九二五年～。群馬県出身。桐生工専卒業後、小学校教員などを経て、一九六〇年以降衆議院議員に当選通算一一回。元衆議院議員（日本社会党、社会民主党）。一九九四年、村山内閣で総務庁長官。元社会党国対委員長、同書記長。著書

に『陽春遠からず ― 国民とともに創る政治』(現代書館、一九八九年)等がある。

(97) 当時の強行採決・フィリバスターの実際については、増岡博之『渦のなかの国会 ― 全会一致を求めて』(サンケイ出版、一九八四年)二九頁以下を参照。

(98) 正式名称は「日本国政府とソヴィエト社会主義共和国連邦政府との間の両国の地先沖合における漁業の分野の相互の関係に関する協定」である。

(99) 国有鉄道や専売公社など公共性の高い企業(公共企業体)での労働組合運動を規定した法律。一九四八(昭和二三)年成立。一九八七年、国営企業労働関係法に改題。二〇〇二(平成一四)年、「特定独立行政法人等の労働関係に関する法律」に改題。

(100) 一九二三(大正一二)年三月生まれ。一九四九(昭和二四)年三月に衆議院事務局に採用され、一九五八(昭和三三)年に議事課長。議事部副部長を経て、一九六三(同三八)年に管理部長。その後、庶務部長、委員部長、常任委員会専門員(予算委員会調査室長)を経て、一九八三(昭和五八)年九月退職。

(101) 案件会議の内容・構成員の変遷などについては、赤坂幸一「事務局の衡量過程のÉpiphanie」(衆議院事務局(編)『逐条国会法〔第一巻〕』所収)を参照。

(102) 一九七四(昭和四九)年一月三〇日に日本と韓国との間で結ばれた二つの条約(「北部協定」「南部協定」と略称)の通称。一九七八年六月二二日発効。「北部協定」は北緯三三~三六度付近の大陸棚の境界を確定した。一方、「南部協定」は境界画定を棚上げにした上で、日韓両国のエネルギー共同開発の細目を協定している。

(103) 一九〇六~一九八八年。徳島県出身。東京帝国大学経済学部卒業。一九四六(昭和二一)年以降、衆議院議員に当選通算一二回。第三次佐藤栄作内閣の自治大臣、一九七二~一九七六年、衆議院副議長。著書に『大酋長のルーツ ― ボランティアの先駆者島崎政一郎伝』(共同通信社、一九七八年)がある。

(104) 前尾繁三郎衆議院議長時代(第七一~七八回国会)、副議長には秋田大助(自由民主党)が就任した。前尾は党籍を離脱したが、秋田は自民党に所属したままだった。前尾の次の保利茂(自民党)議長、三宅正一(社会党)副議長の代より、副議長を社会党代議士から出す慣行が始まり、正副議長ともに党籍を離脱するようになった。

(105) 一九一二~二〇〇三年。島根県出身。慶應義塾大学経済学部卒業。昭和二二年以降、衆議院議員に当選通算一八回(自由民主党)。一九六四(昭和三九)年、第二次池田内閣の通産大臣として初入閣。農林水産大臣、建設大臣、国土庁長官、外務大臣等を歴任した。第六七代衆議院議長。

(106) 一八九五~一九七九年。栃木県出身。一九一八(大正七)年、東京帝国大学法科大学英法科を卒業し、内務省入省。

一九三〇年以降、衆議院議員に当選通算一五回（自由民主党）。第一次近衛内閣の法制局長官。第三次鳩山内閣の防衛庁長官。第五一・五六代衆議院議長。著書に『激動の政治十年―議長席からみる』（一新会、一九七三年）ほか多数。回顧録に『私の履歴書（第二六集）』（日本経済新聞社、一九六六年）、追悼録に『ありし日を偲んで―船田中の足跡』（船田事務所、一九八〇年）がある。

(107) 一八九七～一九八一年。長崎県佐世保市出身。早稲田大学専門部中退。一九四二（昭和一七）年以降、衆議院議員に連続一一回当選（自由民主党）。第二次岸内閣の行政管理庁長官兼北海道開発庁長官。一九六五～六六年、第五二代衆議院議長。著書に『国会の運営』（自由人社、一九四八年）、『欧米旅抄』（東京書房、一九五八年）ほか、回顧録に『私の履歴書（第二九集）』（日本経済新聞社、一九六七年）がある。

(108) 知野氏の国会正常化私案については、今野ほか・前掲書、第2章Ⅱを参照。

(109) 一八八九～一九八一年。福岡県久留米市出身。東京高等商業学校専攻部卒業。高文試験合格。朝日新聞社等を経て、一九四六（昭和二一）年以降、衆議院議員に当選通算一一回（自由民主党）。一九四七年、第一次吉田内閣の商工大臣として初入閣。運輸大臣、通産大臣、法務大臣等を歴任。一九六七～六九年、第五四代衆議院議長。回顧録に『私の履歴書（第四五集）』（日本経済新聞社、一九七二年）、『思い出の記』（カルチャー出版、一九七六年）、『回想八十八年』（カルチャー出版、一九七六年）が、追悼録に石井久子『追悼石井光次郎』（言叢社、一九八二年）がある。

(110) 一九一〇～一九九八年。栃木県出身。東京商科大学卒業。一九四七年以降、衆議院議員に当選通算一一回（自由民主党）。第二次池田内閣で総理府総務長官、第一次佐藤内閣で労働大臣。一九六七～六九年、第四七代衆議院副議長。著書に『労政の一コマ―話し合いと人間愛をめざして』（労務行政研究所、一九六六年）、評伝に小山市企画部人事課編『名誉市民小平久雄氏顕彰録』（小山市、一九八三年）がある。

(111) この間の事情については、今野ほか・前掲書、第2章Ⅲを参照。

(112) 知野氏の手になる衆議院事務局の「国会正常化試案」が議運理事懇に提出されたのは、一九六六（昭和四一）年のことである。

(113) 一八八四～一九六七。衆議院議員。一九二四（大正一三）年以降、衆議院議員に当選通算一四回。衆議院副議長。一九五五（昭和三〇）年、自由民主党に参加。第三次鳩山内閣の文部大臣、第四九・五〇代衆議院議長。清瀬一郎議長については、今野ほか・前掲書、「間奏」を参照。

(114) 事務方から議長秘書がつくようになったのは、加藤鐐五郎議長の時代からである。この点も含めて、議長秘書・副議長秘書制度の運用については、今野ほか・前掲書、第1章Ⅳを参照。

(115) 現在の事務局配置については、巻末の参考資料を参照。

(116) 一九一七〜二〇〇六年。慶應義塾大学法学部卒業。一九四七（昭和二二）年より衆議院議員に当選通算一五回（自由党、自由民主党）。一九五八（昭和三三）年、第二次岸内閣の総理府総務長官として初入閣。岸内閣の労働大臣、佐藤内閣の防衛庁長官、農林大臣。著書に『保守本流の思想と行動 ―― 松野頼三覚え書』（朝日出版社、一九八五年）等が、回顧録に『議員生活二五年 ―― あすを目指して』（中央公論事業出版、一九七二年）、『政界六〇年松野頼三』（文藝春秋、二〇〇七年）、『松野頼三オーラルヒストリー〔上下巻〕』（政策研究大学院大学、二〇〇三年）、『松野頼三（元自民党衆議院議員）オーラルヒストリー（追補）』（近代日本史料研究会、二〇〇八年）がある。

(117) 日商岩井事件（東京地判昭五五年七月二五日（判時九八二号三頁以下））の事実認定によれば、海部は一九四七（昭和二二）年三月神戸商業大学を卒業後、同年四月日商株式会社に入社、機械部に所属し、ニューヨーク勤務等を経て、一九六二（同三七）年本社及び東京支店各機械第二部長（心得）となり、翌年東京支店ボーイング旅客機部初代部長（心得）を兼務し、一九六三（同三八）年取締役。その後、船舶・航空機・輸送機械・建設本部長、原子力本部長、機械総本部長、機械第三本部長、原子力・電機本部長等を経て、一九七〇（同四五）年同社専務取締役。一九七四（同四九）年には同社代表取締役副社長に就任して、機械部門を管掌し、翌年同社社長補佐・機械部門管掌兼海外店管掌。しかしロッキード事件発生後、その責任をとって代表取締役副社長を辞任、取締役となり、一九八〇（同五五）年にはこれも辞任した。

(118) 一九七九（昭和五四）年一月四日、米国証券取引委員会がグラマン社の海外不正支払いに関する報告書を公表した。日本に関してはダグラス・グラマン社が早期警戒機（E2C）売り込みのため、日商岩井を通して日本政府高官へ不正資金を渡したことが発覚する。一月九日、東京地検が捜査を開始し、二三日には日米間で非公開資料提供の司法取り決めがなされた。この年の第八七回国会では、一月三〇日に衆院で航空機輸入特別委員会が組織された（参院は三一日）。二月一日の予算委員会では、E2C導入予算の削除要求をめぐって紛糾が生じた。二月一四日、衆院予算委は、日商岩井社長の植田三男、前副社長の海部八郎らを証人喚問した。同じく二月二二日の六党国会対策委員長会談において、自民党は野党側のE2C予算削除要求を拒否し、翌二三日の衆院予算委ではE2C予算をめぐって審議が空転する。結局、E2C予算は二月二六日をもって凍結し、解除時期は議長に一任することで合意し、国会は正常化した。

ダグラス・グラマン事件自体は、四月二三日に海部八郎が外為法違反容疑で起訴されたものの、政治家についてはすでに時効の容疑もあり、東京地検は五月一五日をもって捜査終結を宣言する。

閉会後の一九七九年六月二二日、大平正芳首相は、灘尾弘吉衆院議長と安井謙参院議長に対し、E2C予算執行の凍結を解除するよう要請した。六月二七日、灘尾は衆院航空機輸入特別委員会に、七月四日、安井は議院運営委員会にそれぞれ協議を要請し、翌七月一二日、灘尾・安井両議長は、E2C予算執行の凍結解除を政府に通告した（以上、『議会制度百年史　資料』九二四〜九二六頁参照）。

なお、七月一一日、衆院航空機輸入特委は海部八郎と元住友商事東京航空機部長の日高一男を証人喚問する。海部は、F-4E売り込みの成功報酬として松野頼三（自由民主党）に五億円を支払ったことを発言した（昭和五四年七月一一日第八七回国会衆議院「航空機輸入に関する調査特別委員会」八頁）。七月二八日、灘尾は松野の議員辞職を許可した（『議会制度百年史　資料』九二七頁）。

(119)　カール・カルステンス（Karl Carstens）。一九一四〜一九九二年。西ドイツ政治家（キリスト教社会同盟）、連邦議会議長、第五代大統領。

(120)　一九二一〜一九九四年。滋賀県出身。一高、東京帝国大学法学部を経て、一九四三年大蔵省入省。一九六七年以降、衆議院議員に当選通算一〇回（自由民主党）。第一次大平内閣で防衛庁長官。衆議院議院運営委員長。著書に『改正証券取引法解説』（税務経理協会出版部、一九四八年）、『遥かなりわが道 ― 随筆集』（山下元利東京事務所、出版年不詳）が、評伝に中野士朗『山下元利・全人像』（行政問題研究所出版局、一九八一年）等がある。元参議院議員の山下英利は息子。

(121)　一九一四〜一九九六年。山梨県出身。東京農業大学農学部卒業。酒造業に従事した後、一九五八年以降、衆議院議員に当選通算一二回（自由民主党）。一九七二年、第二次田中内閣の建設大臣として初入閣。三木内閣の国土庁長官、福田内閣の防衛庁長官、中曽根内閣の副総理。一九七六年、衆議院議院運営委員長。著書に『わが体験的防衛論 ― 思いやりの日米安保新時代』（エール出版社、一九七九年）など、回顧録に『立ち技寝技 ― 私の履歴書』（日本経済新聞社、一九八八年）、評伝に評伝金丸信編纂会編『金丸信 ― 最後の日本的政治家 評伝』（経済政策懇話会、一九九二年）等がある。

(122)　一九二二年〜。群馬県出身。群馬県会議員。一九六〇（昭和三五）年より衆議院議員に当選通算一一回（日本社会党、民主党）。日本社会党国対委員長、日本社会党委員長。

(123)　一八九六〜一九八七年。山口県出身。一九二〇（大正九）年、東京帝国大学法学部卒業、農商務省に入省。一九四一（昭和一六）年、東條内閣の商工大臣。一九四三年以降、衆議院議員に当選通算一〇回。戦後、A級戦犯容疑者として逮捕（不起訴）。政界復帰後、保守合同を主導。一九五五年、自由民主党初代幹事長に就任。一九五六年、石橋内閣の外務大臣。同年、内閣総理大臣。

(124) 一八九八～一九七九年。岩手県出身。東京帝国大学法学部卒業後、一九二三（大正一二）年に農商務省入省。農商務省の分離後は商工省に移り、商工次官として商工大臣・岸信介を支えた。一九五五（昭和三〇）年以降、衆議院議員に当選通算八回（自由民主党）。一九五九年、第二次岸内閣の官房長官として初入閣。通産大臣、外務大臣、自民党副総裁を歴任。著書に『童話と政治』（東洋政治経済研究所、一九六三年）、『日本の政治の課題』（内外情勢調査会、一九七五年）など、回顧録に『私の履歴書〔第四一集〕』（日本経済新聞社、一九七〇年）、追悼録に『記録椎名悦三郎〔二分冊〕』（椎名悦三郎追悼録刊行会、一九八二年）がある。

(125) 今野ほか・前掲書、第1章Ⅴも参照。

(126) 今野ほか・前掲書では、委員会のキャップを経験した、委員部の課長補佐が議長秘書になるのが通例であるとされる。

(127) 一九一五～一九九〇年。神奈川県横浜市出身。明治大学卒業。司法試験合格。神奈川県議会議員などを経て、一九五三（昭和二八）年以降、衆議院議員に当選通算六回（日本社会党）。その間、一九六三～一九七八年、四期にわたって横浜市長を務めた。一九七七～一九八三年、社会党委員長。著書に『自治体改革の実践的展望』（日本評論社、一九七一年）、回顧録に『飛鳥田一雄回想録 ― 生々流転』（朝日新聞社、一九八七年）、評伝に福田博幸『飛鳥田一雄研究 ― 市民として記者として「革新」を抉る』（新国民社、一九七七年）、北岡和義『べらんめえ委員長 ― 飛鳥田一雄の大いなる賭け』（学陽書房、一九七八年）がある。

(128) 一九二〇～一九八九年。福島県出身。陸軍士官学校卒業。一九六〇（昭和三五）年以降、衆議院議員に当選通算一〇回（自由民主党）。一九七三年、第二次田中内閣の建設大臣として初入閣。鈴木内閣の農林大臣。一九七九年、衆議院議院運営委員長。

(129) 一九二二年～。東京高等農林学校（現東京農業大学）卒業。一九六三（昭和三八）年以降、衆議院議員に当選通算八回（自由民主党）。鈴木内閣の厚生大臣。自民党国対委員長。

(130) 一九二四～一九九一年。東京大学法学部卒業、毎日新聞社に入社。一九五八（昭和三三）年以降、衆議院議員に当選通算一一回（自由民主党）。一九七四年、三木内閣の農林大臣として初入閣。福田内閣の官房長官、鈴木内閣の通産大臣、中曽根内閣の外務大臣。次男は元首相の安倍晋三。

(131) 衆規一〇五条、衆先二二〇を参照。

(132) 一九〇四～一九九二年。中国の政治家。周恩来夫人。第四代中国人民政治協商会議全国委員会主席。

(133) 中華民国（台湾）の日本における外交の窓口機関。一九七二年九月、日本が中華人民共和国を承認し、台湾との国交を断絶すると、同年一二月、台湾と日本の外交実務機関として、台湾側に亜東関係協会、日本側に財団法人交流協会がそれぞれ設立された。現・台北駐日経済文化代表処。

(134) 一九〇九〜二〇〇六年。元亜東関係協会会長（任一九七三〜一九八五年）。

(135) 一九八四年一〇月二五日（第一〇一特別国会会期中）、ソ連邦最高会議議員団二四名が国会を訪問した（一一月一日離日）。代表はクナーエフ最高会議幹部会員。ソ連邦最高会議議員団の来日は六年ぶり、国会訪問は一九七五年以来九年ぶりだった（『議会制度百年史』資料編、三四六、三四九、九五九頁）。当時のソ連邦最高会議幹部会議長はチェルネンコ。

(136) 一九一六〜二〇〇四年。熊本県八代市出身。東京帝国大学文学部卒業。一九四六（昭和二一）年以降、衆議院議員に当選通算一七回（自由民主党）。一九五九年、第二次岸内閣の厚生大臣として初入閣。佐藤内閣の文部大臣、三木内閣の防衛庁長官、鈴木内閣の法務大臣。一九八五〜一九八六年、第六四代衆議院議長。著書に『大学混迷から再建へ』（新月社、一九六九年）、『西欧諸国の保安処分制度』（高文堂出版社、一九八二年）など、回顧録に永地正直『文教の旗を掲げて――坂田道太聞書』（西日本新聞社、一九九二年）がある。

(137) 一九五三〜二〇〇九年。北海道出身。東京大学法学部卒業。日本興業銀行を経て、一九八三（昭和五八）年以降、衆議院議員に当選通算八回（自由民主党）。一九九八年、小渕内閣の農林水産大臣として初入閣。小泉内閣の経済産業大臣、財務大臣、麻生内閣の内閣府特命金融担当大臣。著書に『飛翔する日本』（講談社インターナショナル、二〇〇八年）ほか。父は衆議院議員の中川一郎。

(138) 谷氏は事務総長退職後、国土緑化推進機構の副理事長を務めている。

(139) 一九四一年〜。岡山県出身。東京大学法学部卒業、判事補、弁護士。一九七七（昭和五二）年、参議院議員に初当選（社会市民連合）。一九八三年以降、衆議院議員に当選通算四回（日本新党、新進党）。一九九三年、細川内閣の科学技術庁長官として初入閣。一九九八（平成一〇）年以降、参議院議員に当選（民主党）。二〇〇七〜二〇一〇年、参議院議長。菅内閣の環境大臣、法務大臣。父は元衆議院議員の江田三郎。

(140) 今野ほか前掲書、第4章Ⅲを参照。なお、衆議院の事務局分掌規程第一〇条によれば、憲政記念館の資料管理課の所掌事務は、(1)憲政に関する文献及び資料の収集、保管及び展示に関する事項、(2)憲政（外国の議会政治を含む。）に関する調査研究に関する事項、(3)憲政記念館及び国会前庭の管理に関する事項、の三つである。

(141) 一九一一〜一九七八年。大阪府出身。早稲田大学政治経済学部卒業。一九四六（昭和二一）年以降、衆議院議員に当選通算一一回（民主党、国民民主党、改進党、日本民主党、自由民主党）。第一次鳩山内閣の厚生大臣。尾崎行雄記念館（現在は憲政記念館に吸収。）設立当時の尾崎記念財団理事長。父は衆議院議員の川崎克。次男は元衆議院議員の川崎二郎。

(142) 「知野記念館」としての憲政記念館設立の経緯、および川崎秀二議員との確執については、今野ほか・前掲書、第2章

Ⅲを参照。

(143) 詳しくは、日本さくらの会の HP を参照（http://www.sakuranokai.or.jp/queen/index.html（二〇一二年四月二五日アクセス））。

(144) 衆議院規則三九条。

(145) 特別国会において、召集日の本会議終了後までは議院運営委員会が成立しないので、「各派協議会」という形で開かれている。なお、解散直前の議院運営委員会理事会の構成比率に依拠して各派協議会を構成するのが慣例である。以上につき、近藤ほか前掲書、第2章Ⅱを参照。

(146) ＩＬＯ条約特別委員会および沖縄返還条約特別委員会に関連して、今野ほか・前掲書、第2章Ⅰおよび第3章Ⅰを参照。

(147) 『衆議院委員会先例集（平成一五年版）』付録第五表の備考に、「特別委員会設置の当日、議長が、申出のあった会派の委員候補者を特別委員に指名し、申出のなかった会派については、後日、その申出により、指名したことがある」として、第六八回国会沖縄及び北方問題に関する特別委員会の事例が掲載されている。

(148) 一九三七～二〇〇〇年。群馬県出身。早稲田大学大学院政治学研究科修了。一九六三（昭和三八）年以降、衆議院議員に当選通算一二回（自由民主党）。一九七九年、第二次大平内閣の沖縄開発庁長官、総理府総務長官として初入閣。竹下内閣の官房長官、橋本内閣の外務大臣。自民党内では竹下派の重鎮となり、後に小渕派を形成。一九九八年、内閣総理大臣。総理在任中の二〇〇〇年四月、脳梗塞で死去。父は衆議院議員の小渕光平。

(149) 一九四〇年～。三重県伊賀市出身。慶應義塾大学卒業。一九七二年以降、参議院議員を連続六期務める。第三次中曽根内閣の厚生大臣。自民党参議院議員会長など、党の要職を務めた後に、一九九五～二〇〇〇年、第二一・二二代参議院議長。著書に『厚生大臣の四七三日 ── 明るい長寿社会をめざして』（斎藤十朗事務所、一九八八年）、回顧録に『斎藤十朗（元参議院議長）オーラル・ヒストリー』（政策研究大学院大学、二〇〇四年）がある。

(150) たとえば、平野貞夫『昭和天皇の「極秘指令」』（講談社＋α文庫、二〇〇七年）を参照。

(151) 一九二八～二〇一一年。北海道出身、明治大学政治経済学部卒業。一九六三（昭和三八）年以降、衆議院議員に当選通算一一回（自由民主党）。一九八六年、ロッキード事件の収賄罪で有罪（懲役二年、執行猶予三年）、一九九七年、第二次橋本内閣の総務庁長官として初入閣。

(152) 一九四八年～。北海道出身。拓殖大学政経学部卒業。一九八三（昭和五八）年以降、衆議院議員に当選通算八回（自由民主党）。一九九七年、第二次橋本内閣の北海道開発庁長官、沖縄開発庁長官として初入閣。二〇〇二年、「やまりん」からのあっせん収賄罪などの容疑が浮上。同年六月、衆議院は鈴木の逮捕許諾決議と議員辞職勧告決議を可決（鈴木は辞職拒否)。同年七月、あっせん収賄罪容疑で起訴される。二〇一〇年九月、最高裁で有罪(懲役二年)確定、議員失職。二〇〇五年より新党大地党首。

(153) 一九四七年〜。佐賀県出身。一九七一(昭和四六)年、早稲田大学政治経済学部卒業、大蔵省に入省。一九九〇年以降、衆議院議員に当選通算四回(自由民主党)。二〇〇三年、業際研事件をきっかけとして、政治資金規正法違反容疑と詐取容疑が浮上、同年三月、衆議院は坂井の逮捕許諾決議と議員辞職勧告決議を可決(坂井は辞職拒否)。二〇〇五年二月、有罪(懲役二年八か月)確定。

(154) 平野貞夫氏へのオーラル・ヒストリーを実施した際に、『平野貞夫日記』の成り立ちについて尋ねたところ、(a)日記をつけたのは一九八五(昭和六〇)年(委員部総務課長時代の中頃)から一九九二(平成四)年二月(衆議院退職時)までであること、(b)日記の記述は議運理事会の審議内容や議長・与野党議員・記者との接触の内容、総長との関係などに及び、テーマとしては定数是正と消費税導入が中心であること、(c)分量としては大学ノート約三〇冊に及ぶこと、などが確認された。

(155) 一九二五〜二〇〇八年。愛媛県出身。一九四八(昭和二三)年、東京大学法学部卒業、地方自治庁に入庁。消防大学校校長。一九七六年以降、衆議院議員に当選通算四回(自由民主党)。監訳に『憲法改正小委員会秘密議事録——米国公文書公開資料』(第一法規出版、一九八三年)。著書に『日本の憲法』(転展社、二〇〇五年)、『日本国憲法案』(転展社、二〇〇七年)。

(156) 『平野貞夫オーラルヒストリー〔下巻〕』(二〇一二年)第一三回記録を参照。

(157) 一九七九(昭和五四)年三月一二日付の東京新聞は、憲法制定時に芦田首相が自衛権保持を意図していたと報道し、当時未公開であった『芦田均日記』の一部を証拠として掲載した。ところが、その七年後、日記のこの部分が、東京新聞記者であった大久保氏の完全な創作であったことが判明したとされ、同紙は一九八六年五月三一日付の紙面で謝罪することとなった。

(158) 谷氏は一九八〇(昭和五五)年五月から議事部議事課勤務となり、課長補佐を命じられているが(行政職(一)三等級一〇号給)、翌年七月一日、行政職(一)二等級七号給に昇給している。なお、谷氏が課長になったのは、昭和五六年七月一日の委員部総務課長への発令によってであり、この時は、特別昇給もあって行政職(一)二等級九号給に昇給している。

(159) 衆議院事務局の場合も、例えば弥富啓之助・元事務総長は三八歳で記録部長になっており、また山﨑高・元事務総長も三七歳で庶務部長、知野虎雄・元事務総長は三六歳で庶務部長など、この年齢での部長(一般省庁の局長に相当)は、必ずしも例外的な現象ではなかった。

◇第2章◇ 昭和から平成へ——五五年体制の崩壊

◆秘書課長への就任

谷　秘書課長には五八年の一月になるんだよね。秘書課長で一番最初の議長は、福田一さんだった。秘書課というのは、いろいろあるけれども、まず、議長、副議長のお世話役みたいなものです、いろいろな行事に出るとかなんかの。日常のいろいろな行動のお世話役、議長秘書とかなんかが大方やるんだけれども、そういう担当者になる。それから、その中に、議長でいえば慶弔が多い。慶は余りない、特に弔の方が多い。それから、外国の使節団の接遇とか、何かそういうプロトコールのものが多い。それから、議長として行かなきゃならぬ行事がいろいろある。宮中に行く行事とか職員に対する行事とか、そういうのは全部秘書課長が中心になってやっています。

それから、副議長も、大体それの三分の一か四分の一ぐらいしかないけれども、国会の場合は、議長が与党から出て、野党に副議長が行くようになってから、大体みんな何かあると議長、副議長、むしろ二人で行動する方が多かったんじゃないかな。例えば、国会がもめていることのいろいろな斡旋だって、副議長が野党に行くようになってから、むしろ意識的に議長・副議長で対処するという傾向が強くなったんじゃないか。必ずしも全部そうじゃない、人にもよるけれども、大体そういう傾向があったと思いますよ、何かあると副議長も呼んで一緒にやるという風習が。だから、行事でも同じように必ずお二人そろってというのが多かったような気がします。

それと、事務局でいえば、総長さん。ほかの部長さんは余り補佐しなかったな。だから、逆に言うと、せいぜい総長とか次長ぐらいまで。ただ、面白い次長さんで、総長にならなかったけれども、自治省から来た中島隆さん(1)という人がいて、あの人もちょっと変わっていたから、あるとき秘書課から判こをもらいに行くと、判こを押さないんだよ。説明が悪かったのか何か知らぬけれども、一遍、余り頭にきて、面と向かって、「この判こをどうしましょうか」と、全部判この一覧表を作らせた。確かにくだらぬ判こがいっぱいあるんだよ、「こんなくだらぬ判こは要らないでしょう」と本人に突きつけて、これは要りますかと、全部、要らない、要るとかなんかいって。庶務系のものは殆ど要らないんだよ、議事に関わることだけ見せてくれみたいな話だったから、わかりましたと。それで、その一覧表に基づいて、決裁は次長に上げなくていいという話になった。

そうしたら、緒方〔信一郎〕さん(2)が次長になったら、「どうして私のところにこんな書類が来ないんでしょう」と言うから、「それは前の次長がそう言ったからそうなったんだよ」と。

赤坂　中島さんは、やはり総長候補として来られたのですか。

谷　弥富さんのときに、後継ぎをね。というのは、自分の後といったら、みんなもう退職になっちゃうんだよね。後がいなくてどうするこうするといろいろ考えたと思うんですよ。法制局に右田〔健次郎〕さんという方がいらっしゃったんだよね。最初は、その方をもらって委員部長にしたんだけれども、今考えたら、少し病気にかかっちゃったのかな。だから何となく危なっかしくなっちゃったのね。

赤坂　六〇年九月から六一年八月ですね。一年弱で……

谷　最後のときには、記名投票の札をとっていてもぽろぽろぽろぽろ落とすような感じだった。もう大分具合が悪かったんだと思うんだよね。それで駄目だというので、その前ぐらいに中島さんをもうもらっていたんじゃないのかな。ところが、中島さんがまたちょっと変わっていて、特に内部に人気がなかった。本人は、事務局の至らないところを私が正してあげるみたいな正義感に燃えていたのかもしれぬけれども、国会運営というのは、行政官と違って、そういうのがちゃんとうまくいかないでしょう。やはり多少政治的な動きの中でね、特に幹部になると。

確かに、うちの事務局も、弥富さんの時代でも「おれのところにこんなくだらぬものを持ってくるな」というような話があった。というのは、五〇〇〇円ぐらいの会計の決裁の判こも全部上がるわけよ。それに一々判こを押さなきゃいかぬ。そんなものといって秘書官に押させていたんだろうけれども、そのうち、こんなもの上げなくていいと。一〇万単位とかだけにして、あとは庶務部長に任せるとか。そういう煩わしい手続があったのは事実だけれども、やはり弥富さんが、中島氏ではちょっと、という感じになったのかな。

それで、私が秘書課長のときに、たまたま会計検査院の、当時はまだ事務局から行けるポストがあったんだ。順序からいえば弥富さんが行かなきゃいかぬみたいな感じだけれども、弥富さんはやめられるような状況じゃないから。それと、中島さんにはちょっとというようなところがあったものだから、どうするといって。しかし、事務次長から左遷するわけじゃないから、会計検査院が納得すれば、会計検査官で処遇すればいいんじゃないですかと。それは話がまとまって、ちゃんとあの人は院長までなったんだ(3)。悪い人じゃなかったんだけれども、ちょっと国会向きじゃなかったのかもしれぬ。それで、その前後に緒方さんをもらってきたんじゃないかな。

赤坂　弥富さんというのは、平野さんと一体的な存在だったとよく言われていますけれども、その頃は、平野さんは大分まだ下の存在だったんでしょうか。

谷　うん、それはまだ部長にもなっていない頃だから。

赤坂　後任という意味では、まだ候補にはならないでいたわけですね。

谷　まだならなかった。それはむしろ私との関係で、平野氏はならなかったわけなんだ。

赤坂　もう少し後ですね。

谷　あの人は、その当時はまだ課長レベルの話だ。せっぱ詰まって、一度、桑形〔昭正〕さん、あの人をと考えたこともあるんだと思うんだけれども、それでもやはりみんな反対したんじゃないかな。学者で、別に問題はないんだけれども、事務局全体の、政治の世界に入るにはというのがあったんじゃないかな。

赤坂　皆さん、桑形さんのことは愛着を持って回想されますね、ムッシュー、ムッシューと。

谷　うん、それはもう。愛きょうはあるんですが、変わっていて、話はあれだけれども、面白い人だった。ただ、人にべちゃべちゃするところがあるんだよ。何か知らぬけれども、人の家系図みたいなものに詳しくて、この人にはこうと言って。しょっちゅう言っていましたけれども、あんた、どうしてそんなに興味を持っているのと。あれは誰の紹介でこっちにつながっていてどうのこうのなんという、そんなことばっかり。

赤坂　国会は、そういう紹介が随分あったみたいですね。

谷　当時はね。ただ、紹介というよりも、勤めているうちにやはりパトロンみたいな関係に、要するに、男性だったら、親しく出入りして、あたかもそこの事務所の人みたいなぐらいに親しくなるとか、女の人だったら、中には人に言えないような関係になるとか、そういうのなんていろいろあるから。よく私らも冗談で言ったこともあるけれども、衆議院職員にだって、誰かパトロンみたいな人はいるわけだから、その人に頼めば、この子をどうするんだとかという話だって出てくるし、本当に随分いろいろありますよ。それだけ国会職員というのは議員と親しくなるチャンスがあるし、またそれぐらいの気を使ってくれる議員もやはりみんな一人か二人はいるんだよ。

牧原　ただ、いろいろ親しい政治家がいる中で、議員からの、いわば政治からの事務局の独立性というんでしょうか、特に人事なんか大事だと思うんですけれども、そういうのはどうやって……

谷　私も、弥富さんに、注意されたことがある。どっちかといったら、将来育てたい人間はそういうことに馴染ませないという風潮はあったんだと思うんですよ。だから、事務局、いわゆる課長とかキャップとか、そこらはいいけれども、それ以上になったら、事務方の気質をきちっと持っているということが今度は大事になってきて、特定の議員のために働いているみたいな話になっちゃうと、それはどこかね。総長というのは、昔の人は、いざとなれば自治省からもらってくればいいというような気構えがあったでしょうから。だから、もらってくるということは、逆に言えば、そういうなじんだ人じゃない方がいいという感覚はあったんだと思うね。

◆衆議院記者クラブ

谷　それと、秘書課長の大きな仕事の一つに、プレスとの関係がある。新聞記者ね。要するに、政治部は、衆議院記者クラブというのがある。昔は、社会部と政治部が一緒になっていたらしいんだけれども、安保かあのあたりで喧嘩別れして、国会クラブといって、別に会館の方に社会部が行ったんだ。それで、政治部は、議長が記者会見したり何たりして、そういうのは秘書課長が全部、日ごろのおつき合いとか、あれもしなきゃいけないんだ。

ただ、私の前の前までは、記者クラブというのは、国会で平気でみんなマージャンをしていたんだよ。横を通ったら、がらがらがら音がしているぐらいにね。どこのクラブだってマージャンをしているわけですよ。写真クラブから映放クラブから、クラブというクラブは必ずマージャン台を置いてマージャンをやっていた。衆議院記者クラブもマージャンをやっている。そこでマージャンのおつき合いをするのも秘書課長の仕事。だけれども、私の頃は、さすがに国会の中でもマージャンをするのは、政治部はちょっとやっていたかな、もう殆どなくなって、衆議院記者クラブなんかはもうやっていませんでしたね。だから、そういう仕事はなかった。

今は逆だと思うんだけれども、昔は、政治部の新入生がやるのはまず官邸で、ある程度年数がたってキャリアを積んでくると、衆議院記者クラブなんかの国会に来ていたの。今は逆なんじゃないかな。今は、国会が初めで、官邸はキャリアを積んだ人が行くのかもしれぬけれども、当時はそういうあれでね。ところが、国会クラブという社会部の方には、各社の猛者で暴れ者みたいなのがみんなたまっているんだよ。私らがおるとき、央さんという有名な朝日の社会部の記者がいましたけれども、これはその筋では大変な記者だったんだ。いわゆる社会部のボスなんだよ。それで、秘書課長になったとき、今はもう鼻も引っかけないけれども、黒いだるまさんを持って挨拶に行ったんだよ、秘書課長になりましたからと。そうしたら、本人がいなかった。そうしたら、後から電話がかかってきて、おれのところに挨拶に来なかったと、弥富さんのところに来たんだよ。「いや、たしか私はだるまを持って行きましたけれどもね」と言ったら、あの人たちにはそれは挨拶じゃないんだ。「挨拶は、ちゃんとすしおけ持って来るんだ」と言うんですよ。何だ、このやろうと思ってさ（笑）。

そういう話もあって、弥富さんが、公邸に社会部の連中を呼んだんだよ。年に一回ぐらい、ごちそうするんですよ。そうしたら、国会がもめて来れなくなって、私が相手をしていたんだよ。それで、いよいよ時間もたったからお帰りになって、やれやれと思ったらば、何かまた引き返してきて、「ちょっとおまえ来い」と言うんですよ。央が来ているのに弥富さんが来なかったのはけしからぬと言ってね。赤坂宿舎の前に、今はなくなりましたけれども、ロマネコンティという、社会党の人が使っていたワインバーみたいなのがありまして、そこに連れ込まれて、それで、「おまえら高級公務員は」なんて言うから、「どこが高級だ、おれのところに今から来い、麻布のぼろ官舎にいるから」なんて、わあわあわあわあやったことがありますよ。

ただ、私が総長の頃と違って、記者気質が随分変わってきたね。昔は、いいことかどうか分からぬけれども、記者会見と懇談というのはちゃんと彼ら自身が決めていたよ。懇談するときはクオートしちゃだめだからノートをとらないとかね。記者会見のときはちゃんとクオートしていいということなんだよね。

それで、クラブに入っていない人が来ると、彼ら自身が排除するんだよ。例えばテレビ局の政治部の人が来ると、ここはこういうあれですからと言って、自分たちで排除していたね。今は当たり前みたいに録音機を置いてする時代になっちゃったけれども、当時はそういう感じだったんですよね。そのかわり、まだ夜討ち朝駆けが当たり前みたいな時代だから、政治家個人とのつながりで記事を書くような時代でしたね。そのころはまだ原稿を送っていたと思うんだよね。だから、国会がもめると、私らもよく、その電話使っちゃだめよなんて言っていたからね。それで、朝日のアとか言って原稿をその場から送っていたと思うんだよ。今は、新聞記者も全部デスクに情報を上げて、デスクが書くんでしょうかね。ちょっとそういう雰囲気は変わった。

◆議長の海外視察への随行

谷　そういう仕事と、もう一つは、随行。議長の海外旅行のね。毎年というか、用事があるときはまた別途行きますけれども、随行の仕事が一つある。当時は、大体、議長単独で行かないんですよ。必ず共産党にも声かけて、国対委員長が行くか、議運の委員長と理事がついていくか、どっちか。多いのは国対委員長。これがまた御夫妻で行かれたりね。それがいわゆる議長の国会対策みたいなね(4)。あれは前尾〔繁三郎〕さんのときに始まって、それからずっと続いて、だんだんだん共産党がうるさいことを言うようになって、煩わしいから共産党抜きにして行くようになったけれども、福永さんまでぐらいは、やはりちゃんと声をかけていましたよ。

牧原　どういうところに行かれたんですか。

谷　それは議会制度何とか研究と称して行くこともあるけれども、議長が向こうを呼ぶでしょう、そうするとお返しに招待されている国が何カ国かあるんだよね。向こうの人が来たときこっちで招待しているから、そのお返しに答礼として招待を受ける。

牧原　やはり、先進国、欧米あたりですか。

谷　大体、先進国。

中澤　途上国は余り……

谷　うん、途上国はね。中国は別だけれども。また、国対委員長とか何かがついていくと、まじめにアフリカを視察しようなんて、そういう気持ちはないわけだよ。だから、議会制度がある国といったら大体限られているから、そういう方向にはなっちゃうけれどもね。

ただ、少なくとも共産党には声をかけた。そうしたら、共産党は、松本善明さん(5)とか、議長が行かなきゃいかぬとか、一緒に行かないなら私ら行かないとか、いろいろ言うものだから、だんだんだんだんみんなもうるさくなって、そのうちもう……。宴会もそうよ。私らの頃は共産党にも必ず声をかけていましたよ。そうすると、料亭はもちろん駄目だよね。それで、公邸とか憲政記念館とか、院内ならいいと言うんだよ。だけれども、あれは実際は外から全部入れますから。院内といったって、まさか議長が夜呼んでカレーライス一杯なんて、ごちそうするといったら普通のおうちでもそんなことしないでしょう。そうすると、やはりそれなりに賄いの料理人を全部呼んだり何たりすると、結構高くつくんですよ。そんなものだから、「先生、ホテルぐらいは今どきいいじゃないの」と言った。あるとき、「うん、それもそうだ、分かった」と言って帰ったから、ああ、これでよかったなと思っていたら、二、三日したら、「谷君、やはりあれは駄目だった」なんて、ホテルも駄目だみたいな話になったけれどもね。

◆議員の弔問

谷　秘書課長の仕事で今でも分からぬのは、総長になってから秘書課長はだれもそんな仕事をしていなかったから、議員が現職で亡くなると、何か知らぬけれども弔問に真っ先に行かされていたよね。院の香典というのがあるんですよ。これは議長の香典ではなくて院からの香典だから、現職の場合だったら院から十万円香典を持っていくんですよ。田中六助さん(6)とか、ああいう人のときに真っ先に行っていたな。それでまた、議長が行く前に私が行って、まだそこに御遺体があるところに、御遺族に頭を下げてさ。

大体そういう人はお香典お断りとかそういうのが多いんだよ。だけれども、これは院からのものですからと。ではそれだけ受けますというので、真っ先に行っていたね。私が総長のときに秘書課長はそんなことしてなかったから、いつの頃からやめたのか知らぬけれども、当たり前みたいにして行っていましたよ。田中六助さんが亡くなったときに、私がそういう口上を述べて御遺族にそれを渡そうとしていたら、田中角栄さんがぱんぱんぱんと上がってきた。香典お断りだからね。そうしたら、今でも忘れない、ぼろぼろの大きな茶封筒をぽんと奥さんの前に投げたら、奥さんも知らぬ顔してね。田中角栄さんだから、私も、お焼香しようとしていたけれどもあとに戻って。だけれども、二人とも一言も、何も言わない、ただ頭を下げただけで。あの茶封筒から見たら相当な気配りした話なんでしょうけれども、ああそうか、政治の世界ってこんなもんかと思ったけれどもね。

そんな光景はそのとき限りだけれども、何か随分いろいろなところに行きましたな。中野四郎さんでもみんな、亡くなったら真っ先に秘書課長が役目みたいにして行っていたね。どういう意味なのかな、あれ。

牧原　総長時代は既にそういった慣行はなかったとおっしゃいましたよね。そうすると、やはり総長みずから弔問に行って、それで……

谷　総長の弔問は直ぐにではない。秘書課長の場合は、何かそういうしきたりだといって行っていたんじゃないのかな。お亡くなりになると、勲章の伝達があるんだよね。でも高名な人はもう勲章をもらっているけれども、位記というのがあるんだ、こんな小さな紙で、三位に叙するとかなんとかと書いてあって。事務局は勅使の役を命じられるんですよ。

牧原　宮内庁ではなくて……

谷　都内に在住の人は宮内庁から行くんですよ。ところが、地方の人になると、勲章をもらっていない人は、叙位叙勲、勅使役をやらされて持っていかなきゃいかぬ。ただ、東京都内で御高名な議員は、叙位だけは宮内庁から侍従が行くのかな。そういう人はもう勲章をもらっているからね。これは庶務部で扱うんだけれどもね。大体、庶務部長になるとそういう役柄がふえてくるんだ。だから、秘書課長はその前に香典を持って行っていたな。

◆ハードワークだった点呼

谷 そんなものですけれども、運営といったら、秘書課長は本会議で点呼簿を読まなきゃいかぬ、点呼。あの当時ひどかったのは、よほど混乱して徹夜国会が続くときはほかの人に割り振るけれども、あとは全部秘書課長が読んでいたな。特別国会の始まりなんていうと、議長、副議長、総理大臣と選挙が続けて三回もあるんだよ。それも全部秘書課長。今はみんな一人ずつやっているけれども、私らの頃は秘書課長が読むのが当然だみたいに読まされていたよ。だから、本会議で記名投票があるときは、下にちょっと小さな別室があって、そこへ行ってこそっとあの台帳を読んでいました、練習していましたよ。あれは結構厚いんですよ、二ページ一緒にめくらないようにめくったら飛ばしちゃうから。だから、必ず注意して練習して。

心して読んでいるけれども、中には、「おれの名前が呼ばれてない」なんといって上がってくるのがいるんですよ、選挙でも記名投票でも。大体そういうのはチェックしているから分かるんだけれども、あのときだけは、ばかちんが（笑）、余り大ごとで報告もできなかったんだ、細川内閣のとき。

赤坂 点呼を飛ばした有名な事件ですね(7)。

谷 飛ばしたの。それで、議員から言われておいおいといって。それで確認したら、飛ばしてますと。どうしていいか分からぬものだから、何も言ってこなかった。少なくとも本会議があるときの点呼はやはりね。もめるときは、それを口実に何されるか分からぬから。だから、強行採決した法案なんかの後の点呼といったら、議場内がわあわあ騒いでいるから、これはやはり秘書課長としては一大仕事ですよ。

◆福田議長のこと

谷　それで、福田議長の思い出といったら、ウェザリルさん(8)という英国の議長が来たことがあるんだよ。英国訪問したときに、ロンドン郊外の、あれは私らもよくゴルフに行っていたところの、セルスドンといったかな、そこらの選挙区の人で、そこに連れていってもらって、どこかそこらのマナーハウスか何かに泊めてもらったんじゃないのかな。それで、御夫妻でお見えになったとき、福井に御案内したことがあります。議長と、渉外の人と秘書官と私と三人ぐらいがお供して。旅館の下にカラオケバーみたいなのがあって、イギリスの議長御夫妻と我々と歌を歌って騒いだことがあります。それから、あの人は大変頭脳が明晰な人で、いいかげんなことは嫌いな人なんだ。碁が強かったからね。だから、レセプションの席のことなんか説明するときに、「きょうは何人来るのかね」と言うから、私はいい加減だから、「三〇人ぐらいじゃないでしょうかね」なんて言ったら、「君、一テーブルに九人で三つじゃ、三、九、二七で二七名じゃないか」なんて。そういう感じの人だった。

だけれども、当時は、今はそんなことはできないんだろうけれども、海外旅行に行くときは、まあ私がそういうやり方をしていたのかな、私が賄いますから全部お金をお預かりしますと。野党の議員とかのも、私が経理しますからといって全部預かっていた。航空賃は自分で払わなければならないから別だけれども。だけれども、実際は議長がホテル代とか面倒見るんですよ。だから、それはちゃんと計算して、これだけお金下さいと言ったら、あの人も快く、どこからか来たのか知らぬけれども、引き出しをあけて、はいこれといってね。我々も役人だから、途中で足りなくなったら困るから大体掛け値で計算している。だけれども、ちゃんと精算して、これだけ余りましたと。そういう点をきちんとしておけば、あの人は大変いい人だったけれどもね。

ただ、寝たふり解散の前に、中曽根さんのロッキード解散というのがあった。ロッキード解散というのは二つぐらいあるのかな、中曽根さんが最初に総理になったときの解散はたしかロッキード解散というんだよな。それで、中曽根さんは解散したくないんだよ。野党がわあわあ解散をしろ解散をしろというのに、中曽根さんはまだ延ばそう延ばそうと言ったんだけれども、一か月以上国会が空転していたから、議長が中曽根さんと会談して、要するに議長斡旋。その議長斡旋の中身で今でも覚えているのは、中曽根さんと会談して、解散するというのを私が感得しましたと。珍しい言葉だなと思ったら、この前、正岡子規の本を読んでいたらちゃんと出てくるから、別にそう珍しい言葉じゃなかったのかな、私が知らなかっただけで。それと政治倫理の確立かな、何かそういうのが斡旋の中身だったと思うけれども。それで選挙したら、選挙結果が思わしくなかった。保革伯仲に逆戻りした。

◆福永議長 ―― ＩＰＵと闘病と

谷　その次になったのが福永さんなんだよ。福永さんはＩＰＵの幹部で、私もよく、よくということもないけれども、ＩＰＵをロンドンでお世話したこともあるし、いろいろ怒られたこともある。それからずっと体を悪くしていたんだけれども、衆参同日選挙の後ぐらいのときは元気になったんだよね、それで議長になったんだけれども。最初の頃は大変元気だったんですよ。だけれども、だんだんおかしくなって。議長になって間もなくかな、麻生〔太郎〕さん(9)の妹が三笠宮さんのお妃になった〔三笠宮信子妃殿下〕。それで、結婚のお祝いの話をどこかで中曽根さんとしたらしいんだよ。それで、官邸長が「お祝いを用意しましたから今から議長にごらんに入れるために持っていきますから」というんだよ。それで、秘書課長だから話を取り次いで、議長室に入って、「かくかくの次第で今お持ちするからごらんになって頂きたいと申しています」と言ったら、烈火のごとく怒られた。「下がれ」なんてさ。何かよく分からぬから、とにかく話は最後まで聞いてくださいなんてね。

あの人はそういうところがあるんだよ。要は格式みたいな話。要するに、中曽根さんとおれとじかに話をして取り決めた話だから、当然、中曽根君がおれのところに電話してくる話だろう、こういう話なんだよ。何でお前ごときがおれのところにそんな話を取り次ぐんだというような。それは、言われてみたらああそうかと。ロンドンでもそうなんだよ。森大使は余り人をはべらせなくて、たまたま飯を食って終わってコーヒーを飲んでいるときに、福永さんは公職選挙の委員長か何かしていたんだ、イギリスも何か選挙区の改正かなんかして、どうのこうのという話になった。ただ、説明する人が誰もいない、しようがないから私が説明していたら、またえらい怒ってね。要するに、おまえは衆議院の職員だろう、説明するようなときはちゃんとしかるべき専門官が来て説明しろというような感じなんだよ。そこらの雑談の雰囲気の中でやったんだが、この人はそういうところがあった人だったな。面白い人で、若いときから吉田茂が幹事長にしようとしたぐらいの人だから、機転のきく人だったけれども、そういう話があった。

それからしばらくしたら、あの小沢一郎議運委員長、金丸信幹事長のもとで、議長をかえろみたいな話になってさ。確かに少しよろよろし出したんだね。開会式ができないような議長はかえろという話になった(10)。それで、主治医を呼んでいろいろやったり、練習もしたり。当時は、今と違って一三ぐらい階段があったんだ。後に段を短くしたりしたけれども。どういう政治の思惑があったのか知らぬけれども、とにかく議長をかえろという話。弥富さんも随分苦労したけれどもね。確かに、もう大分弱って、公邸の居住棟で仕事していたけど二階に上がる元気がなかったから、ちょっと開会式なんかも難しいといえば難しい。そのときの背景は何があったかよく分からぬ。

ただ、宮澤〔喜一〕さん(11)が公邸に説得に来たんだよ。そのときに、瓦さんという、もうおやめになったけれども、当時、議長公邸は裏から入る道があったんだよ、それをちょうちん下げて、記者をまいて、案内して宮澤さんが来て福永さんに会って、事情を聞いて。それで、宮澤さんが公邸を出るときに金丸さんに電話しているのを横で聞いたんだよ。そうしたら、説得に失敗したみたいな返事を金丸さんにしていたんだよ。だから、まだやるという話で頑張ったのかなと思ってたら、息子が政務秘書していたから聞いてみたら「おやじはちゃんと伝えたよ」と言うんだよ。だから、それから先は政治家の話だから、そういうあれを金丸さんに返答したのかもしれぬし、何かよく分からぬ。分からぬけれども、何だったんだろうなという思いはあるね。何か無理やり引きずりおろしたみたいなね。ただ、その前に、二年間ぐらい、事実上ずっと闘病していたから、ちょっと議長職を務めるのは無理だったのかもしれぬ。

外国の要人で、ソ連の最高会議の議長が来たんですよ。アフガンの侵攻以来初めて、正常化しようというので。最初にこっちに来てもらったの。というのは、アフガンの侵攻があったから、招いていたのを延期したから。それで来てもらったのね。そのときソ連課長をしていたのが今の東宮大夫〔野村一成氏〕。彼はロンドンで一緒にいたから親しいんだけれども。そうしたら、クナーエフが、外交儀礼の席にしては珍しく、北方領土とかいろいろ、何かアフガンのときに呼ばれなかった腹いせみたいにわあわあ言い出したんだよ。そうしたら、野村一成さんが、そんなこと言われたら反論しなきゃといって。だけれども、反論しなきゃといったって、私らが外交政策を書けるわけないから、まあまあとなったけれども。普通だったら福永さんが、あれぐらいの人だから適当に言えるんだけれども、そういう気力もなかったんだね。

お返しのレセプションでソ連大使館に呼ばれたときも、私ちょっと遅れて行ったら、渉外部長が、「福永さんが挨拶文を書いてくれと言っている」というんだ。渉外部長が書けばいいんだよ。そうしたら、「いや、秘書課長が書くものだと決まっているから、あなたが来るのを待っていた」と。時間があと五分もないのに書けるわけないわね。途中まで書いてさ。それで、福永さんが横に来て、おいおい、おいおいと言うわけだよ、おれは自分でしゃべれるんだと。自分でしゃべれるんだといったってもうね。書きかけを渡したけれども、やはりもうちゃんと挨拶できなかったね。だから、そういう意味じゃ、仕方がなかった、体が弱っていたんだと思うけれどもね。

◆坂田議長 ── 靖国懇の余波

谷 その後に坂田〔道太〕さん。坂田さんのときの思い出といえば、一番は例の靖国神社だよ。あれは、中曽根さんが、戦後政治の総決算だといって意気込んで最初参拝して、わあわあ言われたら、今度は政府で靖国問題懇談会(12)みたいなのを作ったんだよ。藤波〔孝生〕さん(13)が座長になって、知野さんも委員に入ったんだよね。それで、一年ぐらい経って、〔靖国参拝を〕こういうことでやりましょうといって決まったんだよ。そうしたら、たしか藤波さんも一秘書課長の私のところまで来たと思うんだよ、議長を参拝させろといって。それで、右翼が議長公邸のところにわあわあ来ていた。わあわあといったって街宣車じゃないんだよ。何人かの有名な右翼が議長のところでわあわあやった。

その過程で議長から、ちょっと衛視を派遣して警備を強化してくれないかと言われて、分かりましたと。そうしたら、事務局だから心安く引き受けてくれるものだろうと思ったら、けんもほろろに断られてさ。まあ、理屈を言えば、あそこは議長警察権の範囲外だから。会館だって範囲外だけれども、会館はちゃんと入り口で務めているじゃないか、議長のパーティーのときは私服を着て来るじゃないかと。だけれども、秘書課長の抗弁は聞いてくれなくて、けんもほろろに断られたんだよ。

しようがないから、公邸長がミスター・ネイビーと言われた増岡さんという人で、二人で、お互い自前で麹町警察署の幹部を築地の料亭に呼んで、済まぬけれども警備をふやしてくれと。そういう思い出があるから、おまえらふざけんなと、在職中、私は意外と警務には冷たかったんだ。あそこは公安職をもらっているからね。公安職というのは、どこの職場でも大なり小なりみんな殉職者が出ているんだよ。出ろと言うわけじゃないけれども、やはりみんな生命を賭して仕事をしているんですよ。何かあると逃げ回るようじゃどうしようもないと思って、冷たかったの。そういう思い出がある。当時の部長の意向があったのかは知らぬけれども、大体、議長がたのむといって、議長警察権を持っている人がお願いしていることを、けんもほろろに断ったから。

それで、中曽根さんの話。私ら、総長になるまではずっと議場の後ろで歴代総理を見るでしょう。あの人は、本当に答弁に赤鉛筆で自分で手を入れていた。それで、なくなったら後ろを向いて、鉛筆を下さいというような感じで。やはりそれだけの意気込みで総理になったんだと思う。役人の書いた原稿をそのまま読むような人じゃなかったな。私、あれだけは印象に残っているな。それは大変感服していますけれども、あの靖国神社をあれだけして詣ったら、何でやめたのかとの思いがある。

◆　定数是正と同日選挙

谷　それから、定数是正。今、話題になっているんだけれども、あれはあのとき初めて、違憲判決が出たんだよ、まあ選挙のやり直しとは言わないけれども。その最高裁の判決は秘書課に送られてくるんですよ。それで、定数是正がもう待ったなしになっちゃった。議長も督励して議会制度協議会などでいろいろ協議したけれど、寝たふり解散まで行っちゃうんだ。その次の選挙ですね。

中澤　そうですね。昭和六一年、一九八六年に衆議院解散で、その七月に衆参同日選挙だったんですね。

谷　そう。あれは、定数是正をするので、どっちの区割りを使ってやるかというのは、どこの国でも政治的な駆け引きがあるからね。直ぐに是正にとりかかっても、結論が出るまで一年位かかった。今、忘れちゃったけれども、結果的には八増七減、一議席か何か増えたんじゃないかな。八増七減か何かになったと思ったよね。それで、いよいよ同日選挙のムードになってきたんだよ。

だけれども、周知期間というのを設けることになった。表に出ていないけれども、その周知期間の三〇日というのは、事実上、弥富さんのところでアイデアを出したんだと思うよ。要するに、参議院の同日選挙の日と逆算して三〇日と。あのミソは当日起算だったんだよ、公布の日から数えて何とかという。それで、寝たふりになっているけれども、あのとき、議長のところに各党が集まったとき、今でも覚えているよ、ある党なんかは、「これは当日からですね」とちゃんと念を押したんだから。だからみんなもう承知していたんだよ。党内に説明がつかないから表では知らなかったということになっているけれども、要路の人は知っていたんだと思うよ、同日選挙でさ。周知期間があるから事実上同日選挙は消えたみたいな話になって、それが寝たふり解散になっちゃうんだけれども。

あんなのはやったことはなかったんだよ。召集日に何の議事も開かないで、いきなりみんながサロン〔議長応接室〕に集まって解散詔書を読んで解散になったのは、あれが初めてじゃないかな(14)。それまでは、多少とも院の構成とかなんかをやって、うそでもいいから会期を決めてとか、何かちょこっと議事に入って解散していたと思うんだよ。所信表明に入る冒頭にするとか何かあったけれども、あれは何にもしないうちに、召集日に、それこそ午前一〇時に参集するというのと同じで、一〇時になったらそのまま数人の代表者が議長サロンに集まって解散詔書を読んだというような感じじゃないかな。

灘尾さんのときにも一遍。あれはしようがないんだよ、大平内閣の不信任案可決のときの解散は。もう本会議は開けないからサロンでやったんだけれども。

◆原議長のこと

谷　坂田さんのときにそんなのがあって、その次の議長が原健三郎さん(15)。これは何といっても売上税の話ですよ。売上税はその前に片づいていたんだけれども、その年の予算がなかなか通らないんだよ。それで、自民党は昔に返って、それまでは、前尾さん以来ずっと議長にそんな雰囲気は出なかったんだけれども、原さんはとかくいろいろあった人だから、何か自民党の国対も、強行採決をやらせて議長が責任をとってという感じになっちゃったんだよ。我々秘書課長の立場からいえば、それはやはり、せっかく今まで続いた伝統だから議長がそんなことでやめてもらっちゃ困るみたいな感じで言うわね。原さんも、おれはやめへんでと言ってさ。弥富さんも辛かったんだよ。自民党に信頼されて親しいから、要路の人からわあわあ言われたら、そんなことはできませんなんてなかなか言えないじゃない。そうかといって、事務総長が議長に、あなた、責任をとってやめなさいなんて言えるわけないじゃない。だから、辛かったと思うよ。

結局、竹下さんが内閣を投げ出すことになっちゃって、この予算が通ったらおれはやめると。あれはもう予算が五月に入っていたからね。それでも原さんは、それが片づいて、竹下さんがそういうことを言って通った後は、多賀谷〔真稔〕さんが副議長で、多賀谷さんは先に辞表を出したのかな、二人でもうやめるということになってやめたんだけれども(16)、あの方は面白い人でね。

それと、中国に呼ばれたんだよね。ところが、周りの越智〔伊平〕さん(17)が委員長で、なったばかりで心配して、行かせないんだよ。それがまた手の込んだことで、行くということにして、議運の委員長以下一行が全部ついていくことになって、私らはお先に行っていて、フィリピンか、シンガポールに来たら、議長は体のぐあいが悪くて行きませんという話になっちゃった。そのときには、議運の理事で糸山英太郎さん(18)がついてきていた。笹川さんとかいろいろな人が中国に行っても、国会からの正式な招待で行けば待遇が違うでしょう。だから期待して喜んでついてきたら行かなくなったものだから、「おまえらは知っていておれをだました」ということになって。まあ薄々は気づいておったけれどもね。

それで、六三年かな、今度、原さんだけで、緒方さんが次長で、私とがついて、天安門にはまだ自転車ばかりが走っている六三年に行きましたよ。釣魚台に泊まって歓待してくれた。万里の長城、今行ったら一時間で行けるところを、当時は砂塵もうもうのところを走って一日がかりで行っていましたね。そんな思い出がある。

あれだけざっくばらんな人だけれども、さすがに戦後の最初の選挙から当選しただけの気骨はありましたよね。渡り鳥シリーズの脚本家。私ら学生時代、小林旭と何とかさんが出る渡り鳥シリーズ(19)というのがあったんだよ。あれをしょっちゅう見ていましたけれども、まさかその人にお仕えしようとは思わなかった。そっちの方じゃ有名だから、亡くなったときに、あの小林旭が弔詞のかわりに北帰行を朗々と歌いましたよ。

議長には、何をさせておいても来る芸人がいる人が多いよ。伊藤宗一郎さん(20)が北島三郎。今考えたら怒られるけれども、公邸にカラオケの機械があったから、北島三郎と山本譲二を呼んで、北島三郎と山本譲二が歌を歌って宴会したことがあるよ。原さんが小林旭だよな。櫻内〔義雄〕さんは宝塚(21)。

秘書課であったのはそんなことかな。さっき言ったように、心得としては、公のときに国会内で議論のあることは余り表に出さない。そういう面では、村山内閣になったときに、ちょっと社会党も方針が変わったんだけれども、土井さんなんかも、やはり議長の立場としては、日本の植民地支配の謝罪みたいな文言は言いたいわけだよね。だけれども、そういう事情からいえば、私らはそういうことにはさわらない方がいいですという立場なんだよ。それと、議長としては全方位外交、当時はそうだったと思う。だから、私も、表敬訪問を受ける場合、国交がないとかあるとか、東側の国でも、心得としてはどこの国とも仲よくするというスタンスでした。

それと、原爆〔＝広島平和記念式典〕があった。原爆は、灘尾さんのころまで議長も行かなかった。もちろん政府も、厚生大臣も行かなかったんじゃないのかな。というのは、共産系と社会党系で割れていたんだよ。ところが、灘尾さんはたまたま地元だから、いつも行っているのに議長になったから行きませんというのはいかぬというので初めて出たんですよ。それで、荒木〔武〕さん[22]というのが、民社系の市長さんで、有難うございますといって。それから、私が秘書課長になったとき、あの人、御丁寧に秘書課長のところまでお礼に来たことがある。それは、福田さんか誰かのときにも行ってもらったんだと思うんだよ。そのときはもう世論も何となくね。灘尾さんのときはまだ、共産党系の街宣車がうろうろ回ったり右翼のが回ったりするような雰囲気がありましたけれども、もう落ちついていたんじゃないかな。

それで、議長に広島行ってもらうから、副議長には長崎に行ってもらうことにして。そうしたら、そのうち内閣総理大臣もね。今はもうごく当たり前のように行くようになりましたからね。だから、そのころはそんな雰囲気だったんだけれども、当時ようやっと行くようになったんじゃないかな。

◆給与制度の変更

中澤　ところで、秘書課長時代、昭和六〇年一二月に給与制度の変更がありました。その前後で、給与システムの変化について何か思い出などございますか。

谷　あれは私もよく知らないな。ただ、今まで、数字の若い方へ上がるほど等級が上になっていったのが、逆になったんだよね。だから、全く逆になったのと、何か特別なことがあったかな、実態的にはそんなに変わらなかったと思うんだよね。ただ、主幹制度とか女性職員の専門員制度とか、ああいうのはそのときにできたのかもしれないけれども、ちょっとそれは私も記憶がない。

中澤　昭和六〇年ですから、男女雇用機会均等法などもちょうど改正されたころですね。

谷　それだけじゃないんだけれども、うちの場合は女性職員が結構多いものだから、今おっしゃったような時代の傾向が出てきて、昔は、お嫁に行くまでの行儀見習いみたいな雰囲気があったかと思うけれども、だんだん女性も仕事を本当にやっていく時代になってきたから、そういう意味で、古い人なんかも結構、ここは支店があるわけじゃないから、結婚しても勤められるし、結婚しない人も年をとるまでいると、公務員というのは俸給表で給与を格付しているから、定期昇給だってちゃんと一号ずつ上がっていくわけだよね。そうすると、ある号数に来ると当然一級上に昇格しなきゃいかぬ。昇格すると、係長ぐらいまではいいんだけれども、それから先になると、管理職を想定した人事になってくるとなかなか難しくなってきちゃう。

だけれども、特に衆議院の場合は、私らの若いころは、戦後たくさん若い人が入ったから頭でっかちだった[23]。これもまた、一応、基準で定めたら、例えば五等級だったら、五等級の八かそこらになったら六等級に渡るとかいうようになったんだけれども、私らの若いときは、係長になるのに、やはり一五号か一六号まで待たないと上があかないような、それは定数が決まっているから。それで、人事課長の大きな仕事の一つは、定数の枠を、例えば五等級の枠でしたら、幾つ増やしてもらってくるかというのが人事課長の予算要求の大事な仕事なのね。そのついでに管理職の数、課長の数を増やす。何々課、何々課というのがある程度増えても、そうめったやたらに増やせないから、では、その分、「主幹何人でどうだ」とかいう話になって主幹制度はできたんだと思うんですね。

とにかく、何をしても管理職にしないと、ずっと頭打ちのままで、どうしても不満がたまってくるから、管理職のポストをもらってそこに上げていかなきゃいかぬ。だけれども、係長なんというのは、そんなに係をめったやたらに二倍も三倍もふやせるわけないし、一応肩書をつけなきゃいかぬから、第一係長、第二係長なんていったって、八係長までつくるわけにはいかぬから、もっともらしくね。それはいろいろ難しいところがありました。

赤坂　管理職になるのは課長からですか。

谷　課長から管理職。ただし、主幹も管理職として扱いました。

赤坂　課長にするにはちょっと難しいという場合に主幹制度というのを使うんですね。

谷　衆議院なんかは、そういう点では行政庁に比べたら割にもらえたと思うんです。各省だったら、九州だとか何とか農政局とか、何とか局とかいっぱいあるから地方にやれるけれども、衆議院はここだけだから。そうすると、同期で入って、目に見えて能力が違うなんということはめったにないわけだから、同期の何人かを課長にしたら、処遇面で、いつまでも「お前はここだ」というわけにはいかない。やはりそういう面では、逆に、全国に組織を持っていないだけ、そういう辛さというのはありました。

赤坂　主幹というのは、現在、衆議院事務局に何名ぐらいおられるのですか。

谷　忘れちゃったけれども、相当いますよ。難しいのは、主幹でもいろいろあって、委員部の課にある主幹とか、調査室には次席調査員というのがいるから、あれもいわゆる主幹クラスにしているんじゃないかな。調査室には、いわゆる専門員と、その次は主任調査員といったのかな、その下に何かあるはずですよ。いまは首席調査員と次席調査員か何か、電話帳を見ればわかるんだけれども。専門員の下に昔から主任調査員というのはいたんだ。その下にまた、いわゆる主幹みたいな、何とか調査員というのがいると思いますよ。

だから、パーキンソンの法則じゃないけれども、組織というのは必ずね。特に公務員の場合は、いい悪いとかいろいろあるけれども、要するに、そういう形じゃないと月給を上げていけないんだよね。そうすると、変な話、モラールを高める意味においても、ただ市場原理みたいな思想で役所の仕事ができるかといったら、できないところがあるからね。これが難しいというのは、企業だったら、例えば業績が目に見えてわかるし、失敗すれば会社に何億損をかけたとか、見えるような評価があるけれども、まして、うちの場合は議員にサービスするのが基本的な性格の職場だから。そうすると、中には、日ごろ職員の前では余り仕事をしていないといったって議員から信頼されているとか、そういうことだってあるわけだから、これまたいろいろ難しい。

赤坂　給与システムの変更自体は、独自の意義が多少あったのかもしれません。他省庁も一緒にやったんですね。

谷　公務員全部、変わったんだと思うよ。六十年といったら、私がまだ秘書課長のころだね。

Ⅱ

◆衆議院議長の内奏と皇室行事

赤坂　議長秘書と秘書課長の時代を通じて、議長のお近くにおられて、議長が内奏するという機会があったかと思うんですけれども、そのときの文章というのは秘書課長が作成するのでしょうか。

谷　その点は、内奏の文章は、事実上は審議の内容なんだよね。それから、いろいろ国の中に大きな災害とかがあって国会の中でこうしたとかああしたとか。例えば、日中何とか国交とか大きな決議をするときがありますね、そういうこととか。あとは、主要な法案の審議経過。だから、それは秘書課長のところでは作らない。秘書課長のところで読むぐらいのことはしていたかもしれぬけれども、奏上経過の中身は、実際の原稿は議事課で作っていた。

赤坂　天皇に内奏する機会というのは、議会が閉会になった翌日か翌々日に行きますね。議長が行くのはあのときだけなんでしょうか。

谷　国会が終わったら、まずそれで行きます。あとは、大きな表敬の行事、宮中行事、それから皇室会議とか皇室経済会議があるときがあるんですよ。皇室会議というのは天皇及び宮家の婚姻にかかわることが主で、皇室経済会議の方はいわゆる宮内庁予算にかかわることで、特別なことがあると総理大臣以下皇室会議のメンバーが呼ばれるんですね。内奏のときは秘書課長も行っていたのかな。

赤坂　その際には、議長秘書と秘書課長と二人で行かれていたのでしょうか。

谷　国会の経過の奏上のときは二人で行っていた。それと、行事は大方は記帳なんですよ。要するに、下され物をしたとか。それはいろいろあるんだけれども、陛下が盆暮れに、下世話に言うと、お歳暮、お中元みたいな気を使うものとか、そういうものの御礼は全部記帳ですよ。それから、外国を訪問して帰ったとか、いわゆる天皇の公式行事とか、国会にかかわることですけれども、いろいろな議長の行事があったときのは大方記帳で済むんだよね。

ただ、私が記憶があるのは、福永健司さんが議長をおやめになるときに、たしか足が悪くて行けないんだよ。それで、「秘書課長、おまえがかわりに退任のあいさつに行ってこい」と。天皇皇后から、あの当時、高松宮家とかまだいっぱい宮家があって、退任のごあいさつで記帳するんだけれども、普通は、退任ごあいさつって、「衆議院議長何のたれ兵衛」だけでいいわけですよ。ところが、代理となると更に、「衆議院事務局何とか秘書課長何のたれ兵衛」と書かなきゃいかぬ。

天皇皇后のところの記帳というのは宮内庁で大勢来られるからいいんだけれども、こんな話を言ったら御無礼な話だけれども、宮家はめったにそういう記帳に来る人がいないから、筆はかちかちでさ。弘法は筆を選ばぬというけれども、私らは弘法じゃないから筆を選ばなきゃ、書いた字を見たら、二目と見られぬような字。それから何回か記帳に遣わされたことはあるけれども、習字をやっておけばよかったというのはしみじみ思いますね。

赤坂　議会の審議経過を報告する際は、それは記帳ではなくて実際に……。

谷　それは宮殿でやるんですけれども、我々はその間お茶をごちそうになって、別室で控えて待っているだけです。

中澤　その中身といいますか、そこでどういう話がされているかというのは、秘書課長にも明らかにならないんですか。

谷　議長秘書は帰りは議長と一緒に車に乗っているから、人によっては、「こういうことだったよ」ぐらいの話はすることはあるかもしれぬけれども、心得として、それは要するに外に言ってはならぬ話であるから。中には、ああ言ったこう言ったという話があるけれども、それは心得としては間違っていると思いますよ。まず、議長がそんなことをしゃべることさえ、それは、しゃべったとしても、二人の信頼関係でしゃべっているんでしょうから、それを外に漏らすというのは、やはり心得違いという感じがする。

赤坂　そういう事件もありましたね。今は思い出せないんですが、だれか漏らしたという事件がありました[24]。

谷　余りそういうことは軽々にね。中には、御心配しているような感じだけれども、かえって、昔風に言えば御宸襟を悩ますようなことになることだってあるわけだよ。

私の経験で、議長秘書のころ、昭和天皇がちょっと絨毯につまずいたんですよ。そうしたら、古い議員がそれを見て、「大変だ、全部じゅうたんを敷きかえろ」とか。だけれども、灘尾さんなんかは、「いやいや、そんなことは陛下といえどもあるじゃないの、だから、そういうのはそっと」と。だって、陛下にかえって御無礼な話になっちゃうじゃないの。ちゃんと歩けなかったということになっちゃうからさ。何か、日本人の社会では、多少そういうことがあるんだよな。気を使っているつもりだけれども、かえっておかしなことになる。

◆衆議院と宮内庁

赤坂　内奏に際して宮内庁と事務レベルで折衝をされるかと思うんですけれども、そのカウンターパートは誰になりますか。

谷　それは主として秘書課。議長秘書もあるけれども、宮内庁との行事の関係は秘書課。年に一回は賜茶というのがあるんですよ。国会役員は、議長、副議長から常任委員長、特別委員長、事務総長まで含めて、いわゆるお茶どきに、三時ごろに天皇陛下からお茶をいただく。それが年に一回あるんですけれども、そういうのも全部秘書課を通じてやります。

　これは、しきたりとして面白いのは、こちらからお願いしてそういう行事をするのは秘書課の職員がお手伝いに行くんですよ。天皇家から皆さんに、お世話になりますというような感じのときは向こうで全部一切やってくださるとか、そういうしきたりですよ。だから、皇室会議と皇室経済会議のとき、私ら議長秘書なんかは別の部屋で待機するんですね。そうすると、皇室経済会議のときは、昔はちゃんとたばこか何かも下されていましたね。皇室会議のときは、それこそお茶とケーキぐらいで。ちょっとそういう気の使い方の違いはあったんじゃないかな。

赤坂　下世話な話ですが、そのたばこは、例えば菊のマークとかが……。

谷　昔の本当の恩賜のたばこです。

赤坂　恩賜のたばことというのはどういうものなんですか。

谷　二つあるんだよ。宮殿に行くと、控え室なんかに置いてあるたばこは、葉っぱがついた菊の花の模様がついているんだけれども、本当の恩賜のたばことというのは、天皇家のマークがついたたばこ。それがピースの缶に入っている。もう今はたばこは禁止だから(25)、そういうのもなくなったでしょう。私らの頃はまだ、カモ猟(26)なんかに呼ばれても、葉巻とかたばこを出していただいて、中にはわしづかみにして持って帰る人だっていたけれども。

赤坂　机の上に積んであるわけですか。

谷　どうぞどうぞと言われたらね。まだそういうことだったけれども、今はどうなのかね。こういう御時世になったからね。

赤坂　例えば、今から内奏に行くという交渉をする際、秘書課と、宮内庁のどの部局とが折衝されるんですか。

谷　宮内庁総務課です。ただ、開会式は秘書課じゃなくて、開会式の所管は庶務部の文書課でやっていましたから、開会式は別です。

赤坂　先方は同じですか。

谷　大体、宮内庁総務課で全部するんじゃないかな。それと、議長が退任されると、全部だったかどうかは記憶ないんだけれども、退任された議長に銀杯を御下賜くださるんですよ。それを頂きに行くのは秘書課長の役目なんだよね。秘書課長で何回か行きました。宮内庁の総務課長からもらうんだけれども、知らぬ仲じゃないから、二人で世間話をしながら、総務課長が突然、「では始めますか」なんて言って別室に行って、やおらかしこまって、「天皇陛下におかれましては」なんて言ったら、私らも、「ははー」なんてさ。あの方たちは、そういうのはちゃんと心得ているから、場所が変わったら、突然、勅使役みたいになって、こちらは受ける側になる。

それと、事務局の仕事の中で一つ、慶弔の弔。議員が亡くなると、勲章をもらわれた方は、位記、先にお話しした紙を伝達に持っていかなきゃいけない。大体、永年表彰を受けられて大臣も何回もやられた都内の方には宮内庁から侍従が直接に行くんだけれども、地方の人は、庶務部というか、私の頃から、事務総長ばかりじゃなくて庶務部長とかほかの部長にも行ってもらっていましたけれども、本当に経歴の赫々たる人には事務総長が行ったりね。これは勅使役で行くんですよ。勲章を持っていったり位記の伝達に行ったり、何回か行きました。

これも難しいのは、地方では、浅野内匠頭じゃないけれども、勅使下向の何とかというぐらいの感じで、テレビカメラが待って県会議員さんなんかが御先導して。だから、終わったら即その場で立ち退かないと、腹減ったから、終わりましたからといって、その近くで飯なんか食っているると、勅使がうどん食っているなんていう話になりかねないからね。もし食事するなら隣の町とか、着がえてね。それはまた事務局の一つの仕事で、めったにない、いい経験ですからね。

赤坂　先ほどのお話ですと、議長は、任命のときは直接されるんですけれども、やめるときは退任の挨拶に行って、直接はお会いにはならないんですか。

谷　ならないですよ。退任挨拶といったって記帳ですよ。

赤坂　それで、別の日に銀杯をもらう。

谷　それは、天皇の方から重任御苦労ということで頂くんでしょうけれども、それも、頂きに上がるのは秘書課長が行っていましたね。

◆副部長の位置づけ

中澤　議事部副部長に就任されましたけれども、副部長というポストの位置づけについて教えて頂けますか。

谷　あれは単純なのよ。さっき言ったように、月給を上げるためには、秘書課長のままでは副部長の月給にできないんだよ。例えば秘書課長何年で、そろそろ指定職にしなきゃならぬという月給になると、秘書課長じゃ指定職にできないんだ。だから副部長ということになって指定職にして、そうすると、秘書課長はどこの副部長だという話になると、議事部の副部長にということにして[27]。

赤坂　実際のお仕事内容は…。

谷　仕事は、別に議事部とかは何も関係ない。ただ、仕事で言えば、秘書課長でも議事部兼務という辞令をもらう。なぜかというと、本会議で点呼しなきゃいかぬから。昔は、全部秘書課長が点呼していたよね。だから、本会議で一つの役目をもらうから、本会議に出るから、本会議に出る人はみんな議事部兼務の辞令をもらっていましたね。それがちょっと格好つけて副部長になって、いかにも議事部の仕事が本務みたいに見えるけれども、実際は秘書課長です。

赤坂　例えば秘書課長兼務の座る机は議事部にはないんですか。

谷　ないない。本会議だって、みんなは机の前に座るけれども、秘書課長は端っこの机のないところに座っていましたよ。一つは、議長が議場に出入りするときは、秘書課長が先導するというか、議長秘書がやっても別に構わぬけれども、秘書課長の役目だったね。

あれは、有り難いのは、長い本会議だと、逆に秘書課長だけ席を立てて、文句を言う筋合いは何もなかったけれども、そういう仕事はありました。交代するでしょう、終わったらちゃんと議長のところに行って、終わりましたと報告に行っていましたね。何か形式張っているけれども、あれは議長秘書がやったって別にね。それが仕事です。

赤坂　先ほどの副部長の意義からしますと、副部長になった人は全員指定職になるのですか。それとも、指定職にできるということですか。

谷　副部長になると指定職にできるから、副部長というのはそういう意味ではね。指定職も段階があるから、いきなり部長というわけにもいかぬから。そうすると、部長職の指定職に行くまでに、その間を副部長で過ごすとかね。

赤坂　では、指定職にできるということは、しないでもいいわけですけれども、恐らくほとんどの場合は副部長になれば指定職扱いになるんですよね。

谷　まず、五号俸か何かが一番下の指定職かな。部長クラスになると七号か何かね。とにかく、会社みたいに、普通の俸給表で一等級の何号の人がいきなり指定職七号なんというのはないんだ。公務員の社会は階段を上がっていくようになっているわね。

赤坂　指定職になるときというのは、給料がどんと上がるわけですか。

谷　給料ですか。うん、そうだと思ったね。そのかわり超勤、課長も超過勤務手当はないけれども、一号アップみたいな感じじゃない。毎年各省でも定期昇給みたいなのがあるでしょう、ああいう感じじゃない。もっと上がると思いました。

赤坂　もっと上がるけれども、超過勤務手当がない。

谷　もう課長のときからないからね、それはいいんだけれども。

赤坂　退職金が変わるというだけではなくて、実際に大分変わるわけですね。

谷　そうそう。やはり、指定職になるということは、俸給表の世界で見れば、いわゆる昔の殿上人になったような気になるのかもしれぬな。

赤坂　この副部長というのは、先ほど議事部のほかに委員部の副部長という話もございましたけれども、各部にそれぞれ副部長というのが置かれるんですか。

谷　定数はあるんだと思うんだけれども、裏のやりくりというのはあるんだよね。要するに、定数を食うとかなんとかといって、副部長定数が三つしかないのを、課長のポストを一つ食うとかね。そういうやりくりはいろいろしていたと思いますよ。ただ、部長の定数は食うわけにはいかぬから。だから、何かそういうやりくりをするんだよね。

赤坂　必ず副部長ポストがあるというわけではなくて、ですか。

谷　いや、あるんだけれども、例えば予算交渉の中で、暗黙のうちに、何か二つぐらいは副部長の名称を使ってもいいとか、月給もそうしていいとか、一応表に従った定数はあるんだけれども、それを多少色をつけるみたいなね。外務省よりはもっと実利があったのかもしれない。外務省は、任地によっては一等書記官だって公使と称してよろしいとか、実際に公使の月給は出してないと思うけれども。衆議院の場合は、少なくとも、副部長といったら副部長の月給を出していたと思うけどね。

赤坂　実態も伴っているというわけですね。この前少しお話しになりましたが、秘書課長のときにも先生は指定職給が出ていたので、副部長になることの意味はどこにあったのかなと考えていたんですけれども。

谷　いわゆる単なる給与の問題だけでね。

赤坂　でも、先生の場合、この前いただいた〔人事〕記録を見ますと、秘書課長のときにもう指定職給は出ていたんですよね。

谷　そうかね。

赤坂　ええ。半年ぐらい。

谷　そうしたら、副部長にするのに、例えば指定職の六号俸は副部長じゃないといかぬとか何か、ひょっとしたらそういうのがあったのかもしれぬな。昔は、秘書課長からいきなり部長にしたんだと思いますけれどもね。副部長制度なんかができちゃうと、やはりだんだんそういう道を歩むようになったんじゃないですかね。

◆昭和天皇御不例

谷　次に大喪の話。あれは六三年九月十何日かだよね。あれは本当の意味の御不例の趣とは言わないんだろうと思うんだ。御不例の趣というのは、我々庶民の世界で言えば、「御親族をお呼びください」というような御臨終のときに発せられるんだと思うんだけれども、とにかく、重篤な御状況であらせられるみたいな感じで、みんな緊張しましたよね。要は、御不例の趣が発せられたら、宮内庁の秘書課長から三権の長に連絡が行って、三権の長が参集しなきゃいかぬ。そのための電話が来るわけです。それは、衆議院では秘書課長に来るわけ。それで、いつ電話が来るか分からぬから、みんな緊張しまして。携帯電話なんかがあればもっと便利なんだけれども、当時はポケベルしかなくて。あれはまた、地下に潜ったり高いビルの影に行ったら聞こえないんだよね。だから、持たされて、「地下に潜っちゃだめ、高いビルの裏に行っちゃだめ」とか、そんなことで。それで、秘書課員も、男だけ毎晩二人ずつ泊まるんですよ。家に電話がかかるかもしれぬから、我が家にもポケベルの電話番号を張って、子供でもだれでも、かかったらすぐポケベルに電話するようにということにして。とにかく、いつ御崩御されるかが重要な感じでしたから、最初のころは本当に緊張していました。

だけれども、御病状の発表は毎日あるんだけれども、重篤な状態には変わりはないにしても、何かにわかのことがあるというような感じじゃなくて、だんだんだんだん……。最初のころは新聞記者なんかも、秘書課長に電話が来るでしょう、だから、社から命じられているんだけれども、小さなソファーの上にじゃんと座っていて、中には動かないのがいるんですよ、弁当を買ってきてさ。「悪いけれども仕事にならないからのいてくれ」と言うぐらい。要するに、一報がいつ来るか、本当にそういう感じだった。ところが、一〇月になり一一月になり、国会議事堂は、夜になったら人がいなくなるし、暖房も全部切るでしょう。秘書課に簡易ベッドを入れて、電気ストーブ、ああいうのだけじゃ寒くてなかなか暖まらないんですよね。幸い秘書課長は泊まらなくてよかったんだけれども、毎日二人ずつ泊まっていましたよ。当時はまだ土曜日出勤だったの。だから、私も、みんな働いているのに申しわけないからと、いつも土曜日になるとパンとかワインとかを買ってきて。仕事といったって、電話が来るのを待っている。

ただ、もうやめたけれども、松平君という、昭和天皇の侍従か何かをされていた方の息子さんが秘書課にいたんですよ。それで、随分前から彼に内々に資料は集めてもらっていたの。要するに、大正天皇とか明治天皇の大喪記録がちゃんと残っているんですよ。一応、そういう意味では、心づもりと言ってはいかぬけれども、何をするかぐらいの資料を調べていた。だけれども、そんなものは恐れながら表でするわけにいかない話だから。そういうことで、電話が来るのを待っていた。

◆昭和天皇崩御

谷　一月七日に御崩御されるんだよね。本当に、私、そこで下手したら、今ごろはどこかでホームレスか何かやっていますよ。北九州に谷伍平さん(28)という市長がいたのね。市長選挙があった。多賀谷真稔さんが副議長で、土井たか子さんが社会党の委員長だったんだ。一月六日に、委員長が応援に行くので副議長も「市長の応援に行きたい」と言うんだ。あの人、北九州だから、「私も応援に行きたい、行っていいか」と言うの。そしたら議長の原健〔原健三郎〕さんが、あの人も選挙を大事にする人だから、「一月一五日まで淡路島にいる」と言うのね。それで政務秘書を呼んで「私ら秘書課員が寒い中二人ずつ毎日泊まっているのは、ただ議長に連絡する一報を入れるだけで泊まっているんだよ、一五日までいるなんて何を考えているの」と言ってね。それで、「では、いつまでおれるか」と言うから、たまたま多賀谷さんのことがあったから、「では一月六日」と。だけれども、そのときには、総長なんかにも相談しているわけじゃないから、私の一存でやっていた。一生懸命、SPとか何かにも手を回していろいろなところに聞いたら、「いやいや、しばらくはにわかなことはありません」みたいな話だから。

それで、また私らも不謹慎なことで、南麻布に住んでいたから、テレ朝通りに衆議院御用達みたいなスナックがあって、帰り道にそこへ行って、安心して飲んで。夜中に歩いても、そこからだったら家も十分もかからぬところだから、ぷらぷら歩いて帰ったら、有栖川公園のところのマンションに島津貴子さん[29]がお住まいになっていて、そこにもちゃんと各社の車がとまっているから、「ああやっぱり」と。それで、帰ってしばらくしたら、五時ごろに電話がかかってきて、たたき起こされて、「すぐ御参集ください」という話で。そのときに、「議長はどこにいますか」、「淡路島にいます」なんて言ったら、それだけで許されませんよ。そういうことなんです。

◆大喪

谷　それから大喪の準備に入るんだけれども、国会議員も最初は威勢がよかったんだ、「私は最後までお勤めする」と。いわゆる昔で言う殯宮、殯宮祗候[30]というのがあるんですよ。いろいろ儀式の中で最大のね。最初のあれは三権の長が一日勤めるんだけれども、その後は三〇日間ぐらいやりましたよね。正殿松の間に、御遺体の前に一時間ぐらい交代で二四時間祗候するんですよ。祗候の割り振りは宮内庁と秘書課でやる。議員が最初のころは張り切っているから、行く人はいっぱいいるわけですよ。だけれども、夜中だって続くだから、尊崇の念が幾ら篤いといっても、だんだん日が経ってくるとね。

最後の方は、これは宮内庁が気を使ったんでしょうけれども、「お世話してくださった方もどうぞ祗候してください」といって、秘書課の人も夜祗候させてもらったけれども、あれはモーニングを着たり、女性もちゃんとした服装で行かなきゃいかぬ。でも、めったにないことだからね。私は、平野〔貞夫〕氏と二人で昼間行った。隣に、先代の春日野親方、栃錦と若乃花の二人が座っていて、小さな椅子で、おしりが大きいものだから、座ってちょっと動くとぎいぎい音がするんですよ。ところが、しいんとなっているから、ぎいぎいの音でも響いてしまう。それが記憶にありますね。

それで、いよいよ大喪。衆議院は弔詞を。その粗原稿を書くのは秘書課長の役目なんでしょうから、一生懸命書きました。あれは大行天皇というんです。昭和天皇というのは諡号、おくり名なんだ。正式におくり名が来るまでは大行天皇です。だから、「大行天皇にわかに崩御あらせたまいて」とか何とかと、一生懸命書いたのを覚えています。衆議院も、そういうのはちゃんと起草委員会を作るんです。だから、起草委員会が起草する案のまた案みたいなもの。起草委員会で起草して、本会議で弔詞として決議して。弥富〔啓之助〕さんが割にこだわったのは、「全会一致だけれども、こういうのはちゃんと起立総員でやるべきだ」といって、あれは起立で諮っているはずです。起立総員。ただ、大喪の日は、神の御稜威というのがあるとしたら、あれは本当にそうだと思ったよ。二月の何日だったか、とにかく嵐ですよ。寒い。私らは後ろの方だからいいんだけれども、外国の要人とか宮家の方々とか、当時の皇太子、美智子さんなんかは薄いお召し物で。確かに大きな熱風機を置いているけれども、そんなもので間に合うような寒さじゃなくて。我々は後ろの方だけれども、「寒かったら毛布をかぶっておいて結構です」というぐらいすごかった。本当に「何でこんな日にこんな嵐になったんだろう」というぐらい、私も余りそんなあれじゃないけれども、「神の御稜威というのがあるのかな」というぐらいの感じだったね。

中澤 大喪に参列されたのは、衆議院事務局からは秘書課長だけでしょうか。

谷 秘書課長は呼ばれたな。全部長は行ったのかどうか、記憶ないな。ただ、私は大喪の礼は行ったけれども、即位の礼は私らは行かなかったね。後になってからだからね。ただ、あのときに覚えているのは、葱華輦《そうかれん》という、御遺体をみんなで担ぐ、あれは京都の方の八瀬童子(31)が担ぐのがしきたりなんだよね。私もてっきり八瀬童子が担ぐんだと思っていたら、実際は皇宮警察の人が担いで、八瀬童子の人はずっとお供をしてついて回ったという話だけど。八瀬童子といったって、昔はいっぱいいたんだろうけれども、もう年寄りになって、あんなに大きな葱華輦は担げない。ただ、玉石を敷き詰めているから、ざくざくというのは印象に残る音だった。そんなところです。

今考えたら、後に警視総監になった前田健治さん(32)が宮内庁の総務課長で、毎日、お下血何ccとか血圧が幾らとか、テレビで必ず御容態を。我々も真剣に見ていたね。

中澤 情報は、テレビなど一般の報道を通してですか。

谷　むしろテレビで、毎日定例記者会見を前田さんがやっていたね。

◆改元——「昭和」から「平成」へ

赤坂　元号を改めるための腹案づくりというのは、議長は関与しなかったのですか。

谷　連絡はちゃんとあるんですよ。あることになっている。国会の中央にある常任委員長室に衆参両議長二人待機して、要するに、元号が決定するまでは、内閣総理大臣が発表する前に衆参両院議長と協議することになっている。それで、事務総長と秘書課長の私もそこに待機して。緒方さんは心配性だから、というのは、昭和の元号は漏れちゃったんだよね。もともと予定していた元号を毎日新聞か何かに抜かれて漏れちゃったものだから、急遽変更して昭和になっちゃったんだ(33)。だから、もとのはちょっと忘れちゃったけれども、もともと昭和じゃなかったんだ。そういうことがあったものだから、とにかく、どこかマイクが隠されておるかもしれぬからといって、常任委員長室の中を調べてさ。それで待っていて、協議だから、当然発表前に来ると思うじゃないの。電話がかかってきたときは、もう小渕〔恵三〕さんが「平成」とやってテレビに映っている。

赤坂　では、事後的に協議されたわけですか。

谷　事後ということはないけれども、向こうは事前にしたつもりなんだろうけれども、もう小渕さんの方が「平成」という紙を持ってテレビに映っているときに電話がかかってきたの。

赤坂　「平成でいいか」と（笑）。

谷　ああいうのも、一応形式になっているだけだからね。だって、否応あるわけじゃないもの。

赤坂　いわゆる赤プリ会がございましたね。あそこでは議長との間の折衝というのは皆無だったわけですか。そもそも平成にするかどうかという……。

谷　知らないけれども、恐らくそれはしないんじゃないの。昭和の元号のときにそういうようなことがあるから、「漏れたらいかぬ」ということで内閣も意識したんじゃないかね。

中澤　衆議院にも、先ほどの御不例の際と同じように、新聞記者などが詰めていたのでしょうか。
谷　それは完全にロックして、衛視を立てて、だれも部屋をのぞかないようにしていたね。常任委員長室ね。結果としては、それは衆議院議長のところに行ったって遅いよ。そういう状況でございましたよ。しかし、私も初めて知った。あのときは、何とか渡御の儀とか、いろいろな難しいものがいっぱいあって、その都度、議長、副議長とか事務総長が、何かいろいろ行ったんじゃないかな。

◆竹下内閣の頃

中澤　ちょうど元号がかわった頃、竹下登内閣のころの御印象についてはいかがですか。
谷　竹下さんのときは、私は秘書課長だよね。
中澤　そうですね。消費税関係の頃ですよね。
谷　弥富さんと竹下さんは親しかったから。それで、平野氏は消費税のときまではいろいろ裏方で働いたでしょうから[34]。私は、直接その法案には余りかかわっていない。結局、消費税が六三年一二月か。あれは竹下さんの悲願だから。中曽根さんからずっといろいろ引き続いてきて、ようやっとね。それで、できてその次の予算、平成元年の予算が通らないんだよ。村岡兼造さん[35]が国対委員長で、幹事長はだれだったのかな。とにかく、要するに強行して、原さんに責任をとってやめてもらおうという自民党の方針だったんだよ。弥富さんは、そこはまた板挟みになったと思うんだよ。なまじっか自民党というか経世会とかに信頼があるからね[36]。
私らの立場からいえば、保利〔茂〕さんとかの流れからいえば、そんなことはもう、党の方が議長の首で始末するような時代じゃなかったから、ずっと。だから、「それはそんなことではだめですよ」というぐらいのことは言った覚えがあるけれども。原さんは、そんなことを言わなくたって、やはりさすがにあの人は、「おれはやめへんで」と、こういうことになった。だけれども、周辺は議長の首で収拾を図ろうとするわけよ。
ちょうどたまたま村岡さんが公邸に議長の説得に来たんだよ。まだ昔の古い公邸だから。そうしたら、議長が

「やめへんで」と言うものだから、村岡さんは怒って、出るときにドアをばしゃんと閉めたら、その音がえらい壊れるみたいな音で、帰ったことがあるけれどもね。後に弥富さんが総長をやめたときに、村岡さんが、私と二人をごちそうしてくれたの。そのばか話をしていたら、「いやいや、あのときは」なんて笑い話にね。結局、竹下さんが「予算が通ったら、議長じゃなくて自分の方からやめる」と、自分の進退をかけてやることになった。竹下さんとの国会の中の思い出というのは、そんなものだね。

個人的に印象的だったのは、『ディズレイリ』を訳したときに、国会議員に買ってもらわないと大蔵省印刷局も困ってしまうわけだ。二千部ぐらいははかしてもらわないと。竹下さんのところに頼みに行ったら、竹下さんは灘尾さんの出版記念会か何かと思って誤解されたのかもしらぬけれども、「いやいや、灘尾さんの本だったら、誰々が発起人になって私はお茶くみぐらいの役かな」とか何か言われて、「先生、灘尾先生はそんな気はありませんから、もしあれだったら、こういう本があるから読めとぐらいにお勧めしていただければもう十分ですから」とね。それから何回かね。谷福丸さんというのを間違えて、必ず「谷福麿さん、福麿さん」とあの人は言ってくれたよ。灘尾さんの銅像ができたときも、あの人が発起人で広島で祝賀会をやったときにも、何かわざわざお言葉をかけてくれました。

私も記憶があるのは、変な話、私ごときの、まだ事務総長じゃなかったよ、事務次長ぐらいのときかな、必ずドアまで送ってきてくれていましたよ。ああいうのはちょっと、昔の人のきちっとした立ち居振る舞いね。私もまねしようと思うんだけれども、やはり総長室にいて、ドアまで行き着かなかったな。大体、その途中でさよならという。それは瀬島龍三さんも、綿貫〔民輔〕さんのときに調査会の会長になってもらったときに、何度か事務所にお訪ねしたことがありますよ。そうしたら、あの人も必ずエレベーターまで送ってきてくれる。足が悪いのに、結構ですよと言っているのに、「いやいや、事務総長はちゃんとお送りしなきゃ」とね。だから、逆に言うと、戦前の事務総長は偉かったのかな。瀬島さんがまだ若い参謀のころの帝国議会の書記官長といったら、やはり偉かったんでしょうな。そういうのは昔の人はきちっとしているわね。

それと、竹下さんでまだ忘れぬのは、総長になっているときに、ある日突然部屋に入ってきたことがあるんだよ。総長室には、歴代総長の肖像画が飾ってあるの。弥富さんの肖像画を見て、「弥富君はどうしてる」と言うから、司法修習生になっていますよとね(37)。要は、来たのは、道路公団の次期総裁に藤井さんというのが副総裁から上がる予定だったのを、何かどうも経世会に覚えがよくなかったんだ。「あいつは雑巾がけさせなきゃ」というので、それで、だれかをその間にしようと弥富さんに来たんだろうけれども、「弥富さんはそういうことで、七〇超えて司法修習生になっていますよ」と言ったら、緒方さんが次にある。「緒方君は」と言うから、「緒方さんは今図書館にいますけれども、昔、自治省でも道路課長か何かしたことがあるから」と言って。

竹下さんが、「では、昼になったら私は自宅にいるから、君、今から行って口上を伝えてきて、返事をくれよ」と言う。「返事をくれよ」といったって、一二時近くに来て、二時間もないんだよ。しようがないから、緒方さんのところに行ってさ。緒方さんもうんうんと言っているけれども、そういう話だから、「今返事をくれと言っているから、とにかくお任せして行きなさいよ」と言ってさ。そういう記憶がありますよ。でも、随分気を使ったよ。今度は竹下さんはそのとき副議長だった渡部恒三さん(38)に言って、公邸へ道路公団の幹部から建設省の幹部からみんな呼んで、緒方さんのお披露目みたいな席をね。何か知らぬけれども、「おい、谷君、君も来い」なんて言われて、私もはべったことがありますよ。そういうことがあるだけで、仕事の上で竹下内閣とかかわったことは余りないな。

赤坂　そのころは、もう一つ、リクルート事件が話題になったと思いますけれども。

谷　竹下内閣、宮澤〔喜一〕大蔵大臣ね。特に藤波さんね。あのころは、私は庶務部長をしていたか、次長をしていたのかな。

赤坂　まだ秘書課長の頃ですね。

谷　秘書課長というのは、国会の御政道の動きというのとはちょっと距離があるんだよね。だから、議長周辺で斡旋とか何か動きがあるときはかかわってくるけれども、現場の状況というのは、強行採決をやったといったって、強行採決の状況なんというのは余り知らないわね。そういうのが済んだ後に議長周辺で騒ぐときはあれだけど。

赤坂　では、消費税をめぐる国会の混乱とか、ロッキード事件の話ですとか、そういうことで直接お仕事の内容に影響があったということはないのですか。

谷　秘書課長あたりでかかわるのは、議会制度協議会なんかには一応出るから、議院証言法の改正とか辞職勧告決議案の取り扱いとか、そういう経緯は知っているけれども。あと、国会で議長が動くときは、何となく周辺でお手伝いしたりする。

赤坂　そうですか。部署によって随分受けとめ方が違うわけですね、直接の仕事の内容によって。

谷　委員部の担当者なんというのは、法案の採決の現場にいるから大変だけどね。本会議になると、記名投票で乱暴なことがあっても、それはもう、議員の中に入って気楽にどうですよこうですよという話じゃないからね、儀式の中の混乱みたいな感じで。担当者がこうしたらいいですよとかああしたらとか、そういうのは委員会の風景であって、本会議ではそういうのはね。

Ⅲ

◆ 庶務部長の仕事 ── 予算要求

中澤　平成元年七月より庶務部長に就任されました。

谷　庶務部長の仕事というのは、まず予算だな。予算をもらってこなきゃいかぬ。私ぐらいが最後だったのかな。その後シーリングの時代になって、要するに一律カットみたいな。私が最後だったと思うんだよね。要するに、本当の予算要求よ。要求したものを大蔵省が査定するというやつね。こっちが掛け値みたいな要求をすれば、向こうも。それはへ理屈の言い合いでね。

日本の国の予算は、これは皆様も御承知でしょうけれども、結局、うそでもいいから理屈で争っているわけですよ。何が要るといったって、一応納得させるだけの理屈を言うわけね。向こうも、それを切るだけの理屈を言う。

だから、よく世間では、予算は余ったら返せばいいじゃないかと。それは、理屈で負けるということだからね。要するに、「おまえらは理屈を言っていたけれども、そんな理屈は成り立たないんじゃないか」という話になっちゃうから、それはそう単純にいかないんですよ。あるとき、国会手当を切られたことがあるんだよね。そのときに何かインタビューを受けたから、「いやいや、あれは交渉事で獲得したんだから、これから減額するにしても交渉事でやりますよ」と言ったら、鳥越俊太郎というテレビのコメンテーターが、何か笑い話に、「あんなばか正直なことを言う人がまだいる」みたいなコメントをしていたね。それは利口なちゃんとした人は、「分かりました」とか何か言うんだろうけれどもさ。

庶務部長も、大詰めのときは泊まっていましたよ。大蔵省から突然呼び出しがかかるの、内示ぐらいのときにね。あのときの主計官は浜中秀一郎(39)といったかな、ほん二、三日前に会ったんだけれどもね。浜中さん、政策秘書のときにかかわった人。それで、主査が玉木林太郎(40)というんだよ。この前何か、中川昭一にワインを一生懸命勧めたお友達が玉木林太郎って聞いたような名前だったら、そのときの主査だった人でね(41)。そのころは本当に、やせて白面の美男子だったよ。写真を見たら、何か知らぬが、頭がはげてぶくっと太っているから、ああ年月がたったのかなと思ってね（笑）。何で覚えているかといったら、大蔵省が各省に内示をするときの一つのセレモニーがあるんだよ。それは、主査クラスが各省の官房長か何かに内示書を渡すんですよ。それがたまたま衆議院の番になった。庶務部長のときに私がそれをもらいに行ったんだ。それをテレビで放映するわけね。差し出す方が玉木林太郎で受け取る方が谷福丸かって、「あれは時代劇か」と大蔵省でだれかが言ったとか言わぬとかいう話があってさ。

中澤　名前の語感ですね。

谷　そういうことがありましてね。そのとき、いいことじゃないんだろうけれども、昔の人の話を聞くと、百万とか二百万の予算の単位があるでしょう、そういうのは係長クラスぐらいが握っているんですね。課長補佐だったら一千万単位とか、やはり扱う金額に差があるわけですよ。主査とかが何千万円だったら、主計官は億の単位とかね。そういうのがあった。だから、今聞いたら、「このやろう」とマスコミにたたかれるんでしょうけれども、「これだけの予算をつけるけれども半分はごちそうしろ」みたいなね。要するに、端数の整理だから。事務費とか何か、そういうたぐいの。

赤坂　つまり、全体の予算の半分ではなくて、ついた端数の半分ですね[42]。

谷　逆に言うと、そういう時代の方が本当に大蔵省も面白かったし、勉強になったんじゃないのかな。大きな予算というのは真剣に議論しないとね。シーリングになったら、一律に役所の方で抑えてくるから、議論も何もなくても……。

赤坂　楽ではあるんでしょうけれども。

谷　人間というのは、やはり、何もかも合理的にやればいいというものじゃないんだよな。勉強にならないんだよ。だけれども、私は予算であれこれ苦労した覚えは余りない。当時、世の中はまだ右肩上がりの時代だからね。少なくとも予算の獲得ではそんなつらい思いをしたことはないね。

赤坂　一般に、衆議院事務局としての予算の作成プロセスというのはどんな感じになりますか。下からの積み上げ方式ですか。

谷　そうだと思うけれども、「どうせ説明しても分からぬからいいや」と、細かいことは私のところには説明に来なかったんじゃないかな。

赤坂　割とルーチンで組まれるわけですか。

谷　既定経費みたいなものがほとんどだからね。大きなお金の予算で議員に係ることは、議運の庶務小委員会とかそういうところで議論して決まることが多いから。各省の大臣折衝と同様に暮にトップ会談で決着するんです。事務レベルで予算要求するということは、既定経費の増額を求めるみたいな感じだから、そんなに大きな要求はなかった。難しいのは、国有財産。衆議院というのは、山﨑高さん[43]なんかがそういう才覚があったのかもしらぬけれども、結構、意外にあちこち宿舎用地とか何かにしていろいろ持っているのね。そういうものの始末とかはいろいろ問題がありましたけれども、予算の要求するものではね。

当時はなったばかりなので、何も分からない。大体、ベテランの人が全部やっているわけだから、ああそうか、ああそうかといって。どちらかといったら、「ここに行ってこうしてください」と言われたら、「はいはい」といって行くだけでね。金の計算にもともと弱い方だから。だから、会計課の人も余り当てにしていなかったんじゃないのかな。

中澤　庶務部の会計課は、いわば予算のプロみたいな、ずっと担当しておられる方がいらっしゃるのですか。

谷　そうです。それはやはりしっかりしていますよ。それで、既定経費の増額要求というのは、要するに、衆議院で何か予算要求で問題になるのは大体議員の要求絡みの話だから、庶務小〔＝議院運営委員会庶務小委員会〕で議論をして、それで、大方片づかない。片づかないと、暮れのいわゆる予算提出の前に、各省でいう大臣折衝に当たるのを、うちはトップ会談というんですが、それを事務総長室で、庶務小委員長と野党の筆頭理事と事務総長と、大蔵省の副大臣、主計局次長あたりが来るのかな、その会談でするんです。それも、「はい分かりました」、「はいどうぞ」というような予算は来ないから、大体、予算がつかないことをお互いに了解するような、一種のセレモニーになることが多いんだけれどもね。

既定経費の分については、金銭面は会計課長が、それから人事、人の要求とか給与の面は人事課長が中心になっている。あれは扱う大蔵省の部署が違うんだよね。既定経費の方は、議員に係ることはそう苦労せずにもらえると思うんですよ。職員の経費は、シーリングになってくると、大体一律カットみたいな話だから。夏の八月ごろに大蔵省に各省全部呼ばれまして、庶務部長が呼ばれるのかな、会計課長と行って、そこで予算編成方針が通達されるわけですよ。前年度比何割、シーリングになったらほとんど前年度比同額というような要求しか認めないみたいな方針でいくとか、そういうことがあって、それで後は細かいことを部署部署で交渉して積み上げていくんだけれどもね。国会は幸いにして、今の仕分けじゃないけれども、大幅なカットの話とかそういうのは、余り厳しい思いはなかったと思います。

赤坂　衆議院から要求する予算で既定経費ではないものというと、例えばどういうものがありますか。

谷　例えば政策秘書の経費なんて、また後にお話ししますけれども、そういうのができるとね。

それから、いろいろさんざんやられたのは年金問題、やめた議員は年金があるんですよ。その年金は、値上げの要求がしょっちゅう退職議員からあるわけ、退職というか引退した議員から。だけれども、経費の要求をすると、既に国庫負担率が高いから一度も勝ったことがないんだよ。結局、年金制度だから、所要経費は全部メンバーで負担しなさいみたいなことで。国庫の負担もふやさないと、掛金がどんどん上がるだけなんだよね。だけれども、やめた人から見たら、「いやいやそんなことは困っちゃう、予算をもらってこい」という話で、さんざんやられましたけれどもね。

中澤　従来、年金は衆議院事務局の予算として出たわけですね。

谷　だけれども、これは大蔵省も年金支給額を上げてもいいんだよ、しばらくは、掛金を自分のところが出さなければ、現職議員の掛金を上げるしかないんだから。入ってくる金はふえるわけだから。だけれども、現職議員にしてみれば、「私らはもらえるかどうかわからぬのに、何でこんな高い掛金を払わなきゃいかぬ」ということになってくる。

◆国会開会式の予行演習

谷　あと開会式ね。開会式は庶務部がというか、文書課と庶務部長で。庶務部長の役目は、衆参で開会式の予行演習というのがあるんだ、中央玄関で、ちゃんと並んで。また宮内庁からもちゃんと来るんですよ、天皇陛下が来ないだけで、侍従長から何もかも。そこで庶務部長が御説明役。

だけれども、議長なんかは、古い人になってきたら、毎国会、もう何回も何回も同じことをするわけだから。あれは不思議だね、事天皇陛下になるとみんな来ていましたよ。灘尾さんのころなんかは少し横着だったのかな。足が少し悪いせいもあったけれども、「いいよ、私、分かったから、もういいよいいよ」なんて言っていて。だって、少し御無礼なことがあったって、「陛下がとやかくのことを言うわけじゃないから」なんて言っていたけれどもね。

私の庶務部長のころはみんな、開会式の予行演習といったらちゃんと来ていましたよ。それで御説明して、みんなそろそろとずっと行くんですよ。あのときだけ御休所に入れるの、御休所、天皇陛下のお部屋に。あのとき議長を御案内して、所作を説明するから、あのときだけは私らも御休所に入ってね。

あれはちょっと御不幸なことになったんだけれども、藤田正明さん(44)というのがいたんだよ、参議院議長で。開会式の予行演習をするのに、何か朝ちょっと早かったと思うんだよね、一〇時ごろからかな。その日は物すごく寒かったんだよ。そうしたら、議長が、「ちょっと行けないから、ちょっと待ってください」と言っていたら、部屋で倒れた。だから、そんな日に無理して予行演習なんかしなきゃよかった。そういうこともありましたね。

赤坂　福永議長のときは、特別にそのリハーサルを行われたというわけではなくて、いつも行われているリハーサルですか。

谷　リハーサルをやって、要するに、ちょっとよれよれしたから、金丸〔信〕さんが幹事長で小沢〔一郎〕さんが議運の委員長で、どういう魂胆があったのかは私らも知らないけれども、「もう一回やらせろ」という話になったわけです。

赤坂　あれは二回目だったんですね。

谷　「できるかできぬか、もう一回練習させろ」と。私らも、「もうしなくたって」と言ったんだけれども、御本人が「いいよ」と言ってやり出して。だけれども、やはりちょっと余り芳しくなかった。まあ、これは何とも言えぬね。それがあったから、今階段を半分にして、当時は一三階段ぐらいあったからね(45)。

◆議院証言法の改正

赤坂　このころ、議院証言法については先生はタッチされていませんか。議院証言法の改正問題。

谷　議会制度協議会、あれはむしろ、最初のころは総務課長をしていたからあれなんだけれども、議院証言法というのはずっと長く続いたものだから。最終的に証言法が改正されるのが六三年かな。そのときにはもうロッキードは片づいていたんだ。片づいていたと言ったらいかぬけれども、辞職勧告決議案はあるんだけれども、その前に政治倫理綱領とか何かができて、一応そこでロッキードは決着したと思ったら、リクルート事件が起こっちゃった。

赤坂　昭和六〇年ですね、ロッキード事件が決着したのが。

谷　それで、六三年にいわゆる証言法の改正が、あれもこれも何かぱたぱたっと決まっちゃったんだよね。あれは要するに、田中角栄さんを証人喚問させないようにさ。

赤坂　ずっととめていたんですね。

谷　それで、証言法改正ができたら応ずるみたいな話で、何か一応、改正の小委員会で一生懸命舟をこぐようなふりをしながら、進まぬように進まぬようにと舟をこいでいたみたいだけれども、やはり何となく舟が進んじゃうんだよ。それで、何かあってあればばたばたっと決まっちゃったのかな、六三年。リクルートの後かな、証言法の改正が実現するのは[46]。それは、たしか消費税が絡んでいるんだよ。だから、消費税と裏腹みたいにして、リクルート事件があって、消費税を通すために証言法も改正して、証人喚問に応ずるみたいな話になっていっちゃったんだ。

中澤　消費税は六三年ですね。

谷　証言法改正になったけれども、結局、その後はリクルートで今度は政治改革の方に行っちゃったんだよね、佐川急便事件とか。要するに政治改革が国会を回す軸みたいになってきちゃうんです。

また、国会も悪いことに、もうあのころからずっとねじれ状態だった、海部〔俊樹〕さんのときから宮澤さんにかけて。大体、自民党の総裁がかわったのは、あのとき、みんな参議院選挙に負けてはかわっていたんじゃないのかな。

中澤　そうですね。宇野内閣も参議院選挙で負けています。

谷　宇野〔宗佑〕さん[47]もかわってね。

◆一官三給制の導入

谷　それで、これから政策秘書の話。要するに、政策秘書が結果としてできたんだけれども、そもそもの起こりは増員要求なんですよ。一人増やしてくれと。それはどういうわけかというと、昭和四五年かな、厚生年金とか健康保険が秘書制度の中に入って、一つそういう制度が立ち上がった。もう一つは、私が庶務部長になったときはもう解決していたんだけれども、給与の増額要求、それの解決策として出たのが一官三給制という、いわゆる俸給表をつくったんですよ。それは何かというと、それまでもずっと、秘書が最初は昭和二二年ごろ事務補助員という形でできて、一年ぐらいしたらすぐ秘書という名称になるんだけれども、その後はちょっと私も分からないんだけれども、昭和二七年には法律上、特別公務員という位置づけにされているんですよ。法規に書き込んであるの。

公設秘書は三八年に二人になるんだね。そのころから通勤手当とか住宅手当とか、何かいろいろな制度が公務員に倣って〔適用されました〕。雇われているその秘書さんにしてみれば、特別公務員になっているんだから、公務員としての身分保障とか待遇とかいうことを要求してくるのは当たり前だし、それで次第次第に公設秘書が公務員に準じた整備をされるようになったのね。一官三給制というのは、まさしく、公務員の月給は俸給制ですから、それを縮小したような一つの俸給表を第一秘書につくったわけね、勤続年数に応じて。第二秘書にもつくった。だから、体裁としてはますます公務員に近づいた形になったわけですね。一方では、公設秘書といったって、その採用については全部議員の責任でやっているわけだから、私設秘書と言われる公設秘書以外の秘書と何ら変わりないわけですよ、議員の一存で採用するわけだから[48]。

ただ問題は、秘書協というのがあるのね。秘書協議会というんですけれども、共産党から全部、超党派で公設秘書さんだけの団体をつくっているわけ。これが意外とみんな仲がいいんですよ。親元は侃々諤々対立、けんかしていても、秘書協は割にまとまっているの。そういう団体がいわゆる公設秘書の処遇改善の要求を常にしてきたわけですよ。私が庶務部長のときに、奥野誠亮さん[49]の秘書をしていた森岡〔正宏〕さん[50]という人がちょうど会長だった。後に奈良から衆議院議員を何期か務めましたけれどもね。その森岡さん一行が、まだ当時本館の中央食堂の前にあった庶務部長室に来て、要するに増員要求ですよ。それまで私は余り秘書協の人と親しくもないし、秘書協がそんな存在であるというのも知らなかったんだけれどもね。

いろいろ話をしているうちに、一官三給制というのは秘書協の人はみんな喜んでいるわけですよ。要するに、処遇改善が全部それで一応、建前はできるから。それまでは、要するに公設第一秘書には秘書官号俸何号俸を、六号俸なら六号相当の手当を支給するとか、それから第二秘書には何号、二号なら二号の手当を支給するとか、そういう内々の内規があったんですよ。大蔵省との交渉もそういう具合になってやるわけだから。それは、考えようによっては、いわゆるアメリカの制度に近い考え方もできるわけですよ。議員が秘書を雇ったらその手当は国が支給する、その基準がたまたまこういう形で、秘書官号俸二号俸を払っていいとか六号俸を払っていいとか、そういう制度になっているんだという理屈ができたと思うんですよ。アメリカの制度に日本は近いんだと。

ところが、一官三給制になっちゃったものだから、ますます特別公務員に近くなっちゃった。よく秘書協の人にも言ってたのは、「あんたらこれで本当にいいのかい」と。実際は、古くなるとそうじゃないんだけれども、大ざっぱに言えば、第一秘書の月給を第二秘書は追い越さないんだよ。「そんな制度でいいのかい」とね。ただ、有り体に言えば、みんな少しずつ月給は上がることになっているから、それはそれで、彼らは「大勢の人の問題は解決した」と言う。

こういう背景があって、さあ今度は何だといったら、処遇改善はできた、次は一人増員だ、こういう話になってきた。

◆秘書の増員問題をめぐって

谷　そのときに、海部内閣でね、中村喜四郎さん(51)が議運の筆頭理事で、山下徳夫さん(52)が委員長だったのかな。社会党の清水勇さん(53)が野党の筆頭理事でね。当時、リクルートとか、後で政治改革が政局の中の重要部分になってきたころだから、盛んに国会改革も言われていたわけですよ。だから、そういう動きの中の一環として、これは私の勘ぐりみたいな話だけれども、国会運営を何か秘書の増員問題を使って回そうというような雰囲気だったと思うんだよね。だから、議員も増員には乗り気なんですよ。

そうはいっても、大蔵省はそんな金を出す気持ちなんかさらさらないからね。それでやんややんややって、担当主計官が先の浜中秀一郎さんといって、後に金融庁の次長になった人だ。ただ、いろいろないきさつからいうと、私も心配していたんだけれども、そのときの担当主計官だったのが決してプラスにならなかったような感じなんじゃないかな。要するに、上の人は断固反対だから。だけれども、担当主計官だから、話をしているうちに、一人増員できなくても、ひょっとしたら手当を一人分ぐらい、いわゆる私設秘書を一人雇える分ぐらいを、文書通信交通費を議員に出しているから、あの中に名目をつけて何か一人ぐらい潜り込ませるぐらいかな、という話はしていたの。それをそれぞれの筆頭理事に、野党の筆頭理事も私が受け持って会ったら、全然相手にされなかった。要するに、断固、目に見える形で解決したかったわけね、一人増員を。

結果的には、ぐずぐず、うろうろしているうちに、暮れになっても解決できない。中村喜四郎さんは、当時大蔵省の人もはっきり言っていたから、「あの人は育てたい議員の一人だ」と、あの人は当時期待されていたんだよ。同じ派閥の橋本龍太郎さん(54)が大蔵大臣だから、私らもちゃんと何か成算があるんだろうと思っていたよ。そうしたら、「いや、おれは当たって砕けてくる」と言う。当たって砕けてもらっても、予算が取れなきゃどうにもなりませんよという話でね。結局だめで、暮れになって、トップ会談のときにどうするかという話になって、役人の知恵として出るのは、では調査会でもつくって——有り体に言えば問題の先送りですわな——調査会をつくりましょうと言って、つくってもらった。

◆政策秘書に関する調査会

谷 そうしたら、委員長が森喜朗さんにかわって、与謝野〔馨〕さん(55)が筆頭理事になったのかな。調査会をつくって、一応座長さんには学者がいいでしょうといってね。そのとき覚えているのは、森さんと二人で、では佐藤功さん[56]に座長になってもらおうと。佐藤功さんはいろいろ国会の関係で過去にもしてもらっているから、座長になっていただこうかなと、森さんと二人で図書館に会いに行ったんだよ。そうしたら、佐藤功さんが、「ちょっと考えさせてください、返事します」と。私は、考えた末に返事が来るんだろうと思って、「では返事を待ってまた次当りますかね」と言ったら、帰り道、「谷君、あれは断られたんだよ」と。それで、亜細亜大学の学長をされていた衛藤瀋吉さん[57]、あの方に言ったら快く引き受けてもらった。

それで、与謝野さんも森さんも親しかったものだから、読売新聞社長の渡辺恒雄さん[58]をまず決めて、それで、労働省の事務次官をされて官房副長官をされた道正邦彦さん[59]、あの人は森さんのところかな、石川かどこかあっちの人だから、その人が入った。それから、うちからは元法制局長の上田章さん[60]が入って、それともう一人、NHKの解説委員から政治評論家になった高橋祥起さん[61]、当時徳島大学の先生をしていたと思うね。それと、マスコミ代表ということで大宅映子さん[62]に入ってもらって発足して、それで始まりまして、まじめにやりましたよ、憲政記念館の特別会議室でね。渡辺さんなんかも、忙しいのに、毎回毎回来ていただいてね。

それで、動きはいろいろありました。議員側も何か自助努力をしなきゃいかぬといって、秘書の服務規程みたいな、近親者を雇ってはならぬとか、そういうので自分たちの姿勢を正そう、こういう決議をした。それで、あれは秋ぐらいになってかな、調査会で半年ぐらいかかって、いよいよ最後の段階になってきて、渡辺恒雄さんが、「増員というのはこの御時世にそう簡単に認めてはいかぬけれども、こういうことだったらいいんじゃないか」と、提案しました。それは要するに、公務員試験に受かるような試験をやって、そういう人から採用をするとか、あるいは弁護士とか、公務員試験を通っているとか、それから公認会計士とか、そういう高度な国家試験を通った人とか、あるいは別の世界で論文を書いて業績が認められた人を国会で認定すれば、政策秘書として採用してもいいんじゃないかというようなアイデアをまずあの人が出して、それはいろいろ議論はしたけれども、大方の賛同を得て、そういうことになったんです。それは議長に答申をしてね。

それはそれでよかったんだけれども、議長に答申して、みんなセレモニーが終わって帰るときに、今でも忘れないけれども、大宅映子さんが、「私もいろいろ政府関係の審議会に出たけれども、いつも大体役人が結論を持って、それで誘導するんでしょう、だけれども、何も結論を持っていない審議会に出させてもらったのは初めて、楽しかったわね、わはは」と言っていた。要するに、皮肉を言われたんだと思うけれどもね。

だから、私らも、何か問題を解決するというよりも、とにかく予算をもらえないんだから、とりあえずその場をしのぐような感じだったんだけれども、幸いにしてそういう話が出て、それでまた今度は、議運の場に戻して、侃々諤々議論する中で、さっき言った決議があったり、それから提言の中で、そういう問題は今度は秘書問題協議会というのをつくって、そこで秘書全体の問題とか、それから決議した内容の具体的な方策とか、答申のこととかの対策は決めなさいということです。その秘書問題協議会でいろいろ検討した中で、政策秘書の申し合わせみたいなものをつくったんだ。谷垣禎一さんが小委員長でそれをたしか取りまとめた記憶があるな。

◆政策秘書制度の運用と課題

谷　そんなこんなで、議運の場におろすと、結局、政策秘書といったって、現実に公設秘書が各議員に二名ずついるわけだから、その人を抜きに別途新たに政策秘書を雇うといったって、また、そんな高度なことを言っても、余り現実的じゃない。それで、提言の中に、今いる公設秘書も研修させて能力の向上を図りなさいみたいな一項があるわけですよ。そこらを使って、結局、一カ月もかからなかったな、三週間か四週間か一応研修しまして、最後に何かテストみたいなのをしたんじゃないの。年限は、何年以上の経験だったか、それはちょっと記憶がないけれども、その研修を受けて受かったら政策秘書になれるみたいな、事実上のしり抜けみたいなことになった。

ただ、結果として、最初のころは、試験を受けて六〇人ぐらいは衆参で合格しても、実際に雇われたのは本当に何人かしかいないんだ。それでも、そういう制度ができたおかげで、今までの採用とか何か大福帳のそういう世界だったのが帳簿の世界に移ったぐらいの、多少実態が改善されたんじゃないかと思うんですよ。ちゃんとした人は政策秘書を雇って使うというケースもあったろうし、現実問題としては、自分の古い秘書を政策秘書にして雇うとかいろいろあったと思うんだけれども、身を引き締めるきっかけにはなっていったんだろうと思います。

その一方で、やはりそういう厳しい目にさらされたものだから、今度は逆に不祥事がいっぱい出るようになっちゃった。それまでは、給料は二人分ちゃんと公設秘書は国から払っているけれども、実際の運用は知らないわけだよ、どこでどういう具合にというのは。そうすると、中にはちゃんと払ってなかったり。会社でもどこでも、これはやはり表に出るといかぬことですからね。要するにピンはねして、賃金未払いみたいな話だから。そういうのがいっぱい今度は出てきちゃった。長い目で見れば、それも一つの秘書制度の中の自浄作用の現実の形であったのかとは思いますけれどもね。

牧原　それで、政策秘書にしてもそれ以前の公設秘書にしても、事務局はどのようにかかわるんでしょうか。会計面だけなんですか。予算、給与の面だけですか。

谷　その届け出は議員課で受け付けますよ、何のたれ兵衛さんを秘書にしたとか。だけれども、それ以上のことはね。ただ、かねてからの関係で、何かいろいろあったと思いますよ、近親者はできるだけ採用しないとか。だけれども、近親者か何かわからぬけれども、届けられた人を事務局で、「これは近親者だから採用できません」とか何かというのは、なかなか、そこまではいけない。でも、そういう申し合わせはあった。

このときにも、決議して、一時期厳しくなりましたよ。だから、ある議員なんかも、奥さんが大変社会的に有名な人で、いわゆる論文とかそういうキャリアからいったら当然、政策秘書になってもおかしくないんだけれども、要するに奥さんだから、そのときは、「それはだめです」とね。

牧原　その場合は、あからさまにわかったわけですね。

谷　政策秘書の中に選考の政策秘書というのがあるんですよ。これは、論文とかそれなりに業績のある人ということになると、これまた客観的な基準がないから。中には、論文を持ってくるといったって、ちゃんとした論文とは到底思えないようなものをいっぱい持ってくる人だっているしね。だけれども、公設秘書を政策秘書に、そういうぐあいにしたから、余り厳しくはならないいんだよね。

牧原　実は私は、この政策秘書の試験の採点というのをあるシンクタンクから請け負って、ちょっとしばらくやったことがあるんですが、ああいう政策秘書の試験というのは、だれが監督して実施するんですか。

谷　それはどうだろう、私はそこは携わったことないな。ただ、選考委員というのをつくりまして、いわゆる政策秘書の選考で選ばれる人を面接するんですけれども、その面接の委員になってもらったのは、大学の先生とか法制局の局長さんとか、そういう人になってもらっていたんじゃないのかな。

牧原　そういう委員会をつくる、やはりそれは事務局につくるわけですね。その場合、事務局はどこの課が、人事管理みたいなところになるんですか。

谷　扱うのは議員課。だけれども、実質面のタッチはほとんどしないわね。

牧原　そういう機関を、委員会をつくって、あとはそこでしてもらうと。

谷　そこは私もちょっと、うちの試験も昔は内部で問題をつくっていたみたいな時代があったけれども、きちっと今は頼んでいるからね。だから、もうそのころはそういうところに頼んでいた。

牧原　かなり似たような仕組みで行われていたということですか。

谷　あれは結構難しいんだよね。一応、公務員試験に受かった人は別に受けなくてもいいんだけれども、中にはダブって受ける人がいるんだよね。そうすると、必ずしも、公務員試験に受かった人がその試験で受かるかというと、当然には受からないんだよね。試験の性質もあるのかもしれぬけれどもね。

牧原　確かに、もっと早かったですね。だから、その当時言われました、「今のいわゆる第一、第二秘書がこの試験を受けてくることがあるから、そんなに高度な問題を余りつくってはいけないということでやっているので採点もよろしく」と、何かそういうような話をたしか聞いた記憶がありますね。

◆ 衆議院秘書協議会

中澤　試験制度を導入すること自体には、先ほどの秘書協の方々は何かしら意見はあったんでしょうか。

谷　結局、秘書協というのは、また別の問題がやがて私が総長になってから起こるんだけれども、これはやはり相当な団体なんですよ。面白いことに、会長さんは歴代自民党の人がなるんだけれども、機関紙を発行する広報局長みたいな人は共産党の人。社会党とか何かにはそこに古い人がいっぱいいるわけだよ。そうすると、秘書協の事務方を支えているのは、むしろ社会党の人とか共産党の人とか公明党の人とか、そういう古い人がいて、それで仲がいいんですよ。

結局、何かというと、それは議員に圧力をかけられるから。この問題だって恐らく、私らもそれは下世話に言えば負けたんだろうけれども、公設秘書を政策秘書にする道を考えないというのは、彼ら自身が黙っていない。「何でおれらが政策秘書になれない」、こういう話になっちゃう。もう二〇年も仕えていて、「何でおれがなれないんだ」という話になってくるから。そういうこともありましたね。

牧原　自民党系の秘書、特に経世会なんて秘書軍団で有名ですよね。ああいうところはやはり、こういう国の手当に必ずしも依存してないで、自前で秘書をたくさん抱えていたという、そんな構造があるわけですよね。そうすると、余り関心がない。

谷　ただ、秘書協の会長になると、今度はいわゆる労働組合の委員長みたいな立場になるからね。ただ、必ずしも経世会の人がなっていなかったね。森岡さんは奥野さんの秘書だったけれども、その後は、宮崎さんというのは中山正暉さん(63)の秘書だったり。だから、経世会は要するに経世会の秘書軍団みたいにまとまっていたんでしょう。

牧原　別なんですね。

谷　ついでに、その後今度は、やはり問題は解決しないんだよ。要するに、根本的な秘書制度のそもそもの議論は何も解決してないの。私が総長になって、秘書のそういう不始末がいっぱい起こったりなんたりして、世の中がだんだん変わってきた。そうすると、結局、今の若い議員は大体、何かといったらすぐ考え方がアメリカの制度になっちゃうから、アメリカの秘書制度みたいにしようという意見が高まったわけですよ。私もかねてから、どこか木と竹をつないだような考え方でやってきたから、「じゃ、もう一回」というような気になって。

それで、議員がわあわあ言うから、相当熱があると思ったんだ。これは私が結果的には見誤ったんだけれども、綿貫さんが議長だったけれども、「じゃ、調査会でもつくりましょう」と、また衛藤瀋吉さんに座長をお願いして。アメリカの制度に移行した場合に、今ある健康保険組合とか厚生年金。そういう始末をどうつけられるのか、私らもちょっと分からぬから、そういう専門家の人に中に入ってもらって、いわゆる今の公務員に準じた制度をアメリカの議員が雇う制度に移行するとどういう問題があるかをちゃんと勉強しようと思ってやったんだよ。

中に、どなただったかな、どこかの大学の女性の高名な先生だけれども、リサーチ専門なんだよね。「じゃ、まずアンケートをとりましょう」と。アンケートをとったら、恐らく、それは議員がじかに書いてないわね、秘書が書いたんだよね。秘書協は断固反対なんだから。そうしたら、何のことはない、はしごを外されたみたいになっちゃったんだね。結局、衛藤先生にも申しわけなかったけれども、圧倒的に、「そんなことはする必要ありません」みたいなアンケートの回答だから、何で調査依頼されたのみたいな話になっちゃってね。一応それなりに取り繕って、現行の改善策みたいなのは一心に検討してくれたけれども。秘書協に走られてそんな答えが出たのはわかっているけれども。

だから、まだそういう問題がくすぶっているんですよ。完全にアメリカの制度みたいにして、議員が雇って、予算の枠は一人ずつにはつけるでしょうけれども、その中で何人雇うか、どういう月給で雇うかは議員の勝手で、あとはその雇った分の月給分は国が支給する、こういうやり方にした方がというのは、それは確かに若い議員にとってみればその方がいいですよね。ただ、誤解しているのは、例えば議員一人に三〇〇〇万なら三〇〇〇万、秘書手当みたいな枠をくれて、その中で勝手に使えると思っているけれども、アメリカだって違うんだよね。やはり現物支給というか、雇った分だけのお金を払うという制度なんですよ。でも、見ていると、だんだん、今の若い人は政策秘書に割にちゃんとした人を雇うようにはなっているんじゃないのかね。そういう意味では、いろいろ問題はあるけれども、秘書制度そのものは少し改善されてきたのかなという気はします。

これは難しい。アメリカの秘書は、今度は逆に、選挙運動なんかは断固禁止されているでしょう。ところが、日本の秘書さんというのは、そっちの方の仕事が主体だから、そもそものありようをどうするのかということ。やはり世知辛くなってくると、親族を秘書にしてもいいじゃないかみたいな話がまた戻ってきているからね。これも難しいんだよね。親族だって、「おれの娘は優秀なんだぞ」と言われれば、親族のどこが悪いという話になりかねないしね。奥さんだって優秀な人もいるだろうから。だけれども、それをまた緩めちゃうと、家で留守番しているだけで政策秘書かいという話にもなりかねないし、ちょっと難しい。

◆議員互助年金問題

谷　その次は、互助年金。これは、年金という問題よりは、前議員会という、おやめになった方のOB会があるんですよ。これはまた議長のOBの方が会長になりまして、やはりOBの人にとってみれば年金が高くなった方がいいから、昔から常に待遇改善が出てくるわけですよ。私らのころあったのは、歳費がずっと上がるけれども、昔やめた方ははるかに低いわけだよ。だから、それを何となく少しずつかさ上げするというのが処遇改善の第一だったんですよ。

あれは、十年在職しないともらえないんです。中には気の毒なケースがあるのよ、九年六カ月何とかでとか。だけれども、それを緩めちゃうと、だんだん、「じゃ八年六カ月でだめなのかとか」という話になって制度が壊れちゃうから、「それは断固だめです」、こう言って。

特に、有馬輝武さん(64)という鹿児島から出た古い社会党の議員がいまして、あの人は、本会議場に振鈴というのがあるんだ、ベルというか鐘が。あれを、牛歩か何か混乱しているときに、演壇の上から議長席にあるのを振っちゃったんだよ。それで懲罰にかけられたことがあってね。そういうおもしろい先生だったけれども、あの人はもっとひどいのかな、九年八カ月か何かなんだよ。それで、よく私のところに来てわあわあ言うけれども、「先生、もう一回とにかく当選するしかありませんよ」と。それでも、東京に事務所を持って、何か前議員会の幹事さんみたいに活躍していたから、そんな深刻ではなかったんだろうと思うんだ、それは余談だけれども。

問題は、処遇改善で大蔵省に予算要求しても、一度も獲得したことがないんだよ。全部、所要経費は議員の掛金にはね返ってくるわけよ。だから、結局、例えば二万円アップするでしょう、そうすると、その分は、前議員五十人なら五十人の所要経費は全部、現職議員の毎月の掛金で処理する、それでしかいつも解決できなかった。大蔵省が、はい、分かりましたと言ったことは一回もないんだよ。掛金がふえると、当面はどんどん大蔵省にはお金が入るわけだから、大蔵省にとってみれば懐の痛まない話だから。

そうこうしているうちに、昭和六〇年、たしか私がまだ秘書課長だったのかな、最高限度額を設けて抑えようということになったんだ。今、私らも年金を抑えられているでしょう。そのときは、まだ国家公務員の最高限度額導入前なんですよ。これは私の記憶間違いじゃないと思うんだけれども、後からいろいろ問題が起こったときに、「あのとき、先生、こうだったじゃないですか」と言ったら、だれもそんなこと知らぬ顔していたけれども、要するに、掛金が一〇万を超えそうになっちゃった。それで、歳費に限度額を設けて掛金も一〇万以内で抑えようと、こういう見合いで限度額を抑えたと思うんですよ。抑えたって、まだ歳費とそんなに離れていないから。その後、平成六年に、歳費が一三〇何万ぐらいだったのに、当分の間、一〇三万円で抑えると。掛金も一〇〇分の一〇かな、一〇万三〇〇〇円ぐらいの掛金になって、一〇万はちょっと超えたんだけれども、当分の間、一〇三万で抑えちゃったわけだ。

そのころは、前議員会で、福田一さんも前議員会の会長になったら、この問題は私の会長のときに何としても解決するとか何か言って。田村元さん(65)が会長になったら、また、みんなの意向だから解決すると。そうすると、塩崎潤さん(66)というのがいてね。

牧原　元官房長官のお父さんですね。

谷　お父さん。塩崎さんがおやめになって、今度は年金問題改善小委員会の委員長か何かになって、議運の委員長とか私らのところにどなり込んでくるんですよ。どなり込んでというのは語弊があるけれども、要するに、法律で「当分の間」と書いてから何年になるということなんです。それはそうです、もう十年ぐらいたっているから。そんなもの、おまえ、暫定の法律でもあるかなんて。

だけれども、縷々説明するけれども、今まで一回も所要経費を大蔵省からもらえたことはないし、全部掛金で始末するしかないから、なかなか簡単にいきませんよと。若い議員にそういうのを投げかけたって、自分たちはやがてもらえるかどうか分からないわけだから。十年、国会議員をするかどうか。それに掛金だけ十何万も払わされたんじゃ、年寄りのために自分たちが何で負担しなきゃならぬという話になるから、それは賛同できないんですよ。だから、解決できないから我々をどなっていたんだろうけれどもね。年に必ず三回か四回は怒られていたな。年金問題というのは、結局そういうことですよ。

もっといかぬのは、庶務小で何か改善策を協議すると、ちょこっと、申しわけなさそうに、支給開始年齢を引き上げるとか、厚生年金並みに六五歳にするとか、根本な議論が何もないんだよ。処遇改善で下の方の最低月額を二万円上げるとか、あるいは、そういう改善をするときに、申しわけないみたいに、ちょこっと何か、所得制限を入れるなんてね。

私のときも、小林進(67)という新潟の議員がいたけれども、年金が半分ぐらい減る七〇〇万ぐらいの所得制限が入ったんですよ。そうしたら、怒られて怒られて。収入が七〇〇万あったら年金が半分になるといったって、私らから見たら、「先生、悪いけれども七〇〇万あるからいいじゃないの」というぐらいの感じだけれども、何かそういう話になっちゃうんだよ。そのこと自体がいい悪いは別にしてね。だから、本当に年金問題の議論というのは進まなかった。

◆議員互助年金制度の課題

谷　基本的に言うと、衆参の八〇〇人に満たない国会議員の中で年金を維持するというのは、どだい無理なんだ。その最低限が国家公務員の最高の年金よりも上の年金をもらえるようになっているから、そんなものを維持するのは無理なんだよ。もし、これからの抜本対策としたら、地方議会と一緒になる年金制度を構築するとか何かしないと。ただ、これも、現に支給を受けている人がいるから、こういう人に、「あなた、これから半額になります」みたいな話はなかなかしづらいだろうし、だから、これも解決というのは難しい。

こういう制度は、余り手軽に、簡単につくっちゃだめだ。やはり、設計図を相当ちゃんとしないと難しい。

牧原 当初、議員互助年金というのも事務局で制度設計をされたんですか。

谷 最初にできたときは、どうだろうね、それはそういうものはしたんでしょうな(68)。恐らく庶務小か何かでいろいろ議論はしているんだけれども、しかし、庶務小なんていったら、大方、事務局の案を土台にして議論するからね。

牧原 先生方と前議員の人たちが陳情といいますか、来るのは、やはり庶務部なんですか。

谷 あれは事務総長のところに来ますよね。

牧原 事務総長のところなんですけれども、庶務部長もそこに立ち会うんですか。

谷 立ち会うということはないね。大体、突然来て、とにかく、わあわあ言われて、「はいはい」と言いながら、何とか陳弁これ努めて。だって、これは大蔵省に言ったって、「はい、分かりました」という筋合いじゃないから。塩崎さんは大蔵省でもちゃんと主税局長か何か務めたんだから、「大蔵省に言ってお金をもらってちょうだいよ」と言いたいぐらい。

ただ、今は廃止しちゃったんだよね。これは、私は、やはりそう軽々に廃止しなくてもいいとは思いますよ。もうちょっと本格的な議論をしてね。ただ世間がこう言うんだからと、人気取りみたいに廃止するような話じゃないと思う。昔、英国にいたとき、まだ英国はそんなものなかったんですよ。本国から調査依頼が来て、聞きに行ったんです。そうしたら、「何で議員じゃない人に特別な年金が要るんですか」みたいなけげんな顔をされて。ところが、今はちゃんとありますから。当時は会館もなかった。秘書さんも二人で使っているぐらいな、そんなだったけれども、そういう意味では、日本は議員の福利厚生については先進国だったんでしょう。だけれども、だからといって、なくすことはないと思うんだよね。ただ、変な話、一〇年でおやめになったら六五歳まで年金をもらえない制度なんといったら、若い人なんかでも、四〇前とか三五、六で一〇年たって議員をやめたなんといったら、年金開始まであと三〇年ぐらい待っておかなきゃなんという制度は、難しいわね。

　だから、やはり底辺を広げて、我々とか国民の一般の人がもらう年金とそう大きく違わないような年金制度にする。国会議員を務めたんだから多少はいい年金にしてもいいと思いますけれども、何かそういう具合の制度にして、国会議員でお国のために働いた人に、「後はあなたは国民年金でいいんですよ」みたいな話にすることはないと思うというのが私の感想です。

中澤　一〇年というのは、なかなか中途半端な年限ですよね。

谷　これはまた、選挙だから難しいんだよね。一つ問題なのは、秘書さんの年金があるんだよね。これは、どこまで立ち行くかどうか知らぬけれども、割にいいんですよ。いいんですけれども、これも難しいのは、我々と違ってそういう意味の身分保障がないから、議員が落選したら、議員じゃなくなったら、なかなかね。だから、秘書の話の中にいろいろ出てきて、あれは、私らから見たら理解ができるところが多少あるんですよ。

　というのは、あと半年秘書をしていれば年金がもらえるとか、今健康保険でかかっているのに議員が落選したから保険が使えなくなるとか、それは理屈を言えば国民健康保険に入ればいいじゃないかという話になるけれども、現実問題としては、有利な方にというのがあるからね。あったでしょう、名前だけ貸して、月給は要らないけど名前だけの分の給与は先生の懐に入ったみたいな事件があった。ああいうのも、必ずしも先生だけが悪いんじゃなくて、秘書さんのそういう切実な必要があるケースがあるんだと思いますよ。だから、こういうのはなかなか難しい。

Ⅳ

◆議員宿舎

谷　次に宿舎問題。私が庶務部長になったときの一つの問題は、宿舎というよりも、土地を衆議院は結構持っていたんだよね。宿舎用地というか、昔、職員宿舎があったとか。その中の一番大きいのが、六本木の先の霞町に三〇

○坪ぐらいあったんじゃないかな。あの当時、バブルのころは相当な値段ですよ、六本木のちょっと離れた一等地だから。ところが、それは宿舎用地で、宿舎がぼろぼろになって、一棟だけ残したら、その一棟を見に行ったら波打っているんですよ。それを両側から棒で支えて、無理やりだれかに住んでもらっていたの。ところが、いよいよ住めなくなって。そうすると、理屈上はそれは宿舎用地だから、返さねばいかぬ。だけれども、私も悪かったのかな、返すのに、ただで返すということはないだろうと。大蔵省も、そういう点では、主計局と理財局というのは全然違うんだよ。片一方は予算をくれる方だし、片一方は帳面を持って土地台帳を広げて、資産が上がればいいというような感じだから、「返せ返せ」ですよね。

だけれども、返すけれども、たまたまそのころ、衆議院職員も全国から応募がくるようになって、女性の職員も東京近郷の人じゃなくて全国から来るようになった。女子寮を建てたいと思って、仮に三〇〇億ぐらいの土地を返すのに、女子寮は十億もあれば建つんだから罰は当たるまいと。「では一〇億で建ててくれ」と言ったら、大蔵省も、「単身の寮はもう建てるのをやめた」とかなんとか言って建てないし、「一〇億じゃまだあれだから公邸も修理して」となったら、今度は公邸の建てかえの予算だけはどんどんくれてさ。だから、公邸はその余波で建てかえたんだけれども、寮の方の予算はずっともらえなかった。もらえなかったけれども、うちの営繕課に国有財産担当者がいるんですよ。これが大蔵省に毎回呼び出されては、「返せ」と怒られてくるわけ。私は、「またおまえ頑張ってこい、返さない」って尻を叩くものだから、いつもこんなこととして迷惑をかけた。

だけれども、もっとひどい話になって、あれは課長じゃないと思うんだが「返さないなら衆議院の宿舎はもう割り当てない」と、宿舎をもらえなくなっちゃったの。みんなに迷惑をかけたんだろうけれども、宿舎の割り当てを十年間もらえませんでしたよ。「国有財産を自分の土地のように夜郎自大なことをして」と私も怒って。それで、一〇年たったときに、そのとき私は事務総長になっていた。では一遍、庶務小に理財局長を呼んで「どういう理由でそういうことができるのか説明してもらおうじゃないか」と言ったら、もうそのころは単身寮は建てなかったけれども、ぱたぱたっと独身用をいっぱいくれましたよ。またひどい話だ。

そういう具合に、私の所為で随分迷惑はかけているんですよ。そのころ、青山宿舎とか赤坂宿舎はたまに新聞でたたかれるんだよ。一等地にあるから世の中は誤解しているんだけれども、これはぼろぼろなんだよ。例え話をすれば、最初は赤坂宿舎なんかも和式のトイレだった。それじゃというので、洋式に変えるといったって本格的な洋式じゃないんだよ。当時、簡便な、形だけ洋式にするような、何かそんなことまでしていたんじゃないかな。それはぼろぼろなんですよ。官庁の建物は、年月がたつと修繕費がだんだんかさんでいくから、余りかさむから建てかえた方が早くなっちゃう。具体的に話が進むようになるのは阪神・淡路大震災があったせいもあるんだけれども、もともと建てかえなきゃどうにもならぬという状態だった。

◆赤坂宿舎のＰＦＩ

谷　私が部長になったとき、すぐに、赤坂宿舎は、清水〔建設〕だったか何かが隣のビルを持っていて、「合同で開発しましょう」という話になった。営繕の人も乗り気で進めていたんだけれども、やはり民間業者の方のテンポが速いんだよね。国会の方がついていけないんですよ。要するに、共同開発して容積をふやして、宿舎分のほかに、容積が増えた分は民間の方が全部マンションにと、そこもメリットがあるわけですよね。だけれども、それはとうとう頓挫しちゃった。そうこうするうちに、ＰＦＩ(69)というのが突然世の中に出てきたんだよね。

私、よく分からない。あれは英国の行財政改革の一つの手法として、ＰＦＩ、民間の資金を活用してといって、確かに建前はそうなんだけれども、結果として見ると、数年度にわたって予算を組むときに先行き込みの予算を組む国庫債務負担行為というのがあるんだけれども、それはたしか五年ぐらいなんだよね。それを三〇年とか長期の国庫債務負担行為みたいにして、実際の経営を民間会社に任せて、だけれども実際はお金は全部国が持つような、そういう仕組みというのはちょっとインチキみたいなところはあるんだけれども、何せ、何でもいいよ、こっちは建てかえればいいんだから。

赤坂宿舎は、まだ初めのころだから、一応モデルケースみたいにＰＦＩでやることになった。あれは慎重にやったつもりですよ。初めてのケースで、官庁営繕だから、建設省が主体でＰＦＩの業者選定だとか何かやって。そうしたら、二つ問題があった。一つは業者の選定。これは本当に、選定委員会から議長のところに袋に密封したので報告が来るんですよ。そのとき初めて、議長もどこに落札されたかを知るわけ。これは単純なハードの、計算の入札じゃないんだよね。要するに、将来の得べかりし利益とかなんとかと、いろいろね。その詳しいことは、私もタッチしていないから分からぬけれどもね。

それで、森ビルが一生懸命だったんだけれども、ふたをあけてみたら鹿島建設に落ちちゃったの。鹿島との間には差が一〇〇億ぐらいあったんだね。それまで、そういう話は議員だって絡んでくるから、いろいろな議員から電話がしょっちゅうかかってきたんだ。大体はもう、何となくニュアンスからいうと、森ビルあたりのそれとなく。そういう意向が行き渡っているような感じだったんだよ。それで、私らもびっくりして、へえ、そうだったのかいというね。だけど、金額上は一〇〇億ぐらい差があったからね。そうしたら、ある日、議長のところに森ビルの社長が来て、「事務総長を訴えようと思ったら事務総長には職務権限がないから、議長を訴えます」と言ったとか。結果的には二〇億ぐらいの国家賠償法の訴訟になったみたいだけれどもね。要するに、「選定がおかしい、取り消せ」、こういう訴訟だったのね。それが一つあってね。それは、私がやめてから何年かたって、交換条件みたいな、何かこうやってくれたら訴訟を取り下げるみたいな話で片づいたみたい。

もう一つは、赤坂宿舎の住民がいるわけだよ。これがまた村長さんというのがいるんですよ、それぞれの宿舎にはお世話役が。そのご一行様が、今度は、「おれらは話を聞いていない」という話になっちゃった。これは議運の庶務小で何年も議論をしているから、私らにしてみれば、各党の代表者がさんざん議論をしているから、そんなことを言われたってと思うんだけど、当時庶務部長をしていた土田喜代治君(70)は、しょっちゅう呼ばれては怒られてね。それにも絡んで、いろいろおかしなところがあったんだよ。選定に何かいちゃもんをつけるようなね。要するに反対運動、建てかえが決まったらにわかに反対運動みたいなのが起こってね。

牧原　反対するのは、宿舎の住民ということは議員さんですよね。

谷　うん。要するに、結局何かといったら、動きたくなかったんでしょうな。

牧原　もとの古い宿舎のままで動きたくないという。

谷　それを格好つけて、「おれらは話を聞いていない」とか、「おれらに説明がなかった」とか、何かわあわあ言って。

牧原　全然イメージがわかないので恐縮ですが、古い宿舎に住んでいると、それなりの特権というのか、例えばそこだけちょっと広いところにいるとか、何かそういうのはあるんですか。

谷　これはちょっと当て推量みたいな話なんだけれども、家賃が高くなるんだよ。だから、世間からはあそこは赤坂の宿舎にそんな安い家賃で住んでいるといっても、確かにそうなんだけれども、家の構えと中身を見れば、特に青山宿舎なんか、田舎の学生の親が来て下宿させるといったって、「ここはだめよ」と言うぐらいぼろぼろになっているからね。そういうところだから。だけれども、新しくすると、それはやはりね。

だけれども、いよいよ決まって、そのとき私らも、仮宿舎に移ってもらうことになって、仮宿舎に移ったら当然のように、「もういい、宿舎は要らない、仮宿舎でいいからこれから住宅手当でもくれ」という議論が起こるかと思ったの。要するに、中には、ちょっと遠くに行けば広いのを借りられますから、そういう話も起こるかと思ったら、意外とみんな、仮宿舎の段階になったら素直に移って、それでまたちゃんと戻るというような話になって、それで、「家賃が高い高い」と言いながら、何か知らぬけれども、意外と「赤坂宿舎に移りたい」なんと言う。便利だからね。

そうしたら、何か新聞にたたかれてさ、どうのこうのといって。うちの事務局もだめだと思ったんだけれども、あれはＰＦＩで率先して建てたのに、ＰＦＩのピの字もなかったね。管理者が設定した家賃がちょっと高かったんだね。それはまだ、世間から見れば、その高い家賃が安いんだよ。「安い安い」って、高級住宅にこんな安い家賃で入っているみたいにたたく。それで議員も、「こんなに安く宿舎に入れない」みたいに言っているんだよ。だけれども、あれは私はちょっと違うと思うんだよ。あれは家賃が高かったんだよ。今までのぼろ宿舎のときの家賃よりはるかに高いから。

中澤 当初は月額九万二〇〇〇円とのことです。

谷 そこらは勝手な当て推量だから、言ったら怒られるかもしれぬけれども。赤坂宿舎はそんなことなんだけれどもね。ただ、もともとは、私が庶務部長だったときに策定しようとしたのは、今の東京ヒルズ、防衛庁の跡地。防衛庁が市谷に移るといったときに、ではあの下の方の一画にでも用地を確保して、それで高いビルを建てて宿舎を、そして高輪とか九段も全部廃止して大蔵省に返して、そこにビルを建てて、用賀の速記養成所も全部そこのビルの中に入って、用賀の土地も返してついでに議員会館を建てようとしたら、そんなに負担じゃなかったんです。そういう計算をして、大蔵省にも少し話をつけたと思うんだよ。

長期計画だから、一応基本方針だけ策定して、それで「これから整備していこうじゃないの」なんといって、庶務小委員会か何か、あれは懇談会だったのかな、打ち出したら、ああいう土地が絡んでいる話はいろいろ思惑があるんだね。どこでどうなったのか知らぬけれども、根回しした段階ではそんなに関心もなかったのか、うんうんと言っていたのが、いざ会議を開いてみたら、何かのっけから、「そんな話はなしなし」という話になってさ。それでつぶされちゃったの。だから私らも、「せっかく事務方が一生懸命計画して計算してやったのに、知るか」なんてね。

それで、しばらくは会館も宿舎の建てかえの話もほっぽっていたんだよ。だって、それがあったらね、高輪とか九段も今やいやい言っているけれども、あれを全部放せば、当時バブルのまだちょっと前ぐらいの感じだからね、可能性はあったと思いますよ。でも、こういう話は、業者がいろいろな売り込みをやって、それまでも総長のところに模型図を持ってきたりなんたりで来た話が何回かあるから、何かそっちのいろいろな絡みがあるんでしょう。

◆国会移転構想

谷 そういうことがあって、これから議員会館の話。これは要するに、問題は、国会移転との関係なんだよね。

国会移転というのは、私の記憶に間違いがなければ、リニアモーターというのが当時あって、その試験場を山梨のどこか、大月のあたりにつくったでしょう。ちょうどそのころ、バブルのころかな、大深度地下利用というのがどこか大手のゼネコンから発表されたんですよ[71]。そうすると、地下何十メートルも全部利用できる。たしかあれは金丸さんが幹事長か副総裁だと思うんだよな、「大深度地下利用をして、リニアモーターを山梨とつなげば東京まで三〇分もかからぬから、山梨に国会を持っていったらどうだ」みたいな話が何となく伝わってきたの。それにわあっと議員が、わあわあ話に乗り出して。

特に、中部地方が当時ちょっと経済的に低迷していたんだよね。それであの周辺の国会議員もまた熱心になって「中部地方に何とか」という話がまた盛り上がったりね。あれは議会制度協議会だったか議運の庶務小だったか忘れちゃったけれども、参考人を呼んだ中で今でも覚えているのは、堺屋太一さん[72]に来てもらって、堺屋さんが言ったのは、要するに「もう東京一極集中ではもたない」と。首都機能まで言ったかどうか知らぬけれども、「国会は移転した方がいい」という話で。ただ、「水系を変えた方がいい」と言うんだよ。「もう利根川水系ではね」と言った。「水系があるところといえば、長良川とか木曽川とかがある岐阜のあたりがまだ土地があっていいところがある」なんという説で言うものだから、ますます中部地方の人が勢いづいちゃうわね。それで火がついちゃったんだよ。

あれは平成二年かな、国会で国会移転に関する決議とか何かやって、議員立法で法律をつくって、その調査会か審議会を内閣府に置いて移転する基準をつくって、今度は候補地を選定するのもまた内閣府につくって、それで候補地は三つぐらいに絞られてきたんだよね。それを今度は、国会移転の特別委員会をつくっていたから、ずっとこれは並行してやっていたんだけれどもね。

それで、議論をしたら、もうそのころはおかしな雰囲気になってんだよ、熱が。最初のころは、総論はみんな賛成だったんだよね。各論も、自分のところに来るかどうか、多少そういう可能性のある人はまだそれでも熱心だった。ところが、福島と岐阜の方と三重県の三カ所に絞られたら、もう熱心なのはその三カ所の周辺の議員だけなんだよ。あとはみんな、どちらかといったら知らぬ顔なんだよ。それで、その三カ所の方は「移転させせろ、移転させろ」と熱心だけれども、周りはもう何となく「どうして移転しなきゃならぬ」みたいな話になっちゃったんだよね。

それで結局、中間報告を本会議でしまして、中井洽さん(73)が委員長だったのかな。あの人も当事者なんだよ、三重の方のな。要するに、国会決議から中間報告に行くまで一二年間ぐらいかかったんじゃないかな。それで、「移転しない」とも何とも言っていないの。「将来、まださらに検討する」みたいなことを言ったのかな。だけれども、国会の中の雰囲気は、移転の話は事実上、それをもって一応のけじめで幕引きというような感じなんだね。

◆議員会館の建て替え

谷　その話の中で、議員会館はもうぼろぼろでどうしようもないんだよね。阪神・淡路大震災があったから、耐震建物として建てかえなきゃいかぬわけ。これがまた大工事なんですよ。手も入れたけれども、本格的にやるにはもうそれはね。もともとは、あれは最初の設計が、今二人で入っている分が一人分で設計していたんですよ。ところが、それでは立ち行かないものだから、半分にして二人で使うということにしている。だから狭いんだよね(74)。

そういうこともあって、建てかえなきゃいかぬのだけれども、何せ、片一方では一生懸命国会移転の話をしているわけだから、矛盾した話。片一方では移転するのに、片一方では「会館を建てかえろ、予算をくれ」といったってね。それは大蔵省だって「あんた何を言っているの」という話になったよ。それで、毎年やってもそれはらちがあかぬし、ただ幸い、さっきと同じようにＰＦＩの話が出てきて、それで大蔵省も、「では国会移転しても転用できるビルを建てるなら認めましょう」みたいな話になった。転用できるというなら、高層ビルしかないからね。

ではしようがないからと、今の官邸の横に、第一議員会館の隣に三十階建てぐらいの高層ビルを建てて、そこに全部入るように計画をして、庶務小に持ち出して、大蔵省もこれでは予算をくれるというからと、模型もつくってさ。庶務小も「それでいいだろう」と話がついて、ではしめしめ、これからかといったときに、小泉内閣で福田康夫さん(75)が官房長官で、〔九州大学法学部の〕先輩の古川貞二郎さんが副長官なんだよ。古川さんが来て話があると言うから、何の話かといったら、「あれは何とかならないんだろうか」と言うんだよね。要するに「隣にあんな高い建物ができたら、官邸はうっとうしくてしようがない」と言うんですね。実際に行ってみたら、確かにうっとうしいわ。前に山王ビルか、あの高いのが建っているでしょう。私らに言わせたら、ビルは建つのを認めていて、隣に建ったらけしからぬというのもないだろう」というようなことだったけれども、実際に見たら、あれは隣に三〇階、両サイドから高い建物に押さえられたのでは確かにうっとうしいわね。

だから、「分かりました」といって、急遽今度は図面を引き直して、今の形はもともとアイデアとしてあったから、今の場所に三つ、ちょっと高層にして建てかえると。それで、議運の庶務小にまた改めて持ち出したら、またこれが、「おまえらは官邸の言いなりになるのか」とかね。多少古川さんと私のことも知っている人がいたのかもしれぬけれども、「おまえらは官邸の言いなりか」とか何か言って怒られて、それでも、せっかくここまで来た話を元も子もなくなっちゃ困るから、「とにかくこれで」ってさ。それで一応建つことになった。ＰＦＩで、これは割に問題なくすんなりいきましたけれどもね。ただ、どういうことなのか知らぬが、三〇年ぐらいたったらまたあれは全部返してもらうんだよね、土地から何から。「土地から何から移っているのか」と言ったら、「いや、土地は国有財産でそのままです」と。だから、営業権か何か、会館の管理権か何かを全部返してもらうのかな。

牧原　私も古川さんにこういうオーラル・ヒストリーをしていたんですが、たしか古川さんがおっしゃっておられたのは、「山王ビルが建つときに、やはり官邸の安全対策で、何か官邸向きの方の建物の設計を変えさせたりとかいろいろした」という話をされました。官邸に向く方は何か窓を、どういう形で減らすか何か、とにかくそういうようなかなり注文をつけたとおっしゃっていましたけれども、こちらの方はそれは高さだけだったんですか。

谷　高さよりか、私らもそこまで気にかけなかったけれども、実際に行ってみたら、本当に、そことここの間ぐらいの空間に三〇階建てが建つからね。それは隣にいる人から見たらうっとうしくてしようがないというのは、分からぬではないわね。結果としては、今の形になってよかったと思うんですよ。無理して三〇階建てみたいな高いビルを建てたってね。

◆新ホール建設構想

谷　ただ、その三〇階建てのビルの設計でよかったのは、今の本会議場はちょっと民主的な本会議場じゃないんだよね。発言を自由にやれるような議場じゃなくて、どうしても儀式にならざるを得ないようなね。だから、「もしそれでいったら今の会館のところが全部空いちゃうわけだから、その空間にまた何かホールでも建てて、第二国会議事堂本会議場みたいなのができるのかな」なんて冗談半分にはよく言って。実際には勉強もしたんだよ。そういう構想もあったんだけれどもね。

牧原　そういうアイデアというのは、どこから出てくるんですか。

谷　それは我々が勝手に議論してたんですよ。

牧原　事務局の中では、そういうことを主張されたのはどなたなんですか。

谷　それは、何か私と営繕の関係者でやりとりしていましたよ。

牧原　そのときのイメージというのは、やはりもっと平場の会議場みたいな、演壇がなくてみたいなものですか。

谷　今の第一議員会館のところがずっと更地になるから、そこにホールみたいなのを建てて、本会議場で外国要人が演説する代わりに、そういうところで演説したり、何かイベントができるような。あわよくば、もし本会議場をもっと平たくやれといえば、あの本会議場は下にベトンというのか、コンクリートの塊が入って壊れないから、ドイツのベルリンの議事堂みたいに新しく、もうちょっと平たい本会議場をつくれるんじゃないかなという構想もあって、多少はそういう夢は持っていたんですよ。

牧原　イメージとして、そのときはドイツのベルリンに新しくできたああいうような感じのイメージでやっておられたんですか。

谷　そうね、何かそういう平たいね。前から「議長の席が高過ぎるから下げろ下げろ」とか色々あったんだけれども、あれは壊れないからね。また、建築屋さんは、「やはり日本国産の粋を集めた技術だから、穴一本あけてもらっちゃ困る」というような態度なんですよ。だから、あれはあれで貴重な文化財として残さないかぬと思っていますけどね。

そういうことで議員会館を建てることになったけれども、それの一つのてこになったのは、韓国なんかと割に議員が気楽に交流するようになったでしょう。そうすると、韓国の議員会館なんかは広くて立派なんですよ。秘書さんも、あそこは秘書制度が逆にしっかりしているから、国から五人ぐらいまでお金を出して、その最後の一人は運転手とかね。三人までが何とか秘書で何とかと、きちっとしているんですよ。だから、制度の見た目というか、会館の見た目は向こうの方が大きくてきれいなんだよ。そういうのもあって、議員も割に狭い狭いと言うようになっていった。

◆ 国会テレビのこと

中澤　続いて、庶務部長時代、国会テレビについてお願いします。

谷　これは、最初から私もたしか携わっていたと思うんだけれども、もともとの起こりは、TBSに田中良紹さん(76)というのがいたんだよ。その人がワシントンか何かの駐在のときにアメリカのC―SPANを勉強してきて、それを日本でもできないかというような話を自民党に持ち込んだんだと思うんだよ。

当時、最初のころだと思うんだけれども、実際に国会の中で動き出す前に、金丸さんが直接言ったかどうかは知らぬけれども、私の記憶では、最初は国会に放送局をつくる話があって、羽田孜さん(77)が議運の理事か何かしていたのかな、呼ばれたんですよ。羽田さんだけじゃない、中村喜四郎さんもいたのかな。金丸さんがよく使っていた、日商岩井かあの近くに、上の方に高級フランス料理屋〔クレール・ド・赤坂〕があったの(78)。そこで昼飯をごちそうになって、要するに、こういうことをやりたいという話なんですよ、国会放送局をつくりたいという。それが始まりじゃないかと思うんだよね。

それで、いろいろ勉強していったら、国会で放送局をつくるのは、郵政省はだめなんだよね、放送何とか法にひっかかって。理論上、C―SPANというのも、公正中立な建前みたいなわけでね。私らも、「放送局をつくったって何するのよ」と。審議を中継するといったって、二四時間審議をやっているわけでも何でもないからね。それで、いろいろあったんだと思うけれども、私もそのところの議論はしたけれども、「これはやはりだめだ」という話になって、放送局はつくれないということになった。そうしたら「放送局はあきらめるけれども、C―SPANで映像を外部に出そう」という話になった。これが紆余曲折というか、世間の発達の方が早いんだよね。最初はC―SPAN、ケーブルテレビね。ところが、そのころは東京以外のところの方がケーブルテレビはどっちかといったら発達していたのね。ここではだめなんだよ、千代田区では。何もないんだよ。

それと、今でこそケーブルテレビは割に普及して、JCOMとか何かああいうのがあるけれども、当時はまだそんなものは何にもなくて、アメリカのC―SPANというのは、国会中継だけじゃなくて、料理番組とか野球番組とかをセットにして売っているあれだから。だから、それがなかなかうまくいかなかったら、そのうち、衛星の回路を使ってCSでどうだとかBSでどうだとか、どんどんそっちの方の話は広がっていったんだけれども、何せ予算措置は簡単にいかない。いかないだけじゃなくて、業者はたくさんあるんですよ、いろいろな人がいっぱい議員を通じて来ましたよ。要するに国会放送をやりたいみたいな。だけれども、みんな違うんだよ。「BSでもCSでもいいから、落とすまでは全部やってくれ」というわけよ。その電波が落ちたら商売は幾らでもできるわけですよ。「そこまではやってくれ」というわけですよ。

そうはいってもなかなか。じゃ、「この周辺とか何かでC―SPANの、ケーブルテレビの出せる整備をしよう」といって、そんないきなりはできないから、委員室に少しずつカメラを据えて、まず第一委員室に設置したんじゃないのかな。それで少しずつテストして、一つずつ予算をもらって部屋にカメラをね。それはもう案外、四、五年で完成したんじゃないのかな。それで全委員室に大体できたの。

そうしたら、スイッチボードを操作する部屋がたくさん要るから、それで地下に大きなのをつくったんですよ。最初は、予算委員室ぐらいのが二つ、三つだったらちょっちょっとした地下でできたんだけれども、全委員室になるともうだめだから、この際変えようといって、そのついでに、大蔵省もよく予算をくれたと思うんだけれども、じゃホールも、参観者が来ても雨に濡れるのはかわいそうだからというのもあったから、あそこの地下に大きなホールをつくって、その地下にテレビの部屋をつくった。

そういう国会内の話は進んで、ケーブルはすぐ外に出せるように整備したの。だから、線を持って引っ張ってくれば映像は幾らでも出るようにしたんですよ。そうこうするうちに、政党本部と霞が関にまず映像をと。それも一問着あったのは、郵政省が「とにかく不特定多数の人が見る映像のところは放送だ」と言うんですよね。これは放送法にひっかかってだめだと言うんですよ。随分研究してもらって、最初は有線放送か何かの法律を改正して、何かかかんかね。だけれども、そのときわかったのは、要は「私らにお任せください」という話なんだよ。要するに、そういう下部機構があって、「そういうのは全部私らが取り仕切ります」みたいな話だったような気がするな。

制度は整ったんだけれども、予算をもらえないからどうしようもないよね。説得力がないんだよ。どこか、ＢＳでもいいですよ、チャンネルをもらっても、国会の審議時間というのは平均したら三時間ないんだよ。だから、二四時間テレビが放映できるのに、たった三時間しかない。もっと言えば、政府でも何か一緒に広報をやるというので、その専用の放送をするというのならまだ話ができたんだろうと思うけれども、ただ、政党の広報なんといったら、今度は事務局がタッチするには難しいからね、自分のところの宣伝をするんでしょうから。そんなこんなしているうちに、またあっという間に一人にパソコン一台ずつ備えてよろしいみたいな話になって、あれもまた、私らの感覚からいったら、あっという間に会館から職員からみんな一人に一台ずつパソコンがついちゃった。そうしたら、あっという間にパソコンで中継が見れるようになって、長々といろいろ紆余曲折あったけれども、パソコンがみんなに行き渡ったら全部解決したみたいになっちゃったね。Ｃ－ＳＰＡＮはそういう感じです。

経緯はあるけれども、何か随分いろいろな人が小委員長になって、まず亀井善之さん(79)でしょう、額賀福志郎さん(80)でしょう、その次は野呂昭彦さん(81)、大島理森(82)、園田博之(83)、坂井隆憲、金子原二郎(84)、細田博之(85)とか、ずっと、逢沢一郎(86)までなっているな。とにかく、ごちゃごちゃやっていましたよ。

牧原　小委員会は、議運の中の小委員会ですか。

谷　議運の中にテレビ小委員会というのをつくったんですよ。

牧原　その議運の処務というのは具体的にはどういう、あらゆるものですか、要するにそういう細々としたもの。それとも、何か処務には幾つかの類型があるんですか。

谷　議運で代々あるのは、国会法改正小委員会というのがある。それはでも、改正することはめったにないからね。これは大体、議運の委員長が兼ねるのかな。それと、大きなのは庶務小委員会というのがある。これは衆議院の院内の行政とか予算とかの話。これは大体、筆頭理事が委員長を務めて、野党の筆頭が入って、一〇人ぐらいで構成するのかな。あとは図書館運営小委員会と警察小委員会というのがあるんだね。これぐらいが常設の小委員会かな。テレビなんかは、そのときそのとき問題が起こって、テレビ小委員会というのをつくった。

◆海部内閣の国会改革

中澤　庶務部長時代の最後に、時々の政権における国会運営の特徴などをお聞かせ下さい。

谷　宇野さんと海部さんのときは、ＰＫＯがあったんだよね。ただ、ＰＫＯが本当に動くことになったのは宮澤内閣のときだったと思うけれども。ただ、いずれにしても、いわゆるねじれ状態だったんだよ。今みたいな、小泉純一郎さん(87)のときみたいなあんなねじれじゃないけれども、ねじれ状態だった。それで、湾岸戦争とか何か、ああいう大きな事件があったけれども、国会運営の中ではそんな乱暴なことも余りしなかったんじゃないのかね。ああいうときは意外と国会は、いろいろあっても、正常な運営の範疇におさまるような状況が多いんですね。話し合いがどうしても進むんですよ。

牧原　海部内閣というのは、今から考えると案外長いんですよね。

谷　長いですね。ちょっと宇野さんが早過ぎたものね。

牧原　それもあるでしょうけれども、比較的安定していたということになるんでしょうね。

谷　そうですね。まあ、経世会が支えて安定したんだろうけれども。

中澤　参議院で自民党が過半数を割るといいますか、その中の過半数割れとなった状況は、余り衆議院に影響するということは特になかった、ということでしょうか。

谷　あのときの状況は、議事運営そのものはそれほど深刻じゃなかったのかな。それと、一つは、もうそろそろ問題になってきちゃったんだよ、リクルートからの余波で、今でも片づいていないけれども、政治と金の問題が結局、国会、政治の一番の問題になっちゃったんだね。だから、それはロッキード事件のときからずっとそうなんだけれども、一応ロッキード事件は、私の理解では、政倫審ができて行為規範ができて、あれが衆議院としての一つの決着だったと思うんだよね。その後に今度はリクルートが起こって、そして証言法の改正とか何かは田中〔角栄〕さんの問題があったからやっていたんだけれども、それが片づいた後は、ロッキードの後は政治改革だよね。だから、その政治改革の発端にあったのは、要するにそういう政治と金の問題。それで政治改革ブームになって、政争がらみの話になってくるのだけど、どちらかといったら、私らの記憶にあるのはむしろ国会改革ですよ。今覚えているのは、私がまだ庶務部長のころに、自民党は伊東正義さん[88]が国会改革の委員長か何かになって、後藤田正晴さん[89]が副委員長か筆頭なんだよね。事務局全部呼ばれましたよ。私も庶務部長で呼ばれて、それで党本部で、いわゆる自民党の国会改革もいろいろ聞かれて説明したことを覚えています。

牧原　武村正義さん[90]が事務局を実質上取り仕切っていたというものですよね。

谷　そうかな、そうかもしれぬね。ただ、後藤田さんなんかも随分熱心にやっていたよ。まだ覚えているのは、「衛視が多過ぎる」という話になって。確かに昔は、衛視は開会臨時だったんだよね。要するに、幹部だけはいるんだけれども、衛視さんは国会が開会されると雇っていた。「閉会中になったら赤坂の銭湯で三助やっていたじゃないか」なんと言って、またひどいことを言うなと思っていた。法制局についても「おれらに法律を説明するんだから、しっかりした人を採っているんだろうな」なんて。当時の法制局長かだれか、いや、局長じゃなかったな、「ちゃんと東大出で採っています」と言ったら、「おれはそんなことを聞いているんじゃない」なんて怒られてさ。そういうことがあったのを覚えている。

牧原　それは何度か行かれたんですか、それとも一回ぐらい。

谷　そんなに何度も行っていない。庶務部長レベルで行ったのは二回ぐらいじゃないかな。あとは細かい担当が行ったのかもしらぬけれども、伊東さんがいて後藤田さんがいたような席に呼ばれたのは、一回か二回しかないと思う。

◆三木武夫銅像のこと

谷　それともう一つは、海部さんが総理のときに、三木〔武夫〕さんの銅像を建てた。あれも、石井何とかさんという彫刻家、これは三木さんの奥さん〔三木睦子〕が御指名だったと思うんだよ(91)。それまでは全部、三越か何かに一切合財を頼んでいた。そういうことだったものだから、じかにつくってもらって、だから、台座から何からその人が全部手配してつくった。後で言われて、ああいうのは全部三越に請け負ってもらうとマージンを取られるから、実際は手元にはそのまた何分の一しか来ないんでしょう。だけれども、「今度は全部私が取り仕切らせてもらったから助かりました」と。そういう記憶はある。

大理石の台座は、営繕は、こんな重いものを設置したら底が抜けると言うんだよ。それでまた持って帰ってもらって、中をくり抜いてもらって、別に予算を出したわけじゃないが、そして据えつけてもらったら、阪神・淡路か何かのときかな、聞いたら、あのときそういう話だったけれども、「これは大丈夫かい」と言ったら、「いや、そんなことはありませんよ」と。うちの営繕もいいかげんなことを言っているんだな。

銅像の話ついでに言えば、次にお迎えになったのが原健三郎さんでありまして、原健三郎さんも五〇年過ぎたけれども、全然だれも賛同しないのよ。本人だけが「建つ建つ」と言いながら、とうとうおやめになるまで建たずにそのままになっちゃったけれどもね。

中澤　銅像を建てるというのは、何か手続があるのですか。

谷　一応あるんですよ。それは、五〇年在職の議員が自動的に建つわけじゃないの。五〇年在職したら五〇年在職の表彰は受けるわけですよ。そして、そういう人が名誉議員の称号を称してよろしいと決議される。その名誉議員の称号を与えられると銅像を建てましょうということなんだよ。だから、考え方の上では、五〇年表彰されたから、確かに自動的にはなっていないんだよ。それで名誉議員の称号を与えられて、そうしたら銅像がついていくという感じなんだ。

中澤　原氏は名誉議員の称号を……

谷　ない。三木さんとか、それまではなっていたんだから。ただ、尾崎行雄さんが、あれは戦前に、みんながもともとお金を出して、それで銅像を建てようといって朝倉文夫さんに頼んでいたんだ。あの人は戦前に五〇年を迎えているわけだから。それが戦争のあれで、戦後になって銅像をおつくりになったということだからね。

櫻内義雄さんは五〇年になったんだと思ったね。ただ、中曽根さんは、比例の年齢制限で五〇年にならなかったのかな。

◆国会開設百周年

谷　それから、庶務部長時代には国会百年行事というのがありました。『議会制度百年史』の編さん委員会の幹事に委嘱されているんですけれども、私、作業に携わった記憶が全然ない。恐らく、『七十年史』というのは、私らが入る前に一大事業として取り組んでいたんじゃないかな。当時、『七十年史』編さんのために、相当いろいろな人が集まったんだと思いますよ(92)。だから桑形〔昭正〕さんなんかも、衆議院に入った一つの理由は、『七十年史』編さんのときの要員として京都の大学院から迎え入れられたんじゃないかなと思います。だから、そのときは大変だったんでしょうけれども、『百年史』になると事例追加みたいな話で(93)、どちらかといったら、百年の記念行事の方には私らは携わりましたけれども、『百年史』そのものは余り記憶がない。

百年の記念行事については、一応、庶務部長のところが主体的な所管になって、それでみんなの意見を聞いたら、国会を全部開放しようじゃないかという話になった。別に今までも開放されていないわけじゃないけれども。それで、まず中央玄関を一般の人に開放して、議事堂の中は全部、本会議場も見せようと。ただ、本会議場は、いろいろあったんだ。中を、議席があるところを全部歩かせるかとかいう話もあったんだけれども、そこまでやっちゃうとね。イギリス議会は、下院議場なんかはみんな歩けるんですよ。参観でずっと歩けるんだけれども、座ると怒られちゃうんです、「これはメンバーズシートだ」って。要するに、座るなら国会議員になって来い、こういうことなんだね。そういう意識はやはり大事なんだと思うよ。日本だと、選挙区の人のサービスにそれを許しちゃうと、どなたでもどうぞお座り下さいみたいになっちゃう。だから、あれは議場のフロアには入れなかったんじゃないかな、議長席の裏を通っていくとか。それから、御休所とか、ああいうところも全部見せるようにして、ところどころにいろいろな部署の展示をした。特に人気があったのは、速記の実演をやるのが大変人気がありました。

それで、まず最初に、中央玄関は、あれは本当に国会も古い考え方を持っていて、私が議長秘書のころ、あれは天皇陛下がお使いになる車寄せだから両院議長でも使っちゃだめだという話だったんだよ。車寄せじゃない、もっと下までおりて使ったんですよ。「そんなばかなことないじゃないか、新しい国会になって、衆参の建物のあるじ、代表の衆参両院議長が車寄せを使えないというのはおかしいじゃないか」と言ったことがありますよ。それで、あそこは参議院が所管だから、すぐ改めてくれたんだけれども、それぐらい、中央玄関を開くということは、うちの古い人から見ても、何でそんなことをしなきゃいかぬみたいな感じはあったんだよね。

それともう一点は、式典をやるのは一一月の二九日なんだけれども、あのときに天皇陛下が、それまで昭和天皇のときは、昭和天皇がお体が少し弱られたからというんじゃなくて、年をとった議長が多くなったものだから、そういうのが半分あったんだろうと思うけれども、ずっとエレベーターを使って御休所の階まで上がっていたんだよ。多分、そのとき初めて天皇陛下と皇后陛下がずっと昔どおりに真っすぐ階段を上がっていくことにしたと思うんです。

それで、びっくりしたのは、三日間開放したんだけれども、一日は雨が降ったと思うんだけれども、最初の日はそうでもなかったな、とにかく、トータルとしては一〇万人を超えるぐらいの参観者があったんだ。最終日は日曜か何かで、朝の九時半でもう締め切った記憶がありますよ。要するに、九時半までに並んだ人が順繰り見て回っても、夕方の六時頃しか出られないんだよ。そんな状態だったから、国会が開かれていないという証でもあるような感じだけれども、まあ私に言わせれば、日本人の体質として、何かそういうのがあるとわあっと押しかけるところがあるんじゃないかなと思うんだよね。

それで、そのときに附帯工事としてやったのが、一つは噴水。今は国会議事堂の前に噴水があるんだよね。その前は、あの場所にはツツジの大きな築山があったんですよ。百年の記念行事の一つに噴水を作るということになって、もともとあれは、議事堂を建てたときに、あそこに噴水を作るように計画していて、水道管を敷いてたという話。それで、それを作ることになったんだけれども、そのとき、あの有名な芦原義信さん(94)という建築家がデザインしてくれたんだけれども、もう石がなかった。だから、あれは国産の石じゃないんだよ。国会議事堂というのは全部国産の石材で作ったことになっている(95)。だけれども、もうあれだけの御影石がなくて、あの噴水はカナダ産か何か。そういう御時世になったね。

それともう一つは、私の記憶では、議長サロン〔巻末構内図を参照〕に北斎のつづれ織りの絵があるんだよね。これが、とにかく、何が描いているか分からぬぐらい、絵とも思えないような灰色の壁かけみたいになっていて、それを作り直して、これは相当なものいりでした。きれいになったら、秋の山道みたいな景色だけれどもね。そのとき、京都の住江か、織物屋さんで、昔のそういうつづれ織りをするのは残っていないんですよ。それで、修理したら、「これまた五〇年ぐらいしかもちませんよ」と言うんだよ。それは大変だといって、アクリルか何かでコーティングしたら長もちするんじゃないかと聞いたら、いや、絹だからそんなコーティングしたらだめだと言うんだ。しかし、五〇年たったら職人がいないからできない、そういう話だった。

ついでに言えば、ちょっと庶務部長時代じゃないんだけれども、浩宮殿下が国会参観に来たことがあるんだよ。私がちょうど秘書課長で、綿貫〔民輔〕さんが議運の委員長の頃だな。後に東宮侍従長になっておやめになったけれども、曽我〔剛〕さん(96)という侍従がいて、どうして私は知っていたのかな。どっちが持ちかけた話かよく記憶がないんだけれども、私の方が冗談にそう言ったのか、向こうからどうでしょうかという話があったのかちょっと記憶がないけれども、じゃ、浩宮殿下に国会を見てもらおうということになった。

ついでに言えば、衆議院議場の上に御座所というのがあるんだよ。あそこにも玉座があるんだけれども、あそこには天皇陛下は一度も入ったことがないんだよ。使ったことはないんだけれども、そのときついでに玉座を調べてもらったら、「もう玉座は作れません」と、職人がもう絶えてね。ただ、あれを見て思うんだけれども、やはり日本の帝国議会もちゃんとしていたんだよね。イギリス流に、貴族院はオー・マイ・ロードで同じ床の上で同席するようになっているけれども、コモンズの衆議院議員とは席を同じじゅうしないんですよ。ちゃんと上から見るようになっていますよね。だから、そういうのは、やはり戦前のそういう意識がきちっとしていたんじゃないのかね。

そのとき、何かいろいろやったよ、テレビの実験放送とか。それから、記念式典の後、レセプションをやるんだよ、今の予算委員室と三つぐらい部屋を通しにしてね。参議院で議会政治の関係の展覧会みたいなのをやって、そこは天皇陛下がごらんになって帰ったという記憶があります。

あのとき、あれだけ人が詰まっていたから、だれかがぶっ倒れて押しつぶされたりなんたりしたら、すぐ庶務部長の責任になる。幸い何事もなく済みましたけれども。そういうことがあったね。搭屋のライトアップは、そのときはもうしていたな。あれは、原健さんのときに、石井幹子さんという有名な女性の、東京タワーをライトアップした人がいるでしょう、あの人が陳情に来た。それから、売上税の頃に、ちょうど原健三郎さんがパレスホテルに弥富さんを呼んで飯を食うということになっていたんだよ。そうしたら、弥富さんは行かないんだよ、「おまえ行け」と言って。呼ばれもしないのに何で私が行かなきゃいかぬのよ。しようがないから恐る恐る行ったら、用件は搭屋のライトアップの話なんだよな。

確かに、夕方、夕やみの中にぽつんと国会議事堂のところだけ真っ暗にあの建物が見えるんですよ。例の調子によって、「何じゃあれは、あんな汚いような格好のものが見えるのは都市の恥だから」と。わかりましたと。計算したら、そんなにお金はかからないんだよ。大層なことを言って断るほどのこともないぐらいの予算で、割にすんなりいったけれどもね。

赤坂　今の、弥富〔啓之助〕さんが原議長に呼ばれて行かなかったというのは……

谷　それは、やはりいろいろと……。弥富さんは自民党の方から、要するに国会運営、何とか強行採決の始末を全部議長につけさせるみたいな雰囲気がある中で、のこのこと飯を食いながらそんなね。だから行きたくない。そのかわりに「おまえ行ってこい」と言う。行ってこいといったって、呼ばれもしない飯に、でもパレスホテルのフランス料理というのは当時は有名だったからね。そんなことがありました。

V

◆事務次長就任

牧原　その後、兼務しつつ事務次長に移られましたが、これはどういう昇任になるんでしょうか。

谷　本来の今までの流れからいうと、大体、次長に上がるのは委員部長をやってから。庶務部長をやって委員部長をやって次長に上がるというのが大体一つの道筋だったと思うんだよね。だけれども、委員会運営には私よりはるかに堪能な平野〔貞夫〕先生がいたから、私が庶務部長になって、その後、平野氏がすぐ〔委員部長に〕なったんだと思うよ[97]。だから、私は委員部長は経験していないの。そういう意味では、秘書課長時代も含めて、要するに委員会運営のもめごとの現場は目にしていないんだよね。

牧原　平野氏が、ちょうどこのすぐ後ぐらいに委員部長につかれているようですね。九月だったかなと思います。

谷　あれは、池田稔さん[98]が次長をしていて、定年でやめたのかな。それで、私が急遽次長に上がることになったのかな。

牧原　このとき、引き継ぎとしては、谷先生が次長になるというのはスムーズにいったんでしょうか。

谷　何かいろいろあったんだと思いますけれどもね。平野氏との関係は、むしろ次長に上がるときかな。これはちょっとあれなんだけれども、弥富〔啓之助〕さんがやめて、どちらかといったら弥富さんもそのころまでは、事務局の伝統からいうと政治の世界に余り深入りするのはいけない、という感じでいたと思うんですけれどもね。あの人は、会計検査院に行く機会もなかったから、結局、人事院総裁を希望していたんだよね[99]。だけれども、人事院総裁は内海倫さん[100]がなったばかりで、任期をちゃんとするまでは相当時間があったんだよ。それを何となく、任期の途中でやめてもらって弥富さんが行くとかいうような話だったんだよ。だから、今考えると、総裁に入るまでに一年ぐらいあったからね。だから、まだちゃんと契約書を交わしているような話じゃないから、弥富さんもちょっとやはり不安というか、そういう気持ちがあったんでしょう。

そういう中で、やはりどちらをトップにするかという選択になったときに、「では平野氏を」というような考えはあったと思いますよ。それは私もちゃんと言われたことがあるから。要するに、下世話に言えば、「おれを人事院総裁にするために働いた方をおれは総長に推す」みたいな、そういう考えはあったと思うんですよ。それは、弥富さんがずっとそういう気持ちであったというんじゃなくて、人事院総裁に行くまで一年間ぐらいちょっとブランクがあったから、恐らくそういう気持ちの揺らぎがあった時期があるんだと思うんだよね。行ってからは、別にそんなこと一言も私に対して何もないし、今までどおりの交流をしていたから、それはないんですけれども。

だから、そういう関係で、若干、平野氏はおもしろくない思いをしたんだと思いますよ。二期目のときに、どういういきさつがあったか、だれかに働きかけたのか、弥富さんの就任に、二期目のときには、少し反対じゃないけれども、すんなりと了解しないで、ちょっと時間がかかったことがありますから。

中澤　事務次長に就任する際に、事前に次長に就任してほしいというような内示があったんでしょうか。

谷　内示というけど、ただ、緒方さんは、そういう意味では、事務局の正当な姿という意識は強かったんじゃないのかな。だから、いろいろあっても、緒方さんはそういうのは断ったはずですよ。だから、それは私にとってみれば、緒方さんが総長のときには立ち働いてくれたんですよ。

それで、私の事務次長というのは、大ざっぱに言うと、平成二年からか。一年庶務部長を兼務して、一年ぐらいは議事部長を兼務して、それで、本当に単独で事務次長をやっていたのは一年ぐらいかな、そんな感じですかね。

平成元年になっているから、四年か五年ぐらいやっているのかな。

中澤　平成三年一月より事務次長です。

谷　そうだ、池田〔稔〕さんが事務次長をやっていたからね。だから、庶務部長をやっていて、それで事務次長は三年ぐらいかな、大体大ざっぱに、一年、一年、一年でね。だから、最初の一年は庶務部長を兼務していたね。

中澤　そうですね。兼務しておられます。

谷　〔質問票にある〕平野〔貞夫〕氏との関係というと、要するに、事務総長の将来を争ってライバルでわあわあやっていたというような雰囲気じゃなかったと思うけれどもね。ただ、それは平野氏を応援する人もいたと思うんですけれども、あの人は、議事運営というか委員会運営には大変能力のある人で、私らから見たら大変エネルギーの大きい人です。これはちょっときざに聞こえるかもしれぬけれども、私の好きな言葉に、その頃もよく思い出したけれども、藤原定家の「紅旗征戎《こうきせいじゅう》吾が事に非ず」という、明月記、日記に書いている言葉があるんだよね。「世上、乱逆追討耳に満つといえども之を注せず。紅旗征戎吾が事に非ず」。ちょうど平家の末期で、何とか、王の綸旨をいただいて、源頼朝の前の者が挙兵したりなんたり、そういう騒乱の時期です。そのときの定家の真意はどういうものか私なんかよく分からぬけれども、少なくとも私流に言わせれば、そんなことは関係なく私は和歌の道に、ということなんでしょうね。

だけれども、私もそういう心持ちはあったね。紅旗征戎というのは、今流に言えば権力闘争だね。私はどこか、そういうところに立ち入るのはごめんだといって外に行く方だろうけれども、平野氏は、どっちかといったら喜んでそういうところに飛び込んでいくタイプかもしれない。そういう意味で、長い衆議院の伝統でいえば、要するに事務総長みたいな地位にする人はそういうところに余り立ち入らないというような暗黙の何かがあったとは思うんだけれども、ただ、弥富さんが一時期、さっきも申し上げたけれども、おやめになって人事院総裁に行くまでに一年ぐらいあって、内海倫さんが人事院総裁で、内海さんが人事院総裁の任期を満了してから行くんじゃないんだよ。途中でやめてもらって行く話になっていたから、やはり本人もそういうことがすんなりいくのかどうか不安もあったと思うんだよ。だから、多少そういう点では自分の将来のこと等あって、心が揺れていた時期はあったかもしれぬ。

赤坂　後継の総長は、事務局の中でどのようにして決まっていくのでしょうか。

谷　事実上、流れからいうと、次長に上がると大方は事務総長に上がるということなんだけれども、やりくりがつかないで、弥富さんのときも何人かは次長でおやめになった方もいるし、私のときも何人かはやめている。ちょっとやりくりがつかないから、つなぎみたいな形でということはあります。ただ、素直な考え方をすれば、やはり昔は、委員部長をして事務次長に上がって総長になる、それまでに庶務部長とかなんかも経験していて。

だから、私も、庶務部長になったのは有難いと思っていましたよ。やはり、委員会運営に携わる時間がなかったから、秘書課長が長かったから、もう全然。六年間、弥富さんの総長在任とほとんど同じぐらい秘書課長をやっていたから、実際の委員会運営に携わる時間がなかった。だけれども、将来のためを思えば、庶務部長というのは片一方の院内の行政だから、これを知るということは大事なことだから、わずかな期間とはいえども有難いと思っていました。

赤坂　御本人同士ではライバル意識というのはどこかしら持ちながら、というところでしょうか。

谷　平野氏は、それ以前に、やはりどこか政治の世界に行きたいという思いはずっとあったと思いますよ、もともと。

赤坂　むしろ、御本人同士というよりは、周りの人たちがいろいろ言ったということでしょうか。

谷　それは、やはり周りはいろいろありますよ。どっちかといったら、うちは、いわゆる霞が関でいうキャリア組なんというのはほんの何人かしかいないわけだから、そうすると、圧倒的にやはりキャリア組でない人は、自分たちの立場から見たら平野氏をと、そういう人はたくさんいますよ。そういうときは、あれと同じだよ、三国志に載っている曹操の話に出てくるんだ。あれは、敵陣の兵を負かしたら、手紙がいっぱいあって、それを全部読まないで破ったというのは、自分の部下だって相手に内通していたのがいっぱいいるわけだよ。だから、要するに、見たら、あいつとこいつとけしからぬという話になるけれども、そういうものは見なかったというのは、やはりそういうことは知らぬ顔をしなきゃいかぬと、心得として私は思っています。だから、わざわざ、あのやろう、このやろうなんて、それはない。結果的には、何か知らぬけれどもその人が変な人で仕事もできないような人だったら別だけれども、まあそれなりに。

うちだって、弥富さんのときに一生懸命中核で働いた人というのは、今、私らがそのときにいたのを見ると、大久保〔孟〕さんのときに育った人が結構多いんだよ。大久保さんのときに、後藤〔英三郎〕さん(101)という、憲政記念館長でおやめになったかな、いわゆる股肱の臣みたいな人がいて、要するにその人が若者を育てた。厚生課長を長くやっていましたから。だから、その人を慕う人は今でも結構いますよ。若者を育てたんですよ。大久保さんと弥富さんは、はた目からでも仲が悪かった。だけれども、弥富さんも、総長になったら、その若者たちを結構みんな使っていったから。私も秘書課長でお仕えしたけれども、「あの人とこの人は仲が悪い」とかなんか言っても、現実に見たら、やはりそこは大人だから、騒ぐほどのことないじゃないかというのが結構いっぱいありましたよ。狭い社会だから、そんなものですよ。会社で、社長を追い出すとか追い出さぬとかいうようなたぐいの話じゃない。

だから、若干、弥富さんのそういうのがあったりなんたりしたから、それは平野氏も後々は不快な思いをしたかもしれぬし、何となく自分にというようなことは、恐らく、今は当て推量だからあれだけれども、それぐらいのことは言われたかもしれぬ。ただ、いわゆる権力闘争みたいにして、仲間を集めてわあわあやったような記憶はないよ。私は、どっちかというと成り行きに任せるタイプだから、ならなきゃならないで結構よというような感じだから。

◆事務次長の職責

谷　それで、事務次長の仕事というのは、本当に、突き詰めていったら何もないんだよ。専権事項は何もないんだから。事務の判こで、事務次長の決裁でこれで全部決まりというのはない。事務の上で、次長の決済で済むとかそういうのはなかったと思うな。

ただ、本会議は、本会議場は総長は番台（総長席）に座るから、細かいことはもう一々処理できない。というのは、昔は違ったろうけれども、今は全部、議場内交渉係が上がってきたらまず次長のところでいろいろ協議する。そうすると、その協議の結果によって総長、議長が議事を進行する、大体そういう雰囲気になってきたからね。だから、本会議の仕切りは大体次長がするということになっていますがね[102]。

それぐらいが一番大きなので、あとは、いろいろなことがあっても、結局、最終的には総長が全部決定権を持っている。だから、意見は具申できても、次長どまりで私が判こを押したから全部これで決まりです、なんというものは何もない。

ただ、余計なことを言えば、こういうことは言えると思うんだよ。要するに、やはり議会運営だから、お話ししたかもしれぬけれども、いろいろな議会運営の渦巻きができるんですよ、要するに人との関係が。例えば野党とか、まあ自民党でも、特に国対とか。一義的に、総長は議運の委員長とか理事を通じてしか仕事がなかなかできない。国対委員長を呼んであれこれ協議するなんというのはできないんですよ。だから、さっきも言ったように、衆議院の伝統というのは、やはりトップに立つと、国対委員長レベルとは仕事ができないんだよ。それは、電話がかかったりなんたり相談は乗れても、事務として、国対に行ったり国対委員長を呼んだりしていろいろ協議するというのはなかなか〔できない〕。逆に言えば、それはやっちゃいけぬことなの、そこまで政治の世界に入っちゃ。だから、逆に言うと、平野氏なんかも、そういうところに使われた面があるわけですよ。彼もまた、そういう点になったら人一倍お仕えするタイプだから。代々、やはりそういう国対レベルでごひいきにされる人はいるわけですよ。では、その人は将来みんな偉くなったかといったら、それはならない。国会職員というのは、不偏不党というか中立公正にというのがやはり一つのわきまえとしてあるから、余りそういうところに深入りするというのは、幹部になってくるとちょっと障りになってきますね。

話を戻すと、例えば大久保さんのときには次長が荒尾〔正浩〕さんだったんだよね。荒尾さんは、どっちかといったら国会運営はそんなに堪能な人とは周辺から余り見られていなかった人だと思うよ。本人は「そんなことはない」と言うかもしれぬけれども。まして、あの人もまた政治家になりたいという気持があって、だから、そのころの輪っかは大久保さんのところで巻いていたのかな。でも、そのあたりはもう平野氏とかなんかも議運の担当者だったから、そういうところの補佐をしていたんだろうけれども、その頃ももう事実上、あるいは、弥富さんが委員部長だったりなんたりしているから、そういう仕切りはしていたのかもしれぬ。荒尾さんのときには弥富さんが次長になっているから、弥富さんのところに大体そういう輪っかができて、ぐるぐる回って。緒方〔信一郎〕さんは、自治省から来られた方で、そういうものに堪能じゃないから、緒方さんのときは、こう言っては僭越な話になるけれども、私のところに輪っかが巻くというような感じになっていた。

赤坂　では、本会議でも、必ずしも次長のところにとは限らず、それぞれの特性に応じて、ということになりますか。

谷　ただ、本会議では、やはりいきなり総長のところに、番台には行きづらいんだよ。やはり、次長のところにね。それはやはり、いきなり総長のところに行ってわあわあというのはできないから、大体、次長のところにね。

赤坂　議事部長ではなく、次長のところに。

谷　うん。昔は、議事部長は、今で言う議事課長か議事部の副部長が座っていて、左側に座っているでしょう。議場から見たら右側か。議長席に向かって右側に事務局の席があるわけです。あそこの一番先に議事部長は座っていたの。それで、こっちには次長以下ね。参議院はそういう配置になっていないんだよ。参議院の方が合理的なんだよ、あの配置を見ると。衆議院は、本会議の担当者が次長とか総長から遠いところにいるわけだから。

私が総長になったとき、川上均さんにしばらく事務次長をしてもらったんだよ。そのときに、議事部長がいなきゃちょっと不安だというので、それで議事部長、近藤誠治君は当時は議事部の生え抜きだから、じゃ、彼にこっち〔議長席に向かって左側〕へ来てくれと、それでやっていたの。だけれども、もともとの姿は、議事部長は向こうだった。考えてみたら、あれは余り合理的じゃないんだよね。だって、私らも次第書を書いているときは議事課の席にいて、可否同数になったら「おまえここで書け」と言ったたって、可否同数なんかが分かるのは最初はこっちじゃないんだから、向こうが分かるんだから、書けと言ったって、一々会議をちょっととめてもらわなきゃ、そういう話ですよ。

だから、あれはちょっと不合理だと思うんだけれども、衆議院の伝統でずっとそうなってきていたんでしょう。

牧原 もともと、次長というポストが置かれた経緯というのはどういうことなんでしょうか。内閣法制局でもオーラルで聞いたことがあるんですね。次長でいる間は役職がなくて、次長を何年もやっていると、いつ長官になれるのかと非常に本人が気に病んでいたという話を聞いたことがあるんですが、こういうポストというのはいろいろなところにありますけれども、これはどういう経緯で置かれたんでしょう。

谷 次長は最初からあったのかな、知らないな。大木操さん(103)の頃あったんだろうか。戦前は次長なんてないんだよね。

赤坂 書記官長、あとは書記官ですね。事務官というのも。

谷 だから、戦後すぐにできたんじゃないのかもしれぬけれども、役人の知恵なんだろうな。ただ、実際は、なぜかというと、国会になると、事務総長の地位が〔国会役員として〕選挙される地位になっちゃった。そうすると、事務官から当然上がるなんて、たまたま実際にはそうなったというだけの話で、本当は誰がなってもいいわけですよ。だから、実質上の事務方のトップとして、それはやはり次長、そう言わなくてもいい、何か、いわゆる各省の事務次官に当たるような人がいるのはしかるべきという考え方は当然あったのかもしれぬね。

赤坂 事務次長が各省の次官クラスでやるということは、総長というのはやはりそれより大分上の待遇になっているんですね。

谷 そうそう。だから、駒崎〔義弘〕総長のときに、何か知らぬけれども、何か法制局長並に、一緒に図書館長の俸給も下げてたけれども、本来は、そんなに遠慮することない話なんだ、総長は選挙で選ばれる地位だから。別に、今まではたまたま、事務方のやめる方が、私の次は彼にお願いしますと言えば、何となく、自民党だから、ああ分かったということで通ってきたけれども。だから、「いやいや、待て待て、あの落選したのをおれらは事務総長にしたい」と、韓国みたいに、有力な落選議員がいたらそういう人が事務総長になってさ。事務次長は二人いるんだよ。衆議院でいえば、庶務部長が一人、それから議事運営部長というのかな、委員部も含めて、そういうのが一人、こういう感じでいるわね、韓国は。

赤坂　日本も、次長とか職員をした人が総長にならないといけないということではないわけですね、建前上は。

谷　ない。だから、鈴木宗男さんが、私がなるときに飛んできて、「事務総長はだれが立候補してもいいんだってね」なんて。「おれ、落ちたら立候補するから」なんて言ってさ（笑）。だから、建前はそうですよ。私がこんなこと言ったらいかぬけれども、本当は、事務総長になった時点で一たん役人の経歴を清算するんでしょうね。退職金とかそういうのは全部役人の経歴で始末をつけて、それで本当の特別職になったという感じの方が筋が通っていると思うんだけれども。

まあ、事務次長というのは、言われれば、何をしていましたかね。

牧原　衆議院の正副議長と次長との日常の関係というものはどうだったんでしょう。

谷　副議長の担当にはなるの。担当といったらおかしいけれども、次第書とか何かは、一応議長、副議長にはお見せするんですよ。議長のところは当然事務総長が行くけれども、副議長のところは次長が行くんです。大体、何となくその仕分けがあるとすれば、副議長のいろいろな御相談とか御下問には大体次長が対応する、こういう感じではありましたね。

赤坂　副議長には副議長秘書がいて、その秘書は秘書課長のもとにいて、それとはまた別に、次長が副議長のいろいろな話に乗る……

谷　だから、ちょっと大きな問題になると、何か副議長に呼ばれるときに、「総長来てくれ」ということもあるけれども、そこらは多少人間関係で、副議長と次長が親しければ次長が呼ばれるし、次長と余り親しくなければ総長が呼ばれるとかいうのがあるけれども、帳面づらの仕分けみたいにすれば、副議長は次長が担当する。ルーチンの行動としては、次第書を持っていって、何かあれば、ほかの話もするとか、そういうこと。だから、自然にそうなってくるわね。

赤坂　次第書のやりとりがあるということは、比較的日常的な接触になるわけですね。何か問題が起こったときだけ担当するというのではない。

谷　そこらはまあ、副議長は割に暇だから、渡部恒三さんみたいにしょっちゅう碁をするから、私はたまたま碁ができないからあれだけれども、駒崎とか鬼塚とかはしょっちゅう呼ばれて碁の相手をさせられていたからね。そこらはもう、その人の個人個人のテリトリーの話ですよね。だから、勉強好きな人は勉強好きな人を呼んでお話をするかもしれぬし、余り形の決まったものはなかったね。

だから、自然体に、議員がどこに寄りやすいかということもあるわね。そうすると、さっき言った輪っかが巻くというのは、要するに、寄りやすいところに議員が来ていろいろ相談するのに、総長のところまで行くより次長のところへ行って相談して何かとかいう、どれだけの人が来るかというのは、そういう人間関係みたいな話になってきちゃうけれどもね。ただ、全体といえば、やはり総長というのは、議長、副議長はもちろんだけれども、議運の委員長、それから議運の各党理事、特に与野党の筆頭理事がメーンの仕事相手になるから、余りあの人と昔から親しかったからって、あれこれあれこれ呼んだり行ったりはしない。だから、事務総長が国対委員長室とか幹事長室に行くというのはやはりできないんだよ。いよいよのときには私も行ったことあるけれども、普通はやはり出入りはしませんよ。それはやはり野党から見たら、「あのやろう」という話になっちゃうものね。

◆ **ねじれ国会への対応**

谷　それで、その中の仕事は、一言で言えば、ねじれ国会だったんだよね。宇野〔宗佑〕内閣が参議院議員選挙に負けてからはずっとねじれ国会で、しかし国会運営上は、ＰＫＯは別にして、大騒動になったことはないと思うよ。いわゆる牛歩や徹夜国会とか何かはないと思うんだけれども、ねじれ国会だったから、しょっちゅう両院協議会になっていたんだね。海部さんも、宇野さんが参議院選挙で負けて退陣した後はねじれ状態になっていたから、土井たか子さんが参議院で首班指名されて両院協議会になって。それから、予算も何かしょっちゅう両院協議会をやっていたんじゃないかな。

とにかく、記憶があるのは、あのときは両院協議会が常態みたいになったんだよ。特に予算とかああいうのは、もうとにかく当然のごとく両院協議会をやるようになった。両院協議会というのは、久しくやらないと大ごとだけれども、一回本会議を開いて両院協議委員を選んで、実際に両院協議会を開いてと、こうやるけれども、形ができてずっとなれば、ごく日常的なね。大体、協議が調うわけないんだから、両院協議会も本当に制度として、理想は高く掲げているけれども、現実問題として、あれは帝国議会からずっとそうだからね、賛成会派、反対会派から選ばれるようになっているから、それはそんなに物わかりのいい話になるわけないんだよね。だから、大体、協議が調わないということで。優越の規定のきく分だけは、それはそれで衆議院の議決通りになるけれども。だから、法案はちょっとやりづらいわね。首班指名とか予算は、両院協議会をやったって衆議院の優越がきくからいいけれども、法案はなかなかね。政治改革関連法案は珍しく合意が調った例。

赤坂　両院協議会の場合、事務局の関与という点で、衆参の分担というのはどうなるんでしょうか。

谷　あれは大体、議運の担当がやるんじゃないかな、どっちとも。それで、私も余りやったことがないから実務はよく知らないけれども、あれはまず、協議会の議長を決めなきゃいかぬのだな。これはくじで引くことになっているんだよね。さっきも申し上げたように、実際に協議をやったって、意見が、喧々諤々やってまとまるというあれじゃないから、一応形式上、法規にのっとって両院協議会をやりまして、はい、まとまりませんでした、それでは衆議院優越の規定でこうなりますというだけ。

ただ、ねじれ国会というのは、いろいろあっても、割に成績はいいんだよ。ＰＫＯなんかも、あれも結局、昔だったら社公民、自民党以外みんな反対と言うんだけれども、あれはやはり多数派工作というか部分連合というか、そういう協議の末に、結局、社共は反対というふうになった。だから、何となく、五五年体制の枠組みが壊れてというか変更になって、自公民が何か一つの、全部じゃないけれども、大方の流れとしては、自公民、社共というような感じにはなっていきましたよね。それで、意外と法律案の成立件数なんかは九〇％前後ぐらいにずっとなっていたと思いますよ。というのは、やはり野党に責任がかぶさるから。あれと同じですよ、保革伯仲のとき意外と法律案の成績がいいのは、やはりそういうことなんですよ。だから、保革伯仲が、衆参の関係で伯仲になっているという状況だから、意外と成績はよかったんじゃないかね。

ただ、消費税の問題とかＰＫＯは、それは代々、ずっと大ごととしてきた問題だから。消費税は竹下〔登〕さんのときに一応仕上がるんだけれども、今の御時世と比べたら、昔の人はみんな、自民党とはいいながら、だれかがこけて玉を落としたら、それをまた拾って次の人が走って、最後は中曽根さんが拾い上げて一生懸命走ったけれども、やはりつまずいて、というような感じなんだよね。

だから、選挙も、中曽根さんが選挙に負けたということはないけれども、保革伯仲に、大平〔正芳〕さんの後の選挙で勝った部分、全部吐き出したこともあるし、そういう気構えはあったんじゃないのかな。選挙に負けるからこれはやめましょうなんという情けない話は、当時はしなかったんじゃないのかね。それは大蔵省の意向だ、どうのこうのとかいっても、財政再建というのは当時からもう目に見えているわけだから。

あれはたしか、福田〔赳夫〕大蔵大臣が昭和四一年、初めて赤字国債を出したんですよ、八千億足らずじゃなかったですかね。それが、五〇年ぐらいたったとはいえ、五〇年もたたないわな、わずかな期間の間に一〇〇〇兆とか何かになるんだから、それはおっかない話ですよね。だから、私に言わせれば、この現状を見て財政再建に目をつぶっておれるというのは、政治家としてちょっとおかしいんじゃないかと思うよ。それは、再建より積極経済をとって景気をよくする、それでもいいですよ。とにかく、この借金をどうするかということの方針を言わないで、何か政治家としてはちょっとおかしいと思っているけれどもね。まあ、余計なことだよな。

ただ、あのとき、一つ、海部〔俊樹〕さんのときに税制問題に関する両院の合同協議会というのができたんですよ、消費税の問題がデッドロックになっちゃって。それはなぜかというと、両院協議会が法規上どおりやったら機能を果たさないんだよ。法規上というか、先例にのっとって今までの運用で両院協議会を開いたって、現実に妥協の場にはならない。だから、あのときのは一つの知恵だとは思うけれどもね。

赤坂　その両院合同協議会というのは、議論を活性化させるためにどういう特徴というか、工夫がされていたんでしょうか。

谷　あれは要するに議長斡旋の始末のつけ方なんだよね。もう忘れちゃったけれども、廃止案とか何かでどっちとも立ち行かなくなって、議長斡旋みたいな感じでそういう組織を作って、悪く言えば問題の引き延ばし、だけれども、将来の検討事項として残そうと。それはでも、悪口を言うようなものではなくて、今も本当に、ねじれたらそういうのを何とか工夫していかなきゃならない状況だとは思っていますけれどもね。

もう一つは、前にも申し上げましたけれども、ロッキードが一応、私の頭の中では、昭和六〇年に行為規範とか政治倫理綱領とか作って、政治倫理審査会も作って、あれで要するにロッキードの一連の事件は決着したと思って、議員の資産公開もやったんですよ。今より厳密じゃないけれども、そういうのもやって、一応、国会の自浄作用みたいなのはできた、こういう感じだったんだけれども、その後、リクルート事件が起こって、またわあわあいう話になって、結局、私が次長のときの大部分は、表のあれがリクルート騒動ですよね。それが結局、佐川急便に行って、政治と金の問題で、政局がそれで動くようになっちゃった。

それで、ずっと政治改革が大きなテーマになって、政治改革関連法案が何回も立ち行かなくなった。しかし、自民党の中も表面では政治改革をめぐって結局、小沢さんと割れていったみたいな感じだよね。その後はずっと、細川内閣ができるまで、一種の政治改革ブームだったよね。とにかく政治と金の問題の始末をつけるためにと。

これはまた後でお話ししたいけれども、私は個人的にあの政党助成というのは反対だったんだけどね。あれは両院協議会で一たんつぶれたからよかったよかったと思っていたら、またよみがえってきた。

◆ＰＫＯ法案

谷　それで、具体的な話としては、一番の思い出はＰＫＯね。ＰＫＯは、詳しいことは皆さん御存じだと思うけれども、継続になって、参議院先議になっちゃったんだよね。参議院先議になって衆議院に回付されてきて、その過程で自公民の輪っかができちゃったんだね。だから、社共が外れた感じになっちゃった。それで牛歩の徹夜国会になるんだけれども、今はもう、うちの職員だってそんなことを言う人はいないのかもしれないけれども、私らの観念は、なぜ牛歩の国会になるかというと、あれは議院運営委員会理事会が手切れになったということなんですよ。議員もよく言うんだけれども、「ここは赤十字だ、ほかが全部ストップしてもここだけは窓口をあいておくんだ」、こういう意識なんですよ。ところが、それも切れちゃうんだよね。そうすると、自民党が本会議を開いて法案審議すると言ったら、野党は入って抵抗する、こういうことなんだね。だから、全体としては、議院運営委員会理事会も機能しなくなったという想定になっていると私は思っていた。現に、議員にもそう言ってきた。

当時、中西啓介さん(104)が議運の委員長、与謝野馨さんが自民党の筆頭理事なんですよ。そういうことで説明しているし、ところが、確かに当の議院運営委員長解任決議案なんかをやるわけだから、それは委員長としてはあれこれ指揮したいけれども、本会議の現実の場は議場内交渉係で仕切ってやるわけだから。そうすると議場内の電話がかかって、何でおれの言うことを聞けないといったって、「それはそういう建前で、要するに議院運営委員長の機能がもうできなくなっているからそういうことになっているんだ」ということを言ってもなかなか聞いてもらえずに怒っていたけれども、それはそうですわね。だから、そういう考えのもとにやるんですよね。

ただ、あのときは売上税のときにやって以来だから、何十国会ぐらいあいているんじゃないか。しばらく牛歩はなかったんだよ。そういう牛歩の国会だって与野党は多少水が引いているんですよ、「体力の限りそんなものはやるものじゃないんですよ」と。そのときの指揮官に言ったら、「いや、売上税のときは、おれは札を持って歩いただけだ」というぐらいの人が現場の指揮をしているわけよ。だものだから、体力の限り使って抵抗しますよ、みたいな感じだった。

櫻内義雄さんが議長で、御存じのように、まず発言時間の制限の動議からやるわけですよ。それが終わったら、まず何とか解任決議案の趣旨説明をやって、その後質疑なんです。質疑は二人ぐらい、最低二人やると質疑終局の動議が出る。これはまた牛歩するわけですね。それが終わると今度は討論になる。討論は賛否一人ずつやったら、また討論終局の動議がある。これまた牛歩をやって、いよいよ本案、それがまた牛歩になる。だから、発言時間の制限を抜きにしても、三回ぐらい記名投票をやらないと終わらないけれども、その日のしょっぱなだったら、まず発言時間の制限からやらなきゃいかぬわけね。

あのとき野党の理事にそういうのを言ったのは、発言時間の制限の動議の牛歩に五時間ぐらいかかっているんだよ。だから、筋道からいえば、本論のところに時間をかけるなら分かるけれども、発言時間の制限で一生懸命闘ったんじゃ、たまったものじゃない。当然、本論のときにはもっと闘うのかい、という話になっちゃうけれども、実際見たら、それで体力を使い果たして、だんだん短くなってきたけれどもね。だから、それだけ要するに分からないわけですよ。闘いのポイントはここだとか、そういう考慮はないわけ。のっけから、とにかく体の続く限りやりましょうみたいで、あれは五時間ぐらいやったと思うよ。初めてなものだから、こう言ってはなんだけれども、女性はテレビ映りのいいような洋服を着てきてさ。中には体のぐあいの悪い議員がいるわけですよ。そういう人は早く終わってトイレでも行きたいわけだよ。だけれども、追い越していきづらいんでしょう。まあ、行ったって別に構わないんだけれども、順番ずつずっとやると、それぞれがパフォーマンスするものだから、なかなかね。見ていても気の毒なような感じがしましたよ。だから、ちょっとＰＫＯの牛歩は、本当に、原点に戻ったと言えば言い方はいいけれども、何となく、我々がなれ親しんだ牛歩じゃなかったな。要するに、とにかく体力の続く限りやりましょうと。

ただ、あれは実際問題、それだけかかったものだから、解任決議案と議長不信任案をやって、もう内閣不信任案に入っちゃったんじゃないかな。そのときも説明したんだけれども、全部が全部そうじゃないけれども、内閣不信任案は割にきちっとやっているんですよ。「きちっと」といったって、牛歩もちゃんとするけれども、それなりに節度を持ってやっているんですよ。時間の制限なんかも余りしないで、発言時間の制限とかがあっても、内閣不信任案は割に自由に。何というか、戦い済んで日が暮れて、要するに降伏の儀式みたいな感じなんだよ。それをやったら本案の採決に入って結構ですよというような。だから意外と粛々と、粛々とと言ったら語弊があるけれども、何となく、自民党もそれだけ忍従するし、する方もある程度きれいにやってきたと思うんですよ。全部じゃないよ、中にはいろいろあるけれども。「それが筋道です」と、そういう具合に説明するわけですよ。

あのときは、議運の委員長なんかがわあわあと言ったけれども、宮澤さんがちゃんと、「分かりましたから自由にやってください」と。ＰＫＯは、法案の顛末よりはそういう思い出があるな。あれは牛歩で三泊四日ぐらいになったのかな。でも、ずっとのっけから続けてやってないからね。一つは、札が、青票と白票というのは六枚ぐらいしか入ってないんだよ。だから、五枚ぐらい使い切ると休憩してもらって、入れかえないとだめなんですよ。それがまた口実で、ちょうど休憩になる契機になっちゃうんですよ。

衆議院は、記名投票のときは議場閉鎖するから。投票が終わったら、議長というか事務総長に断って裏から出ていけるけれども、それまでは、閉鎖していると、牛歩している人だって、牛歩している間は、投票が終わっていないとおしっこしたくても出ていけないわけですよ。だから、そういう痛しかゆしのところがあるわけ。

参議院は、人道問題だといって投票中もドアをあけちゃったんだね。これは幾らでもやれるわね。牛歩していて、途中で手洗いに行ってきて、また帰ってきてやれるのだから。あれは物すごい時間やったことがあると思うよ。加藤木〔理勝〕さんが事務総長のころだから、もう大分前だと思うけれども、一記名投票で八時間ぐらいやったことがあるんじゃないかな。

大体、衆議院だって、議長のためには、船のとき使う固形のトイレを用意している。安保のころ、清瀬一郎さんなんかは、まだそんなものがないから、昔、氷嚢、熱が出たとき氷を入れて頭に乗せるあの袋を買ってきて、ポケットに入れて入っていたとかね。私のころも、白いたんつぼが途中まであったんだよ。昔、駅にも必ずたんつぼがあったでしょう。あれがあると何となく安心して、「いざとなればあれにすればいいや」と思っていたんだけれどもね。土井さんのときにはするわけにはいかぬけれどもさ。そうしたら、いつの間にかああいうのはなくなっちゃったのね。ああいうたんつぼは町からも消えたでしょう。総長席の横にもちゃんとたんつぼがありましたよ。いつの間にかなくなっちゃったな。うちの職員の心がけとしては、やはり職員も出るわけにはいかぬから、議員におつき合いしてじっといなきゃいかぬから、前の晩は酒を飲んではいかぬとか、体も体調を整えておかないといかぬという話にはなってきます。ＰＫＯはそんなことだね。

あと、ＰＫＯの後に、ＰＫＯが終わった日か、社会党が事もあろうに、社会党所属議員は当時一四〇名ぐらいいたと思うよ、集団で辞職願を出してきたんだよ。これまた面白いの。うちでも、ちゃんと法規はこう書いてありますからと、辞職願が提出されたら一々諮ることになっているから、だから何回も諮ればいいと。そんなものは法規が想定した話じゃないだろうと。集団で議員辞職願をね。私も次長だったけれども、割に櫻内さんは、何か知らぬけれども、よく呼ばれていたからね。「それで、どうだ」と言うから、「いや、これはだめですよ、こんなものは議会制度の話じゃないから」と。あの人が頑張ってくれて、受理しなかった。

要は、全部で集団辞職して、もし可決したら立ち行かないだろうから、当然解散。あれも悪いことに参議院選挙を控えていたんですよ。だから、社会党が何か乱暴なことをするときは、選挙を控えて何か一花火上げてというような感じのことがある。だから、あれもそういう感じなんです。確かに法規上は一件ずつ諮ればいいんだけれども、想像してごらんなさいよ。諮るときに、「あいつは可決」で、「こっちは否決しろ」とか、自民党が選ぶような話ができるわけないじゃないの。そんなものはだめですよと。それは櫻内さんも、国会が閉会になるまでは、やんややんや言われてもほっておいた。終わったら、もうそれは何とかの証文と同じでさ、議長が「こんなものはやれません」と返したら、そのままで済んだけれどもね。ただ、過去にも何回かあるんですよ、集団辞職願を出す出すと言って。本当に出したのはこのときが初めてなんだよね。だから、私に言わせれば、日本の政党政治の綱紀がだんだん緩んできた、そのあかしの一つだと言うんだけれどもね。

大体、集団で辞職するなんて、常識で考えたって、そんなばかなことは、議会政治の中でとる行動じゃないじゃない。それは、もっと理屈を言うならいいんだよ。「こんな議会は、もう私らは議会制民主主義におれませんから出ていきます、そのかわり次は立候補しません」と言うなら、まだ筋が通るわね。しかし、ただ解散になればいいというだけの話なんだから。いわゆる政争のテクニックに使うような話というのは、情けない話だと思いますけれどもね。

◆国民投票法案と機関承認

谷 それから、もうお亡くなりになりましたけれども、上田哲さん(105)という結構面白い人がいて、この人が、宮澤内閣不信任案可決の国会だから宮澤内閣の最後の国会のときに、国政における重要問題に関する国民投票法案というのを出してきたんですよ。これが、社会党がその当時、だって一四〇人ぐらいいたんだよね。一〇〇人近く判こを押してあるわけ。それで提出してきたんだ。大体総長のところに法案は持っていくから。そうしたら緒方さんは、申し合わせがあるとかそんなことは御存じなかったんでしょう、「これは受理できる」みたいなことを言ったんでしょう。それで来たから、「これはだめですよ」と。議運委員会理事会で、ちょっと詳しいことは私もタッチしていないから忘れたけれども、日中か何かのときに決議案を勝手に自民党の中で一部が出そうとしたんだよね。それで党内でもめて、これから、国対委員長だけか或は、三役の判こがそろわないといかぬ、とかなんとか申し合わせがあるんですよ。要するに、「政党役員の判こがないと受理するな」という。その申し合わせがある以上は、私らも受け取るわけにはいかない。

百何人いて、九割か八割以上のほとんどの国会議員がちゃんと書面上は判こを押してあるわけだから、「国対委員長の判こをもらってきなさい」といったら、また国対委員長が断固として判こを押さない。それは分かるの。国民投票といったら、まず思い浮かべるのは憲法改正手続を思い浮かべるじゃないの。そうすると、そういうことを社会党が認めるということは、当時はまだ憲法改正なんか断固反対なんだから、そういうことに一歩踏み込むみたいな話だから、それは分かるんだけれども、だからといって私らが受理するというわけにはいかぬからね。

当時、社会党の理事をしていた人にも、「議運の理事会に持ち出して、申し合わせを撤廃するか、あるいはこれだけ例外を認めるとか何かしないと、これはどうにもなりません」と。どうにもならぬといっても、その理事だって執行部側だから、そんなのはやりたくないわけですよ。上田哲さんも、当時、社会党の中でちょっとはぐれているような感じだったから。判こも、分かるんだよ、押したといったって、秘書かだれかが押しているだけで本人が押しているとは思えないよね。すったもんだして、宮澤内閣不信任案可決になって解散になっちゃったんだ。それで終わればよかったんだけれども、事もあろうに、今度は、お怒りの行き場がないから衆議院事務局を国家賠償法で訴えちゃった。国賠法の訴訟というのは、実務は全部法務省が担当するから、私は呼ばれなかったけれども、近藤君とか何かはみんな証人で裁判所に呼ばれたんじゃないかな[106]。

それはそういうことで済んだんだけれども、この方は、落ちて議員をやめちゃって、そうすると前議員会というのがあるんですよ。年に一回、議長が前議員の人を呼んでパーティーをするんですよ。私らも接伴役でそこには行くんです。そうしたら上哲さんが、その当時、事務総長になっていたのかな、「総長とおれとの関係を知っているか、原告と被告だ」なんて言ってさ（笑）。「じゃ、おまえ、おれは帝国ホテルで朝飯会やっているから、ちょっと講演しろ」とか、何か割に親しくして。事柄からいえば、私が引きとめた役なのに逆に、何かいい役をしたような感じでね。

あの人は、それからしばらくして、『戦後六十年軍拡史』という厚い本を書いたんだよ。それで出版記念会に呼ばれて、有名な評論家の寺島実郎さん[107]とか田原総一朗[108]も来ていたな。何かと思ったら、高校時代に上田哲さんが英語の教師をしていたらしいんだよ。その教え子が田原総一朗だというんだよ。検査院長とか防衛事務次官をしていた有名な方とか、偉い人も随分来ていたよ。私も行ったら、「とにかくおまえは残っておいてくれ、残っておいてくれ」と言うんだよ。みんなが挨拶して、まだ、「とにかくおまえは残っていてくれ」と。何か一番最後に挨拶させるつもりだったのか知らぬけれども、「この国民投票法案というのは、今でこそ国民投票というのは当たり前になっているから、もしあのとき提出されていたら、もし国民投票が実現した暁には、まずその嚆矢となるはずだったんですよ」とかなんとか言ってさ。その本の中にも何か私がよき理解者みたいに書かれているから、ちょっと違うなとは思っているけれども。

ただ、これは私の経験なんだけれども、英国にいたころ、EC加盟とかスコットランドの分権とか、スコットランドの沖に北海石油がちょうど出る頃だったんだ。その上がりをみんなイングランドに使われるというので、スコットランドの一種の独立運動が起こったんですよ。独立運動と言ったらいかぬけれども、スコットランド議会を独立したような形にして、要するに、石油もイングランドに自由に使わせないというような感じなのね。当時はレファレンダムと言っていたかな、そういうのもやっていた時期なんですよ。だから、ヨーロッパでは割に当たり前みたいになっていたからね。

国民投票というのは、日本の政権交代もめったに行われないし、一たん政権をとったらなかなか選挙も解散もしないようなところだったら、ああいう手法も私はいいかなと思う。それは、そういう基本的な考えがあったから、上田さんにも、「国民投票というのは、日本の議会制度の中でそれは然るべきですよ」と申し上げたことはあるけれどもね。

ただ、憲法改正の手続のあの国民投票法案が出たときに、重要問題についても国民投票ができるみたいな議論がもうちょっと盛り上がるかと思ったら、全然。民主党がちょこっと何か言っていたけれども、憲法改正手続だけの国民投票の話になっちゃったからね。だから、あれは皆さん方ももう少し検討した方がいいと思いますよ。

赤坂　今の憲法四一条からすると違憲じゃないかという話が根強くありまして、唯一の立法機関が議会だからという話。

谷　だけれども、選挙だけに頼るのもやはり危ないんじゃないのかな。だから、基本的に、政策のプロセスを見るときに、例えば消費税を上げるとか何かといったときに、いきなり法案の形で日本は出さざるを得ないでしょう。だけれども、やはりそういういろいろな手だてがあった方がいい。イギリスは、そういう大問題もそうだけれど、もっと日常的に、白書とか何かに決議案文みたいなのをつけて出してくるわけですよ。それが可決されると何となく方向性が了承されたみたいな形で、その方向性に沿った法案を出すというような手法があるんですよ。

　だから、これは前にも話したかもしれぬけれども、日本の議事運営の考え方が、帝国議会の方がもっとしっかりしていたというのはそういうところなんだよね。要するに、議事とは何かというと、やはり帝国議会は、議決を伴うものというのがあったんじゃないかな。イギリスはまさしくそうですよ。その他の議決を伴わないものは報告なんだよね。今は、とにかく本会議で会議を開いていればそれが全部議事です、というような感じになっているからね。そこがちょっときちっとしていない。

　だから、白書だって何だって言いっ放しでしょう。普通だったら、せっかく白書を出す以上は何か紙を一枚つけてくれればいいよね。外務省だって、外交白書みたいなものを出すんだったら、普天間はこういう方向で進めますなんて出して、それを決議すれば大体その大枠の基本は了承されたとか。日本はそういう議事運営の手法がないんだよね。いきなり法律で出してこなきゃいかぬから。

　余計なことを言いました。それが国民投票法案の話です。

赤坂　今の上田哲さんの関係で、その数年前にＮＨＫの圧力問題というのがあったと思うんですけれども、あれはどのようにごらんになっておられましたか。公聴会関係だったと思いますが。

谷　あの人はＮＨＫ労組の出身だから。

赤坂　ああ、そういう御関係だったんですか。

谷　ＮＨＫ労組の出身なんだけれども、だんだんＮＨＫ労組から推されなくなっていたんじゃないかな。だから、この法案を出したころは、もう社会党からはぐれガラスみたいになっていたんじゃないかな。次の選挙で落選したのは、社会党の公認か何かももらえなくて、そういう時期だったと思うよ。

　とにかく、我々は役人だから形式を尊重せざるを得ないんだから、一四〇人ぐらいの議員のうち九十何人が判こを押しているんだから、当然国対委員長が判こを押すでしょうと。国対委員長って村山富市さん(109)なんだから。それで、断固押さないものだから。

赤坂　先ほどのＮＨＫの話は、消費税関係の審議をとめるために公聴会を何とか開かせない、お知らせを流させないためにＮＨＫに圧力をかけたという話があったようなんですけれども、それは、むしろ社会党の立場にのっとって、できるだけ審議を促進させない方向に頑張った、それが、もとの出身労組をひょっとしたら刺激するような行為だったんですけれども、そもそも上田さんというのは一人で行動するようなタイプだったんですか。

谷　私は知らない。当時は、とにかく、宮澤内閣、海部内閣の、結局、細川内閣が成立するその前夜というのは、細川内閣の後に政局の中心になるのだけれど、基本的には社会党がターゲットにされて、いろいろ中がごちゃごちゃした始まりなんだね。もちろん自民党もうごちゃごちゃし始めていたけれども、社会党もごちゃごちゃし始めて。

◆政党の離合集散

牧原　細川内閣成立の前なんですけれども、日本新党が九二年にできてというあたりからお聞きしたいんですけれども、細川護熙さん(110)というのは、ああいう形で総理になる前はどういうふうにごらんになっていましたか。

谷　細川さんね。あのころの政党の離合集散はすごかったよ。もう今になったら分からぬわ、とにかくいろいろな政党ができてさ。図書館から一遍もらったことがあるけれども、とにかく政党の名前、今考えたらとんでもない種類の名前があるからね。だれか一遍、日本チャチャチャなんというのを政党名につけようとか、何とか太陽とかね。

牧原　ありましたよね。

谷　あのときの離合集散がもうちょっと徹底しておれば、少しは政界再編の機縁にもなったのかもしれぬけれども。

牧原　結局、自民党がそんなに割れませんでしたからね。

谷　そうなんだよね。

牧原　もとへ戻っちゃったりした人もいます。

赤坂　最初は日本新党というものですよね。公明党も、何事もなかったかのように公明党に戻っています。

谷　細川内閣ができる前の宮澤内閣のとき、例のリクルートが当時ずっと尾を引いていた等があって、国会はいろいろあったけれども、ＰＫＯが片づいた後は、大きな政治課題は政治改革だよね、その前のときは例の多国籍軍とかいろいろあったけれども。宮澤内閣のときに、私の記憶では、自民党が小沢一郎さん、羽田孜さん、それから旧来の経世会その他、こういう感じにはなっていったよね。私らにそのとき関係があったのは、政治改革とかなんとかという大きなテーマもさることながら、梶山静六さん(111)が幹事長だったんだよ。ちょうど政策秘書が制度としては実現したんだけれども、予算措置ができないんだよ。制度ができたって、大蔵省が反対なんだから。

前にもお話ししたけれども、議運の野党の筆頭理事に清水勇さんがいて、「悪いけれども先生、来年全額丸々全議員の分はもらえませんよ、だから段階的に何年間がかりで実現しようと思いますけれども」と言ったら、「谷君、それだけはこらえてくれ」と。それは確かにそうだよね。一〇人分もらったってどう分けるかね、自分のところの党で。それはごもっともな話でさ。

それで、与謝野さんが議運の委員長だったから相談したら、与謝野さんは当時は梶山幹事長と大変仲がよかった。あの人は大変有能な人だからね。要するに、上に立つ人から見たら、大変有能なブレーンみたいな、そういう関係だったんじゃないかな。それで梶山さんのところへ説明に行って、そうしたら、梶山さんは宮澤さんに電話したんだと思うんだよ。

その前に、主計局の次長が武藤〔敏郎〕さん(112)だったんだな。そのやりとりに何か行き違いがあったのかもしれぬ、武藤さんは反対したのかもしれぬけれども、そうしたら、梶山さんが、すぐ宮澤さんに電話したんじゃないかな。宮澤さんは、例によってそんなにはっきり物を言う人じゃないだろうから、「私は別に反対でもありません」みたいなことを言ったんじゃないかな。それで大蔵省はギブアップになっちゃったんだよ。予算がついたんだよ、全額。私らもええっと（笑）。

そのついでに私らも怒られたけれども、「君らが出張するときにはちゃんと出張手当が出るんだろう、何でおれらが東京に出張してきて手当が出ないんだ」なんて、めちゃくちゃな話だけれどもさ。だから、「分かりました、何とか検討します」とか何か言って。そうしたら、大蔵省はそれものんだ。だから今、文書通信交通滞在費とかいう一項目がついているはずだよ、二〇万ぐらいの増額。もともとは、我々の方から見たら、そんなものをつくるぐらいなら、政策秘書じゃなくて、秘書手当を一人分入れれば問題は片づいたんだと思うぐらいだったけれども、それでも予算は全部、懸案だった秘書の問題に関するものとか議員に関する予算、みんなほとんどもらった、年金問題は別として。それだけ自民党は野党にも恩恵を施した。

そうしたら、不信任案が出てきて、採決したら可決されてという話になった。あのときに私のところに与謝野さんが来て、もうそのときは羽田さんの方が何となく賛成に回りそうな気配だったのね。「本当にやるんですか」と言ったら、「いや、負けてもやる」なんという話だったからね。そうしたら、案の定。せっかく梶山さんがいろいろな手当てをしたのに、解散になっちゃったものだから、梶山さんがそんなことをしたのなんてだれも知らない。息子さん〔梶山弘志〕(113)が当選してきたから、「それはそういうことだったんですよ」と何回か言ってやったことがあるけれどもね。

それでその後、非自民八会派によって細川内閣が誕生するんだけれども、我々も細川さんなんてほとんどそれまで接触がなかった。あの人は日本新党でしたか。

中澤　日本新党です。

谷　そこらになると私らもよく知らない。あの政権の中で何があって、どうして瓦解していったのか、分からない。

◆政治改革法案 ── 政党助成の功罪

谷　次長の頃の記憶は、例の政治改革法案ですね。あれは、形の上では河野洋平さん(114)の衆法を否決して、閣法を通して、ねじれているんじゃないけれども、参議院で否決された。それで両院協議会になって、両院協議会で当然のごとく成案はできなくて、できなかったらその法律案が成立するわけじゃないんだからと思っていたら、細川・河野会談というのがあった。あれは、土井さんが事実上、形の上で斡旋して会談して、要するに細川さんの八会派が譲歩した形でき上がるんだけれどもね。それは手続上何も瑕疵があるわけじゃないから、別にいいんだよ。若干、一たん結論が出て本会議で報告するまでになっていたのをもう一回巻き戻したということはあるけれども、しかし、本会議に報告していないんだから、それはそれで済む話でしょうからね。

ただ、個人的に言うと、政党助成は余りいい法案だとは思わないんだよね。やはり人間は国からお金をもらい出したらなかなか、自立自尊の気風がなくなるんですよ。だから、政党政治にとってみれば余りよくないと思いますよ。確かに政治の金は始末しなければならないけれども、始末する方法はまだ幾らでもある。あのとき私らも、政治改革法案の問題をずっと世間でわあわあ言っているから、うちの入社試験なんかでも面接のときに聞くと、やはりみんなもろ手を挙げて、国のお金でそういうことをする方が正しいと言う。経団連の会長をしていた平岩外四さん[115]なんかもそういう考え方だったんじゃないかな、献金をやめたしね。財界もみんなもろ手を挙げて「全部国のお金で」と。

その原点は、前にも話したかもしれぬけれども、昔イギリスいたとき、ハウトン・レポートというのが労働党内閣のときに出たことがあるんですよ。もう野党には当時補助金みたいなものを出していたんですよ、要するに与党は政府を使えるからということで。それを全政党に、日本でいう今の政党助成みたいなものですよ、それを全部やりましょうという内閣の諮問委員会のレポートが出たんです。それを当時野党だった保守党に聞きに行ったんですよ、どう思うかと。そうしたら部長さんが出てきて、「政党は自治、それがイギリスの憲政の伝統だ、だから保守党は反対だ、保守党が反対する限りそんなものは実現できない」と毅然として言われたのを覚えている。まあ、そうだなと。大体、物の本を読んでも、イギリスだってみんながお金を出してロンドンに代表者を送っていた、そういうのが始まりだから。

だから、国のお金で政治をやるというと、僕はよく言っていたんですよ。あの金額を見たら、一選挙区一億使ってたたき合うみたいな、金権政治をそれこそやるような感じで、国営選挙、国営政治になりかねないような気がしていたんだよね。今でもたまにそういう悪口を言っているけれども、表では言えぬから。だから、仕分け人だって、

「まず隗より始めよ」だったら、政党助成から仕分けしなきゃ。会計検査も入らぬような金の使い道はいけませんよ。私の記憶に間違いがなかったら、あれは最初の制度のときに四〇〇億ぐらいの予算、共産党も入って、それぐらいの予算だったと思うんですよ。だけれども、共産党は辞退したんだよ。間違いかもしれぬけれども、あれはたしか共産党の分は残りの政党で分けたはずだよ。そんなことをおまえするか、というんだよ、普通の人の生活の中で。そんな厚かましいことはしませんよ。だから、もともと政党助成は、私はそういう意味でも反感を持っている。もうちょっとマスコミとかがああいう問題を取り上げるかと思ったら、あのお金は宣伝費とか何かでマスコミに流れるのか、一言もね。そんなことを今どき言ったら袋だたきに遭うかもしれないけれども、余りよろしいと思いません。

その背景として、私は、昭和四〇年から平成の初めまで、四〇年近く国会に勤めてみて感ずるのは、議員の気質の変化といえばそれまでだけど、政党の確立というんじゃなくて、何となく政党の綱紀が緩んでくる歴史でなかったかというような。昔は政党の規律がちゃんとしていたかといったら、それはしていないけれども、それでも一つのヒエラルキーがあったような気がするね。委員長なりなんなり、当選回数によって。それはいいか悪いかは別よ。軍隊と同じで、新入兵と古参兵みたいなのはあるかもしれぬけれども、秩序のあり方としては、やはりヒエラルキーがちゃんとしている方が秩序があるね。そういうのがだんだん緩んできたような気がしますね。

特に感ずるのは、やはり冷戦構造が解消してからそういう転機を迎えたと思うんだね。それまでは応援団があったと思うんですよ。野党は野党なりに、自民党は自民党なりに。例えばお百姓さんの組織だったら、社会党のお百姓さんの組織があるし、こっちは農協さんがあるとか。だから、場面場面でみんな、何かあったら、そういう人たちを説得するための、国会がその一つの表現の場ではあったと思うんですよ。

だから、強行採決をするにしても何にしても、やはり自分たちはこれだけ一生懸命闘って、これだけしたということを見せる。それがなれ合い、お芝居といえばそうだけれども、審議拒否してみたり強行採決してみたり、片一方じゃ、それに我慢して時間をかけて説得するみたいな、最後には議長さんに斡旋をお願いして、そういう一つの解決の仕方みたいなのがあった気がするんだ。これがやはり、冷戦構造がなくなっちゃうと、理論的なよりどころもそうだと思うんだけど、現実の足場がだんだん壊れてきちゃったね。組合が弱くなってなくなってくるし。そうすると、圧力団体と言われた団体も何となく、経済のありようの変化みたいなのもあって、そういうのがなくなってきたんだと思うんだよね。

そのころと軌を一にして、金の問題がいっぱい起こった。それで、ひところ宮澤内閣とかあのあたりになってくると、政治と金の問題が結局、政治改革という言葉で政局を動かすキーポイントになって、それで生まれたのがいわゆる今の政党助成と小選挙区と比例代表制の制度だと思いますけどね。

冷戦構造がなくなったせいもあると思うんだけど、日本の組織社会の組織のありようが曖昧になってきたんじゃないかと思うんだよね。議員を支える足場があったんじゃないですか。例えばお医者さんだったら医師会とか、いろいろな団体があって、そういう人たちは自分たちの利害を、お金をサポートしていたかどうかは別にしても、働いてくれるスポンサーみたいな団体になっていて。野党は野党で、社会党なんかにもちゃんと組合組織があって、総評とか連合とか。だから、足場がはっきりしていたのが、それがなくなった気がするね。それまでときには、国会にデモに来たり請願に来たり、そういう足場のところから国会に対して働きかけがあったんだと思うんですよね。そういうのがだんだん見えなくなってきた。

私に言わせれば、促進剤となったのが政党助成じゃないかと思っているんですよ。こういうのは今の世間の大方の考えに反するんだろうと思うけど、自分を支持してくれる人から浄財というかお金をいただいて、そういう人のために一生懸命働いているという方が、そういう利害がぶつかって議会の中で闘っている方が、やはり生きた活力が、生きた活力と言ったらおかしいけど、足についた活力があるんだと私は思うんだよね。この政党助成というのは、そういうものをだんだん削っていったんじゃないか、活力としてはね。国からの金で政治をするようになると、その地位にある人の支配力が、中の内向きの闘争は激しくなるかもしれぬけど、外に向かった力というのはなくなってくると思うんだよね。

◆政党助成制度と政党規律

赤坂　自律と保護をめぐる緊張関係というのは憲法学でも非常に議論の盛んなところですが、他方で、それが政党規律の弛緩へとつながっていくというところのロジックがちょっと、違う考え方もあって、つまり、政党助成金が政党に入る、それを握る上層部、幹部がいて、公認権も持っている、そうすると、政党の中央の指揮権が本来は強くなり、それが政党の規律の強化へとつながる。これに対して我が国の場合は、小選挙区制を取り入れ、政党助成金制度も取り入れたことが、なぜかパラドクシカルに政党規律の弛緩へとつながっていっているというのは、どうしてなんでしょうか。

谷　イギリスは、あれは政党助成といっても野党だけだからね。野党しか行ってないんですよ。全政党に助成金を配るという話ではない。他方、お金の始末の仕方はイギリスはどうかといったら、選挙に対するお金の始末とか、ああいうのは厳しくして、本当に、会計責任者が各選挙区の候補者の中にいて、ちょっとでも違反があったらすぐ当選無効になるみたいな制度があって、そういう始末の仕方は、グラッドストーンの腐敗防止法なんというのはどっちかといったらそういうところじゃないかな。要するに、選挙を主体にした不正な支出行為を取り締まる。いわゆる政党一般に対するお金の始末の仕方というのは、まだ伝統的にあそこはそんなにひどいことになっていると思わぬけど。そこらは、政権交代しているから、ちょっと違うと思うんだよね。

日本の政党助成は全党に、しかも二大政党を目標にしたわけでしょう。せっかく税金で助成したら、本来なら組織がしっかりするはずでしょうというんです。何で地方の選挙で政党色があんなにないのよ。このごろは少しはましだとは言いながら、それでも相変わらず相乗り候補が結構いて、それは要するに地方の組織ができていないということなんだよね。だって、大体、地方の組織ができないといったら、政党が成り立たないでしょう。地方組織の自治が育たないでは。どこに政党政治の確立のためにあの金は働いていますかというのが、私の気持ちの中ではあるんだよね。

お金の始末の仕方は、いっぱいいいろいろできますよ。だから、どんどん政治資金の会計をきちっとすればいい話であって、お金を集めてならぬという話ではない、私はむしろそれは集めてもいいと。そうしたら、今、世間の人はそんなばかなことはないと言うと思うけれども。でも、国の税金で、しかも選挙をやって政治をやるということは、私は自由主義社会の一般的原則から外れていると思いますよ。

赤坂　よく分かるんですけれども、それが政党規律の緩みへとつながるあたりが…。

谷　緩みにつながるというのは、金を使っても全然締まりがないじゃないかということを言っているわけよ。自分の足場がないから自立の気構が弱くなっているのと、国のお金だから親方日の丸みたいな、サラリーマンみたいな気質になっている気がする。それだけじゃないけれども。

赤坂　緩くなってしまうというよりは、締まっていない、締まる方向に向かわないじゃないかということですね。

谷　締まっていないというのと、それから、そういう意味では、私は、これは長い目で見たら根腐れさせると思うんだよね。幹事長なら幹事長の言うことを聞かなきゃならないようになるんでしょう。それは規律がちゃんとしてきて民主的な秩序になるならいいけれども、矛盾する話になるけど、一歩間違うと、金を握っている者が権力を事実上握るみたいになりかねない。少数者による管理社会になりかねない。

◆政党助成とチェック・アンド・バランス

谷　もう一つ、ちょっと全部頭の整理はつかないけど、議会政治のありようといえば、チェック・アンド・バランスの思想が根底にあるはずなんだよね。昔は、私らの若いころは、議会といったら、そういうことがまず第一に出てくる発想だったけどね。いつの間にか、リーダーシップとか強力な指導力とか、そういう言葉になっていったけどね。議院内閣制のそういうチェック・アンド・バランスというのは、基本的には政権交代ですよ。それで担保されているんだと思うんだけどね。それが日本はなかったから、今はしようがないと思うんだけど。そういうところで政党助成するならまだしもだと思うけれども。でも、逆に言うと、そういうところになったら、いろいろな人から献金をもらったってそんな変な話にはならぬと思いますよね。何も国から金をもらわなくたって、皆から金をもらったって、使い道がそんなでたらめにはならぬと思いますけどね。どっちがいいかといったら、それは早く政権交代に習熟して、そういうふうになった方が望ましいあり方だと、私は基本的には考えていますけどね。

赤坂　ただし日本は今、大企業とかからの多額の献金の制限はまだ弱い中で、公的な助成ももらい、何かちょっと焼け太り的なところもありますね。

谷　それと、やはりいかぬのは、それだけ金を使っていれば、何も世間も騒がないけど、じゃ、国会議員が何しているかという話になっちゃうんだよ。日本はマスコミの力が大きいから、だれも議会に目を向けない。新聞を読めば大体世の中の出来事はわかるから、議会に耳目を集めなくたって先に全部分かっちゃうから。イギリスはやはりそこはしっかりしているんだよね。議会で第一声を発するというのがまだ保たれているんですよ。そのためには、しょっちゅう議会を開いておかなきゃいかぬわけだよ。地震があったから発表しようと思ったら、議会が開いてませんじゃね。日本の国会にはそういう気風がないわけですよ、まず会議を開くか開かぬかから始めなければならないし。

今政権が変ったから少しは変ったかもしらないが、大体、国会を厄介視するみたいなところがあったでしょう。役人もそうだけど、いかに大臣に国会なしに物事を決めてもらうかというのがね。だから、何か国会に出るのは余計な仕事をしているみたいな雰囲気がずっと。率先して、真っ先に出て、議会で私が説得するという気構えがね。会議を開くのか開かぬのかとか、一悶着しないと、日本はそういうところからしか始まらないわけだからね。だから、そういうのが確立しないで一生懸命お金をつぎ込んだって、一体、あなた方は何しているんですかという話、私が思うのはそういうことなんだよ。

そういうことにどうして世間は目を向けないんでしょうか。仕分けなんかするような、まず自分たちの働きぶりを仕分けしていかなきゃいけませんよ。それは何かといったら、政党助成というのはもう一六、七年になるでしょう。少なくとも年三〇〇億ぐらい、合計すれば五〇〇〇億になんなんとする金額、それだけの金を使って、それでようやっと政権交代が実現したと評価するのか、政権交代してもこのざまだ、何だこの金は、無駄なと評価するのか。

Ⅵ

◆細川連立政権と、野党慣れせぬ自民党

中澤　政党の離合集散の話に戻しますと、ちょうどＰＫＯ協力法案が成立する前、一月弱ぐらい前で、いわばまだ新党ブームのさきがけとして日本新党ができたわけですけれども、そのころの日本新党に対する印象というものはいかがでしたか。

谷　私は、河野洋平さんの新自由クラブ、あの話がまず記憶にあるものだから、ああいう動きをすると、新自由クラブ、河野洋平さんとか山口敏夫さん[116]とか西岡武夫さんという人が中心になったけれども、結局、山口さんもああいういろいろな事件になっていったのは、何となく飛び出たけれども、やはりそういういろいろな、資金面もあったんでしょう、行き詰まって、結局また自民党に戻ってきた。だから、できたときには、そういうものの二の舞になるのかなというような感じは持っていました。ただ、今考えてみれば、もう自民党もだめ、社会党もだんだんおかしくなってきていたんじゃないかなと思うんだけれどもね。

牧原　細川内閣ですと八会派の与党、こういう衆議院の与党構成と事務局とでは、それまでとやはり対応の違いというのは出てくるものなんですか。

谷　それは政策的にですか、運営にですか。

牧原　運営にです。

谷　与野党の関係は、細川内閣のときに自民党が野党になっちゃったから、今考えたらとにかくヒステリックになっていて、例えば趣旨説明要求なんというのは、それまでの日本社会党の時代は、重要法案は内閣総理大臣が出て全党でやるものだとかというのは一応選んでやっていたんです。自民党が野党になったら、とにかく全部つけた、衆法から何から。それで、今度は自分たちが政権に帰ってきたら、法案の始末が大仕事になっちゃったんだよ。要

するに、今度は野党が全部つけるから。それまでは、社会党も多少自分たちの理屈をつけて、これはこういう重要法案だから総理が出てこうやるとか、これは一党でやるとか、全党が賛成みたいな法案はやらないんだけれども、自民党は全部つけちゃった。だから、法案係というのが、前からいたんだけど、改めて、仕事がふえたというか大事な仕事をするようになっちゃったんだね。

とにかく、当時の自民党はヒステリックなところがあったな。私も一遍、国対委員長室かなんかに呼ばれて、鈴木宗男とけんかしたことがあるな。「おまえらは土井さんの言うことばかり聞くのか」とかなんとか言われて「どこに一体そんなことがありますか」と。極端なことを言うと、自民党が野党慣れしていないんだよ。とにかく、初めて野党になったものだから。具体的に私は知らぬけれども、役人が説明に来なくなったというので、局長が来ていたのが突然係官とか課長が来るようになったものだから、それで、政権に帰ったときに、また今度は意趣返しみたいに大蔵省は出入り禁止とか、そういう話になってきたんだね。

赤坂　趣旨説明要求をお互いにつけ合ってしまったというのが、最近の重要広範議案、あれで解決しようということになった、ということですか。

谷　うん、あれで。あたかも大仕事みたいになっちゃったんだ、要するに、そういうのを仕分けして議運でいろいろやるのが。会議録だって、昔はちょっと数字の間違ったのなんかを一々議運の理事会なんかに出しませんよ。ちょっと言い間違えたとか、だれが見ても当たり前なものは記録と発言者とだけで。ところが、そういうのまで全部議運の理事会で一応了解をとらなきゃだめみたいな細かさになってきちゃった。

それと、八会派になったときに、私らの感じでは、現場主義というのはとっくの昔にだんだんなくなって、国対が管理するような傾向が強かったんだけれども、今度はそれに輪をかけて、現場で決めたことが、帰ったらまたひっくり返ってくる、そういう傾向が出てきた。要するに、本国の指令を一々全部仰がなくて決める、ようやっと決めたら本国に反対される。一番の思い出は、私が事務総長になった日に、もう細川さんがやめていて羽田内閣になっていたんだけれども、予算委員会で細川さんの証人喚問の議決をしたんだよね。その議決をするときに、それには私は直接タッチしていないから報告を受けて聞いたのは、「午前中には、理事会ではみんな賛成だと言った」というんだよ。帰ったら、だめだという話になったんでしょう。ところが、予算委員長は山口鶴男さんという、一応、自称先例集と言われる人だから、採決を異議なしで諮っちゃったんだ、反対、反対と言われながら。それも、「午前中の理事会でちゃんと賛成したじゃないか、だから賛成」と〔言う〕。

そうしたら、事務総長に選任されて、各党回りやらいろいろ挨拶に回って帰ってきて、これから議長、副議長に改めて挨拶に行って話でも聞こうかと思ったら、やおら小沢さんとか中野寛成さん[117]とか、当時、新生党だったのかな、幹部の面々が押しかけてきて、「採決は無効だ。とにかく証人喚問の召喚状を送るな、差しとめろ」というわけです。ところが、あれは議長の決裁じゃないんだよね、議長を経由して送ればいいことになっている。だから、委員長が「ちゃんとそれを適正にやりました」ときた以上、我々はとめることができません、と。それは、委員会の採決がおかしい、聞いただけだっておかしいわね、みんな反対、反対と言っているのに異議なしで諮っているんだから。だから、問題がないとは言わぬけれども、それは政治の場で争うことじゃないのかと。

だって、要するに、出しておかないと、急に政治的に話が決まって、あれは五日前に届かないといかぬわけだから、急に予定どおりやりますということになって、召喚状が来ていないとなったら、今度は事務方の手落ちになっちゃうからね。だから、政治の話はいつどう変わるか分からぬから出させてもらいますよと。そういう思い出がありました。

◆指名点呼事件

谷　その頃の話としては、次長のときに一番大きい話は、例の読み飛ばしの話[118]です。私はあのとき次長だったから、本会議の仕切りは一応次長の責任ではあるわね。ただ、こんなことを言ってはいかぬけれども、あれは私の決めた順番で読まなかったんだよ、私だってちゃんと考えて順番をやっているのに。だって、「えっ」と思ったとき、出ていって、いきなり引き戻すわけにはいかないんだから。めったに間違うことでもないしね、別に。

ただ、あれは私らもずっと、秘書課長が大体主に読むことになっているから、秘書課長の時代は前にちゃんと練習しました。なぜだか、あれはちゃんと帳面を持ってこうして立っているでしょう、そうすると、何となく手が震えたり足が震えたりする日があるんだよね。それは別に、特に緊張しているとかなんとかじゃないんだけれども、何か妙にそういうときがある。だから、震えながらぽとっと落としたりなんなりすると、特に徹夜国会で牛歩しているときなんか、もうそれだけで「何だ」なんという話になっちゃうからね。仕事は読むだけの簡単な仕事だけれども、やはり一応大事に思って練習していましたよ。まさかあそこで読み飛ばすとは思わなかったけれども。でも、あるんですよ、中には、上がってくるとき、「おい、おれの名前呼ばれていない」なんて。だって、そんなものはチェックしているから。

あれは悪いことに、自民党が野党になった瞬間だから。どっちだと聞いたら、自民党、野党を飛ばしているわけよ。これは立ち行かない。もし与党であっても立ち行かなかったかもしれぬが、しかしそれは何となく、「もう一回補充して読みます」とか何かでしのげたかもしれぬけれども、野党の場合はしのげませんよ。だから、しようがないからもう一回やり直すということで。

赤坂　手に持っている帳簿というんですか、これはどういうふうになっているんですか。座席表が載っていて、それを決められた順番に読んでいくんですか。

谷　札が入るようになっている。札を差し込んでいる。たまに議席が変わるから、台帳は変えないけれども、白い札を差し込むようになっている。

赤坂　それをどういう順番で読み上げるんですか。

谷　議席順から一、二、三、四で。

赤坂　読み上げる順番はそんなに変わらないんですね、決まった順番で。

谷　赤い字で読み方もちゃんと。中には、おれの名前じゃないなんて言うのがいるから、難しい読みだと。ナカシマと言わないでナカジマなんと言うと、「おれは呼ばれていない」なんという へそ曲がりがいないとも限らぬから。

それで、あのときは奥田敬和さん(119)が議運の委員長で、亡くなったけれども、あの方は事務局を一生懸命守ってくれましたね。

赤坂　どのようにして収拾されたのでしょうか。

谷　基本的には、もう一回やり直すということ。一たん休憩して、もう一回やり直すということ。それはまた後にお話ししますけれども、そのことは、私が事務総長になるについては、うそか本当か、表の話じゃないけれども、何かちらっとそれはあるんですよ、責任者だから。

赤坂　マイナスの要因として、ですか。

谷　うん。要するに「谷があそこの責任をとらないで」ということ。あれはとんでもないことだからね。どうしようもないのは、特別国会で、議長、副議長が選ばれたばかりなんだよ。だから、議長の権威といったって、議長の指揮権なんて、選ばれたばかりでまだレクチャーもしていないから、もうどうにもならないんだ。それは当時の非自民の八会派から言わせれば、内閣の出発に泥を投げつけて、というような感じになりかねないんだよ。あのとき、私は議場にいたから聞いていないんだけれども、「故意に事務局が間違えた」というＮＨＫの放送が流れたという話があったんだよね、後で訂正したらしいんだけれども。だから、どこかそういう話があったんでしょう。

赤坂　もう一度やり直すについては、一二時のリミットを超えたらいけないので、多分……

谷　それも、あれは午後八時ぐらいだから、休憩して一〇時頃再開しましたから。

赤坂　そのときに、一二時を超えてしまうと御破算になってしまうというのはどうしてなんでしょうか。

谷　そんなことないと思うよ。もう一回やり直すんだよ。

赤坂　やり直して、やり直したその次の投票が一二時を超えてしまっても構わないんですか。

谷　いや、構わないことはない。

赤坂　ですよね。一二時になると切れてしまうというのは……

谷　ただ、採決の記名投票はやり直しになっちゃうんだよね、その日結果が出ないから。要するに、議事日程は日めくりになっているんだ、一日ごとにね。だから、延会というと、普通はそのままずっとやっていいみたいに思うけれども、一二時で一応建前は〔切れる〕。どうしてそんな考え方をするのか、ちょっとよく分からない。延会するといったら、そのまま延会でいいんじゃないのと思うけれども、要するに、延会的散会動議とかいうのを出して、一旦そこでとめるんだ。

選挙の場合だから、そこらは別の理屈がつくかもしれぬけれども、現実に起こったことがないからあれだけれども、選挙だったら、動議を出して、この後続行するといったって通ると思うけれども、だけど、今の考え方からいうと、「ではもう一回改めてやり直します」、こういうのが一番無難なんじゃないかね。

もう一回やっちゃいかぬという話じゃないんだよ。選挙行為がそこで途中で終わっちゃったから、もう一回次の日に改めてやりましょう、こういうことで済むんじゃないかと思います。それはそういう始末をつけると思いますよ。

赤坂　一二時一〇分までかかって議事を終えて、それでその日おしまいにするというのがどうしていけないのかということですね。

谷　私も、選挙の場合はちょっと理屈が違うんじゃないかという気はします。そもそも、延会というのは、常識で考えたら、延会といえば延会でしょう。何で、そこで切れて、もう一回議事日程をつくり直すのかね。だから、やはりどこかに自民党の強行採決の時代の名残りがあるんだよね。日にちを変えると、議事日程を変更できるんだよ。そうすると、今までの例で言うと、議事日程を議長が勝手に変更すると、議長の進退に及ぶわけですよ。例えば、不信任案がいっぱい、解任決議案とか何か出ているけれども、しかし日にちが変わってしまえば、議事日程を変更して、本案を先に議長がやっちゃえばいいわけだね。これは特別な場合だけれど、日めくりにしていると、普段でも政治状況に応じて、次の日に来たら議事日程の変更ができるわけだよ。

赤坂　知野〔虎雄〕総長のときに、それで切り抜けた例がありましたね。

谷　そういう理屈が絡んでいると思うんだよね。常識的に言うと、私らも最初から分からぬのは、どうしてここで、延会すればいい話じゃないの、というのでね。だから、その日が終わったら新たに議事日程を作り直すというところがみそなんだよね。そうすると、法案の順序だって変えられるから。ただ、その後の話になるけれども、村山内閣のときは、その可能性があったんだよ。要するに、始まったのが八時ぐらいで、あんなごちゃごちゃしたときの首班指名だから、ひょっとして両院協議会になったら一二時までに終わらない可能性がある。あれは決戦投票までは行ったけれども、幸いにして両院協議会にはならなかった。なっていたらもっと難しいことになっていた、会期最終日だから。

話を戻して、読み飛ばしのときは、奥田さんが議運の委員長で、これはもう一回やり直すということで各党に了解してもらって、それで余り時間をかけずに。一人とか何かの場合は、「ああ済みません、もとい、一人忘れていましたから」とか何か言えば了解してもらえるかもしれないけれども、一ページ丸ごとだから、ワンブロックぐらいになっちゃうんだよな。そういうことがありました。

ついでに言うと、総理大臣のときの首班指名の集計は、裏事務局席の処でわあわあやるんですよ、お盆出して、大勢の係官で。ただ、昔は「投票用紙に投票者の氏名とかを書いて、名刺を持参して投票されんことを望みます」というので、名刺を持ってきたけれども、今はもう名刺を持ってこなくていいようになっているわね。あれは、そういえばそれでもいい話で、投票の用紙があれば。参議院は、もうずっと前から投票者の名前なんか印刷していたんだよ、中には書き落とす人がいるから。それは無効投票になっちゃうからね。参議院はしていたんだけれども、衆議院はずっと自分の名前を書くようになっていたね。

それで、名超と投超というのがあるんだよ。名刺の数が多いときと、投票の数が多いときがあるんですよ。これはまたややこしくて、投票の数が多いということは、結局、結果に影響を及ぼさなきゃいいけれども、一票差で決まったことだってあるから、そうすると、投票の結果に影響を及ぼすといったら、もう一回やり直さなきゃいかぬね。

だから、それがあるから、投超の場合はやはり注意して、そんなことしちゃいかぬのだけれども、名刺を忘れた人がいたら、わざわざ、何となく合図して、もう一回、とりに席に戻って。それがまた結構いるんですよ。ベテラン議員だって結構忘れる人もいる。さすがに投票用紙を忘れる人はいないけれども、名刺を忘れる人はいる。でも、投票用紙もたまにいたな。足の悪い議員とかは、議長に断って代理で投票できるようにしているから、事務方がかわりに投票しに行って。席まで帰るのは恥ずかしいから、ちょっと一枚ないかとか、こそっと事務方の席の方に行って。足の悪い議員とかは、議長に断って代理で投票できるようにしているから、事務方がかわりに投票する。

牧原　ちなみに、この間、参議院で、隣のボタンを押したということがありましたけれども、ああいうようなことで、今の投票でいえば、たまたまちょっと不在だった人のかわりに投票しちゃったみたいなことは起こり得るんですか、衆議院で。

谷　厳密な意味で言うと、名刺というか名札を持っていったというのは、結局、投票用紙を入れた数と名刺の数が符合するのが当たり前だという、そのチェックの意味だと思うんですよ。今度は〔押しボタン式なので〕分からぬわね。例えば、隣の人がいないけれども、頼まれて、それは事務方がちゃんと見ているからそこでチェックすればいいけれども、もし抜けたら、ぽんとそこを押したら、チェックのしようがない。だから、そういうチェックの意味で名刺を添えてというのがあったんだと思うんだけれども、それもやめちゃったからね。

昔は、私らが入った頃は、みんな部長さんが、一人が名刺をとって、一人が投票用紙をとって、もう一人ぐらいが手伝いに出て、演壇のところで全部やっていたんですよ。それで、私が議長秘書の頃は、ちょっと不確かなんだけれども、もうこっちの事務方の席でやっていたのかな。今みたいなのじゃないよ、ただ持ってきて数えるのだけ、あの広いところで。そんな気がするんだけれども。

覚えているのは、大久保さんが総長で、弥富さんとか部長クラスが練習していたんだよ、あの当時、四十日抗争の決戦投票になりそうなときだから。そうしたら、実は数が合わなくて、大久保さんが、「まじめにやってくれよな」なんて怒って帰ったことがあるんだよね。そして弥富さんが、私は当時議事課にいたから、「議事課も意地が悪いよな、難しいのばかり持ってきて」と。だから、過去のものを持ってきて練習するんですよ。

それで、今の形になったのは、中曽根さんの二回目の、ロッキード解散の後に中曽根さんが首班指名されたときに、一票間違えたんだよ。一票中曽根さんが少なくて、社会党の石橋政嗣さん(120)だかに入っていたんだよね。それで、あれは本会議場で報告しているわけだから、それを訂正するならまた本会議で訂正、投票結果に影響を及ぼすわけじゃないけれども、次回本会議で訂正した。

部屋に行ったら、何かえらい怒られて、えらい怒られたといっても、私は読む方の仕事はしていたけれども、投票用紙にさわった仕事はしていないからさ。右代表で怒られたみたいだった。それがあって、緒方さんが当時次長で、今のやり方で、緒方さんは几帳面だから、念には念を入れたやり方にした。めったに間違うことはないんだけれどもね。

私のときは、記名投票だと、次長は投票の点検に行くわけですよ。そうすると、できるだけその頃からみんなにやってもらうことになったんだけれども、あるとき行ったら、全部上に一枚ずつ多いんだよ、数がね。あれは二〇枚で積み重なっているんですよ。ところが、一枚ぐらい多くたって、薄いから二〇枚というのがきちっと分からない。二一枚ずつ全部入っているわけです。それは数えない、そろっているということで、これは二〇枚ということで計算するわけだから。そんなこともありましたよ。

もっとひどいのは、どうしてああなったかは今でも分からぬのだけれども、全部ちゃんとなっているんだけれども、一枚だけ斜めに、空間になっていたんだよ、横にこう。それで、議事課の人が部屋に持って帰って点検したら、ぽつんと落ちたものだから、一枚そこだけぽんとへっこんじゃったの。あれは本会議で訂正したのかな、僕は記憶にないけれども、えらいことがあるものだなと思った記憶がある。だから、我々の若いときから教えられているのは、委員会の採決というのは多少手直しがきくけれども、本会議の採決は手直しがきかないから間違っちゃいかぬということです。

◆議事運営の変化

中澤　細川内閣成立後、土井たか子氏が衆議院議長に就任しているんですが、土井氏が議長になったことによって、以前の議事運営から変化というものはあったんでしょうか。

谷　基本的にはないよ、議長の議事運営というのはそんなに独断的にできるわけじゃないから。ただ、議長時代ずっとそうだったけれども、大きな流れで言うと、自民党が慎重になった。要するに、勝手知ったる仲間じゃないから。従来だったら、自民党の議長だったら、強行採決やってどうのこうの、あとは議長に始末を任せよう、とかいうけれども、どう始末してくれるか分からぬから、かえって自民党は慎重になったよね。私のところに来ては「議長はベルを押してくれるかどうか」なんて、「何で、本人に直接聞いてみればいいじゃないの」とよく冗談で言っていたけれども。そういうのはありましたよ。土井さんは、そういう意味では、議長としては大変、特に住専のときなんかは、あれはやはり土井さんだからあれだけ慎重にやれたんだと思いますね。

それと、やはり鯨岡兵輔さん[121]が副議長だったからね。鯨岡さんは、どっちかといったら、自民党の本流からいえばちょっと変わった、外れた人に思われていたから。だけれども、あのコンビは大変よかったと思いますよ。私のときには、余り議長、副議長では苦労しなかった。それで、坂田さん、勝間田さん、原さんのときは多賀谷さんかな、櫻内さんのときは村山さんがなっているけれども、大体その頃から、議長斡旋とかいろいろな政治の動きの中でも議長、副議長が一緒に衝に当たるというような雰囲気にはなってきていました。特に、土井さんと鯨岡さんのときからはもう常に二人でね。その後も、伊藤宗一郎さんと渡部恒三さんというのも同じかまの飯を食った仲で。また、綿貫さんと渡部恒三さんは同期だから、そういう点では二人して協調して当ったから。

特に土井議長は、とにかく最初は、一つは女性で初めての議長だということもあるし、それから政権交代後の初めての議長だからということで、本人はいろいろ配慮された。運営上はそんなに問題もなく、ちゃんと進んだと思う。ただ、立場上、余り政策で議論があるような事柄には踏み込まないというのがしきたりだったんだけれども、村山内閣そのものが少し方向転換して踏み込んでいるから、それはそれで平仄は合うんだけれども。八月一五日の追悼式とか、ああいうところで議長が挨拶するのに、今までだったら通り一遍のことを言うんだけれども、ぜひ日本の植民地支配の何か謝罪するような意思を表現したいとか、そういうことでいろいろ御意見申し上げたり相談されたこともあります。

だから、そういう面では、議長といえども個人の信条の話だからそういうのはあるけれども、我々事務屋の立場としては、常に役人かたぎで、当たり障りのないようなみたいな話になっちゃうけれども、多少そういう点がありましたね。

牧原　土井議長は、君づけじゃなくてさんづけでほかの議員のことを呼ぶとか。

谷　うん、それはあった。次第書でも、「これは直して」とかね[122]。

牧原　ああいうのは土井さん御自身でお決めになったんですか。

谷　それは必ず私らもまた、議事課なんかは伝統的にやるものだから、「これはちょっと…」と言うわけだよ。議事課の伝統というのも、自分たちで決めたというような多少手前勝手な面もあるから、こういうのはだめですとか。もう忘れちゃったけれども、土井議長が提案して大分直したことはあると思いますよ。

牧原　では、結構そういうのは事務局内部の中でいろいろ議論をして、ああいうふうに決まっていったということなんですか、土井さんの女性の議長としての新しいやり方みたいなものは。

谷　議事運営の次第書を全部変えるような話じゃないんだよね。ここはもう要らないんじゃないの、同じことをとか、何かそういう感じです。そうしたら、また議事課は、「昔からの伝統だからこれは何とか」と言っても、まあその程度だからというような感じで。随分それは土井さんに改めてもらったことがありますよ、どこがどうだというのはもう忘れたけれどもね。要するに、議事の大きな流れの中で、要らぬ言葉で済むようなところもあるわけですよ。そういうのは「これは要らないんじゃないの」と言われたら、はい、はいというような感じでね。

牧原　先ほど、土井さんがベルを鳴らすだろうかというような心配をして聞いてくる自民党議員というのは……

谷　それは村岡さんだよ。あの人は、しょっちゅう来ては、要するに、国対委員長だから、やはり法案を通していかなきゃいかぬけれども、野党の意向を押し切ってやったら、議長のところに来たときに、議長が、私はベルを押しませんなんて言われたら、そういう不安があったんだと思いますよ。例えば、自民党にしてみれば、土井さんはやはり野党寄りの議事運営をするんじゃないかとか、そういうのがあったんだと思うんだけれども私らから見たら、それはなかったと思うな。

特に申し上げていたのは、何があっても、機関の長が報告に来たら、議長は一応、仮に正しいという前提に立って、いろいろ斡旋なりなんなりしてくださいよと申し上げていた。なぜかというと、何かで野党がわあっと抗議に来たら、委員長をまず報告に呼ばなきゃいかぬのですよ。まず委員長に聞いて、委員長が「こうこうこうです」と。「それは一応、機関の長の報告だから、それを前提に斡旋案とか何かを考えて下さいよ」と言ったら、それはちゃんと守ってくれましたよ。だから、そういう意味では中立公平だったんじゃないかと思うけれどもね。

◆緒方総長のこと

中澤 先ほど緒方総長の話が出ましたが、どのような方でいらっしゃいましたか。

谷 緒方さんは、我々から見たら、やはり由緒正しき正統な役人だという気がしますね。それは、いい悪いは別にして、旧内務省というのは日本の官僚組織の主流だし、それから内務省のテリトリーといったら、建設省から厚生省から、今の行政の半分以上ぐらいあるんだから。そういう面では、役人の中枢だから、それなりにやはり役人としての姿勢と考え方というのはきちっとしているんじゃないかと思いますよ。ただ、あの人は、それに輪をかけて大変実直、まじめな人だから、余り変わった意見も……。といっても、ぽろぽろっと、おもしろい皮肉というかジョークを言うんですよ。だから、口数は少ないし、実直な人なんだけど、ぽろぽろっと言うのは大変面白い。

ただ飲んべえではありましたね。酒の大変好きな人で。弥富さんや私の酒の飲み方とはちょっと違って、もうちょっと上品だったんじゃないのかな。乱れることはないけど、ある時点に来ると何となく酔っぱらっちゃう人だったね。どっちかといったら、弥富さんも私もだらしなく、女性のおしりをさわったりなんたりしかねないような酔い方をする人だけど、緒方さんはそういうのはちゃんとした人ですよ。ただ、そうかといって、酔っぱらっているのは酔っぱらっていた。

仕事の面は、やはり堅実に仕事をする人ですよ。だから、そういう意味では、何か裏から知恵を出せ、とかなんとかと余り相談しづらい人だったんじゃないのかな。謹厳実直だから、「あの人に相談してもそんなことは言わないだろう」という話になっちゃうけどさ。それは逆に言うと、衆議院の職場のトップとしては、ある面、大変いいことなんですよ。やはりトップが、政治的に巻き込まれざるを得ないけど、だからといって、好きこのんであれこれやると、事務方としては、衆議院事務局というのはやはり不偏不党というか中立公正というのが表看板だからさ。だから、裏では多少そういうことに巻き込まれるけれども、表まで何か政治に塗られているような感じになると余りよくないので、そういう点では、私らよりもはるかにちゃんとされた方だと思いますよ。

赤坂　他方で、事務総長というのは、国会役員で選挙される地位で、一般の公務員とはまた違った地位ですよね(123)。そういう面に立つ事務総長として、内務官僚としても真っ当な実直なあり方というのは、必ずしも完全な存在ではない可能性がありますね。

谷　それは、そういう意味では、逆に言うと私らもそういう点はだめだと思うんだけれども、衆議院のプロパーの人の姿勢なんかは、むしろ、ある面、機関として政治的な動きをしなきゃやっていけない面がある。もう一つは、行政機関としてのありようみたいなものをきちっとやらなきゃいかぬわけだよね。そうすると、いわゆる院内の行政、人事を含めて予算の執行とか、そういう面では、やはり自治省というか旧内務省の伝統的な姿勢と考え方というのはきちっとしていると思いますよ。人事の話だって、うちだったら、そういうのがないと、ひょっとしたら自分の使いやすい人間を集めるとかそういうことをやりかねないけど、そういうことの一種の節度みたいなのはきちっと身についてお育ちになっているんだと思いますよ。だから、中島隆さんも次長でおやめになりましたけど、あの人が割に事務局の中で人気がなかったというのは、やはり自治省のそういう姿勢を、むしろ事務局の至らないところをそういう目で直そうという意識が強過ぎたんじゃないのかな。そういう面があるんだと思いますよ。

赤坂　今の話は、逆に言うと、衆議院事務局というのは、一般の省庁とは大分体質の違った役所ということですね。

谷　それは、役所の機構としてはちょっと、形にちゃんとはまっていないの。だから、それがいいか悪いかは別だけど、要するに、一歩間違うと議員の秘書さんかどうか分からなくなっちゃうんだよね。秘書さんじゃないけれども、実質、やっていることは秘書的な仕事をしているとか、こういうことはやっちゃいけません、とか何とかというきちっとした決まりはないんです。だけど、基本的に議員を補佐するというのが職分だから、これはまた難しいんだよ。例えば議員が、「おい、水一杯くれ」と言ったときに、「私らは水くみの人じゃありません」なんて一々言ったってやっていけない。その場その場です。

これは、我が衆議院の一つの職分として、そういう成り立ちであると言わざるを得ないんだけど、だからといって、では、国の行政機関としてどうちゃんとしているかというと、やはりまだ至らぬところはいっぱいあると思いますよ。だんだん整ってきているんだろうと思うけど、昔は、選挙になったら選挙カーに乗って応援して回ったというような、そんな話だってあったわけだからさ。そういう時代だったんだ。さすがに今はそんなことはないけど、私らの先輩なんかは、選挙カーに乗って応援して回っていた、なんというのはいますよ。それでも許されるような職場だったんでしょうな。

◆政治改革関連法案

中澤　細川内閣の政治改革関連法案についてはいかがでしょうか。

谷　先にも話したと思いますけれども、実際の法案の審議というのは私も直接携わっていないから、余り情景として思い浮かぶことはないんだけど、その背景として、一つは、確かに政治改革というのは、ロッキード以降も、リクルート事件や佐川急便事件が起こって、結局、金丸さんがああいう佐川急便とか、細川護熙さんとかの問題が国会の審議の大きな部分を占めるようになって。それは現象面だけど、実際問題として、海部内閣のときから、政治と金の問題が政治改革という話に集約されたんだよね。

だから、政治改革というのは、政治資金とか選挙制度の改革とか、そういう方面に行って、海部さんのときからそろそろ動き出して、それで、宮澤内閣のときに、それが一つのメーンテーマであったんだけれども、片一方ではリクルートの例の事件があって、宮澤内閣不信任案の可決の事態になったんだよね。結局、政治改革は実現できずに、そのとき課題として残されたわけですよね。自民党もそういう点では、宮澤さんのときにはもう政治改革の法案というのはできていた。それで、細川内閣になって、新しい内閣がまた政治改革の法案をつくって、それが結局、衆議院を通って参議院で否決されてという事態になって、両院協議会で協議することになった。それで、両院協議会で普通にはまとまるわけないんだよ。だって、賛成会派と反対会派が寄り集まって会議したって、そう物わかりのいい話をするはずないわけだから。結果的には、あれは土井〔たか子〕さんが形の上では斡旋した。

だけれども、珍しいケースなんだよ。要するに、衆議院の優越の規定とかそんなのじゃなくて、法案について両院協議会の成案がまとまったというのは。法案については珍しいケースなんだけれども、それはやはり、両陣営がもう既にここをまとめようという機運になったんだね。その機運になったところに土井さんが斡旋する形で細川・河野会談というのが行われて、結局、与党の方が譲るような形で妥協が成立して。まあ、寸前のところまで、本会議で報告するまで行っていたわけだよ、成案不成立、両院協議会決裂で。だけど、また慌ててもう一回やり直して、本会議には報告したことをもう一回やり直したんじゃなくて、両院協議会をもう一回巻き戻して、それで成案を得た形にして成立した、こういうことですわね。

ただ、何だったんだろう。確かに、政治改革そのものは、要するに社会党がだめになっていく話はまた後の話だけれども、私自身としては、あれは、宮澤さんとか海部さんとかの、ずっとできるまでの原案をつくるときには、それは私らよりはるかに平野〔貞夫〕氏の方が大分かかわっていると思いますし、それから特に図書館の成田〔憲彦〕さん[124]、細川さんの内閣の首席秘書官になったけれども、本当は、あの人はもともと総理秘書官になる予定であそこに送り込まれたんじゃないんだと思うんだよね。むしろ政治改革のその担当の内閣の一員で行ったんじゃないのかな、よく知らないけれども。あれは何か、議運で、自民党から加藤木〔理勝〕さんという時の図書館長が随分責められたんだよね。

というのは、図書館から現職のまま内閣に出て、それはまあ別にないわけじゃないからいいんだけれども、突然、総理秘書官になったものだから。その後、また図書館に帰ってきたんだ。それで、「図書館でどういう根拠でそうできるんだ」という話になってね。総理秘書官というのは特別職だからね。だから、加藤木さんが随分責められた記憶がありますよ。そういう意味では、成田さんは細川内閣のむしろ政治改革の担当で図書館から行ったんだと思いますよ。

ただ、私は、あんなややこしい選挙制度にするなら、単純に小選挙区制度にすればいいのにと思って。それから、政党助成なんかとんでもないと思っていたから、政治改革そのものには、法案そのものには何となく批判的ではありました。今でも政党助成についてはそう思いますけれどもね。第一、この選挙制度はややこしいじゃない。いかにも日本流といえば日本流だけど。だから、一たん話が壊れたときに、「ああ、よかったな」と思っていたんだ。そういう思いはあります。

◆細川内閣末期から羽田内閣の頃

赤坂　その頃ですと、細川首相の国民福祉税構想の話ですとか、その少し後に、まだ予算が成立していないのに〔細川首相が〕辞意を漏らされたり、こういうことがありましたけれども、次長としてどういうふうにご覧になっておられましたか。

谷　あれは分からぬ、何で夜中にあんな唐突な発表をしたのかと思って。普通、税の話というのは、大体、内閣でも党でも、たたきにたたいてくるじゃないですか。だけど、何か突然。あのときの、何だっけ、今郵政の会社の社長をしている……

牧原　斎藤次郎さん(125)ですね。

谷　斎藤次郎さん。あの人は大変な人だったんだよ。大変いい人ですよ、大変親しみやすい人でね。それで、当時のあの人の優秀な手下はみんな大蔵省の何とかしゃぶしゃぶ事件に関連して、あの後の中島さんとか長野さんとか、優秀な人がみんなあのとき大蔵省を追放されちゃったんだよ。だから、斎藤次郎さんのもとにいた涌井洋治さん(126)

とか、ああいう私らが知っている大蔵省のそうそうたる人がみんな去っちゃったんだね。だから、あれは日本のお役所にとっては相当な人材を損しちゃったんじゃないかと私は思いますけどね。

牧原　予算の方はいかがでしたでしょうか。予算がまだ不成立の間に細川首相がこれも突然辞意を表明されたんですけれども、そのあたりは。

谷　予算は、あれ、どうなったっけ。

牧原　大分後までたしか成立しなかったですね。

谷　結局、辞任、やめて羽田孜さんになっちゃうわけだよな。それで羽田さんのときに、それがいろいろ話になるんだけど、先にもお話したように、総長に選任された六月一六日というのは、細川さんの証人喚問の決議を予算委員会でやる日だったんだ。朝からわあわあやっているんだけれども、私は直接委員会の運営にタッチしていないんだけど、当時は新生党か、八会派の与党でね。朝の理事会では一たん了承したらしいんだよ、理事会で与野党、賛成ということで。山口鶴男さんが、社会党の例の議運で長いこと理事をやった方が予算委員長で、委員会を開いてと決議してというような話になったんだけれども、当時よくあったことだけれども、新生党の理事が本国に帰ったら、何だということになって。

それで、反対、反対だということで、理事会がもめて、本会議はその間にやっていて、私も選ばれて、挨拶回りして、ずっと衆参の各党を回って、最後には記者クラブに寄って、やおらこれから議長、副議長に改めて挨拶してお話でも伺って、というときに、小沢一郎さんとか中野寛成さんとか、当時の新生党の幹部がわわっと来て、証人喚問の召喚状の発送を止めよと。もうそのとき委員会は終わってさ。その委員会で、新生党がわあわあ反対と言っているのに、山口鶴男さんは異議なしで諮っちゃったんだよ。異議なしということは、「御異議ございませんか」で、だから全会一致で決めたことになっているわけだよね。

それで、それは委員長がちゃんと召喚状を議長に提出してくるわけ。あれは、法規上は議長が判断することにはなっていないんだよ。議長を経由して送ることになっているんだ。経由するだけなんだ。だから、ちゃんと委員長から一たん私のところに上がってきているから、それを差しとめろというわけですよ。送るな、と。それは直接小沢さんがそう言ったわけじゃないんだけど、周りがわあわあ言って。

そうはいっても、委員長が一応、ちゃんと委員会の採決をしてきたものを我々があれこれ言うわけじゃないし、話を聞けば、それは採決に問題がなかったとは私だって言わぬよと。だけど、手続上、あの召喚状は五日前に送らないとだめなんだよ。そうすると、二一日が証人喚問の日なんだから、その日に送らないと、二一日にもし仮にやるとしたら間に合わないんだよ。よく国会の中では、急に話がついたら、二一日にやるよといったときに、何、事務方が送ってなかった、こういう話になってくると、それは私らが責任をかぶる話だからね。だから、「採決が有効か無効かの話は政治の場で争ってくださいよ」、こう言ってさ。そうしたら小沢さんは、「いやいや、これは見解の相違だ、帰ろう帰ろう」といって帰っていったんだけれども、あの場合、考えたら、あの人流の挨拶に来てくれたんだと思っているけどね。そういうことがありましたよ。

実際問題で、二一日に山口鶴男さんが遺憾の意か何かを表明して、二一日に実際に喚問を行ったんですよ。予算を通す条件が細川さんの証人喚問だったと思うな。喚問が済んだら予算が成立するわけですよ。それで二三日に予算が成立して、その日に自民党が内閣不信任案を提出してきたんです。羽田内閣は少数党内閣になっていたから、もう社会党が離れているしさ。そうだよね、社会党はもう離れているんだよね。

牧原　そのときは羽田さんのときですね。

谷　羽田さんのときはね。あのときの話をすると、ややこしくて分からなくなっちゃうんだけどね。内閣不信任案というのは可及的速やかに処理しなきゃいかぬから、すぐ理事会が始まって。そうして、断続してずっと理事会をやっていたんだよね。そうしたら、二四日か何かに羽田さんと小沢さんが会談をするんだよ。これが、記憶にあるのは、夜通しやっていたんじゃないかと思うんだよね。夕方から始まって、とにかく朝方までやっていたんじゃないかな。それは実際にどれだけやったのか知らぬよ。

それで、解散だというような雰囲気だったんだよね。それをやったのは、恐らく解散の方針を話し合ったんだろうと。それで、二四日の朝か何かの理事会のときに、新生党だと思うんだけれども、私そこはちょっと記憶がないんだけれども、「理事会を待ってくれ」という話になったんだよ。「一二時まで休憩してくれ」というんだ。理事会をやったのは朝の七時か八時ぐらいだと思うよ。それを計算すると、御名御璽の手続が調う時間に合うわけだよ。要するに、内閣が閣議決定して、天皇陛下の手続をとって帰ってくるまでに。

奥田〔敬和〕さんも、「七条だな」と言うんだ。七条というのは、解散は全部、形式上七条解散だからということはあの人だってとっくに知っているから、いわゆる不信任案をやらずにこれは解散するんだなという意味ですよ。横で「七条だな」と言うから、「そうですかね」なんて言って。そうこうして、当然解散に打って出るだろうというような雰囲気だから、私もそうだと思っていたら、その日の夕方か、羽田さんが「総辞職をする」、こういう発表をしたんだよね。それからが、総辞職をするということになったら、今度は、国会の仕事は後継首班を選ばなきゃいかぬわけですよ。ところが、会期最終日が二九日なんだよね。総辞職を発表するのは二五日だと思うんだ。そうじゃなかったかな。

牧原　資料だと二五日です。

谷　二五ですね。だから一日ずれている。七条解散かなと言ったのは、二五日の朝の理事会ですよ。私らもそうだと思ってね。そうしたら、あに図らんや、内閣が総辞職するという話になって。そのときには、村山首班構想というのは、さきがけあたりから何かちらちらもう出ていたんだ。だから、あれも唐突に出た話じゃなくて、その頃からはあった。それで、後継首班が浮かび上がってこないんだよ。だって、与党がどうするかったって、普通だったら、だれがどうのこうの、という話が出てくるわけでしょう、それが出てこない。それで、ああするもこうするも動きようもないわけだよ。二九日、会期最終日に、奥田さんに、あれは一二時過ぎか、あの人もちょいちょい来ていたんだけど、ちょっと来てもらって、「委員長、申しわけないけど、六時過ぎたらすべて御放念して会期延長の手続に入ってください」と。

会期延長といったって、これまた普通の会期延長じゃないんだよ。普通は自民党とか、参議院からも来たことがあるけれども、大体会期延長の申し入れがあるんですよ。だけど、総辞職している内閣のそのまた与党が申し入れに来るかどうか分かりゃしないんだよね。「自分たちはやめる」と言っているのだから、後は野となれ山となれ、というような感じになってくるとね。申し入れしないとなると、議長発議でやるしかないとなると、今度は議長発議といったって、それはいきなり議長が勝手に、突然「私は三日にします」というわけにはいかないから、これは議運で議論したりなんたりせざるを得ない。

六時とはいったって、通常、六時から始めても本当は危ない。だって、通常の議事だって、衆参の両院議長協議というのがあるんですよ。これは、実際には議長が協議しないで、事務方がお使いに行って協議する形にするんだけど、それでもその間に一時間ぐらいかかるんだよ。参議院がその間に議運の理事会を開いたり委員会を開いたりしなきゃいかぬから。そうすると、順調にいっても二時間か三時間ぐらい見込まないと危ないんですよ。まして、会期延長の申し入れが分からぬ事態で、また両院協議会の事態にでもなったらさらに時間がかかるわけだからね。だから、「六時にお願いします」と、過去は全部忘れてね。ついでに、「もし首班指名をやるとなったら、それは六時でも危ないですよ」と。あの状況で誰がどうするかよく分からないんだけど、決選投票になったり、さらに両院協議会になったら、これは一二時までに終わるかどうか分からぬ。

これは、先にも議論したけど、一二時過ぎて延会とかになるけど、会期最終日は一二時過ぎたらなくなっちゃうわけだからね。だから、どちらにしても、私どももこれは危ない事態だなと思った。そうしたら、どやどやどやと、三時ぐらいか、四時近かったのかな、顔は忘れてしまったな、五、六人の議員がわっと私のところへ入ってきてね。奥田さんがいたの。そうしたら「本会議をやってください、海部でいきます」と言うんだよ。奥田さんは、あのときの感じは、本当に知らなかったみたい、びっくりしたような顔をしていたからね。「海部で勝てるのか」と言ったら、「自民党の誰々さん、誰々さんも全部票を確保しましたから勝てます」と言う。それで奥田さんは決断したんですよ、「ではやろう」といって。その時、その地位にあった故に決断を迫られることを何回か見たけれども、あれもその一つですわね。

結局、議会制度としてはいい形じゃないんだよ。海部さんはまだ自民党だったからね。本会議を開いた段階でもまだ自民党で、確か、終わってから党を離れたんだ。あのときのドラマがまた、いろいろな政治的な影響が後で波及したんだと思いますよ。何人かがみんな海部さんに入れたんだよ。そうすると村山内閣で、自民党を出なきゃ、やはり罪一等あるわけですよ。要するに敵陣営に味方しているから。そういう意味では周りの目が、「何だあいつは」と、そういう目で見られるところはあったと思いますよ。だから逆に、鈴木さんはあれだけ一生懸命働いたんだと思っていますけどね。あのとき野中広務さん[127]のもとで本当に一生懸命働いたのは、やはり挽回を図ろうという気構えがあったんじゃないかなと思うんです。

◆ 五五年体制の崩壊

谷　当時の背景について思い出されるのは、あれは皆さん方のこれからの問題で、私が言うせりふじゃないけれども、ベルリンの壁崩壊。東西両陣営で東の方が崩壊した背景というのは、日本の政治の世界では金の問題で半分以上が動いているみたいなところはあったけれども、もっと大きな背景でいえば、体制の一方が壊れて、社会党にもやはり存在の拠所が、いろいろ議論が厳しくなってきたんじゃないのかね。

日本の政治の中でどうだったとかは私らはちょっと分からぬけれども、ただ、選挙結果としては、第四〇回総選挙のときに社会党はがくんと減っちゃうんだよね。だから、今までの陣営の違いというか、資本主義と社会主義みたいな単純な体制の中に寄りかかってきた、それで一方が壊れちゃったものだから、もろに社会党は影響を受けて、結局それは、政治の世界では五五年体制の崩壊ということになったんだろうけど。その余波は自民党にだって来ているわね。あれだけまた政党がごちょごちょ右往左往するような時代になったからね。

それから、さらに余計なことを言えば、二〇世紀というのが何か二一世紀になったら突然忘れ去られたような感じがするな。もう一回何か先祖返りみたいに一九世紀に戻ったような感じがするんだけどね。何か市場原理主義なんて、資本主義社会に逆らう体制がなくなったら、何かアダム・スミスの社会にそのまま戻ったような感じがするんだけど。二〇世紀というのは人類が幸せを求めて闘った歴史だと思っているけどね。これからどうなるのかはよく分からないな。それは余計なことですけど。

とにかく、そういう社会的な背景の中で、日本の議会政治が、五五年体制も壊れた、新しい政治体制が生まれるのでありましょうと期待していましたが。第一、政党助成もそのために二大政党を目指していて、最初の四〇〇億は前にも話したかもしれないけど、あれから毎年三〇〇億以上を一五、六年つぎ込んでも、政権交代できたからそれは効果があったという見方にするのか、それだけの金を使ってもまだこのありさまじゃないかと見るのか、それは皆さん方がこれから分析、評価してほしいと思う。あれは、会計検査院も一言もさわれないようになっているし、マスコミも全然批判しないし、国のお金で選挙して国のお金で政治をするというのは、私はどうしても健全だとは思えないけどね。

赤坂　政党助成金からマスコミにも流れているというのは本当なんですか。

谷　それは、ただでメディアがやっているわけでないから。懐が、どこの金で出ているかは分からぬけれども、少なくとも政党助成が党に行っていることは事実なんだからさ。皆さん方のこれからの一つテーマとして研究してもらったら有り難い、こういう思いはします。

◆『先例集』の編纂と事務局

中澤　次長時代の最後に、平成六年版『先例集』の作成に関するエピソードなどをお聞かせ願えればと思います。

谷　これは、御苦労するのは、本会議先例集は議事課の連中が苦労して、何年も前から資料を集めて、会議をして、改定資料にいろいろ書き込みをして、総長のところに来て会議をするんですよ。だけれども、会議をするといったって、先例集は殆ど追加事例とか、要らぬものとかは多少整理するけれども、平成六年ぐらいまでは、まだ政権交代の事例なんというのは先例集には載っけられないぐらいの新しい事例だったから、余り大きな議論はした記憶がないな。

牧原　前にも少しお伺いしましたが〔第１章Ⅱ〕、最終的に先例集を最終版として決定する会議というのはどういう会議なんですか[128]。

谷　総長のもとで先例改定会議みたいなものを最終的にはやるんですけれども、あれは総長に対する説明会みたいな話になっちゃうね、結局、議事部でずっと議論してきていて、委員部は委員部で議論してきているから。多少、庶務的事項とかなんとかというのも、もう議事部で庶務部と打ち合わせしてきているからね。

牧原　そうすると、基本的には議事部中心に各部との間で打ち合わせして出てくる案を検討する会議は、総長と次長と各部長みたいな感じですか。

谷　先例改定会議は全部長が集まってやっていたかな。

牧原　もちろん、総長、次長も入られたと。

谷　ありていに言えば、直接タッチしていない総長、次長に対する説明会みたいな感じですよね。

ただ、多少、昔の先例集と変わってくるのは、廃れた項目がありますよね。昔だったら緊急質問とか少数意見の報告とかいろいろあったけれども、だんだんなくなってくると、これはどうするかこうするかとか、そういうのはありますけれども、そういうのも一義的には議事部長のところで判断していくからね。これは、全く事務方だけで、議長、副議長とか議運の委員長とかが一切タッチしない。今でもそうだと思うよ。これにタッチされたら、手前勝手に自分たちで書き直しもできるからね。

赤坂　何が先例なのかということを事務局の中で考えておられたりとか、そういうことはあるんでしょうか。

谷　昔はありまして、「先例とは何ぞや」と何かよくやっていましたよ。

赤坂　今、私、明治二四年六月の最初の先例集を手元に持っているんですけれども、やはり中身がどんどん拡大すると同時に拡散もしていきまして、当時は議事運営にかかわる議会法上の慣習法というんですか、これを主に載録していたのが、そのうちだんだん、自動車がどうとか、そういった庶務的な事柄等にまで拡大していって、果たして何をもって先例とするのか、焦点がぼやけているような印象を受けます[129]。

谷　それの直接のお答えにはならぬと思うけれども、衆議院と参議院の先例集を見ると、衆議院は、明治以来の伝統を踏まえた、帝国議会の先例集を踏まえてずっと作っているから、規範力とか、そういう意識で書き込んだところが多い。これは何々する、いかにもそれをしないと先例違反だとかなんとかみたいな。

ところが、参議院の先例集というのは、事例を中心に書き込んだところがあります。だから、平たく書いているような感じはする、こういうことがありました、こういうことがありましたと。衆議院は、大上段に、本会議は火木金に開くとか何か書いて。だから、衆議院の方が何となく、規範力を持っているという言葉がいいけれども、おかたいような感じはある。

赤坂　参議院の方は、そのように書きっぷりは事例集的なんですけれども、そのスタートのときの、佐藤吉弘さんなどが委員会先例録を一番最初に作られたときは、それこそ衆議院が一番最初に先例集を作ったような、もっとコンパクトなものだったのが、衆議院に合わす形でどんどんふえちゃったんだよ、ということを仰っていました。この点、どういう基準で先例集というのを作っておられるのか。今はハンドブックのような感じになっていますね。

谷　先例集は資料をいっぱい添付して分厚くなっているけれども、それは資料は資料でいいんだが、むしろ資料集は別に作って、あの中に読み物風の事例をずっとたくさん入れた方が楽しいのは楽しいわな、こういうこともありました、こういうこともありましたと。だから、事実関係だけ分かるような書き込みになっているけれども、多少とも読んで何となく情景が浮かぶようなね。

赤坂　この先例集というのは、余り諸外国に例のないものですね。

谷　マニュアルみたいなものはあるけれども、マニュアルだったらもうちょっとマニュアル風に説明すればいいと思う。

赤坂　不思議なもので、これまで当然の前提として『先例集』があったので、違和感はなかったんですけれども、いろいろな諸国に該当するものが余りなくて。

谷　それは大いに言っていただければいいんじゃないかな。だから、マニュアル風だったらマニュアル風で、もし事例風に書くんだったらもうちょっと、委員長のところに殺到してマイクを取り上げてどうのこうのしたとか、委員長は何もしゃべらなかったのに会議録はこういうふうになったとか、そんなことまで書かなくてもいいにしても、そういうのだっていいと思うんです。

赤坂　フランスのピエールなんかはそうですね。『仏国議院典型』というのは事件をそのまま詳述している。

谷　今は懲罰なんかも、何か知らぬけれども、名誉を重んじてほとんど名前を出さないで事例があったことしか分からないけれども、ああいうのだって、懲罰とはしないでも、こういう事件があってこういう処分になったとか、そういうのをもうちょっと書いてもいいとは思う。そうすると厚くなるから、もうちょっと簡便なマニュアル。

牧原　使い方としては、例えば、「議運や国対でこういうふうな新しいやり方をしたい」という意見が出たときに、「いや、それは先例と違います」、そのような形で基本的には使うということになりますか。

谷　そう言えればいいんだけれども、むしろ危ないのは、「過去の先例を探してくれ」、こういうわけだよね。昭和二五年のどさくさのときにやったことを今、先例があるからやろうというのは、これまた大変危ないんだけれども、往々にしてそういうのがあるんですよ。私らも危ないなと思うんだけれども、事務方も、言われるとそれを探し出して、こういう先例がありますと。だけれども、我々もその当時の背景とか何かは知らないわけだから、事実だけがひとり歩きしちゃうわけですよ。

赤坂　単にやったということが重要なんじゃなくて、それがオーソライズされるような事例なのかどうかということも重要ですからね。

谷　それをちゃんと選択していないから。探し回ったら資料の中にそういう事例があったといってそれを持っていくと、ほら、先例があるということで、やろうやろうというような話になっちゃう。

だから、私も反対していたのが、「辞職勧告決議案は危ないよ」と言うんだ、そのときの状況、マスコミの騒ぎ方とか何かはもう何も分からぬから。事例があるといってひとり歩きし出すと、ましてあれは野党がやれやれと言った話だから、日本の社会で、野党がやれやれなんて言っていたら、危なくて、自分たちにいつ火の粉がかかってくるか分からぬ。確かに、そういう問題はあるんですよね。

うちでも先例会議をやるから、これは規範として将来の議事運営の質を高めていくために残す先例かどうかというような議論はやっていないわけじゃないけれども、連綿としてつながっていかないんだよね。あのときの部長の考えみたいな話になっちゃうわけだよ。だから、これまた難しいんだ。

赤坂　先例集について、先例をどう読むかというような資料は残されているんですか、改定の理由でありますとか(130)。

谷　その改定のときの理由はちゃんと残っていますよ。それは大体ベテラン議事課員が、私らがおるときは桂〔俊夫〕さんというのがいて、あの人が一生懸命書いていましたよ〔桂メモ〕。そういう人がいないとまた資料が残らないんだよね。私みたいに横着だったら、話をして、あした書こうなんていって、忘れていてそのままという。だから、衆議院職員の中でそういう人が大変貴重なんですよ。政治家の世界をうろちょろしているよりは、じっと記録を残した人の方が貴重ですよ。堺谷さんもそういう方です。議事課にはずっと代々そういう気質を受け継ぐ人がいたんだけれども、今はどうなんでしょうね。

赤坂　余り議事課一筋で上がっていくというのではなくて、ほかの部分もそうですけれども、大分人事面で交流するようになっているみたいですね。

谷　私もそういう方針で、議事課だけならいいんだけれども、ほかのところもみんなそうなっちゃうから。会計をやったら会計、調査室へ行ったら調査室、それだけになっちゃうから、それはいかぬよといって交流していたんだけれども、そういう意味ではデメリットもあるわけです。

だから、変な話、アーカイブセクションみたいなのがあって、全部書類をそこに集めて、またそこの中で整理する人がいるとか、そういう部署がきちっとしていればまだいいけれども。

赤坂　いいことを言ってくださいました（笑）。

谷　そう思っていても、私も随分そう思って意見は言ったことがあるけれども、やっていると、その日の仕事に紛れて、また、大体、私が言っても、そのときは「はい、はい」と言うけれども、「また総長が変なことを言っているわ」ぐらいの話で片づく。やはりそういうのをなすときにはなかなか根気が要って、ちゃんと長年追っかけていかないといかぬのでしょうけれどもね。

牧原　本当にアンパイアとしての先例集だとすると、本当に中立的な事務局というものがある、そう与野党から歴史的にずっと信頼されているということが非常に難しいですね。

谷　それは大切です。やはりいろいろ相談事に乗る人はいっぱいいるわけですよ。だけれども、それはいわゆる先例集に載っけられる話じゃない。先例集に載る事例と単なる事例は違いますから。

ただ、難しいね、先例といったって、よっぽどそういう意識がないと。今日やったことが後では先例だったという話になるけれども、当面は先例かどうかは意識していないわけだからね。だから、常にこれは初めての例だという意識を持っておかないと、細かいことだって分からないというのはあるわね。

基本的に言うと、運営の中にいると、委員部の担当者もそうだろうけれども、とにかくその場をやり過ごせばいい、こういうことになっちゃうわけだよね。「済みません、ちょっと調べて御返事申し上げます」というのがだめなときがあるんですよ。要するに、向こうは行動を起こすための即答をそこで求めているわけだからね。帳面繰って、例えば法規で、おまえどうなんだよといったときに、ちょっと済みませんとかいって、やおら法規集を持ってきて、三〇分もかかって答えを出したのでは務まらぬから。だから、なかなか難しいところはあるけれども、そういう意味では、さっき申し上げたように、文書がちゃんと整理できていなくて、そういう整理できていない土台の上に先例集が乗っかっているから、まだいろいろ改善するところはあるでしょうということです。

赤坂　さきほど、先例とは何かということを事務局の中で議論されたことがおありになるということでしたけれども、その中で何かポイントを御記憶でございましたら、教えて頂きたいと思います。

谷　私ら若い頃に、時の副部長さんとか、芦田〔茂男〕さんて前に話したけど、ああいう方が「先例とは何ぞや、思うところを書け」とかなんか言って、書かされた記憶はあるけどね。何を書いたかもう覚えていないよ。今若い人がどういう議論をしているか知らないけど、当時は、桑形昭正さんもいたし、堀口一郎氏もいたし、それから弁護士になって、五年たたぬうちにみんなやめちゃったけど、若者がいたりね。だから、しょっちゅう何か酒を飲んではそういう議論をわあわあしていたね。今考えたらつまらぬことで、議決定数に棄権を入れるか入れぬかとか、そんなことばっかりやっていた記憶があるね。実際問題として、運営上やはり厳しい時代だったから、そういうのがまた問題ではあったんだよね。

今みたいに、それが当たり前みたいな、ルール化されていない状況で、まだ社会党が元気な時代だったから。だから、そういう議論はよくしていたと思うんだけど、その後、改まって事務局の中でそういう検討会を開いたとか、何か勉強させたとか、私は記憶にない。担当のところで、あるいは委員部長のところで何かやったかどうかは知らないけど、改まってした記憶はないな。申しわけないけどね。

赤坂　ルールがまだ固まっていないから、その中身についていろいろ議論する必要があったと。他方、その外縁ですよね、どこまでをルール化していくべきかという。

谷　それがやはり架空の理屈じゃないんだよね。みんな委員会それぞれもめるわけですよ。そうすると、やはり事前に入念に準備しているけど、起こったことは、その場で対処ね。そうすると、帰ってきて、やはりみんな、やったことに対する不安も多少あるわけだよ。だから、昔は、下の売店から缶詰を買ってきて部屋で酒を飲むような時代だから、キャップを初め、みんなわあわあ議論をしていましたよね。それは、私らに対しては生きた実践教育みたいな面もあったと思いますよ。過去の思い出話とか、現実にそうやったときにどうなったとか、実際にこうやったんだけどどうだったんだろうというような、そういう雰囲気はずっとありましたね。やはりそうやっていかないと仕事ができなかった時代なんだ。しょっちゅう委員会でもめているわけだから。

だから、振り返ってみると、ロッキード事件以降は、余り、いわゆる審議で毎日のようにもめることはなくなったね。何となく大まかな、前にもお話ししたように、司令塔ができて、国対の指揮の命令下で運営されるような感じになって、現場現場で紛糾するという事態がだんだんなくなってきた。そうすると、恐らく、若者が担当担当でわあわあそういう議論をするというのは、実際に私ももうそこらはいなかったから分からぬけれども、ちょっとそういう雰囲気はなくなってきたんじゃないかと思うんだよね。

だから、私が総長になってよく言ったのは、勉強会をするなら、昔の人、先輩ね。私らは、そういう時代の最後ぐらいなんだよ。委員会で強行採決ばかりやって、辛うじてそういうのを体で知っている最後のところなんだよね。だから「私らより三年とか四年とか五年ぐらい先輩の人はもっと経験豊富だから、研修会にそういう人を呼んで、そういう人からの話を聞く機会をつくりなさいよ」と随分言ったんだけどね。ほとんどそういうのが根づかなかった。現実問題として、そういう話を聞いても、現実にそういう場が起こらなくなってくると、それは何か単なる思い出話を聞いている感じになっちゃうけど、我々の若いときというのは、それがあした起こり得る事態の検討会みたいなものだね。そういう意味では、赤坂さんのお答えにはならぬけれども、先例って改まって議論したという記憶は、少なくとも部長とかそういう地位になって、余り記憶ないな。

赤坂　体系的ないし抽象的な理論的検討というよりは、実践的な総合的判断の積み重ねなのですね。

谷　いや応なしにそういうことが話題の中心になっちゃうんだよね。それは、議員からこうして怒られたとか、あしたとか、中には、上司からこうやって何とかとかね。だから、例えば私が、社労の担当の、まだ入ってぺいぺいの頃なんかも、大事なことは、「何月何日何時、第何委員室にいた何々委員会の委員は誰々である」というのを書かなきゃいかぬのです。乱闘国会のときは、委員会で乱闘すると、それが唯一、出席の証になっちゃうんだ。その頃は、さすがに委員部長までは出張ってくることはなかったけど、副部長クラスは出てくるわけですよ。そうすると、議員からもあっちゃこっちゃ、「あれしろ、おい」とかなんとか言われるし、キャップからは「電話しろ」とかなんか言われるし。そうすると、上司が出てきたら、「おまえ、あれは書いたか」と。「後で書きます」なんて言うと怒られて、「今すぐ書け」なんてやって。

それは結局、一番大事な証拠になっちゃうんですよ。出席者をちゃんとしておかないと、定足数があったかどうかが。だから、そういうときは自民党だけ委員交代して満杯にするんですよ。委員交代をきちっと満杯にしておかないと、野党からつつかれたときに抗弁できない。あれはいなかったじゃないかとか、これはいなかったじゃないかと言うと、全部満杯にして、こうして手続は完了していますと言えば、それで一つ、形式的な証拠になっちゃうけど。中には、自民党が三人多いから、一人ぐらいいなくても十分だというぐらいでやると、やはりつつかれたケースだってあるんですよ。だから、そういう細かいことは、やはり身近に担当の現場で起こる時代だったと思いますよ。

そういう中で、先例とは何かという意識があって、芦田さんなんかも、若者の意見を聞いてみようなんて、何か御下命を受けたような記憶がありますね。

(1) 一九二九(昭和四)年生まれ。一九七二(昭和四七)年に衆議院参事となり、秘書課長を振り出しに、記録部長、管理部長、庶務部長、議事部長、委員部長を歴任。一九八五年からの衆議院事務次長を経て、一九八七年衆議院を退職。会計検査院に移り、一九九二年一〇月~九四年四月に会計検査院長。なお、『平野貞夫オーラル・ヒストリー〔上巻〕』(二〇一二年)第一〇回記録も参照。

(2) 一九三三年~。埼玉県出身。東京大学法学部卒業。一九五六(昭和三一)年自治庁に入る。一九八三年衆議院委員部副部長に移り、庶務部長を経て、一九八七年三月事務次長、一九八九年事務総長(一九九四年六月退職)。一九九八~二〇〇〇年国立国会図書館長。

(3) この辺りの経緯については、今野彧男(著)、赤坂幸一・奈良岡聰智(編著)『国会運営の裏方たち —— 衆議院事務局の戦後史』(信山社、二〇一一年)「間奏」Ⅱも参照。

(4) 『平野貞夫オーラルヒストリー〔上巻〕』(二〇一二年)第九回記録も参照。

(5) 一九二六年~。大阪府出身。絵本画家いわさきちひろの夫。海兵七五期。一九六七(昭和四二)年以降、衆議院議員に当選通算一一回(日本共産党)。財団法人いわさきちひろ記念事業団副理事長。著書に『安保廃棄への道』(みどり書房、一九六九年)、『虚構の壁 —— 自由と民主主義のために松川事件、メーデー事件の弁論と労働争議の弁護の記録』(光陽出版社、一九九〇年)、『妻ちひろの素顔』(講談社+α文庫、二〇〇〇年)ほかがある。

(6) 一九二三~一九八五年。福岡県田川郡出身。早稲田大学政経学部新聞学科卒業。日経新聞記者・池田勇人番を経て、一九六三(昭和三八)年以降、衆議院議員に当選通算八回(自由民主党)。第一次大平内閣で内閣官房長官、鈴木内閣で

通産大臣。自民党政調会長、自民党幹事長。著書に『大平正芳の人と政治』（朝日ソノラマ、一九八一年）、『保守本流の直言』（中央公論社、一九八五年）、評伝に土師二三生『田中六助・全人像』（行政問題研究所出版局、一九八二年）がある。

(7)　この事件については、近藤誠治（著）、赤坂幸一・奈良岡聰智（編著）『議事運営と立法過程 ── 衆議院事務局の三五年』（信山社、二〇一一年）第2章Iを参照。

(8)　Bruce Bernard Weatherill, Baron Weatherill, PC, DL, KStJ（1920─2007）。一九六四～一九九二年、庶民院議員。一九七九～一九八三年まで庶民院歳入歳出委員長（庶民院副議長）を務めた後、一九八三～一九九二年、庶民院議長。議長退任後、一代貴族に叙せられた。

(9)　一九四〇年～。福岡県出身。父は麻生セメント会長の麻生太賀吉。学習院大学政経学部卒業。一九七九（昭和五四）年以降、衆議院議員に当選通算一〇回（自由民主党）。一九九六年、第二次橋本内閣の経済企画庁長官として初入閣。森内閣の経済財政政策担当大臣、小泉内閣の総務大臣、外務大臣、安倍内閣の外務大臣。二〇〇八～二〇〇九年、内閣総理大臣。

(10)　福永健司氏は一九八三（昭和五八）年一二月に第六三代衆議院議長に就任したが、体力の衰えが進行していた一九八五（昭和六〇）年一月、国会の開会式リハーサルで、階段を後ろ向きに下りるところがうまくできない（＝天皇におしりを向けてしまうことになる）という理由で辞任した。

(11)　一九一九～二〇〇七年。東京都出身。東京大学法学部卒業、一九四二（昭和四二）年、大蔵省に入省。池田勇人大蔵大臣秘書官。一九五三年以降、参議院議員に当選通算二回（自由党、自由民主党）。一九六二年、第二次池田内閣の経済企画庁長官として初入閣。一九六七年以降、衆議院議員に当選通算一一回（自由民主党）。通産大臣、外務大臣、官房長官、郵政大臣、農林水産大臣、大蔵大臣、財務大臣を歴任。一九九一～一九九三年、内閣総理大臣。自民党では宏池会に入り、宮澤派を形成。

(12)　靖国懇の関係資料は、国立国会図書館のホームページで閲覧することができる（二〇一〇年四月六日アクセス）。http://www.ndl.go.jp/jp/data/publication/document/2007/200704/1027-1126.pdf

(13)　一九三二～二〇〇七年。三重県出身。早稲田大学商学部卒業。三重県会議員。一九六七（昭和四二）年以降、衆議院議員に当選通算一一回（自由民主党）。一九七九年、第二次大平内閣の労働大臣として初入閣。中曽根内閣の官房長官。一九八九年五月、リクルート事件で受託収賄罪容疑で起訴、一九九九年一〇月、有罪確定（懲役三年、執行猶予四年）。

(14)　なお、解散詔書の伝達は本会議の途中に行われるのを例とするが、一九五四（昭和二七）年八月二八日の第三次吉田内閣による「抜打ち解散」に際しては、本会議を開くことなく、各会派の代表者に議長応接室への参集を求め、そこで解散詔書の伝達が行われた。これが本会議を開かないで解散詔書の伝達が行われた最初の例であり、その後同様の例は、本文の場合を含めて二回ある（一九八〇（昭和五五）年五月一九日の第九一回国会の解散、および一九八六（昭和六一）年六月二日の第一〇五回国会の解散。なお『衆議院先例集〔平成一五年版〕』の付録一三「解散一覧表」も参照）。

⒂　一九〇七～二〇〇四年。兵庫県出身。早稲田大学政経学部、オレゴン大学卒業。一九四六（昭和二一）年以降、衆議院議員に当選通算二〇回（自由民主党）。第三次佐藤内閣の労働大臣として初入閣。一九八六～八九年、第六五代衆議院議長。渡り鳥シリーズの脚本家でもある。

⒃　原健三郎は、竹下内閣の総辞職を機に「人心一新」を大義名分として辞表を提出した（神戸新聞東京支社編『ハラケン「生涯現役」』神戸新聞総合出版センター、二〇〇一年）一四七頁。

⒄　一九二〇～二〇〇〇年。愛媛県出身。相模原工学校卒業。今治市会議員、愛媛県会議長。一九七二（昭和四七）年以降、衆議院議員に当選通算一〇回、一九八六～一九八七年、衆議院議院運営委員長。一九八七年、竹下内閣の建設大臣として初入閣。宮澤内閣の運輸大臣。橋本内閣の農林大臣。

⒅　一九四二年～。東京都出身。日本大学経済学部卒業。新日本観光株式会社代表取締役。一九七四（昭和四九）年、参議院議員に初当選（自由民主党）。一九八三年以降、衆議院議員に当選通算四回。湘南工科大学総長。

⒆　一九五九（昭和三四）年から一九六三（同三九）年にかけて日本全国を一世風靡した映画シリーズ。同シリーズは「南国土佐を後にして」の大ヒットによって生まれ、「ギターを持った渡り鳥」など全八作が制作された。

⒇　一九二四～二〇〇一年。宮城県出身。東北大学法学部卒業。読売新聞記者を経て、一九六〇（昭和三五）年以降、衆議院議員に当選通算一三回（自由民主党）。鈴木内閣の防衛庁長官、竹下内閣の科学技術庁長官。一九九六～二〇〇〇年、第六九代衆議院議長。著書に『和のなかの決断 ―― 東北からの視点』（鴻志会、一九八二年）、伊藤政経防衛懇話会編『男子の本懐三六三日 ―― 伊藤宗一郎防衛庁長官の軌跡』（宗インターナショナル、一九八三年）がある。

(21)　櫻内義雄は、宝塚歌劇団の後援会である愛宝会の会長を長らく務めた。

(22)　一九一六～一九九四年。広島県安佐郡出身。東京大学法学部卒業。広島原子爆弾の被爆者でもある。広島市議会議員、広島県議会議員を経て、一九七五（昭和五〇）年以降、四期にわたって広島市長を務める。著書に『ヒロシマを世界へ』（ぎょうせい、一九八六年）、追悼録に『荒木武追想録 ―― ヒロシマの心を世界へ』（荒木武追想録刊行委員会、一九九九年）がある。

(23)　衆議院事務局における「団塊の世代」については、今野ほか・前掲書、第1章Ⅲおよび「間奏」Ⅱを参照。

(24) 内奏の手続や宮内庁との折衝、内奏内容の漏洩問題については、『平野貞夫オーラルヒストリー〔上巻〕』(二〇一二年)第一〇回記録、および後藤致人『内奏 ― 天皇と政治の近現代』(中公新書、二〇一〇年)を参照。

(25) 健康増進法の制定などを受けて、二〇〇六年で廃止された。

(26) カモ猟の風景については、オットマール・フォン・モール(金森誠也訳)『ドイツ貴族の明治宮廷記』(新人物往来社、一九八八年)一二〇頁以下、及び今野ほか・前掲書、Iを参照。

(27) この点については、今野ほか・前掲書、第1章Vを参照。

(28) 一九一六～二〇〇七年。福岡県出身。東京帝国大学法学部卒業。日本国有鉄道東海道新幹線支社長。一九六七(昭和四二)年以降、北九州市長を五期二〇年務める。著書に『丘の上の双眼鏡』(西日本新聞社、一九八八年)、『孤瓶独白』(自費出版、一九九五年)、『焦らず休まず ― 前北九州市長・同市立美術館長谷伍平聞書』(西日本新聞社、二〇〇一年、共著)等が、評伝に月刊のおがた社編『谷伍平物語』(ライオンズマガジン社、一九七七年)ある。

(29) 一九三九年～。昭和天皇と香淳皇后の第五皇女(旧名、清宮貴子内親王)。学習院大学文学部在学中の一九六〇(昭和三五)年、島津久永と結婚、皇籍離脱。

(30) 殯宮祗候(ひんきゅうしこう)とは、皇族や各界の代表者が天皇の柩が安置されている皇居の正殿・松の間で交代で黙想する儀式のこと。

(31) 山城国愛宕郡八瀬村(現京都市左京区八瀬)に在住し、輿丁《よちょう》として天皇家に奉仕した人々。室町時代、後醍醐天皇に奉仕したことが始まりとされる。大喪では、天皇の御遺体を納めた棺を葱華輦(屋根の中央の擬宝珠に葱の花の飾りがある輿)に乗せ、棺を御陵まで担ぐ役(駕輿丁)を務めた。八瀬の人々は年貢を免除され、林業を生業としたが、宝永四年(一七〇七年)には山林伐採権をめぐって叡山延暦寺と紛争を起こしている。近世には八瀬童子の輿丁が断絶した時期もあったが、近代に入ると、英照皇太后、明治天皇、昭憲皇太后、大正天皇の棺を担いだ。一九八九(平成元)年二月の昭和天皇の大喪でも、八瀬童子会は輿丁を務めることを要請した。だが、宮内庁は警備上の理由からこれを却下した。昭和天皇の大喪では、皇宮警察が輿丁を務め、棺は霊柩車(轜車《じしゃ》)で運ばれ、葱華輦は葬場殿でのみ用いられた。ただし、八瀬童子の代表が、皇居での「轜車発引の儀」(棺を霊柩車へ移す)と、新宿御苑での「葬場殿の儀」(棺を葱華輦で葬場殿に移す)に参列している。八瀬童子の歴史については猪瀬直樹『天皇の陰法師』(朝日新聞社、一九八三年)を参照。

(32) 一九三九～二〇〇六年。東京都出身。東京大学経済学部卒。銀行勤務を経て、一九六五(昭和四〇)年、警察庁に入庁。韓国大使館一等書記官、青森県警本部長。宮内庁総務課長の時、昭和天皇御不例に際して天皇の病状を連日、会見で発表した。警視庁副総監、大阪府警本部長、警視庁官房長。一九九六年、警視総監。一九九九年、預金保険機構の責任解明委員会特別顧問。

(33) 大正天皇崩御の一九二六年一二月二五日、東京日日新聞（毎日新聞の前身）は号外と朝刊最終版（東京市内版）で、新たな元号として「光文」「大治」「弘文」の三案から「光文」が選定された、と報じた。宮内省が同日発表した元号は「昭和」だったため、記事は誤報となり、東京日日新聞社長が辞意を表明する事態となった。「光文」は元々内閣の案の一つではあったが、宮内省が「光文」を検討した事実は、公式の記録には確認されない。宮内省の案は、「昭和」「同和」「神化」であった（石渡隆之「公的記録上の「昭和」」『北の丸』第七号、一九七一）。

(34) この間の経緯については、平野貞夫（著）、赤坂幸一・奈良岡聰智（編著）『消費税国会の攻防 ── 平野貞夫衆議院事務局日記』（千倉書房、二〇一二年）に詳しい。

(35) 一九三一年〜。秋田県本荘市出身。慶應義塾大学経済学部卒業。一九七二（昭和四七）年以降、衆議院議員に当選通算九回（自由民主党）。宇野内閣の郵政大臣、第二次海部内閣の運輸大臣、第二次橋本内閣の官房長官。元自民党国会対策委員長、元自民党総務会長。二〇〇八年七月、日歯連闇献金事件につき最高裁で政治資金規正法違反の有罪が確定。

(36) 人事院総裁になった際のいきさつ、中曽根氏との関係について、『平野貞夫オーラルヒストリー〔上巻〕』（二〇一二年）第一〇回記録を参照。

(37) 弥富氏は人事院総裁を退任後、かつて取得していた司法試験の資格を生かして弁護士業を営むために、司法修習に通っていたが、その途中に逝去した。

(38) 一九三二年〜。福島県出身。早稲田大学第一文学部卒業。福島県会議員。一九六九（昭和四四）年以降、衆議院議員に当選通算一四回（自由民主党、新生党、新進党、無所属の会、民主党）。一九八三年、第二次中曽根内閣の厚生大臣として初入閣。第一次海部内閣の自治大臣兼国家公安委員長、宮澤内閣の通産大臣。一九九六年〜二〇〇三年、衆議院副議長（二〇〇〇年に再任）。民主党最高顧問。

(39) 一九四四年〜。東京都出身。東京大学経済学部卒業後、大蔵省入省（大臣官房秘書課勤務）。大臣官房参事官、主計局調査課長等を経て、一九八九（平成元）年主計局主計官（総理府、司法・警察担当）。その後、大阪税関長、国税庁長官官房国税審議官（国際担当）、大臣官房審議官（国際金融局担当）、金融庁次長などを経て、二〇〇一年から国際協力銀行理事、二〇〇二年〜二〇〇五年、ポルトガル駐箚特命全権大使。著書に『図説日本の関税〔平成四年度版〕』（財経詳報社、一九九二年）、『ポルトガル逍遥』（かまくら春秋社、二〇〇六年）がある。

(40) 一九五三年〜。東京都出身。一九七六年、東京大学法学部卒業後、大蔵省入省。苫小牧税務署長、証券局総務課長補

佐などを経て、一九八八（昭和六三）年、主計局主計官補佐。その後、大臣官房審議官、国際局長、財務官等を経て、二〇一一年、経済協力開発機構事務次長。

(41) 二〇〇九年二月、中川昭一財務大臣がＧ７財務大臣・中央銀行総裁会議の後、酒に酔った状態で朦朧会見を行ったが、その直前に、ホテルのレストランで中川氏らと同席したとされる。

(42) 大蔵省との折衝過程における係数整理については、『佐藤吉弘オーラルヒストリー』（二〇一一年）第五回記録および第八回記録も参照。

(43) 一九〇八〜二〇〇一年。一九四五（昭和二〇）年衆議院書記官（警務課長）となり、一九四七（同二二）年庶務部長。その後、委員部長、事務次長などを経て、一九六〇年事務総長に当選。一九六四（同三九）年退職し、会計検査院へ。一九六七〜一九七一年、会計検査院長。

(44) 一九二二〜一九九六年。広島県出身。早稲田大学商学部卒業。一九六五（昭和四〇）年以降、参議院議員に当選通算四回（自由民主党）。一九七六年、福田内閣で総理府総務長官兼沖縄開発庁長官。一九八六年、第一六代参議院議長。実父は藤田組二代社長の藤田定市。

(45) この問題については、弥冨啓之助「衆議院事務局物語」の第二七回・二八回（陸奥新報平成二年一月一四日・同二一日）も参照。

(46) 議院証言法改正法案は、一九八八（昭和六三）年一一月一六日提出、同二一日可決、同二六日公布。衆議院リクルート問題特別委員会は、同年一一月一五日設置（『議会制度百年史』資料編、九九〇頁）。

(47) 一九二二〜一九九八年。滋賀県出身。神戸商業大学中退。在学中にシベリア抑留を体験する。滋賀県会議員、滋賀県会副議長を経て、一九六〇（昭和三五）年以降、衆議院議員に当選通算一二回（自由民主党）。一九七四年、第二次田中内閣の防衛庁長官として初入閣。福田内閣の科学技術庁長官、第一次大平内閣の行政管理庁長官。第一次中曽根内閣の通産大臣、竹下内閣の外務大臣。一九八九年、内閣総理大臣。著書に『ダモイ・トウキョウ』（葛城書房、一九四九年）、『大正蘇音器』（市ケ谷出版社、一九八六年）、評伝に柚木弘志ほか『宇野宗佑・全人像』（行研出版局、一九八八年）がある。

(48) 二〇一〇年八月現在、身分は国家公務員特別職。公設第一秘書、第二秘書、政策担当秘書の三人を置くことができ（国会法一三二条）、その任免は各国会議員の判断で行われ、給与は議員の所属する議院から支払われる。公設秘書の給与は在職期間に応じて決まり、政策担当秘書で月額三六万五九〇〇円〜五四万四二〇〇円。これに加えて、住宅手当や通勤手当などの各種手当も支払われる。ボーナス（期末手当）は、夏冬合わせて四・一五カ月分である。

(49) 一九一三年～。奈良県出身。一九三八（昭和一三）年、東京帝国大学法学部卒業、内務省に入省。一九六三年、自治事務次官。一九六三年以降、衆議院議員に当選通算一三回（自由民主党）。一九七二年、第二次田中内閣の文部大臣として初入閣。鈴木内閣の法務大臣、竹下内閣の国土庁長官。回顧録に『派に頼らず、義を忘れず――奥野誠亮回顧録』（PHP研究所、二〇〇二年）。長男は前衆議院議員の奥野信亮。

(50) 一九四三年～。奈良県出身。同志社大学経済学部卒業。奥野誠亮秘書、自民党秘書会会長・衆議院秘書協議会会長。二〇〇〇年以降、衆議院議員に当選通算二回（自由民主党）。

(51) 一九四九年～。旧名、中村伸。茨城県出身。日本大学法学部卒業。一九七六（昭和五一）年以降、衆議院議員に当選通算一一回（自由民主党、改革クラブ、無所属）。一九八九年、宇野内閣の科学技術庁長官として初入閣。宮澤内閣の建設大臣。二〇〇一年、鹿島建設からの斡旋収賄罪で実刑判決、二〇〇三年に実刑確定（議員失職）。二〇〇五年、衆議院議員に再選。父の喜四郎、母の登美は参議院議員。

(52) 一九一九年～。佐賀県出身。専修大学法学部卒業。佐賀県会議長。一九六九（昭和四四）年以降、衆議院議員に当選通算一〇回（自由民主党）。一九八四年、第二次中曽根内閣の運輸大臣として初入閣。第三次中曽根内閣の総務庁長官、海部内閣の官房長官、宮澤内閣の厚生大臣。一九九〇～一九九一年、衆議院議院運営委員長。

(53) 一九二五～二〇一〇年。長野県出身。印刷工場勤務から労働運動へと進み、一九五二（昭和二七）年の長野県労働組合評議会の結成に参加し、事務局長、副議長、議長を歴任した。一九七六（昭和五一）年以降、衆議院議員に当選通算六回（日本社会党）。衆院議員在任中は党国対副委員長や衆院災害対策特別委員長を歴任した。

(54) 一九三七～二〇〇六年。東京都出身。慶應義塾大学卒業。一九六三（昭和三八）年以降、衆議院議員に当選通算一四回（自由民主党）。一九七八年、第一次大平内閣の厚生大臣として初入閣。第三次中曽根内閣の運輸大臣、海部内閣の大蔵大臣、村山内閣の通産大臣。自民党では佐藤派、田中派、竹下派に所属し、自民党幹事長を務める。一九九五年、自民党総裁。一九九六～一九九八年、内閣総理大臣。第二次森内閣の規制改革担当大臣。父は大蔵官僚、衆議院議員の橋本龍伍。

(55) 一九三八年～。東京都出身。東京大学法学部卒業。日本原子力発電に入社。中曽根康弘秘書。一九七六（昭和五一）年以降、衆議院議員に当選通算一〇回（自由民主党、たちあがれ日本）。一九九四年、村山内閣の文部大臣として初入閣。小渕内閣の通産大臣、小泉内閣、福田内閣、菅内閣の経済財政政策担当大臣、安倍内閣の官房長官、麻生内閣の財務大臣。一九九三年、衆議院議院運営委員長。

(56) 一九一五～二〇〇六年。京都府出身。法学者（憲法）。東京帝国大学法学部卒業。上智大学法学部長。上智大学名誉教

授。著書に『憲法』（有斐閣、一九五五年）。佐藤功氏と国会との関係については、『指宿清秀オーラルヒストリー』（二〇一一年）第一〇回記録も参照。

(57) 一九二三〜二〇〇七年。瀋陽出身。政治学者（国際政治）。東京大学法学部卒業。東京大学教養学部教授。亜細亜大学学長。東洋英和女学院院長。東京大学名誉教授。著書に『東アジア政治史研究』（東京大学出版会、一九六八年）がある。

(58) 一九二六年〜。東京都出身。東京大学文学部卒業。読売新聞社に入社し、社長、主筆、会長などを歴任。著書に『渡邉恒雄回顧録』（中央公論新社、二〇〇〇年、中公文庫、二〇〇七年）などがある。ジャイアンツ代表取締役会長。

(59) 一九一九年〜。東京都出身。東京帝国大学法学部卒業。一九四七（昭和二二）年、労働省に入省。労働事務次官。福田内閣の内閣官房副長官。

(60) 一九二六年〜。京都府出身。東京大学法学部卒業。元衆議院法制局長。弁護士。白鴎大学教授。

(61) 一九三二〜二〇〇四年。徳島県出身。一九五五（昭和三〇）年、早稲田大学卒業後、ＮＨＫに入社。ＮＨＫ解説委員。徳島文理大学教授。

(62) 一九四一年〜。東京都出身。国際基督大学卒業。日本インフォメーションズシステム代表取締役。父はジャーナリストの大宅壮一。

(63) 一九三二年〜。大阪府出身。中央大学法学部卒業。一九六九年以降、衆議院議員に当選通算一一回（自由民主党）。一九八七年、竹下内閣の郵政大臣として初入閣。村山内閣の総務庁長官、小渕内閣と森内閣の建設大臣兼国土庁長官。父の福蔵は参議院議員。母のマサと兄の太郎は衆議院議員。

(64) 一九一〇〜二〇〇三年。鹿児島県出身。明治大学卒業。一九五五（昭和三〇）年以降、衆議院議員に当選通算三回（日本社会党）。

(65) 一九二四年〜。三重県出身。慶應義塾大学法学部卒業。一九五五（昭和三〇）年以降、衆議院議員に当選通算一四回（自由党、自由民主党）。一九七二年、第一次田中内閣の労働大臣として初入閣。福田内閣の運輸大臣。中曽根内閣の通産大臣。一九八九〜一九九〇年、衆議院議長。著書に『政治家の正体』（講談社、一九九四年）、『田村元（元衆議院議長）オーラルヒストリー〔上下巻〕』（近代日本史料研究会、二〇〇六年）がある。

(66) 一九一七〜二〇一一年。愛媛県出身。一九四一（昭和一六）年、東京帝国大学法学部卒業、大蔵省に入省。大蔵省主税局長。一九六九年以降、衆議院議員に当選通算八回（自由民主党）。一九八二年、第一次中曽根内閣の経済企画庁長官として初入閣。海部内閣の元総務庁長官。長男は衆議院議員、内閣官房長官の塩崎恭久。

(67) 一九一〇〜一九九七年。新潟県出身。一九四九（昭和二四）年以降、衆議院議員に当選通算一四回（日本社会党）。

(68) 議員互助年金制度の創設に対する事務局の関与については、今野ほか・前掲書、第1章Ⅳを参照。

(69) Private Finance Initiative. 民間企業がリスクを負って、民間の資金、技術などを社会資本の整備に活用する手法。一九九二年、イギリスのメージャー政権が、行財政改革の手法として導入した。公共施設の設計、建設、維持管理を民間に委託する「民間委託」に対して、PFIは施設の所有をも民間に委ねる点に特徴がある。日本では一九九九年にPFI推進法が施行され、自治体の庁舎建設や刑務所の民営化などに利用されている。

(70) 一九三二（昭和一七）年兵庫県生まれ。一九六五年に衆議院事務局に採用され、議長秘書、委員部第三課長、委員部総務課長等を経て、一九九八（平成一〇）年記録部長。その後、警務部長（一九九九年）、庶務部長（二〇〇一年）を経て、二〇〇四（平成一五）年退職。

(71) 通商産業省工業技術院は、一九九〇年二月より七年計画のプロジェクトとして、「大深度地下空間開発技術」を立ち上げている（『GECニュース』第六・七合併号、一九九〇年二月二日）。

(72) 一九三五年〜。本名は池口小太郎。大阪府出身。東京大学経済学部卒業。一九六〇（昭和三五）年、通産省に入省。小説家、評論家、プロデューサーとしても活動。一九九八年、小渕内閣の経済企画庁長官として入閣。著書に『油断！』（日本経済新聞社、一九七五年）、『団塊の世代』（講談社、一九七五年）など。

(73) 一九四二年〜。満洲国新京市（現中国吉林省長春市）出身。慶應義塾大学経済学部卒業。一九七六（昭和五一）年以降、衆議院議員に当選通算一一回（日本社会党、民社党、新進党、自由党、民主党）。一九九四年、羽田内閣の法務大臣として初入閣。鳩山内閣の国家公安委員長兼防災担当大臣。父は衆議院議員の中井徳次郎。

(74) この間の経緯については『佐藤吉弘オーラルヒストリー』（二〇一一年）二七六頁以下も参照。

(75) 一九三六年〜。東京都出身。早稲田大学第一政治経済学部卒業。丸善石油（現コスモ石油）、衆議院議員秘書。一九九〇（平成二）年以降、衆議院議員に当選通算七回（自由民主党）。森内閣の沖縄開発庁長官として初入閣。小泉内閣の男女共同参画担当大臣、官房長官。二〇〇七〜二〇〇八年、内閣総理大臣。父は衆議院議員の福田赳夫。

(76) 一九四五年〜。宮城県出身。慶應義塾大学経済学部卒業。TBSに入社。ジャーナリスト。著書に『メディア裏支配』（講談社、二〇〇五年）。

(77) 一九三五年〜。東京都出身。成城大学経済学部卒業。一九六九（昭和四四）年以降、衆議院議員に当選通算一四回（自由民主党、新生党、新進党、太陽党、民政党、民主党）。一九八五年、第二次中曽根内閣の農林水産大臣として初入閣。竹下内閣・宇野内閣の農林水産大臣。宮澤内閣の大蔵大臣。新生党党首。細川内閣の外務大臣。一九九四年、内閣総理大臣。父は衆議院議員の羽田武嗣郎。

(78)　このフランス料理屋をめぐる政界裏話として、後藤謙次『竹下政権・五七六日』（行研、二〇〇〇年）一三七～一三八頁、および『平野貞夫オーラルヒストリー〔下巻〕』（二〇一二年）第一九回記録を参照。

(79)　一九三六～二〇〇六年。神奈川県出身。慶應義塾大学経済学部卒業後、大日本精糖勤務などを経て、一九六八年、実父・亀井善彰（参議院議員）の秘書になる。一九七九年以降、衆議院議員に当選通算九回（自由民主党）。一九九六年、第一次橋本内閣の運輸大臣として初入閣。第一次小泉内閣および第二次小泉内閣の農林水産大臣、元衆議院議員の亀井善太郎は長男。

(80)　一九四四年～。茨城県出身。早稲田大学第一政治経済学部卒業。一九六八（昭和四三）年、産経新聞社に入社。一九八三年以降、衆議院議員に当選通算九回（自由民主党）。橋本内閣の内閣官房副長官。一九九八年、小渕内閣の防衛庁長官として初入閣。森内閣の経済企画庁長官、小泉内閣の防衛庁長官、安倍内閣と福田内閣の財務大臣。

(81)　一九四六年～。三重県出身。慶應義塾大学工学部卒業。衆議院議員で父の野呂恭一の秘書を経て、一九八三（昭和五八）年以降、衆議院議員に当選通算四回（自由民主党、新進党、自由改革連合、自由党）。二〇〇〇～二〇〇三年、松坂市長。二〇〇三～二〇一一年、三重県知事。

(82)　一九四六年～。青森県出身。慶應義塾大学法学部卒業。一九八三（昭和五八）年以降、衆議院議員に当選通算九回（自由民主党）。一九九五年、村山内閣の環境庁長官として初入閣。森内閣の科学技術庁長官、文部大臣。小泉内閣の農林水産大臣。自民党幹事長、自民党副総裁。

(83)　一九四二年～。熊本県出身。日本大学経済学部卒業。一九八六（昭和六一）年以降、衆議院議員に当選通算八回（自由民主党、新党さきがけ、たちあがれ日本、無所属）。村山内閣の内閣官房副長官。たちあがれ日本幹事長。父は衆議院議員の園田直。

(84)　一九四四年～。長崎県出身。慶應義塾大学文学部卒業。長崎県会議員。一九八三（昭和五八）年以降、衆議院議員に当選通算五回（自由民主党）。一九九八～二〇一〇年、長崎県知事。二〇一〇年、参議院議員に当選（自由民主党）。父は衆議院議員の金子岩三。

(85)　一九四四年～。衆議院議員（自由民主党）。島根県出身。一九六七（昭和四二）年、東京大学法学部卒業、通産省に入省。一九九〇年以降、衆議院議員に当選通算七回（自由民主党）。二〇〇二年、第一次小泉内閣の内閣府特命担当大臣（男女共同参画）として初入閣。小泉内閣の官房長官。自由民主党幹事長。父は衆議院議員の細田吉蔵。

(86)　一九五四年～。岡山県出身。慶應義塾大学工学部卒業。松下政経塾卒業。一九八六（昭和六一）年以降、衆議院議員に当選通算八回（自由民主党）。二〇〇六～二〇〇七年、衆議院議院運営委員長。自民党国対委員長。父は衆議院議員の逢沢英雄。

(87) 一九四二年〜。神奈川県出身。慶應義塾大学経済学部卒業。福田赳夫秘書を経て、一九七二（昭和四七）年以降、衆議院議員に当選通算一二回（自由民主党）。一九八八年、竹下内閣の厚生大臣として初入閣。宮澤内閣の郵政大臣。第二次橋本内閣の厚生大臣。二〇〇一〜二〇〇六年、内閣総理大臣。祖父の小泉又次郎、父の小泉純也、次男の小泉進次郎は衆議院議員。

(88) 一九一三〜一九九四年。福島県出身。一九三六（昭和一一）年、東京帝国大学法学部卒業、農林省に入省。一九六三年以降、衆議院議員に当選通算九回（自由民主党）。一九七九年、第二次大平内閣の官房長官として初入閣。鈴木内閣の外務大臣。

(89) 一九一四〜二〇〇五年。徳島県出身。一九三九（昭和一四）年、東京帝国大学法学部卒業、内務省に入省。一九六九年、警察庁長官。一九七二年、第一次田中内閣の内閣官房副長官（事務）。一九七六年以降、衆議院議員に当選通算七回。一九七九年、第二次大平内閣の自治大臣、国会公安委員長、北海道開発庁長官として初入閣。中曽根内閣の総務庁長官、官房長官。宮澤内閣の法務大臣、副総理。著書に『政治とは何か』（講談社、一九八八年）、回顧録に『情と理［上・下］』（講談社、一九八八年、講談社＋α文庫、二〇〇六年）等がある。

(90) 一九三四年〜。滋賀県出身。東京大学経済学部卒業。一九六二（三七）年、自治省に入省。一九七一年、八日市市長。一九七四〜一九八六年、滋賀県知事。一九八六年以降、衆議院議員に当選通算四回（自由民主党）。新党さきがけ代表。一九九三年、細川内閣の官房長官として初入閣。村山内閣の大蔵大臣。龍谷大学客員教授。著書に『小さくともキラリと光る国・日本』（光文社、一九九四年）、回顧録に御厨貴・牧原出編『武村正義回顧録』（岩波書店、二〇一一年）。

(91) 御厨貴『権力の館を歩く』（毎日新聞社、二〇一〇年）一一六頁以下も参照。

(92) 『七十年史』の編纂に関しては、今野ほか前掲書、第2章Ⅰを参照。

(93) 『百年史』の編纂に関しては、同前第3章Ⅳを参照。

(94) 一九一八〜二〇〇三年。東京都出身。東京帝国大学工学部卒業、ハーバード大学大学院修了。工学博士。一九五六（昭和三一）年、芦原義信建築設計研究所（芦原建築設計研究所）を設立。法政大学教授、武蔵野美術大学教授、東京大学教授。日本建築家協会会長、日本建築学会会長。建築作品は、駒沢公園体育館、ソニービル、モントリオール万国博覧会日本館、国立歴史民俗博物館、東京芸術劇場など。著書に『街並みの美学』（岩波書店、一九七九）など。長男は建築家の芦原太郎。

(95) 工藤晃ほか『議事堂の石』（新日本出版社、一九八二年）を参照。

(96) 一九三〇〜二〇〇一年。一九五三（昭和二八）年、東京教育大学卒業、人事院入り。一九七三年から東宮侍従。一九九六年一月、東宮侍従長に就任。二〇〇一年三月、宮内庁を退職。同年九月死去。

(97) 谷氏の庶務部長就任は一九八九（平成元）年七月一日、平野氏の委員部長就任は同年九月二五日。

(98) 昭和三年八月生まれ。昭和二四年四月に衆院事務局に採用され、委員部の各課長を経て、同五二年委員部副部長。昭和五六年七月安保特別委調査室長、同五七年七月警務部長、同五八年八月管理部長、同六一年八月委員部長。その後、平成元年六月事務次長（同年九月二五日まで委員部長事務取扱、平成三年一月一〇日退職）。

(99) もっとも、弥冨氏にとっての本命は宮内庁長官であった。『平野貞夫オーラルヒストリー〔上巻〕』（二〇一二年）第一〇回記録および第一二記録、ならびに『平野貞夫日記』（未公刊）昭和六二年三月一九日・同三月二〇日・同六月三〇日・昭和六三年六月一四日の条を参照。

(100) 一九一七年〜。一九四一（昭和一六）年、東京帝国大学法学部卒業、内務省に入省。警察庁刑事局長。防衛事務次官。国防会議事務局長。一九八四〜一九九〇年、人事院総裁。回顧録に防衛省防衛研究所戦史部編『内海倫オーラル・ヒストリー』（防衛省防衛研究所、二〇〇八年）。

(101) 一九一七（大正六）年一〇月生まれ。一九四七（昭和二二）年六月に衆議院事務局に採用され、一九五八年五月に議事部請願課長。一九七〇年七月の管理部副部長を経て、一九七七年九月憲政記念館長（一九八〇年七月退職）。今野ほか前掲書、第3章Ⅲも参照。

(102) もっとも、この点については属人的な要素が介在している。『指宿清秀オーラルヒストリー』（二〇一一年）第一一回記録を参照。

(103) 一八九一〜一九八一年。東京府出身。東京帝国大学法科大学独法科卒業。一九一八（大正七）年、会計検査院に入る。一九三八（昭和一三）年、衆議院書記官長。一九四五年、貴族院議員（勅選）。一九四九〜一九五五年、東京都副知事。著書に『大木日記 ── 終戦時の衆議院』（朝日新聞社、一九六九年）、『激動の終戦秘話 ── 舞台裏の生き証人は語る』（第一法規出版、一九八〇年）。

(104) 一九四一〜二〇〇二年。和歌山県出身。早稲田大学政治経済学部卒業。一九七六（昭和五一）年以降、衆議院議員に当選通算六回（自由民主党、新生党）。一九九一〜一九九三年、衆議院議院運営委員長。一九九三年、細川内閣の防衛庁長官。

(105) 一九二八〜二〇〇八年。東京都出身。京都大学法学部卒業。NHKに入社。日本放送労働組合執行委員長、全日本マスコミ共闘会議初代議長。一九六九年以降、参議院議員に当選通算二回（日本社会党）。一九七九（昭和五四）年以降、

衆議院議員に当選通算五回。社団法人マスコミ世論研究所理事長。著書に『ドキュメント・衆議院予算委員会――野党理事の内面手記』（北泉社、一九八七年）、『戦後六〇年軍拡史』（データハウス、二〇〇六年）など。

(106) 近藤ほか前掲書、第3章Ⅲを参照。

(107) 一九四七年〜。北海道出身。一九七三（昭和四八）年、早稲田大学政治経済学部卒業、三井物産に入社。三井物産戦略研究所会長。財団法人日本総合研究所理事長。多摩大学学長。著書に『新経済主義宣言』（新潮社、一九九四年）など。

(108) 一九三四年〜。滋賀県出身。早稲田大学第二文学部卒業。日本交通公社（現ＪＴＢ）、岩波映画製作所で勤務した後、東京一二チャンネル（現テレビ東京）に入社し、ディレクター、映画監督として活動。テレビ東京を退社後、フリーのジャーナリストとして『朝まで生テレビ』、『サンデープロジェクト』などの司会を務める。著書多数。

(109) 一九二四年〜。大分県出身。明治大学専門部政治経済科卒業。大分市会議員、大分県会議員。一九七二（昭和四七）年以降、衆議院議員に当選通算八回（日本社会党）。一九九三年、社会党委員長。一九九四〜一九九六年、内閣総理大臣（自社さ連立政権）。著書に『村山富市が語る「天命」の五六一日』（ベストセラーズ、一九九八年）、回顧録に辻元清美インタビュー『そうじゃのう――村山富市「首相経験」のすべてを語る』（第三書館、一九九八年）。

(110) 一九三八年〜。熊本県出身。熊本藩主細川家第一八代当主。上智大学法学部卒業。朝日新聞社記者を経て、一九七一（昭和四六）年、参議院議員に当選三期（自由民主党）。一九八三〜一九九一年、熊本県知事。一九九二年、参議院議員に再選。同年、日本新党党首。一九九三年、衆議院議員に当選。一九九三〜一九九四年。内閣総理大臣（非自民連立）。著書に『内訟録　細川護熙総理大臣日記』（日本経済新聞社、二〇一〇年）。祖父は内閣総理大臣の近衛文麿。父は首相秘書官の細川護貞。

(111) 一九二六〜二〇〇〇年。茨城県出身。陸軍航空士官学校卒業、日本大学工学部卒業。茨城県会議員、茨城県会議長。一九六九（昭和三四）年以降、衆議院議員に当選通算七回（自由民主党）。一九八七年、竹下内閣の自治大臣兼国家公安委員長として初入閣。宇野内閣の通産大臣、海部内閣の法務大臣、橋本内閣の官房長官。長男は衆議院議員の梶山弘志。

(112) 一九四三年〜。埼玉県出身。一九六六（昭和四一）年、東京大学法学部卒業、大蔵省に入省。大蔵事務次官、財務事務次官。二〇〇三〜二〇〇八年、日本銀行副総裁。株式会社大和総研理事長。開成学園理事長。東京大学先端科学技術研究センター客員教授。なお、岸宣仁『財務官僚の出世と人事』（文春新書、二〇一〇年）一六七頁以下も参照。

(113) 一九五五年〜。茨城県出身。日本大学法学部卒業。動力炉核燃料開発事業団に入社。二〇〇〇（平成一二）年以降、衆議院議員に当選通算四回（自由民主党）。父は衆議院議員の梶山静六。

(114) 一九三七年〜。神奈川県出身。早稲田大学政治経済学部卒業。丸紅飯田（現丸紅）に入社。株式会社ニチリョウ社長。

一九六七（昭和四二）年以降、衆議院議員に当選通算一四回（自由民主党、新自由クラブ）。一九七六年、新自由クラブ結成。一九八五年、第二次中曽根内閣の科学技術庁長官として初入閣。一九八六年、自民党に復党。宮澤内閣の官房長官。一九九三年、自民党総裁。村山内閣の副総理、外務大臣。小渕内閣、森内閣の外務大臣。二〇〇三～二〇〇九年、衆議院議長。父の一郎と長男の太郎は衆議院議員。

(115) 一九一四～二〇〇七年。愛知県出身。一九三九（昭和一四）年、東京帝国大学法学部卒業、東京電燈（のち東京電力）に入社。東京電力会長。一九九〇～一九九四年、第七代経団連会長。

(116) 一九四〇年～。埼玉県出身。明治大学法学部卒業、労働省に入省。一九六七（昭和四二）年以降、衆議院議員に当選通算一〇回（自由民主党、新自由クラブ、新進党）。一九八四年、第二次中曽根内閣の労働大臣として初入閣。父は衆議院議員の山口六郎次。

(117) 一九四〇年～。長崎県出身。関西大学法学部卒業。豊中市会議員。一九七六（昭和五一）年以降、衆議院議員に当選通算一一回（民社党、新進党、新党友愛、民主党）。民社党書記長、新党友愛代表。二〇〇三～二〇〇五年、衆議院副議長。二〇一一年、第二次菅内閣の国家公安委員長。

(118) 指名点呼読み飛ばし事件については、近藤ほか・前掲書、第2章Iも参照。

(119) 一九二七～一九九八年。石川県出身。早稲田大学政治経済学部卒業。石川県会議員。一九六九（昭和四四）年以降、衆議院議員に当選通算一〇回（自由民主党、新生党、太陽党、民政党）。一九八三年、第二次中曽根内閣の郵政大臣として初入閣。海部内閣の自治大臣兼国家公安委員長、宮澤内閣の運輸大臣。一九九三年、衆議院議院運営委員長。

(120) 一九二四年～。台湾台北州出身。台北高等商業学校（現台湾大学）卒業。長崎県会議員。一九五五（昭和三〇）年以降、衆議院議員に当選通算一二回（日本社会党）。社会党書記長、社会党副委員長。一九八三年、社会党委員長。著書に『非武装中立論』（日本社会党機関紙局、一九八〇年）。

(121) 一九一五～二〇〇三年。福島県出身。早稲田大学商学部卒業。足立区議会議員、東京都議会議員。一九六三（昭和三八）年以降、衆議院議員に当選通算一二回（自由民主党）。一九八〇年、鈴木内閣の環境庁長官として初入閣。一九九三～一九九六年、衆議院副議長。

(122) この点については、近藤ほか・前掲書、第3章IIも参照。

(123) 事務総長の地位の特殊性については、『指宿清秀オーラルヒストリー』（二〇一一年）第一一回記録も参照。

(124) 一九四六年～。北海道出身。一九六九（昭和四四）年、東京大学法学部卒業、国立国会図書館に入館。一九九三年、細川護熙内閣の内閣総理大臣首席秘書官となる。一九九五年、駿河台大学法学部教授、二〇〇七～二〇一一年、駿河台大学学長。

(125) 一九三六年～。旧満州国大連市出身。一九五九（昭和三四）年、東京大学法学部卒業、大蔵省に入省。一九九三年、大蔵事務次官。一九九五年退官。二〇〇〇年、東京金融先物取引所理事長。二〇〇九年、日本郵政社長。同氏については、岸宣仁『財務官僚の出世と人事』（文春新書、二〇一〇年）第一章も参照。

(126) 一九四二年～。一九六四（昭和三九）年、東京大学法学部卒業、大蔵省に入省。一九九九年、脱税事件で摘発された石油卸商から絵画を受け取ったことが問題となり、大蔵省主計局長を退官、同年より日本損害保険協会副会長。二〇〇四年、ＪＴ会長。

(127) 一九二五年～。京都府出身。京都府立園部中学校（京都府立園部高等学校）卒業。大阪鉄道局勤務。園部町会議員、園部町長、京都府会議員。一九七八（昭和五三）年、京都府副知事。一九八三年以降、衆議院議員に当選通算七回（自由民主党）。一九九四年、村山内閣の自治大臣兼国家公安委員長として初入閣。小渕内閣の官房長官、沖縄開発庁長官。自民党幹事長。平安女学院大学文化創造センター客員教授、立命館大学客員教授。

(128) 先例集の編纂過程については、赤坂幸一「〔解題〕事務局の衡量過程のEpiphanie」（『逐条国会法〔第一巻〕』（信山社、二〇一〇年）所収）に詳しい。今野ほか前掲書、第3章Ⅰ、及び近藤ほか・前掲書、第3章Ⅲも参照。

(129) 先例集の性格・収録範囲については、『佐藤吉弘オーラルヒストリー』（二〇一一年）第六回・第七回記録、赤坂幸一「統治システムの運用の記憶――議会先例の形成」レヴァイアサン四八号（二〇一一年）、および近藤ほか・前掲書、第3章Ⅲを参照。近藤氏は、衆議院先例集について、「確かに性格として、要するに、法規範集であり、事例集であり、マニュアルであり、ハンドブックであるというのがすべて合冊されてきているということです」と述べている。

(130) この点についても、赤坂・前掲論文（註(128)）、および近藤ほか・前掲書、第3章Ⅲを参照。

◇第3章◇ 事務総長の見た議会政治

Ⅰ

◆総長就任への反発

谷　総長就任の話の前に、ちょっと次元は低いけれども、私が事務総長になるときに、瀬戸寿太郎さんという味の素の、もう私らがおつき合いしているころは味の素の特別政治部長みたいな感じだったけど、知野虎雄さんと海軍仲間なんですよ。この人は大変優秀な海軍技術将校で、当時はもう石油がなくなって、松根油といって、松に傷をつけてその油をとって、それを航空燃料にまぜて特攻機を飛ばしていた。それを発明した人だというのは、知野さんから話を聞いたことがある。知野さんと大変親しかったんだと思うよ。その人がどうしてか味の素の政治部長みたいに、戦後にずっと政治家の御面倒も見ていたんじゃないかな。鈴木隆夫さんを味の素に引っ張ったのも瀬戸さんなんだよ。本人によれば、最後は何か仲が悪かったらしいけれども、もともとはそういう話ですよ。どういうわけか灘尾弘吉さんのときから、私は灘尾事務所に出入りしてたから、その頃から知っていて、飯をご馳走になったりしていたけど。瀬戸さんは灘尾さんのときにも木戸御免みたいに出入りしているけど、原健三郎さん、土井さんのところも木戸御免みたいに。歴代議長で、櫻内義雄さんまでぐらいはほとんど木戸御免で出入りしていたんじゃないのかな。だから、私ら、「味の素の特別政治部長じゃないかな」って、それは冗談半分に言っていたんだけどね。

その瀬戸さんが、いよいよ私が総長にというような話になってきたときに、私のところの次長室に来て、「いやいや大変だ、あんた、おたかさんが『谷さんはあの読み飛ばし事件の責任者でいながら責任をとらないで事務総長にするのはだめだ』と言っている」という話で「私が今から行って何とかしてくる」と言うから、「やめてちょうだいよ、ならないならならないでいいから」と言ってさ。

そんな話がありましたけど、恐らくどこかにやはりそういう反感はあったんでしょう。土井さん自身がどうのこうのというのじゃなくても、周辺とかいろいろな中に多少。まあ、言われたらそのとおりだよね。「議長になったばかりの私に恥をかかせて、読み飛ばした責任者は谷さんなのに何で事務総長になるのよ」と、こういう感じになるわね。だから、どこかに私が事務総長になるについては、それは……。私も、議運の最初の理事会で何か、当時の社会党の理事なんかから悪意のある発言を聞いたことがある。そんなことをどうして言うのかなと思うんだよね。だから、やはり何かそういう私に対する反感みたいなものがどこかにあったんでしょう。そう思っていますね。そんなことを土井さんから一言も聞いたことはないけど、どこか本人よりもその周辺にあったんでしょう。

◆人事への政治の影響

赤坂　ちょっと戻りますけれども、平成六年六月一六日でしたか、実際に総長になられるタイミングというのは、まだ激動のさなかであったわけですけれども、この辺はどうなんですか。

谷　緒方さんは、六月一日頃じゃないかと思うよ。ちょっと早く辞表を提出したんじゃないかな。土井さんがずっと慰留していたんでしょう。それで、このタイミングでという。だけど、確かに平穏無事で波静かなときじゃなかったような気はするわね。でも、議運で異論がなければ、本会議では簡単な議長指名で済む話だから、実際に選挙にならないからね。国会そのものの状況としては、四海波静かにというときではなかったわね。

赤坂　先ほど、議運理事会での社会党の委員の御発言のこともありましたけれども……

谷　いや、それはなってからだよ。なってから、ちょっと何となく説明が悪いと「普段なら許さないけど今回だけは許してやる」とかね。それは個人的な話よ。社会党がそう言っているというわけではなくて、ある人がという話でね。

赤坂　議長サイドとか議運理事会の意向で、ある程度事務局の運営について影響が及んでくるということはあるのでしょうか。例えば、ずっと前の例を一つ挙げますと、貴族院書記官をした人〔小野寺五一氏〕の日記を今読んでいるんですけれども、彼が参議院になって記録部長になって、「君を総務部長にするに当たってはちょっと議長の意向がそれに反対だ、だからできない」、そんなことを言われたと日記に書いてあったりするんです。こういうのは、参議院創設当時のはるか昔のことなのか、それとももう少し一般に…

谷　そういうのは知らぬ。いろいろあるかもしれぬけれども、私が承知している限りでは、議運の理事会であれこれ議論したことはないんじゃないかな。あれはけしからぬからこいつにしろとかね、そういう話はないと思うよ。ただ、個人的に私の知っているのは、もう亡くなったけれども、法制局長に大井さんという方がいたんだよね。

赤坂　大井民雄さん。

谷　大久保孟さんと同級か何かで仲がいいんだよね。大久保さんが総長で、大井さんが局長に上るとき、国会が何かもめて遅くなったんだよ。議長があくまで二時間か三時間待っていたんでしょう。待っている間、酒を飲んでいたんじゃないの。そうしたら、灘尾さんは酒を飲まない人だから「おれのところに来るのに酒を飲んで来やがって」と怒っていたのは知っているけれどもね。だからといって「大井はだめだ」とかそういう話じゃないんだよ。そのたぐいの話はあるのかもしれぬ。

　例えば荒尾〔正浩〕さんなんかも、福田一さんが議長のときに総長だった。だから、福田さんなんかは知っているわけだよ。荒尾さんがずっと前から議員になりたいというので、福井から出るとか何か、そういう話もいろいろ知っているから、何か言ったかもしれぬけれどもね。だけれども、表で何か、例えば「谷はやめて平野にしろ」とか、そういう議論はない。ずっとないと思いますよ。大体表の世界では「事務総長はこれでお願いします」と、それまでに議長と副議長にもちゃんと辞める総長から根回ししている。了解をとった上だけど、そのときにどういう話があったかは知らない。少なくとも、私の後を継ぐについては別に何にもなかった。

　だから、元老会議みたいなのはない。ないというか、少なくとも私は記憶にないな。私も、弥富さんなり緒方さんなりに「どうしましょうか」なんて相談したことは一言もない。ただ、どこかで会ったときに「今度はこうしますけど」というぐらいの、報告がてらみたいなことは言ったことはあるけど、一々、「彼をどうしましょう、あれをどうしますか」とか、そんな話はしたことがない。

赤坂　そうすると、受けられたこともないですか。

谷　ない。「あれをこうしろ」とか、そんなことを言われたこともないな。ほかの人は言われたのかな。「あれに言ってもしようがないか」と思って言わなかったのかな（笑）。ただ、ＯＢ、あれは昔からあったのかな、私が秘書課長のころに始まったのかな。三浦さんといって、法制局で長いこと局長をされた人がいるんだよ。

赤坂　三浦義男さん。

谷　その方と、知野さんとか荒尾さんとか大久保さんとか、それで弥富さんが総長で、年に一回ぐらいは、呼んでみんなで懇談会はしていました。だけど、それは昔懐かしい……。

というのは、池之端に梶田家さんという料亭があった。政治家も使っていたけど、事務局も使っていたんじゃないの、私は知らぬけど。特に鈴木隆夫さんなんかはずっとごひいきにしていたんじゃないのかな。そこのお芸者さんが、梶田家さんがやめた後、上野の界隈で飲み屋をやったり小料理屋をやったり、そういうのがあったんですよ。その中の一軒に牧季野というお店がありまして、もう今はやっていないと思うけど、なかなか美人のおかみさんで、みんな当時かわいがられたんだよ、知野さんとかなんか。年の頃はちょっと下ぐらいだろうけど。弥富さんなんかは、そういう人じゃなくて、さらにもっと下の半玉みたいなお姉さんにかわいがられていたとか、そういうあれがあって。そこの小料理屋でやっていましたよ。

秘書課長なんかは上げてもらえないんだよ。お座敷が一つしかなくて。それは場所のせいじゃないんだよ。そういう席にはまだ秘書課長はお目見えするのは早いということなんだよ。終わる頃になって「特別もってお前も入ってよろしい」みたいな感じなの。そういう雰囲気だったね。そういうのは年に一回ぐらい、ずっとやっていましたよ。だけど、そのうち三浦さんが亡くなったり大久保さんが亡くなって、自然にもう解散しましたけど。その後も何回か、知野さんと緒方さんと弥富さんぐらいではやったような気がするけど、そんな程度じゃないかな。元老会議みたいなものがあるとしたらそんな程度のもの。衆議院は、少なくとも人事に議員が介入するということはない。それと、ＯＢが介入するということも、まあ話の流れで何か言うことぐらいはあったにしても、せいぜいその程度で、ＯＢの意向を伺って人事をやらなきゃだめだみたいな、そういう雰囲気は何もないですね。

赤坂　参議院では、元事務総長の河野義克さんの影響が、しばらくあったという話でした(1)。

谷　参議院は、河野さんはよく分からぬけど(2)、議運の委員長が長いんだよ。議運の委員長が長いと、今はねじれ国会で本来の仕事が忙しいかもしれぬけれども、結局、議員の人事以上に職員の人事にも介入する傾向が強いんじゃないの。だから、ひところは、東京大学卒業生は事務総長にしないとかさ。

赤坂　一般の省庁とは逆に…。

谷　そういう雰囲気があった感じですよ、あそこは。そういう面では、幸いにして衆議院は議運の委員長も一年したら大体かわっちゃうから、人事に関与した経験は何もないな。「あいつは気に食わぬからほかせ」とか、そんな記憶はない、少なくとも私の頃までは。それはやはり、一つは、もしそれが言われるようになったら、事務局に隙があるということよ。きちっとしていないということなんだよ。派閥抗争を議員を使ってまで、そういうことは事務局自体が悪いということですよ。そんなことを一々聞いて人事をやっていたら、たまったものじゃない。そういう意味では、うちはしっかりしていたと思いますよ。

◆議会運営と事務総長

谷　事務総長の職務というのは、一年でいうと、まず正月に、議員と事務総長、次長、それから法制局は法制局長と次長、衆参そうだけれども、皇居に呼ばれるんですよ。これは年賀に、年賀といったって、天皇陛下に御拝謁を賜って、控えの間で折りが並んでいるところに行って、議長が乾杯の音頭を発して酒を飲んだら、五分か一〇分もしないうちにそれを包んで退室するというだけだけど。

それが終わりますと、常会が一月召集になったから、あれは与謝野さんのときだから平成二年頃かな、国会法を改正して一月召集に変えたの。というのは、一二月召集のときに、予算は一二月に提出したことがないんだよ。それはもう、ずっと戦前から一二月に提出できたことがないものだから、では、もう実態に合わせようといって、一月召集と、予算は常会の初めに提出するのを例とするとかなんか、そういう規則に変えた。そうすると、召集日の何日か前からリハーサルをして、召集日には開会式をやって、施政方針演説をやってと。

議運委員長室で理事会をしていた頃（平成７・12・６）

この施政方針演説というのが、小泉〔純一郎〕さんのちょっと前、村上正邦さん(3)が参議院の幹事長か議員会長か何かやっているときに、大変力を持っていたんです。橋本内閣のときは、本当に、自民党の国対委員長は野党対策よりも参議院の自民党対策に頭を悩ませた、そういう時代だったんです。そのときはねじれているんじゃないんだよな、自民党も力を持っていたから。だけど、大変力を持っていましたよ。そのときに、どこでどう知恵をつけられたのか知らぬけれども、施政方針演説を衆参で一本化しようと。あの人の意向は、要するに、天皇陛下が来るから参議院で一本化するという話みたいな感じなんだよね。それで、小泉首相のときにまたその話をぶり返してきた。だけど、議院内閣制の形としては、衆議院でまず施政方針を聞いて、それから国会が始まるのがやはり議院内閣制の形だから、参議院で儀式みたいにやればいいというものではないだろうといって、衆議院は、我々は断固反対だったんだ。それはやはり何かといったら、一つは、国会改革、両院で同じことをするのは無駄だというんだ。確かに無駄だと思うけれども、ではといって、参議院議員は聞かなくてもいいというわけにもいかぬだろうし、二院制だから一緒にというのも。ただ、何か英国の知恵みたいなのがすぐ出てくるんだよね。そうすると「イギリスは一回しかやっていないじゃないか」みたいになっちゃうんだよ。だけど、それはとんでもない話なんだよ。それは確かに歴史上、貴族院で女王が来てクイーンズスピーチやったら、衆議院議員は議場の中に入らないでバーのところで立って聞かなきゃいかぬわけですよ。それと同じようなイメージで言っていたんじゃないか。「衆議院議員は参議院に来て聞いて帰れ」、こういうような感じで主張したんだろうと思うけど。

それがあって、そうすると、大体一月の末ぐらいに予算が提出されるわね。そうしたら、昔は私ら、暫定予算ができるのが当たり前みたいに思ったけど、この頃は二月に大体通るわね、三月の初めぐらいまでだったら暫定にならなくて済むから。昔は衆議院の給与が一番早かったのかな。四月の三日ぐらいまで、暫定組まなくてもいいんだよ。何だったっけ、忘れたけど、衆議院も割に金の払いが早い方なんだよね。だから、それに間に合うか間に合わぬかというのが暫定の一つの目途だったと思う。だから、形式上は四月一日以降新年度だろうけれども、実際問題、運用としては、三日か四日まではいいんですよ。そういうせいもあって、今はほとんど暫定を組むことはないもんね。昔、五五年体制のときは、野党としては暫定に追い込むというのが一つの国会運営の戦術みたいになっていたけど、そういうのはなくなっちゃったな。そうすると、三月の末になったら、大体、日切れ法案の処理というのがあって、要するに三一日で切れる法案があるから、そういうのの処理。これがまた運営の中では、ちょうど回すのに微妙な働きをするんですよ。国会がもめてても、日切れ法案となると、やはり野党だって、そんなものはいいというわけにはいかぬから、立ち上がる、正常化する一つの機運になったり、そういうのがありますね。

それから本格的に法案の審議に入るんだけど、地方選挙があったりすると、大体、四月、連休中頃までの前後は事実上余り動けないね。会期末になってくると、五月の末か六月の初めぐらい。会期末は、もう今は我々も余り関心ないけど、昔みたいにどんちゃかやって新聞をにぎわすようなことも余りないね。かといって円満にいっているとは思わぬけれども。大体、その頃で一応、会期延長問題というのがあって、それが片づくと、運営の方の話は大体そんなものです。

◆議員の海外派遣

谷　閉会になると、海外旅行に議員が行くから、事務方としては随行者を決めなきゃいかぬ。事務総長は、行けるとしたら、公式にはＩＰＵに行くぐらいなものなんですね。でも、ＩＰＵの会議は大体秋にあるんだよね。秋は臨時国会をやっているから、大方行けない。行けるときは珍しいぐらい。それと、私の頃には、韓国と交流するようになって、韓国と事務総長同士で交流するようにしていました。今続いているのかな。呼んだり呼ばれたりしていました。中国も、あれは秘書長さんというのが大変地位が偉いんだよね。日本でいうと官房長官みたいな感じになるのかな。その方が、やはり国会との関係でいろいろあるもんだから、秘書長さんが来ることもありますが、秘書長さんそのものじゃなくて、その下の人とか。中国ともそういう交流を少しはしていましたね。

赤坂　ＩＰＵでしたか、事務総長会議というのが……

谷　そうそう、ＩＰＵのときにあるんですよ。

赤坂　それはどういうものですか。

谷　あれは各国の事務総長さんの慰労会みたいなものだろう。だって、こう言ったらいかぬけど、やはり議会の先進国の連中が大きな顔をしているんだよ。だから、会議したって質問するのは、昔の植民地といったらいかぬけど、そういう後発の議会制度の国の人が一生懸命質問したら、教えてやるみたいな感じで。でも、ヨーロッパのあの近辺の人にとってみれば、事務総長のいい慰安旅行みたいな感じだ、御夫妻で。我々は英語の問題もあるけど、そんなに議事運営の手続を国際会議でわあわあやったって、別に。何か特定なテーマで議論するならまた別だけど。それでも、二回に一回か三回に一回ぐらいは私は行ったと思う。ちょっと行けぬときは次長に行ってもらったり、誰か彼か行くようにはしていますけど。

もっと大変なのは、金がないんだよ。ＩＰＵ事務局に金がないから、大口拠出者は日本なんだよ。だから、ＩＰＵ事務局長が一回か二回来て、どこかでごちそうしたことがあるよ。要は、目的は何かといったら「拠出金をふやしてくれ」という話なんだよ。拠出金をふやしてくれといったって、票の数がお金の額で決まっているわけじゃないから。人口比だから日本は少ないんだよ。「金だけ出せ」と言ったって。結構、一番目ぐらいに出しているんじゃないかな。今となったら「中国に出してもらえ」というぐらいの感じだけどね。

中澤　その会議は日本で開催されたことはあるのでしょうか。

谷　あるのはあるんですよ。本体のＩＰＵ会議の初めは、福永健司さんが議運の委員長の頃。だから、もう随分昔ですよ。

赤坂　山﨑総長の頃ですね(4)。

谷　それっきり、いろいろ要請があるんだけれども、科学会議とか、本体じゃなくて分科会みたいな会議が幾つかあるんですよ、そういうのでちょっとごまかしていたな。それはやったことがある。本体は、前に一回やって、その次は、昭和四八年か九年、私が英国に行ったときにやったんじゃないかな。そのころ福永さんがＩＰＵの執行委員、執行者側の一人で、もう大変名が売れていた。後で聞いたら、大変だったらしいんだよ。福永さんはよく気がつく人だから、みんな怒られながらやったらしいんだ。

なぜ覚えているかといったら、ＩＰＵは、今はもう出していないのかな、私のところにも随分あるけれども、大体、文房具が入ったかばんをお土産にくれるんですよ。中には、張り込んだところは立派なかばんをくれるし、張り込まないところはビニールの安いかばんだけど、日本はいいかばんを出したんだと思うよ。ＩＰＵに行った英国の議員らが帰ってきて、その次がロンドン会議だったんだけど、そのとき英国代表団が「英国はこんな立派なかばんを出せぬから」と言っていたのを覚えている。日本は相当張り込んだんじゃないのかな。

そういう海外派遣の準備があって、それと八月一五日には戦没者追悼式に事務総長も行かなきゃいかぬのですよ、暑いときに。これは後でお話ししますけれども、記憶に残っているのは、土井さんのときに、ちょうど村山内閣が自衛隊合憲というような意見を出して、植民地支配のどうのこうのというあれね。土井さんは自分で一生懸命書くんですよ。我々もいろいろ用意するけど、それとは別に自分で。だから、割に、文言だって挨拶文だって自分で一生懸命書いていましたからね。そうすると、我々の立場からいえば、国会内で議論のあることは余り表では言わないでくださいというのが立場だけど、これぐらいは言ってはいかぬのとかなんとか、いろいろお話し合いしたことは覚えていますね。

◆ 事務局人事とセクショナリズム

谷　それから、事務方として大事なのは、大体その頃に人事をやるんですよ。四月一日にやればいい方だけど、要するに国会終了後。これが事務方としては一つ大仕事ですわね。

牧原　先生の頃は、特に他部門との交流を積極的にやろうとされていたのですか。

谷　私の若いときの経験から、事務局というんじゃないんだよ、衆議院管理部、衆議院庶務部と別々にある感じだった。確かに、運営部門は仕事は大変だった。しかし、要するに、労働組合が、衆議院労働組合というのが一つあるとしたら、またその中に委員部労働組合みたいなのがあるような感じで、それは労働組合とは言わぬけれども、何とか会とか、何か自分たちの会があって、それが何かにつけてそういう面の働きをするわけですよ。予算だって、その頃は、衆議院の予算の中でまた分捕り合いをするわけだから。笑い話でよく言ったけど、私も入って二カ月ぐらいたったとき、そういう委員部の会合があって、聞いたら、何か自分のところの委員部だけ予算を持ってくればいいみたいな感じで言うから、「いやいや、そんなことじゃ分割して統治されている典型みたいじゃないか」と言ったら、怒られてさ、「委員部には委員部の良識というものがあるのを知らぬのか」とかなんとか言われて。

本当に、あれは一体何をやっていたんだろうと思うんだけどね。確かに、今だったら許されないけれども、超勤予算が余るときがあるんですよ。これは理屈ではけしからぬのよ。ただ、では実働で払っているかといったら、それは払っていないんだよね。徹夜ばっかりやっているところには払えない。だから、そういうので、割り当てみたいに払っておいて、年末になったら調整するとか、そうやっていた。そうすると、盆暮れになって調整する時期になると、昔は、庶務部の人事課と交渉するんだよね。それで「何時間獲得してきました」なんて。考えてみたら、超勤予算なんて、よそから持ってくるわけないんだ。あれは、今考えたら、事務局も何をしていたんだろうと思うね。また、悪いことに、その分配するのでも係数があるんですよ。そうすると、労働がひどいと思われている、仕事が忙しいと思われているところは、例えば委員部とか議事部は多いんですよ。管理部とか何かは少ないわけだよ。また、人事課と会計課が、何か別枠だといって全部とかね。特にいかぬのは、自動車課の運転手の分は、議員に泣きつかれたら困るから別枠だとか、そんなことばっかり。議員に配属した車なんというのは、議員が何しているか分からぬけれども、とにかく待機させられるわけだから、そうするとそれは全部超勤予算で始末しなきゃいかぬ。命令で一応そういうことになっているということになっちゃうからね。役所としては余り体をなしていないところも結構あったね。

私が総長になった頃は、もう実働主義になっていて、そんな怪しげなことはしてはだめみたいになっていた。ただ、あれは庶務部長のときかな、ちょっと忘れちゃったけど、何か問題になって「超勤は実働でしましょう」といったときに、参議院は知らぬ顔をしたんじゃないのかな。というのは、当時はまだ役所は、超勤を実働でしたら大変なんだよ。払えないんだよ。要するに、それ以上にみんな超勤しているんだから。衆議院だって、忙しい部署は超勤の額以上に実際には仕事をしているんですよ。だから、実働にしたら逆に予算がふえちゃうわけですよ。

ただ、国会は、そうは言えないのは、何かで国会が長引くと、補正予算で、わあっともらえるときがあるんですよね。ところが、実際、後で運用したら、もめなくてとかいろいろあって。そういう予算面では割に国会は恵まれていたんでしょうね。

赤坂　もう一つは、先ほど、事務局の中で、それぞれのセクションが固定化していたというお話がございましたけれども。

谷　その話から話が別に行っちゃったけど、それで、何か言うと、「やはりあいつは庶務部育ち」とか、「あいつは会館育ちだから」と、会館に行って、事務方の仕事はできないみたいな感じになっちゃうわけだよ。私らが入った頃、委員部は忙しくて、仕事も大変で、それはニュースにもなるから華やかな部署で、議員とも接触できて、確かに大変な場所ではあるけれども、だからといって、ずっと委員部にいて、委員部といったって課長のポストはそんなにないからね。そうすると、やはり将来管理職にするなら多少早目に仕事を経験させておかないと、委員部の委員会運営は堪能だけど厚生課に行って金の帳面の見方も分からぬではいかぬから。

そうすると、大体、もう左遷されたみたいに思うわけですよ、特に調査室に行くと。今は調査局になっているけれども、昔は、自分たちだけで、部屋一つずつ、独立して委員長に直属している組織だから、一〇人ぐらいで独立している部屋なんですよ。だから、委員部から来ると、「委員部からきのうきょう来たのが仕事ができるか」とか、そういう感じなものだから。そんな壁は壊そうやと。反発はありました。ひどいときは、「そんなに言うなら総がえしようじゃないか」と。「庶務部の連中を全部委員部担当にして、委員部の連中を庶務部にして、それで委員部が立ち行かなかったらおれはやめるから、総がえしようじゃないか」と言ったことがあるけどね。

牧原　それはいつ頃のことですか。

谷　総長になってから。大体、私のところに投げてくるんじゃないんだよ。それぞれの要所要所にいろいろ復帰運動をするわけですよ、委員部から出ていくと。別にこっちだって、将来管理職にするためには、多少、外の空気をね。だって、委員部の管理職のポストだって限られているんだから。委員部に来たって、それからさらに委員部長になるとなったら一つしかポストはないんだから、やがてどこか経験しておかないとね。

牧原　やはり議事部よりも委員部というのが一つの主流という意識があるんですか、運営志向というか(5)。

谷　昔はね。それはやはり何となく、議員にもしょっちゅう接触しているし、ひょっとすれば議員のアドバイザーみたいな、そういうような心持ちになる人もいるだろうしね。そういう意味では、議事部は割に、逆に、本会議はやはりきちっと仕事をしないと。委員部は多少間違ったって取り繕いできるけれども、本会議はだめなんだよ。だから、私らもやはり本会議は、そういう面ではおろそかには考えませんよ。委員部は、多少のことはね。最終的には本会議でまた治癒するというのだってできるから。だけど、本会議だけはね。

牧原　今、本会議の話をされましたけれども、委員部が議員さん個人とかなり親しくなっていくのに対して、議事部が接する国会というのはどういうものですかね。個人じゃないわけですよね。

谷　多少、係、係によってはあれだけど、運営には余り議事部はかかわりませんね。それは、議運の委員長を通してとか、あとは事務総長とか、そういう関係です。日常の中で勝手に議員に接触するというのは、それは、法案提出とか、そういう手続の面では議案課、請願課というのはあっても、運営の相談とかいうものは、調査依頼とかいろいろ問い合わせはあるけれども、いかにも何か助言を求められていろいろというのは余り、そこは委員部とは違うんじゃないかな。また、議事部の姿勢としても、何となくそういう姿勢をずっと保ってきているんじゃないですかね。委員部は、やはり何か委員長一家みたいになっちゃうからね。委員長の指揮のもと、委員長の秘書さんと委員部とで一家をなしてというような感じですわな。

◆議長との接触

牧原　ですから、例えば議長ですよね。議長との接触が当然多いと思うんですけれども、ある時期になると、議長が党籍を離脱するという意味でいえば、党を離れて、国会、衆議院をいわば支えるとかいう形にはなるんですか。

谷　これは難しいんだけど、議長のタイプにもよるわね。私らが見聞きしたのは保利茂さんぐらいからだけど、保利さんは大変有力な人だったから、周りに議員がいるわね。それから前尾さんは、また大変、三賢人の一人と言われた方だから、そういう意味では。平野氏が秘書官だった。前尾さん、保利さんの順だ。それから灘尾さんは、何となく、台湾派というけれども、どっちかといったら自民党の中でも右の方のシンパみたいな人は、有力な人は結構周りにいたわね。石井派の流れからずっと勉強会をしていたから、そういう関係でいたね。福田一さんも割に、そういう意味ではやはり力があったね。

意外と坂田〔道太〕さんは、後に議員になった渡瀬憲明さん(6)という大物の秘書がいたけれども、余りそういう面では周りに手下みたいな人はいなかったんじゃないかな。外ではあれだけど、いわゆる手足となって働くような議員は余りいなかったな。福永さんも、昔は盛名をうたわれた人だけど、議長になったときはちょっと体が悪かったから、余りそういうあれじゃなくて。ただ、あの人は議運の委員長とかを何回もやっているから、事務局をよく知っている。だから、事務局はしょっちゅう怒られていたんでしょうけどね。原健三郎さんは、例の調子だけど、そういう意味では余り手下はいなかったろうね。櫻内さんは、やはりそれなりの重きをなしていたけれども、手下がいなくても、あの人は中曽根派の重鎮だったからね。

だから、意外と議長には経世会の人はなっていないんだよね。

牧原　そうすると、同じ自民党でも委員部とはちょっとつき合う方面が違うわけですね。

谷　議長はね。議長は、どちらかといったら、やはりきれいな地位に思われちゃうからね。だから、表では余り接触はないと思うけれども。ただ、私は幸いだったのは、土井さんは、自民党からいえば野党から選ばれた議長というような感じで、それでまた一種の独特な緊張感があったわけだよね、自民党が政権に帰っても。また、鯨岡兵輔さんが副議長で、この人は、どっちかといったら自民党の中の野党みたいな人だから、大変、二人協力して何でも当たって、やりやすかったですね。

次の伊藤宗一郎さんと副議長の渡部恒三さんは同じ東北で、伊藤さんは三木派だったけれども、三木派というよりも竹下登さんと大変仲のいい人だから。あの人は、どっちかといったら「事務総長はおれがいるところどこでも一緒にいてくれ」というような感じで、だから、しょっちゅう、本会議の始まる前なんか「ちょっと谷君、食堂に行こう」なんて、ラーメンをごちそうになっていた。本会議場の下の中央食堂に何の変哲もない安いラーメンがあるんだよ、それが好きで「あそこのラーメンが一番うまい」なんて言って。渡部恒三さんともども二人で事に当ったけれども、特に、綿貫民輔さんのときは、二人は同期だから。片一方は自民党対策、片一方は野党対策、政治のベテランだから、事務総長で一番仕事をしなかったのが綿貫さんと渡部恒三さんの時代じゃないかな。もめるときを想定していろいろ原稿も書いたりなんたりするんだけど、あのときには大体要らなかった。

党との関係では、議長というのはイギリスほど厳しく、厳密じゃない。ふだんも議員と交わっちゃいかぬとか、議事堂の中に住んで、簡単に出歩いちゃいかぬみたいな決まりはないけどね。でも多少ありますよ。ただ、議長としては、宴会だって、公邸で大体各党全部を順繰りに呼んで懇談したり、そういうのはやはりちゃんとこなしていましたね。

職務のついでで言えば、政党とか内閣の会合は事務総長は行かないのかな。ただ、議運とか衆参の会合とかは行きますね。

牧原　事務総長も行くわけですね。

谷　事務総長も席にはべる。国対クラスのときは行っていたのかな。共産党とか何かは行った記憶がない。事務総長の仕事の中で、そういうおつき合いをするのと、年に何回かは、職員というか幹部との慰労会とか送別会、そういうのをやらねばいかぬというのはありますわね。

◆衆議院の予算

谷　暮れになると、予算の時期になる。衆議院の予算は〔議運委の〕庶務小マターが多いんです。ただ、既定予算というのは、庶務部で、会計課長と人事課長で大体事務局の予算は済んじゃうんだけど、議員経費になると、すぐ積算できない要求のときは、事項要求というんだけど、例えば秘書の増員一名要求とか、そういう事項要求を最初はするんですけれどもね。それで、暮れになると、トップ会談という各省の大臣折衝みたいな会がある。あれは議長は出ないんだけど、議運の委員長と与党、野党の筆頭理事、あと事務総長、大蔵省は主計局次長ぐらいと、今は政務官か、副大臣かな、そういう人が来て会談。昔はカレーライスを食べてさ。定番でごちそうするのがカレーライスで、総長室でカレーライスを食べてやったんだけどね。そもそも、私のときにカレーライスを食べた記憶がないから、もうサロンかどこかでやるようになっていたのかな。大体、事項要求クラスの予算はどうする、という一つの方向を出して、それで終わり。

天皇誕生日が一二月二三日になって一ついいのは、予算が大体二三日までに仕上がるようになったよね。その前までは、大体三〇日とか三一日とかまでかかっていたからね。トップ会談をやるといったって、二九日とか三〇日とか、そんなときにやっていましたよ。だから今は、そういう点では二三日が一つのめどになって、そこまでに仕上げよう、みたいになっているから。

一年でいえば、大体そんなものですね。ルーチンで毎日やるのは、会議があるときは案件会議。月に一回ぐらいは部長会議をやって、また、特に何か問題があると集まってやります。そんなものですね、一事務総長なんて。ただ、いろいろな人が来ると、来るたびに秘書がお茶を出すから、一日にお茶ばかり飲んで。

牧原　一日の来客数というのは、感覚的には大体どれぐらいでしたか。

谷　どうでしょうね、ないときは全然で、国会がもめてくるといろいろな人が出入りするようになるから。またあれは、個人情報じゃないけど、女の子がちゃんと出入りした人を全部つけているんだけどね。多いときはしょっちゅう出入りしていますよ。議員なんかも、突然来る人がいるしね。それと、私の頃の一仕事というのは、大体、開会中は週のうち二回か三回ぐらいは総長次室で飲んでいたな。弥富さんもそうだったけど、緒方さんもずっと飲んでいたよ。

牧原　お相手はだれですか。

谷　それは、理屈を言うと、超勤をつけているじゃないかというような話になりかねないけれども、秘書官とかね。そうすると、上のクラブの連中とかがおりてきて、またいろいろ国会の話をする。たまには議員が来るわけですよ。議員も、暇な連中は部屋に帰って秘書と飲んだって面白くないし、次室に来たら若い女性もいるし（笑）。

牧原　まだその頃は、今は分かりませんけれども、事務次官とか各省も大体、次官室でそういう何とかバーといってやっていたころですよね。

谷　職場で酒を飲んだらけしからぬというのはごもっともな話だけど、酒といったって、別に金で買うわけじゃないし、総長には総長の手当みたいなのがあって、一日、開会中は千何円とかね。

牧原　そんなものですか。

谷　いや、もっとあったかな、忘れちゃったな。でも、年間にすると百何万ぐらいあったんじゃないかな。それで、何かちょっとあれがあると、結構議員がいろいろと酒を差し入れてくれるんだよね。結構酒はあるんですよ。それはもう、一々「受け取れません」なんて返すほどのあれじゃないから「有り難うございます」と言うだけの話でさ。みんな好意で、次室で夜飲んでいると「おいしい酒が入ったから」とかいってわざわざ持ってきて、そのついでに酒を飲んでいたね。そういう意味では大事なことだと思うんだよね、コミュニケーションの場として。

◆記者クラブ・記者懇

牧原　今、記者クラブの話をちょっとされていましたけど、記者会見とか記者懇というのは、事務局ではどういう形でやられているんですか。

谷　事務総長が表立って会見することはないですね。やはり、するとしたら議長。議長が会見するときには、秘書官も入るけれども、秘書課長が大体取り仕切る。場合によっては総長も入ることもある。ただ、そこに入ると、変な話を振られても困るから、余り行かないけど。総長は、たまに何かあったときに皆さんが事務総長室に来て記者懇みたいなことはしますけれども、事務次官みたいに、何時何分に何とか定例記者会見をしますとか記者懇をしますとか、そういうのはない。

牧原　そうすると、逆に、今先生おっしゃったように、そういうお酒みたいなのがあると、インフォーマルに話をする機会がふえるわけですね。

谷　それは、私のときよりも弥富さんのときはもっと来ていたけどね。そうすると、飲んべえだから、一気にそこだけでは済まないから、「どこか行って飲むか」というような話になる。そういう面では、記者クラブとも年に何回かちゃんと懇談していましたよ。だから、私らがそういう飲んべえだからあれじゃないけれども、多少ね。国会議員だって、昔はやはりそういう気遣いはね。だから、委員部なんかにみんなあこがれるというのは、やはりそういう気遣いの中に入るからですよ。委員長が、世話になるからとどこかで酒を飲むとかね。

牧原　そういうお酒の差し入れというのは野党からもあるんですか。

谷　野党からもありますよ。いろいろあるんだよね。例えば、お祝い事があったときに、自分のところで始末がつかない酒をいっぱい持ってきて、「ちょっとどこかに配ってくれ」とかね。そうすると、警務にとかね。それは有り難い御好意だから「はいはい」と言ってさ。勲章をもらって、お祝い事になって酒がいっぱい来過ぎてもうどうしようもないからという話とか。細かく気を使ってくれる人は、必ず盆暮れに秘書さんがビール券を持ってきたりとか、そういうのはありましたよ。だから、住専のときにも「総長次室に行ったら冷えたビールがあるぞ」というので、夜中に持っていって飲んで、酔っぱらった勢いであそこで乱闘騒ぎになったことがあるけどさ、座り込んでいるところに行って。

◆阪神・淡路大震災

中澤　総長時代、村山内閣についてはどのような御印象をお持ちですか。

谷　ちょっと時系列は前後するけど、その翌年の平成七年に阪神・淡路大震災が正月早々あったんだ。私もあの日は、電車で通っていたから、いつも五時か五時半ごろには起きていてね。ちょっと取手まで出るのが面倒だったけど、千代田線で一本で来れるから。そうしたら、最初の第一報は何か大した地震じゃないような感じだったのが、だんだん時間がたってくると大変なことになった。それで、土井さんが阪神だということもあって、にわかに危機管理が問題になって、「では我々も」ということで管理体制を点検した。

あのとき、感じとしては、何か日本人は大変だなと思ったのは、みんなにわか司令官みたいになっちゃうんだよね、いろいろなところから「あれやれ、ほらほら」と。指揮命令系統じゃないんだよ、わあわあと。要するに、衆議院に期待されたことは、千代田区の住民が避難して三日間自給できれば、あとは区の態勢が整ったりなんたりするから、とにかく三日間五〇〇〇人の人の避難を受入れるようにと。そのとき初めて知ったんだけれども、「水はないんだろう」と言ったら、あれは昔の会館の上に常に備蓄していたんだよね。だから「水は大丈夫なんです」と言うんです。最後は、噴水の水だって、「あれはろ過して飲むんだ」って言うんですよ。だから水は大丈夫ですと。食料は、もう何十年前に買ったような食料だから、それは買いかえることにしてね。防災訓練とかいろいろ、防災倉庫とかもそのとき設置して、そういう体制は整ったと思いますね。その過程で、みんなにわか司令官みたいになっちゃうんだよ。だから「この国は大変だな」なんて思ってた。防災訓練をして、宇宙食みたいな非常食を備蓄してね。

それで、自治消防隊というのが衆議院にはあるんですよ。男と女の消防隊がいるんですよ、みんな衛視さんだけどね。年に一回、上野の公園の中で、千代田区と、区の会社で持っている同じ消防隊とか何かの大会があるんですよ。女子は必ず優勝してくるんだよ。男は、毎年、一回ぐらい優勝したことがあるかもしらぬけれども、大体入賞もしてこないんじゃないかな。いつも総長室に衛視長さんが連れてくるんだけど、女子の方は毎回優勝してきていたな。あれは、中庭でしょっちゅう朝か夜かに練習しているんですよ。ホースを持ってこうやってね。だから、衆議院の女性衛視も大変すぐれているんですよ。

◆戦後五〇年不戦決議

谷　あとは、村山内閣で最初にやったのは、所信表明で自衛隊は合憲だというあれ。それはそれでいいんだけど、その後、ちょうど戦後五〇年の不戦決議をやるという話は、もう詳しいことは忘れたけど、あの提案はたしか野党から出てきたんだと思うよ。自民党も、やるのやらぬのという話になって、多少これが政治的な動きになってきちゃうんだよな。その文言をめぐって色々あったけど、結局、いざやるとなったら、不戦決議は野党が欠席しちゃったんだよ。その政治的思惑は私も分からぬ。一種の社会党に対する揺さぶりだったんでしょうな。

話は前後するけれども、当時の羽田内閣から村山内閣のときのあの状況というのは、基本的には社会党をめぐる争奪戦なんだよね。社会党も一方では、自民党と自社連合を組もうという動きがあって、もう一方は、いわゆる羽田さんの政権に復帰しようという動きがあって、自民党は保保連合の動きがあったり、何か三すくみみたいになっていたと思うんだけどね。あれは与党が新進党になる前かな、改新ができて、改新の騒動で社会党が割れちゃったんだよね。それで、羽田内閣は少数党になっちゃった。そのときに、社会党をめぐっていろいろ出てきちゃったんだね。社会党と自民党と与党の動きがみんな手がそれぞれ二本ずつ出ているような感じで、社会党には自社と復帰派、自民党は社会党と組む派と与党との保保連合をやる動き。そういう中で、結局、社会党が事実上壊れていく始まりになったんだと思うんです。

土井さんも、選ばれたときは細川内閣で、与党の中で選ばれたんだけど、すぐ村山内閣になったらば、自社さきがけの政権になって、母体は変わったわけじゃないけれども、もともとの母体とは違う母体になっているからね。でも、村山内閣のときも、橋本内閣もそうだけど、土井さんというのはそういう面では大変公平にやってくれたと思いますよ。かえってよかったのは、自民党に土井さんに対する一種の緊張感みたいなものがあって、そういう意味では議長の意向というのは決して軽視されなかったね。野党だから、女性だからとか、そういう意味じゃなくて、大変重みがあったと思いますよ。五〇年決議で思い出すのはそんなことだね。

そのとき、最初の戦没者追悼式で、土井さんが、村山内閣もそういうことで合憲と言うけれども、まず植民地支配のどうのこうのというような話、「おわびする」とは言わぬけれども、何かそういう文言はね。でも、今はごく自然にそういう文言が使われるようになったものね。たしかあのとき私のところでもいろいろ相談を受けたよ、「このぐらいは言っていいんでしょう」とかなんとか。そういうのはいいですよと。

牧原　直接総長に対してですか。

谷　あの人は一生懸命自分で文面を練るから。やはり、自分の議長という立場を離れて、社会党の長年のそういう立場をにじませたかったんだろうと思いますよ。

牧原　この決議文は議長が案文を作ったということですか。

谷　いや、五〇年決議は議長のもとで作ったわけじゃない。今の話は、戦没者追悼式での議長の追悼の言葉のこと。というのは、国会の決議というのは、必ずしも全部そうじゃないんだけど、一応全会一致というのが政治的に唱えられるお題目だから。あれは、みんなが断固反対でやっちゃだめ、とかいうような決議じゃなかったのに、文言の表現とか何かいろいろあったんだと思うけれども、結局、本会議場では野党が欠席しちゃった。だから、あのときたしか土井さんは遺憾の意を表明したんじゃないかね。政策的に真っ向から対立するというんだったらまだあれだけど、少なくともそんな決議じゃないから。

そこらの裏の話はもう何も覚えていないな。不幸にして、ああいう決議では、日中のときもいろいろ騒動があったけれども、不戦決議もそういう一つの動きがあったんだね。

それから、地下鉄サリン事件というのがあったんだよ。あれは今でも覚えているけど、私もサリンをかぶっていたかもしれないぐらいの経緯があるんだよ。伊東秀子さん[7]という女性の議員がいて、北海道知事選に出るんだよね。普通は、立候補すれば、公選法の規定で当然失職になっちゃう。ところが、それじゃニュースにならないわけだよ。だから、あらかじめ辞表を提出したいわけですよ。「それを事務総長室で受け取ってくれ」と言うから、「いいですよ」と。そうしたら、何かえらい早い時間を言われてさ。九時ぐらいに言われたんじゃないのかな。

その日は九時に行かなきゃいかぬということで、少し早目の時間の電車に乗っていたら、霞ケ関のちょっと手前でとまっちゃったんだよ、何か動かなくなっちゃった。それで、間に合わないからと思って車を飛ばして議事堂に来た記憶があるんだよね。何かあそこの駅の入り口のところで人がざわざわしていたけど、そんなこととは思わぬからね。来てみて、後で、サリン事件だったと。だから、一台か二台前の電車に乗っていたら、今頃は天国か何かに召されていたかもしれない。そういうことがあったね。

◆帝国議会秘密会議録の公開

谷　それと、そのついでに言えば、中村正三郎さん[8]が議運の委員長だったんだよね。この人で覚えがあるのは、帝国議会の秘密会議録。あれは、参議院が確かに先に動いたから、その影響もあったのかもしらぬけれども、あの人は特に熱心だったんだよ、やろうと言ってね。それまでの我々の経験からいうと、社会党が議会制度協議会では断固反対してにっちもさっちもいかなかったんだけど、もう村山内閣になっていたから、逆にそれにみんな賛同して、本当に何事もなく。あの人がその音頭をとったからさっさと進んだんだけどね。あれは本当に、私らの若い頃、議会制度協議会のあの頑固ぶり、社会党が断固反対でにっちもさっちも進まなかったのから見たら、おかげさまで皆、誰も文句を言わずにすっとね。

赤坂　議会制度協議会での審議内容について、事務局の方の関与というのはどういうものなんでしょうか。

谷　事務方は、議運の担当者がやるんです。議長公邸でやることが多いものだから、秘書課長も出たりなんたりする。議会制度協議会はほとんど議長公邸でやっていたな。当時はその都度、結構いろいろなテーマを、粗ごなしをまず議会制度協議会でやるんです。国会法改正だって、一月召集の問題だとかなんとかというのは大体みんな議会制度協議会。結構いろいろなことをやっていますよ。

赤坂　その記録というのは、事務局の中で議運の担当の部署にずっと保管されているのですか。

谷　議会制度協議会は会議録はつくっていないな、速記者が入らないから。ただ、議運のメモと同じように、議運の担当がつくっているメモがあると思いますよ。それも何かちゃんとした文書にはなっていないかもしれない。

そんなものですかね、村山内閣。村山内閣で政治的な事件というのは余り記憶にないな。自民党の離れわざみたいな内閣ができちゃったものだから、野党も攻めづらかったのかもしれぬな。むしろ、細川内閣が壊れて以降、羽田内閣と、その後の野党の中が大変だったんでしょうね。

Ⅱ

◆国会改革に関する私的研究会

中澤　事務総長時代の土井たか子衆議院議長のもとにおける「国会改革に関する私的研究会」についてはいかがですか。

谷　あれはたしか早々に発足したんだと思うんです。普通、議長の勉強会は、議会制度協議会なり議運理事会なりに相談して、それで下におろす。法規に根拠があるような憲法調査会みたいなものは別だけれども、表で言うときに、議会制度協議会のように、議長の私的諮問機関として ―― こういうまくら言葉をつけて言うというのは、法規に根拠がない、調査会、協議会とかそういう機関だけれども ―― そういうのは議運の理事会なりに一応、了承をとっている。土井さんのあのときに、そういう相談は余り記憶にない。だから、全く純粋に私的。そういう意味では、正副議長が二人で相談して発足したんだと思いますけれども、私には、少なくともつくる前に土井さんからは相談はなかった。当時まだ次長だから、もしかしたら緒方〔信一郎〕総長にはあったかもしれません。

ただ、あれは、社会党の政策マターの部門にいらっしゃったのかな、河野さんという方がいらっしゃって、その方がいろいろ私のところに、できた後かできる前かはちょっと忘れたけど、お見えになったことは記憶しています。それで「事務方からだれか出してくれ」というので、当時、総務課長をしていた土田喜代治というのを、総務課長は議会制度協議会も担当するから、「では事務局からは出しましょう」と。そうこうするうちに、要するに法律のいろいろな問題もあったから、土田君が「私だけじゃあれだから法制局からもだれか出してください、法制局には郡山〔芳一〕さんという人がいるからどうでしょうか」と言うから、「それは結構ですよ」と。郡山氏は後に法制局長になって病に倒れたけれども、どっちかといったら、我々の仲間というか、マージャンしたりゴルフしたりするグループの中に入ってくるきっかけはそこだよね。私も、それまでは郡山さんは全然知らなかったから。そういう点では、彼は大変働く人だから、彼が入って始まりました。

137回国会召集日当日の解散詔書の伝達（平成８・９・27）

それで、アドバイザーというのがいるんですよ。それには、法制局の局長をされた上田章さん、参議院の法制局長をされた浅野一郎さん(9)、それと議事部の桂俊夫さん、それから、今警務部長をしている岸本君のお父さん、岸本弘一さん(10)がいた。保利茂議長の政務秘書官をしていて、それが御縁で、その後、図書館に行って専門員になって、最後は調立の局長ぐらいをしておやめになったのかな。当時は大学の先生をされていました。あと、土井さんと親しかった人で、外務調査室の宮崎〔正之〕

さんという人がいたんですね。社会党時代の土井さんの若いときから親しくしていた人だけど、その人も入って。だから、そういうところでどういう具合に人選をしたのかについては、私らはもう全然。要するに、事務局は関わっていないと思いますよ。土井さんとか河野さんが個人的に親しい人とかを入れたんだと思いますね。

◆政治倫理の確立

谷　それで、「国会改革への取組について」〔平成六年六月三日〕という一つの提言があるんだけれども、これを見て、私なりに当時から思っていたことを申し上げます。まず、第一項で「政治倫理の確立」というのがあるんですが、このポイントは、要するに「政治倫理審査会を常任委員会にしろ」ということなんです。常任委員会にすると、国政調査権が発動できるわけです。政治倫理審査会というのは、御存じのようにいろいろ制約があるから、常任委員会にすると、要するに多数決の世界で物事を決めて、しかも証人喚問とかができるわけですね。

ただ、こう言ってはなんだけれども、基本的に政治の世界というのは、謀りに謀って権力闘争をしている面があるわけだから。そうすると、これは私の昔からの持論なんだけど、辞職勧告決議なんかもそういう考えが底流にあるから私が余り賛成しないのは、要するに、謀りに謀った結果いろいろなことが生まれてくるわけですよね。オープンな場所で、常任委員会みたいにテレビも入れて何やる、そうするのは余りふさわしいことじゃないと思うんだよね。今も特にそうだろうけれども、マスコミがわあっと騒いだら、例えば総理寸前の人が、敵陣営というか相手方からいろいろな情報を流されて、それが週刊誌の話題になって、国会の審議の場に持ち込まれてわあわあやって、結局、そういう闘争に敗れちゃうと政治生命が絶たれちゃうということは、必ずしも健全なことじゃないと私は思っていますよ。そういう面では、本来は慎重であるべきだと思う。

だから、英国なんかも、倫理面では厳しいけれども、こういうのは特別委員会でやるんですよ、事実上の秘密会みたいな形で。やはりそういう歴史が違う。議会政治の中で、ちょっとした陰謀ですぐロンドン塔に送られたことがいっぱいあるわけだから、そういう面はあると思うんですよ。ただ、日本はそこまで成熟しているわけじゃないからある面でこういう話が出ると思うんだけど、本来の筋合いからいうと、やはり日本はそういう議員の身分に対する考え方が、ちょっと成熟していないというか、甘いんじゃないかと思いますね。まあ、政治の世界というのは大なり小なりみんなそうだと思うけれども、それでも、制度的にそういう手段が、使えることを広げていくというのは余りいいことじゃない、私はこういう感じを持っています。

◆衆参の対立 ── 審議の公開をめぐって

谷　ついでに言うと、これは証言法の改正とは直接関係ないんだけど、国会法は、議員以外の傍聴を禁ずるとか、どっちかといったら非公開サイドの規定の仕方なんだよね。実際はそんなに禁じていないから、私らは普通、半公開と言っていたんだけど、与謝野馨さんが委員長のときだと思うんだが、では公開原則に書き直そうと。そうしたら、衆議院はそれですんなりまとまったんだよ、国会法を改正しようと。参議院に投げかけたら、参議院は、何か煩わしい理屈を言って、国民の傍聴権をどうのこうのという話になって。要するに、公開すると、傍聴は全部できない、その数を制限するとか、そういう問題があって、それは公開の原則に反する。というのは、条文としては、傍聴を制限するということが事実上なくなるわけだよ。そうすると、それは国民の傍聴権を全部満たすとか満たさないとか、そんな話になって、国会法の改正の話はそれで頓挫したんです。公開、非公開の大原則の話じゃないんだよ。要するに、自分たちの院内管理の規則から、そういう法規を公開原則の書き方に変えてもらっちゃ困るみたいな話になって、これはつぶれた。

私らも、何でそんなと。まあ、それは分かるよ、全部公開したら傍聴者をさばき切れないとか。だけど、それは要するに委員会の運営の中の決まりにしておけばいいわけだからね。そういうことで国会法は法改正できなかった。

参議院が悪かったというんじゃないけれども、そこまで熱意がないわね。それで、規則だけは変えた。衆議院規則には「何人も資料を持ち出してはならない」という規定になっていたんだよ、会議録その他。これは、映像とかなんかを出すし、会議録だってこれからみんなに配る。実際、もうそのとき頒布していたから。会議録は、その法規があっても、「議員が選挙区に配るから増し刷りで」といって、それは多少のお金をもらってもう頒布していましたからね。だから、そういうのはもう全部やめようということで、その文言は落とした(11)。国会改革の提言とは直接関係ないけれども、そういうことがありました。

赤坂　有名な話で、昔の帝国議会時代は、議院法の改正が貴族院の反対で実現せず、それがひいては日本のたどった道の遠因になったんだというようなことを言われたりしますよね。だから、今のも、全然違う次元ですけれども、公開制度という制度レベルの議論と国民、個人の主観的な権利、傍聴権等、これは全然違う次元の話なのに、国民、個人の傍聴権の要求をさばき切れないという理由で公開原則という制度レベルの話を実現させなかった、しかも、公のルートに乗る前につぶれたということですね。

谷　もっと嫌らしいことを言うと、その根底に、どうも昔から、それはもう帝国議会時代からだと思うんだが、やはり衆議院と参議院というのは、議員もそういう意識があるけれども、事務局はもっとそういう意識が強いわけですね。だから、要するに、何かすると必ず、理屈の上でもないぐらいのことで反発するとか、そういうことが結構いっぱいあるわけです。

もっとひどいのは、全然話が飛びますが、戦後、衆議院が土地をいっぱい押さえていて、参議院のところも保有していたんですよ。今の参議院の庁舎が建っているところ、自民党の横のところ、あそこは衆議院の管理地だったんだよ。それを、要するに「建てたいから交換してくれ」と言うので、それはいいんだけど、「こちらで一方的に譲る話じゃなくて何かお前さんの方も」と言ったって、なかなか言わないで。これは口走っただけの話だろうけれども、事もあろうに、「戦前はここらは全部貴族院のものでした」と言うんだよ。だから、やはりそういう発想なんですよ。おまえ何ということを言うんだよと（笑）。確かに、当時は全部、国会議事堂だって貴族院のものだったんでしょう。だから「ここは全部貴族院のものだったんです」と、くれるのが当たり前みたいな話になって。結果的には、「衆議院が反対しているから庁舎の建設が進まない」とかなんとか言うから、言葉だけでも「女子寮を建てるときは合同の宿舎を建てましょう」とかなんとか言って交換した。

事ほど左様に、衆議院が何かやろうとするとまず参議院は、理屈の話じゃなくても、初手から何となく反発するみたいな話が結構あるんですよ、いろいろ各部署の次元でも。

赤坂　一体として衆参の事務局が何かをやるというのは結構難しいところがあるんですね。

谷　だから、協力し合って何かやりましょうというのはなかなか難しいんですよ。大きな話からいえば結構ありますよ、速記者養成所の話とかかね。そういう話はおいおいまた話しますけれども、そういう話が前提にあって、決して、衆参和気あいあいと国会のために業務をこなしているというわけではないんです[12]。

赤坂　ちなみに、国民への公開度というんでしょうか、それは事務局も衆議院の方がやはり公開しているという雰囲気があるんでしょうか。

谷　これがまた難しいんだよね。何かやると、一歩進んだ公開は参議院の方がやるんですよ。衆議院がちょっとこうやると、では私らはといって、さらに徹底して。参議院の方が進んでいるという話になっちゃう。だから、そういうところがあるんだ。私らもそういう話を聞くと、何となくむかっとする（笑）。衆参両院の事務局の雰囲気というのはどこかそういうところがある。特に参議院の方がやはりね。それは分かるんですよ。国会の活動でいったら、やはり衆議院の方がにぎやかで、何か対立するとすぐ衆議院の優越の規定を持ち出して、制度的にもそうなっているから、それはあると思うんですけれどもね。

◆国会審議の活性化

谷　次の第二項「国会審議の活性化について」。これは常任委員長会議というのがあるんですが、これは、実際今使っている、衆議院で常任委員長会議と称しているのは、臨時会の会期を決めるときとか延長のときには、「常任委員長の意見を徴し」という一項が入っているんですよ。それは、各常任委員長が集まって、形どおりですがやっています。結局、それを活用しよう、こういうことなんだよね。ただ、別に悪いことじゃないけれども、これをやり出すと、議長、副議長が常任委員長会議に行って、議院運営委員会と別の運営機構が生まれるみたいなおそれはありますよね。

それから審議の能率化、実質化ね、これは形式的といえば形式的だけど、総括質疑とか一般質疑とか分科会とかの流れが、一応形ができて、その中で時間をどれだけ配分するのかは別にして、要するに、それは一つの運営の中の審議のプロセスとして確立してきたと思いますよ。ただ、今は特にそうだけど、「公聴会をやったらもう採決していいんだ」みたいな、そういう別の面もまた出てきていますね。ただ、分科会なんかは、私らが入ったころは一週間ぐらいやっていましたよ。それで、にぎやかな省庁を抱えているところの分科会なんといったら、朝の九時から夜の一〇時頃までみんな質疑していましたよ。本務員という、本来の予算委員は一時間質疑できて、よその委員会から来る、兼務員というんだけれども、その人は三〇分とか、そういう仕切りがあって、随分夜遅くまでやっていました。

今、そういうのもだんだん形骸化してきて、一日とかいうふうになっている。そういう点を見ると、政治的に国会議員はいろいろ活動はふえたのかもしれぬけれども、国会審議にかける時間というのは昔に比べたら減っていますよ。今はトータルの審議時間も減っているけれども。だから、こう言っちゃなんだけど、今、仕分け仕分けで一生懸命やっているけれども、まずは歳費に見合うだけの働きをしているかというところから仕切っていかなきゃならぬような感じはしますよ。

◆計画的審理

赤坂　第二項中に「審査の計画化」という話がありますけれども、これは具体的にどういうものが念頭に置かれていたでしょうか。

谷　これは何だろうね。何かよく分からぬね、直接タッチしていないから。

赤坂　イギリスとかフランスですと、政府が法案審議の審査のスケジュールに関与できますね。

谷　むしろ政府主導だからね。だから、その意味じゃないと思うよ。

赤坂　では、議会に預けられた上で、その議会の中で決めて、計画的に審議してください、そういう趣旨ですか。例えば韓国では、日々の議事日程とは別に、会期全体をカバーする長期の議事日程、立法計画というものが議院運営委員会で決められますね(13)。

谷　ただ、御存じだと思うけれども、イギリスなんかもギロチンというのがあるんだよね。正式には審議時間割り当て制度、アロケーションシステムと言っていますね。あれは、実質的には日本の予算委員会みたいなことになっちゃうんですよ。要するに、審議していても、あそこは読会制だから、そうすると、委員会段階とかなら個人で修正案を出したりなんたりするからね。だから、時間がかかるとギロチンの決議をするんですね。

だけど、ギロチンは、ギロチンの決議を本会議でやったら、最初は、タイムテーブルを作る小委員会みたいなものをたしか私らのころはやっていたな、それで決まったらまた本会議に諮って実施するみたいないなね。ところが、それはだれが考えたって、タイムテーブルを作って決議した方が早い。だから、今はたしかそうなっていると思いますよ。そんなに使っているかどうか知らぬけど、私らのいたころは保革伯仲だったから、ギロチンは結構使っていましたよ。

一遍、海部俊樹さんだったかな、議運委員長か何かをしているときにお見えになったとき、「そんな制度があったのならなぜ早く教えてくれぬのか」と言われたけれども、それは違うんだよ。日本でそれをやったら牛歩の種が一つ増えるだけなんだ。それは現実的じゃない。だから、そういう意味では、予算が、総括審議何時間、一般質疑何時間と最初にタイムテーブルを作っていくやり方は、イギリスでいうと、ギロチンの決議を最初からタイムテーブルを作ってやるような実態になっているから、私は悪いことじゃないと思っています。

赤坂　実際に議会運営を担当しておられて、牛歩には悩まされたことがおありだと思いますけれども、諸外国でもこういう牛歩という現象というのはあるのでしょうか。

谷　それはないと思う。余り知らないけど、フィリバスター〔filibuster　議事妨害（米）〕というのは、少なくともあれは言論の話でね。

ほかの国は知らないけれども、少なくともイギリスは、投票の際にロビーに入るから。チェックの齟齬はあるらしいんだよね。要するに、頭数を数えるわけだから、皆さん御存じないかな、昔の田舎の駅で、私が衆議院に入ったころはまだ横浜駅もそんなものだったけど、木の枠があって、そこに駅員さんが入って切符にはさみを入れる、ああいうのがあって、そこを通るわけですよ。テラーというのが与野党一人ずつ二人並んで数えるようになっていて、チェックする。ところが、故意か何か知らぬけど、テラーの報告の、数が合わないことがある。合わないともう一回やり直し。だから、それを日本流でいえば牛歩みたいだけど、私がいたころはもうそんな話は聞かなかった。「昔はありました」という話。

どうなんでしょうね。日本みたいな投票の仕方をするところも余りないだろうからね。

赤坂　堂々めぐりをするということが、ですね。

谷　はい。ドイツは、電気式投票は割に早く入れたんだよね。ところが、導入後直ぐに故障したりして使い勝手が悪かったんだ。衆議院は、電気式投票に大分勉強に行ったんですよ。ちょうどドイツが使い勝手が悪いときに行ったものだから、報告書に必ずしも賛成の意向が出てこないわけだ。でも、現実問題として、参議院の投票は、あれは全部記名投票になっちゃうからね、全部わかっちゃうから。それと、全会一致の場合は、衆議院の方が早いんだよ、言葉で言えばいいから。「御異議ございませんか」、「なし」と言えばそれで済む話だからね。

だから、高いお金をかけてやることはない。だけど、立派な方から、「衆議院はおくれている」と随分お叱りを受けましたよ。

◆ **立法機能の拡充**

谷　次の第三項「立法機能の充実」というのは、これはわかるんですよ。提出者の数を制限しているのでどうのこうのと言うけど、日本は個人で法律案を提出するという建前に実態がなっていない。要するに、修正案だって何だって、みんな政党単位で出すように実態がなってきたから。例えば、特殊な幾つかの例はあるけれども、政党が承認しないような法律案を勝手に出しても、今度は政党の問題としてやあやあ言われることになっちゃうからね。始末の仕方を議事運営の中でそういう前提で確立していない。どっちかといったら、政党単位で物が運ぶように育ってきたからね。

だから、そういう目で見ると、議員立法で二〇人とか三〇人という数が問題じゃないということになる。ただ、数が五人とか、そういう問題はまた別としてあるからね。それでも、私が思うには、少なくともそれぐらいの数の賛成者がいないと、審議の中に実際に取り込まれていくのはちょっと難しいと思うんだけど。

よく国会の提言みたいな中で若い人が言うのは、あれはアメリカのことを考えているんだよね。とにかく法律を作るのは議会の仕事だから、要するに、「おれらが全部作る、政府提出法律案なんかけしからぬ」みたいな。しかし、それは制度が違うから、議院内閣制では政府提出法律案というのは当たり前であって「議院内閣制で内閣が全然法律にタッチしません」というのでは、議院内閣制はやっていけないからね。そういう制度の問題があると思う。どちらかといえば、議員立法の要件を弱めていけば、法律案成立は望めないけれども、要するに、何かＰＲする、そういう場所を作っていかないと。どこか委員会審議の場なりなんなり、趣旨説明をするとか、何かそういう場を工夫していく必要はあると私も思っていますよ。

だから、イギリスなんかは面白いけど、テンミニッツルールとかアーリーデーモーション(14)とか、何かいっぱいややこしい提出の機会がありますよ、くじで当たったらね。テンミニッツルールというのは、一〇分間だけ趣旨説明して、だれかがまた質問して、それで第二読会をするときに、だれかが反対と一人でも言ったら、そこで審議が実質上終わるとかね。だけれども、その目的が、趣旨説明をアピールするという機会を与えるということでしょうから。

日本ではそういうことが政党単位になっちゃったから、議員立法に対して何も、ただ毎日、委員会の案件に掲げられるだけで。形の上では、例えば関連する法案だったら一括議題にして、一応審議しているという建前になって採決まで行くけれども、それは非常に形式的な話でしょう、何か審議の中で付随したような感じでね。だから、ちょっとそこはそういう問題がありますね。

◆ 請願制度の意義

谷　その次の第四項「請願の取扱い」については、請願というのはちょっと古いと私は思うな。まだこのころは、請願小委員会をつくって常に大事に審査しなさい、こういう考え方が圧倒的だった。確かにひところ、私が議長秘書の頃は、とにかく軽トラックで持ってくるぐらいの請願が集まった。要するに、それが選挙区の支持者のサポートを確認するにはいい手段なんだよね。こんなことを言っちゃいかぬけれども、党に対して「私はこれだけ支持者を集めました」というのをとにかく数で証明できるから、そういう意義があったと思う。実際に国会の中の働き、それは理屈を言えば、請願を受けてその実現のために議員立法をするというのは望ましい姿ではあるけど、土井さんの提言もそういう趣旨なんですよ。結局、議員立法を阻害しているのは要するに提出要件の中に人数があるからだ、こういう話になっちゃうんだよね。ただ「二〇人も賛成しないような法案が成立する見込みはないよな」と悪口を言っていたけど、それはあると思うね。

イギリスなんかはもうほとんど請願なんて、ペティションバッグというのかな、議長席の後ろに、緑の大きい、昔の郵便配達をするような袋みたいなのが置いてあるけれども、私がいる頃だって、滅多に入らないと言っていたよ。そのかわりにクエスチョンタイムができちゃったから、それが代替の機能を果たすようになったんでしょう。選挙区の問題も口でしゃべった方が早いわけですよ。

何となく私の印象としては、請願も、法律用語としての請願権なんというのは大事なことかもしれぬけれども、議会の中の請願の機能というのは、別の審議というか会議のやり方を考えて、紙で出さなくても質問をして答えを引き出してという方が早いような気がするんだけどね。

◆議会情報の発信

谷　それから、第五項「国会情報センターの設置」というのは、それなりには対応してあるんだ。会議録とか何か、いろいろな出版物を頒布する場所は作ってやっています。

よくあるんですよ。「広報センターを作れ」と随分言われたことがあるけど、じゃ、何するんですかと。事実関係だけは事務局で広報できますよ。実際にはテレビの映像とかはパソコンで流しているわけだから、それはここに置いておけばだれでも来て見られるようにはすぐ簡単にできますし、会議録とかを置いて頒布するとか、そんなのは実際にもうやっています。三階建ての広報センターをつくってというと、政治の広報までにはちょっと事務局は立ち入れないんだよね。だって、各党の意向を代弁するようなことは衆議院の広報が言えるわけがないから、そうすると事実しか言えなくなる。

だから、情報社会といったって、政党がやることを国会事務局がやるというわけにはいかないという気は当時からしていました。

赤坂　この発想は、政府から出された情報、例えば提出法案の理由書とか附属資料とか、そういうものを見せるという趣旨ですか。

谷　だから、私もよく分からないのは、要するに、国民に対して国会の活動を広報するという建前だけだったら、逆に言うと、そんなに大がかりなことはできないんだ。だって、実際には会議録も出ているし、それからテレビも、今は曲がりなりにもパソコンで見られるようになっているし、見学だってできるし、先例集とか何かはそれほど頒布していないから、そういう面では、もうちょっとお金を取ってでも国民に広く売るようなものに、例えば調査室何とかとか、そういうことはあると思うけれども。

ただ、それは事実関係だけであって、この「政府の情報その他」というのは、当時から見たら、恐らく、後に出てくるけれども、「国政調査権を使ってでも集めなさい」みたいな、ああいう発想があるのかもしれぬ。

赤坂　むしろ、先生が前におっしゃっておられた、議会アーカイブをちゃんと整備して、そこで収集した資料を公開するという形の方が、国会情報センターとしてはストレートですよね。

谷　そう。それで、やはり定期的に刊行物でちゃんと。だから、日本は、特別委員会はつくるけれども、ちゃんとした報告書なんか出したことがなくて、常設みたいにして延々と特別委員会が続いているわけでしょう。あれもまた、趣旨からいうと本当に違うんだよね。だって、特別な調査目的のために作った特別委員会でも、だらだら存続して、報告書を出さないでというような、要するに締まりがないんですよ。本当に、特別な使命を与えて調査して、終わったら報告書を出して、その報告書はちゃんと印刷して国民に広く頒布するとか、そういうのがないからね。

赤坂　今はどうか知りませんけれども、会期のうちに一回だけ開いて、もうその会期は終わりという特別委員会もありましたね。

谷　常設的になったものだから、要するに、一回開いて委員長を互選して、委員の構成だけやったら、あとは閉会中審査をとって、閉会中になったら地方視察に行くとか、それぐらいのことは随分あるんじゃないのかな。私が総長のころ、一度、村岡兼造さんだったかが「特別委員会を整理したい」というので、整理しかかったことがありますよ。幾つか整理したのかな、交通とか何か。そのとき石炭対策特別委員会というのがあって、これは石炭六法というのがあったんです。要するに、産炭地の救済の法律ですよ。それをずっとやっていたんだけれども、もう救済もいいだろうというぐらいになっていたわけですよ。だけど、話をしたら、当時、新進党かな、北海道の鳩山由紀夫さん(15)のところはまだ何かそういうのがあったんでしょう、「鳩山君が反対するからこれは残そう」なんという話もありました。それだけであれが残ったのかどうかは知らぬけど。おっ取り刀で「半分ぐらいに減らしてくる」とか言って、帰ってきたら何か一つか二つだけでさ。

◆ネット環境の整備とデジタル化

赤坂　もう一つ、国会の情報を国民に公開するというときに、先生の頃からは、インターネットの環境が次第に整い始めたのではないかと思いますけれども。

谷　私が庶務部長の頃から、国会放送を作ろうというので、テレビのことをずっと議論していました、それは一種の情報公開で。ところが、要するに、放送法の建前からいって、それはだめだということになった。

赤坂　映像情報だけじゃなくて、いろいろなコンテンツの電子化というのが特に最近どんどん進んでいます。先生のころは、例えば、先例集をＰＤＦにしたり調査局が出す報告書をＰＤＦにして、今も全部じゃない、ちょっとだけは出ますけれども、もっといつでもだれでもアクセスできるような形にする、そういう発想はまだなかったですか。

谷　まだそんな発想はなかったんじゃないか。要するに、テレビだってとにかく普通の、Ｃ―ＳＰＡＮがケーブルテレビで、それで、ケーブルテレビでやれないかということでわあわあ議論していて、そうしたら衛星放送ができるようになって、そうすると、ＢＳのチャンネルを一つもらってとか、ＣＳのチャンネルを一つもらってとか、そういう話に進んで、それはまた大ごとな金がかかる話だから。要するに、「国会でチャンネル権を一つとって映像を全部流してくれれば幾らでも商売します」というところはあるんだけど、ＣＳのチャンネルを年間維持するだけのお金が、費用対効果を考えたら、国会はなべたら一日に二時間か三時間しか審議していないんだから、あとはほとんど休んでいるというテレビになっちゃう。その話が、政府と一緒に広報するとか、そういう話には進まないんだよ。

そうこうしているうちに、どうしようもなくなったころにパソコンが出てきて、あれは早かった。ほかのことはおくれるんだけれども、あれはすぐ議員に一台、職員に一台になったからね。パソコンで映像を流せるようになったから、テレビの問題は事実上それで片づいたけどね。だから、同じように、今おっしゃるようなことは、当時はパソコンでだって思いもつかなかったんだから、そこまでは全然。我々も、パソコンでもそんな映像が送れるのかとびっくりしたぐらいだから、まあ時代おくれといえば時代おくれ。

赤坂　そういう時代に比べると、今はサーバーのスペースさえとれば、ＰＤＦにしたものとか、そういうものに幾らでもアクセスができるはずなんですよね。

谷　土井さんの時代はそんなものだけど、今になったら、そういう広報の仕方というのは、いろいろ研究すれば、新しい仕方で幾らでもあるんだと思います。ただ、私らは手回し計算機とそろばんの時代に育っているから、そういう発想がなかなか生まれてこないけど。

赤坂　参議院でいえば議会史料室とか、衆議院でいえば憲政記念館などは、大分まだアナログの雰囲気が残っていて、実際その場で見てくださいと。しかも、余りたくさん公開されているわけでもないですし、憲政記念館のホームページも大分寂しい感じですね、個人が作っている感じで。

谷　それこそ、今になったらマイクロフィルムに、まあ国会図書館はやっているけれども、そういうのは衆議院なんかでも、それだって今の時代からいったらもう古い話だけどね。

赤坂　デジタル情報になっていますしね。

谷　そういうのをちゃんとしてもいいと思う。ただ、そういう基礎になると、やはり会議録なんだよね。速記者養成所をつぶしてしまったというのは、ちょっともったいない気がするんだ。それは、音声といったって、音声は幾らでも修飾することができるだろうし、「テープがあるからいいじゃないか」といったって、テープから今度はリライティングの世界みたいなことをしたんじゃ幾らでも修正もきくし、そういうことをやると、結局、記録の権威みたいなものがなくなってくるわね。

あれは、大変すぐれた速記能力を持った人が中立の立場で客観的な事実を書いたということで国会の会議録が権威を持ってきて、何かあれば「会議録にこう書いてあるじゃないか」と言うのは、要するに「会議録は事実を記した」というみんなの認識が共有できていたからそういう話があるんだろうけれども、そんなもの当てにならぬと言われたんじゃ、やはりこれはね。

だから、そのベースはもうちょっと深く、よく考えてもよかったんだと思う。ただ経費を節減する立場だけで、「これは無駄です」という話じゃないと私は思うんだけど、それはまた後でお話ししたいと思います。

◆党議拘束をめぐる議論

谷　それともう一つは、党議拘束。これは、それに矛盾するような考え方を私はしているんだけれども。党議拘束が緩くなってきて、若い人なんか極端なのは、「党議拘束などは原則かけないんだ」、そういう考え方をする人も出てきました。だから、議員立法の提出要件が少なくとも活性化の阻害になっているというのは、もう変わっているんじゃないかと思います。

問題の発端は臓器移植法案(16)です。臓器移植のときにいろいろ議論があって、そういう人の信条とか良心に絡むものは当然党議拘束を外しましょう、こういうことになって、あれはそういう理屈づけがちゃんと行われて外したんだけど、そのころから党議拘束というのが話題になってくるわけだよ。そうすると、あれは一時のはやりみたいだったけど、中には「原則党議拘束をかけるべきじゃない」みたいな話になって、採決で造反者が出そうな雰囲気になってくると、今度は「党議拘束を外します」みたいな話になってきちゃうわけだね。だから、ちょっと党内に難しい問題を抱えていると「自主投票でいいですよ」みたいな。党議拘束そのものがちょっと緩んだ時期がありますよ。そういう話は余り出てこなくなったけどね。

それは、日中国交回復のときとか、深刻なものはあるよ。もう党を出ていこうか出ていくまいかくらいの気合いの入った党議拘束反対じゃないんだよね。ごく日常の中で党内がまとまらないと、これは党議拘束なしみたいな感じの法案がいっぱい出てきた時期がありますよ。しかし、あれも何か一時のはやりみたいだったけど。

赤坂　よくヨーロッパなどで言うのは、審議の段階は自由で、最後の表決のときだけは物によっては党議拘束をかける、日本は最初から決まっているのでよくないと。

谷　イギリスがやっているやり方は、ヨーロッパでも共有されているんだと思うよ。ウィップ〔whip〕というのがあるんだよね。ウィップというのは、日本でいうと公報だけど、これは政党それぞれの公報なんだよ。その中に線が引いてあるんですよ、法案の採決の時間と予定が。一本線は「採決へお出かけください」みたいな感じで、二本線は「これは重要法案だから出席しなさいよ」、三番目は、要するにスリーラインウィップというんだけど、これをかけていると、反対すると除名の対象みたいになっちゃう。あそこは、そういう線で引き締めを図るのと、言葉でも堂々と、「これは内閣の命運をかける法案です」とか、「これは事実上内閣の信任を問うものであります」とか、そういう言い方をして引き締めを図ることもある。スリーラインウィップというのはそういう意味で、それに反するとウィップが来なくなるわけですよ。日本で言う除名とか何か麗々しいことはないんだよ。ウィップが来ないということは、「もうあなたは相手にしていないよ」という印になっちゃうわけです。そうすると、あそこは、小選挙区制度といいながら小選挙区それぞれが候補者の形式上の選定権限を持っているから、次、選んでもらえないんだ。

赤坂　政党本部が、党首脳が候補者を決めて送り込むのではなくて、それぞれの選挙区で選ばれるわけですね。

谷　そう。あれは、日本と違うのは、全国組織は、ディズレーリのときに作るんだけど、要するに、単位は選挙区なんだよ。選挙区がそれぞれ集まったのが、連合体としての中央本部なんです。だから、労働組合と同じなんだよな、それぞれの労働組合が集まって何とか総連合ができるみたいな感じ。だけど、それは政治の世界だから多少上意下達はあるんでしょうけれども、形式の最後は選挙区が選定権を持っているんですよ。

赤坂　歴史的には、保守党の方は、院内の組織、議員たちの緩やかな連合体があって、それがだんだん院外組織へと拡大していきましたね。それに対して労働党の方は、まさに下から積み上げ方式で、外から議会内に議員を送り込んでくるというので、今おっしゃったのは、労働党の方にはぴったりはまるイメージですけれども。

谷　今の話は保守党。労働党は後からできたから整っているんですよ。整っているけど、これはちょっとややこしいんだけど、炭鉱の労働組合がスポンサーになった議員なんというのは、フーズフーなんか見たら、これは炭労のスポンサード議員とか、ちゃんと出ているから。だから、事実上、私も労働党のことは余りよく知らないけど、恐らく、組合推薦議員で実際小選挙区から出るとか、そういうのがやはり情報公開されているのかもしれぬ。

ただ、保守党は、選挙区が最終権限を持っているということになっているわけだけど、政党組織だから、上から「ちょっとこれ頼むよ」と言われたらね。それはなぜかというと、大体、一年生議員のときは難しい選挙区に出されるんだよ。だんだん偉くなってくると楽な選挙区に行くんですよ。やはり党本部が多少調整しないとそんなことはできないからね。ただ、除名したような人は当然そういうことはなし、ウィップが来ない人は。だから、どこかまた別のところの面接試験を受けるか、ほかの党の面接試験を受けるしかなくなっちゃうんだよね。

だから、党議拘束というのは、日本は、マルかバツかの択一になっちゃうわけだよ。もうちょっと緩やかな、赤坂さんがおっしゃるようなヨーロッパの考え方が日本にあってもいいとは私は思っていますよ。だけど、日本は、言葉で言うと必ず、党議に従うか従わないかみたいな話で。「この場合は従わなくてもいいよ」という何か基準があればいい、議員にそういう一つの指針になるような明示する基準があればいいんだけど、「党内でまとまらぬならどうぞ」というような感じでずっとやってきたから、これは、党議拘束の問題よりもむしろ党紀が緩んでいるんじゃないかという感じになってくるんだよね。そういう話です。

◆衆議院事務局の人材育成

谷　あと「議員立法の活性化についての指針」の中でちょっとあるのは、人材を育成するということだよな(17)。これは、衆議院事務局にとって大変有難かったのは「内部登用しろ」という話なんだから。それでも、私の総長時代も、実際にはすぐには内部登用できなかった。だから「済みません、あと四、五年待ってください、必ず」と言い訳しながらね。まあ、それでもちゃんと努めていましたよ。努めていたけど、幾つかはどうしてもやはり、法務とか。うちの職員だって、好きこのんで法務に行きたいという人はなかなかいないのね。それから外務も、なかなか難しいからね。だから、幾つかはなかなか大変だったけど、大方はね。まあ、そういう中でも幾つかトラブルがありましたけれども。

赤坂　全省庁の流れからすると、拡大の方向性を公的に出してもらっている組織というのはあまりなくて、調査局ができたときもそうですけれども、もともとちょっと議会の職員の組織というものが弱かったというのはあるのかもしれません。

谷　それよりも、戦後、急に膨らんだでしょう。調査室は初めてつくったわけですね。そうすると、国会の中には専門職の人なんというのはいないんだから、「満鉄に勤めていました」とか、そういうそうそうたる人が一応専門員として来て、その下に、衆議院に採用された調査室の人がいた。それで、すぐには育たないから、やはりずっと外の人が来て専門員になって、それが何代も続けば「何となくここは」というような感じになる。私のときにわざわざ来て、「これは私らのずっと植民地じゃなかったですか」と。

赤坂　実際そうおっしゃった方も…。

谷　そういう人もいたけどね。だから、やはり既得権として思っていた。だけど、そのころはもう外の人を採っちゃだめみたいな雰囲気だったから有難かったんだけど。ありていに言えば、専門員にする人が事務局にいなかったということですよ。やはり専門員というからには、まだ昨日入った衆議院職員を、いきなりというわけにはいかぬから。そうはいっても、そういう方だって、二十何年も同じ仕事をしていればちゃんとその道のベテランになるんだけどね。

これは、私の時代も今も内部登用にはちゃんと努めているんじゃないかな。

◆外国国賓の国会演説

谷　それから土井議長時代で一つあるのは、外国の国賓の国会演説というのがあるんだよ。政府が呼んだ国賓とか何かの国会演説があるんだけど、私も秘書課長のときが長かったから、結構、レーガン(18)とかいろいろあって、それなりに大変なんだけど、衆参で一遍もめたことがあるんだよね。

あれは、マンデラ(19)が後に大統領になる前、まだ民族会議の副議長か何かでお見えになったときに、これは衆議院で演説したんだけど、その後すぐゴルバチョフ(20)が来たんだと思うんだよね。ゴルバチョフが国会演説するときに、衆参で交互にやるような、約束事があったわけじゃないけど、何となくそういう慣習ができかかったのと、とはいいながら、有力国の大統領とか何かになると衆議院でやるんだよね。参議院といったら、そう言ってはいかぬけれども、余り有力国じゃない国賓とか何かの演説は参議院でやるという傾向があった。そのとき参議院の議長さんは土屋さんかな。「ゴルバチョフを衆議院」、「それはだめだ、参議院で」、「それは衆議院だ」ということで、衆議院で結果的にはやったんだけど、怒っちゃって、もう参議院じゃやらないという話になっちゃったんだよ。しばらく衆議院でずっとやっていたんだけど、斎藤十朗さんだかになったときに、「いやいや、それは参議院でもやる」という話になって、そのとき初めて、「交互にやりましょう」、こういうことになって、それで大体今は交互にやるようになっているんじゃないかね。

その関連でいえば、衆議院のお客さんで来る人は、国会演説とかじゃなくて、両院で呼んだ人はむしろ公邸のレセプションとか何かをやるんですけど、またこれがいろいろあって、一番のあれは江沢民[21]。江沢民が、あれは平成一〇年か、これは国賓だから政府の招待なんですけど、表敬訪問したいというわけだよ。「表敬訪問したいけど、忙しいから赤坂離宮に衆参両院議長来い」というわけよ。幾ら何でもそれはないだろう、表敬というのは向こうから尋ねてくるんじゃないのと。そうしたら、事務局も外務省もとにかくそれで全部セットしてきているわけ。「それはだめだ」と言ってね。別に衆参両院議長が表敬したいと言っているわけじゃないんだから、向こうから「表敬したい」と言っていて、それで「来い」というわけだからね。「それはだめよ」と、文字どおりそういうことじゃないかと押し返して、「じゃ、朝食会をしますから」と、ようやっと来てもらうことにして。

それで、江沢民が来たら、初めから終わりまで英語で話すんだよ。また、しゃくにさわるのが、流暢というわけじゃないけど、ちゃんと通ずる立派な英語なんですよ。衆参両院議長の方は英語をしゃべれるわけじゃないからね。どういう意図だったのか知らぬけど、初めから終わりまで全部英語ですよ。後で中国大使館の人が、「赤坂離宮から衆議院の公邸まではほんのちょっとなのに、朝連れていくのに大変だった」と言うんだ。江沢民というのは日本が嫌いだったからね。

他にも衆参でいろいろあったんだ。全人代の委員長というのが大体来るんですよ、行ったり呼ばれたり。彭真さん[22]というのは私らも覚えているけど、その次に喬石さん[23]という全人代の委員長がいて、そうしたら、これが何か知らぬけど、衆参で事務を交互に引き受けたらしいんだよね。「参議院の番です」といったら、土井さんが何も出る番がないんだよ。この前ちょっと念のために調べたら、うちの『先例集』に一言も書いていない。ということは、あれは全部参議院がやったんだと思うんだよね。何にも出番がないから、当時、戸張〔正雄〕さんという参議院の事務総長に怒鳴ったことがあるよ。だって、お金は議員の数で払うんだから、衆議院の方が三分の二ぐらい払うのよ。それで衆議院議長の出る幕が何にもないから。結果的にはもうアレンジが済んでいて、ほとんど土井さんの出る幕はなかったんじゃないかな。そういう細かいことだったらいろいろあるんですよ。

あと、綿貫〔民輔〕さんのときに李鵬さん(24)というのもいたね。これがまたちょっといろいろあったけどね。

Ⅲ

◆住専予算――問題の背景

谷　それで、村山さんが平成八年早々に退陣表明するんだよね。すぐ臨時会をやって橋本内閣が成立して、その一月に常会を召集していよいよ橋本内閣が始まるわけだけど、予算がかかってきて、いわゆる住専各社の債権処理の予算が組まれていて、それを削除しろという話になって、大騒ぎになっていく。ただ、これも一つ大きな背景としては、やはり選挙が絡んでいるんですよ。宮澤喜一さんのときに解散の後、細川内閣ができて、細川護熙さん、羽田孜さん、村山さんで橋本内閣、こうなってきたときに、要するに、内閣は選挙の洗礼を受けていないから、解散に追い込む、そういう一つの大きな背景があったと思いますよ。

それで、住専の問題というのは、これは六八五〇億円を住専処理、債権処理に措置する予算を計上した。あの当時は世論も、財界を含めてみんな「何で国の予算で民間会社を救わなきゃいかぬ」みたいな、それだけだったんだと思いますよ。口当たりはいいけど、今から考えれば、経済政策として、ちょっと遺憾だったたという話になってくるわけですよ、もっと大きなお金を使って景気対策をやるべきだったと。宮澤さんも後にどこかでちらっとそんなことを語っていましたよ。要するに、問題はそんなもので片づかないことは分かっていた、もっと何兆円かの金をつぎ込んで経済を支えなきゃいかぬことは分かっていたんだけれども、国を挙げてそんな雰囲気じゃないわけだよね。だから、分かっていながらあの程度しかできなかったみたいなことをどこかで書いたのを私は読んだ記憶があります。とにかく、この後の始末に何兆円もつぎ込む時代になったときに考えたら、このときのすさまじい世論の反発というのは一体何だったんだという話だけど。

それで、そのときの構成からいうと、議長が土井たか子さん、副議長鯨岡さんで、議運の委員長は後の自民党総裁、谷垣禎一さんだったんだね。筆頭理事が額賀福志郎さんで、それで野党は、公明党、当時新進党だったか、森本晃司さん(25)という人が筆頭理事で、その下にいたのが冬柴さんなんだよ。後に冬柴鐵三さん(26)の方が偉くなっちゃったけど、このころはまだ森本さんの指揮下にあって、使い走りするぐらいの感じだった。

それから、新進党は、米沢隆さん(27)が幹事長で、後に参議院議長になった西岡武夫さんが国対委員長、自民党は、村岡さんが国対委員長で、幹事長は加藤紘一さん。だけど、むしろ私らに関係があったのは、野中広務さんが幹事長代理で、そのまた野中さんの手足となって動いていたのが古賀誠さん(28)と鈴木宗男さん。あと、その騒動の中で出てくるのは、上原康助さん(29)という沖縄の人がいて、あの人が社会党の人で予算委員長をしていた。

◆座り込みの開始

谷　三月になって、一日に、これは問題になるんだけど、自民党が、四日に採決予定、分科会の報告を受けて締めくくり総括質疑というのがあるから、それをやってもう採決するという案を、そのときに、ちょっと忘れたな、新進党が入ってやったのかどうか、それで決めちゃったんだよね。

それまでは、住専の問題でいろいろありましたけれども、そんなに、断固反対で一週間も空白が生じるというような事態はなかったと思うんだよね。だから、公聴会も多少曲折があってやれたけれども、予算というのは常にそういうもので、一日二日の審議中断なんというのはごくありふれたことだから。予算審議としては、そんなに特別な、異例な審議形態をとってきたという話じゃないと思いますよ。だけど、そのころになって、選挙が一つ背景にあって、やはり国民に、徹底抗戦した方が選挙戦にプラスになるという読みがあったのかもしれぬけど、その一日の時点ぐらいから、断固予算成立阻止、削除しなきゃ応じないみたいな話になった。それで、もう一つあったのは、加藤紘一さんの闇献金問題があったのかな。あれも、何か刺されたような感じの、後援会長かなんかが告発したというか、金額も一〇〇〇万ぐらいの話で。それが、要するに「証人として幹事長を喚問しろ」、こういう新進党の要求があったんだね。それで、実際に座り込むのが三月の四日か。

中澤　はい、そうですね、四日ですね。

谷　それで、三日の夜、森本さんと冬柴さんが来たのを覚えているよ。要するに「委員長席に座り込む」というわけよ、「朝早く開けてくれ」というの。委員長席に委員長を座らせないように、朝早くあけて委員室を占拠したことぐらいはないわけじゃない。だから、私の感じでは、それはちゃんと了解していたから、朝開けて、委員室を占拠して採決阻止するぐらいのことだろうと思っていたんだよ。そうしたら、何かもう三日の夜から座り込みして。それで、四日の朝、委員室を開けて掃除して、係員も全部入って、そうしていたら、だんだん勢いが増して。

最初はうちの職員も入っていたんだけど、それも全部出されて。あれは、中から施錠したら外から開けられないんだよ。施錠して、それでバリケードを築いたみたいになって、そうしたらまた今度は予算委員室の入り口の周辺の廊下にも座り込むようになって、それが始まりですよ。

◆　収拾の模索

谷　だけど、これは自民党もどうしようもないわけだよ。それで、三月六日、七日ぐらいになったら、とにかくお互いに言いたい放題のことになって、片一方では「足場を作って衛視を窓から突入させろ」みたいな話を言うし、電気をつけていると「何で違法な座り込みをしているのに電気をつけてやらなきゃいかぬ」とか、三月だったから寒いから、そうすると「あいつらに暖房してやるのは何だ」という話になってくるし、もう言いたい放題。「管理責任は事務総長にあるんだろう」みたいな話で。実際に土井さんもやはり動けないんだよね。衛視なんとかといったって、そんなに短兵急にはね。大体、議長が動くというのは、一応いろいろな要請を受けてとか、そういう話になるから。それで、予算委員長の上原さんから「原状回復して審議をできるように収拾してください」と議長に要請があった。実際に議長が動くのは七日かな、具体的には、まず封鎖を解除しなさいよ、それと、要するに三月一日の時点に戻す、それが議長の最初の収拾案の中身だったんだけど、これは新進党は受け入れなかった。

その間に、いろいろ私らも怒られた。うちもなってなかったのは、電気とか暖房は一応管理部の管理なんだけど、電気施設課の職員がそれぞれに行って配置していたんだけど、どうも通常は、課長が一々そんなものは指示していないんだよ。要するに、その部署に、現場に直接電話がかかってきて、例えば自民党だったら、「今日おれらは〇〇の会合があるから夜一〇時までつけておいてくれ」とか、「暖房入れておいてくれ」とか、それでやっていたわけですよ。私も初めて知った。そういうやり方になっていて、現場で直接、どこの党であれ、頼んだら、それはそれでずっと応じてきたというんだね。そうしたら、とにかく「電気を消せ」、「暖房を切れ」、「弁当を食い散らかしているのに掃除してやることはない」とか、そういういろいろな話になりましたよ。それで、運用の覚書きを村岡さんと膝詰めで書いて議運の了承を取ったと思いますよ。それで失敗したけど、議長が一つ動いたということで、それから国対委員長レベルとかでいろいろあって、幹事長のレベルでもいろいろやる。また、西岡さんが国対委員長だから、この人はなかなか頑固な人で、事を解決にするのはなかなか難しい人だから。それで、自民党も手がないものだから、委員室を変えてやろうとしたわけだよ、分館で。そうしたら、そこも今度は座り込まれて。それで、警務部長が一生懸命マイクを持っていってスピーカーで退去要請するんだけど、そんなものに事務局が出ていったって、らちが明くわけじゃない。

それで、三月九日かな、らちが明かないんだよね、「衛視を使え」とかいろいろ言ってくる。だけど、段ボールを片すんじゃないからね。議員だから、まして国会職員は、衛視さんであれ、議員を尊敬するのが建前の存在だから、それは命令とあれば、仮りに一回はそういうことをしても……。その間に委員会を単独で開いて、結果的にはそうなったんだけど、「本会議も単独で開いて予算を衆議院通過させるとやったら、行く末、内閣総辞職とか、そういうことになりかねませんよ、そういう覚悟でやるんですか」と言ったら、「いやいや、そこまではない」という話だったね。

赤坂　今の話で、新進党の方にも全員辞職論のような話があったやに聞いていますけれども。

谷　何かそれもあったな。そういう手法というのは余り発想が出てこないのかな。要するに、例のＰＫＯのときの社会党の全員辞職論も、それで解散に追い込むみたいな発想だから。新進党にまだ元社会党だった人が入っているから、そういう発想が出てきたんでしょう。もう一つは、平野貞夫氏が国会議員になって、小沢一郎さんのブレーンとなっているから、今度は「衆議院事務局は平野の言うことばかり聞いているんじゃないか」と。私は現に野中さんに呼びつけられた。

そうしたら、古賀誠と鈴木宗男の二人がいて、古賀さんは、一応、私らとは同じ福岡で。お父さんが戦死したから、福岡の今のところに帰って、そこから高校を卒業したんだけど、もともとは、私らの学校の校区の中の炭鉱の中でお父さんが商売していた。だから「もしおれがそのままいたら、おまえらと同じ学校に行っていた」と、一期下ぐらいなんだね。当時、私の高校から役人に、建設省に行ったのが一人と、ハザマの副社長をしていたのが一人いて、三人で酒飲んでいたら、あるとき、「おれもまぜてくれ、一緒の高校に行っていたかもしれんから」と。たまに、一年に一回ぐらいは酒飲んでいましたから、そういう意味ではそう知らぬ仲ではなかったんだけど。それで古賀さんは何にも言わないんだけど、鈴木宗男さんが、「おまえらは平野の言うことばかり聞いてやっている」というから、「悪いけど、平野氏だって衆議院で委員部長までしたんだから、それはそれなりに親しい人はいますよ」と。そうしたら、「名前言え」と言うから、「そんなもの言えませんよ」と。さすがに野中さんは、「いやいや、それは言わなくていい」と。そんなことがあったね。

赤坂　谷さんとしては、踏んだりけったりな感じが……。

谷　私も、ちょっと余計なこととして怒られたこともあるんだよ。総長公邸というのがあったから、あそこは誰も分からぬから、野党の誰だったかな、そのころ中井洽さんだったかな、中井さんと額賀さんを呼んで「ちょっと話し合ってくださいよ」と。そうしたら、またそれで国対委員長から「おまえ何でそんな余計なことをする」と怒られるしさ。中身に立ち入って何か言ったわけじゃないんだけどね。「場所を貸すから、とにかくちゃんと何か話し合ってくださいよ、もうこのままじゃどうしようもないから」と。そんな程度で片づくような雰囲気じゃなかったけどね。

◆事務総長の「退去命令」

谷 それで、三月九日になって、村岡さんが来て、「とにかくお前は管理責任があるから、お前も退去命令を出してこい」とかなんとか言うから、「それはいいよ」と。いいけれども、紙切れを何か書いてきたから、そんなの破って捨てたよ。「そんなものいいから」と。それで、委員部長のところでちょっとお茶飲んでさ。そうしたら、警務が心配して「大勢の衛視さんをつける」と言うから、「そんなの要らぬ、衛視長だけ一人来てくれればいいから」と。

本当は、そのときは、座り込みのところへ行っていって、「頭の一発も殴られれば」と思っていたんだ。そうしたら、森本さんが、気を使ってくれたんだと思うんだよ、ちょうど三階の記者クラブの前まで出っ張ってきて、そこで承るみたいな感じになった。そこに自民党の議員もみんないっぱい、大勢いるわけだよ。それで「座り込みというのは、議会制度上、そんなことで審議を阻止するのはいかぬから、全部解除しなさい」と。「百歩譲っても、秘書さんはだめ、審議に入って表決もできないような人が何で阻止するんだ」と。森本さんも「それは分かった」と、ちゃんとそれから秘書さんを除いたんだ。

ただ、本当に心配してくれていたんでしょう。一生懸命手で合図してくれていたんだけど、何かみんながわあわあ見ている前で、私も言葉がどこか、筑豊の男だから、そういう興奮しているときは地が出るのかもしれぬけど、「ちゃんと伝えてくださいよ」と私はやわらかくお願いしたつもりなんだけど、それがあたかも命令したみたいに聞こえたんじゃないかな、周りがまた、「お前は生意気言うな」なんていって大騒ぎになってさ。そうしたら、やはり森本さんも、黙って「はいはい」というわけにはいかない。それはそれで、終わって帰ったら、森本さんが飛んできて、「奈良の事務所に抗議の電話がわんわんかかっている」と言うんだ。だから、私も申しわけなかったけど、おわびで取り返せる話じゃないから。結果的に、あの人は次の選挙でおっこっちゃったんだよね。そういうことがありました。それでも、こんなこと言っちゃいかぬけど、あれでやはり少しは風向きに変化があったのかもしらぬ。それまでは、「新進党ごもっともだ」、こういう雰囲気だったんだろうけど。

二、三手紙をもらいましたよ、中学校の先生とかから。要するに、「役人は、威張って、自由民主党の何とかだと思ったけれども、そういう人もいたんだと感心した」とかね。何となく、私も弱々しい男に見えたのかもしらぬけど、何か森本さんが悪役になったような感じになって、結果的には御迷惑をおかけしたことになったけど。でも、それでも事態は何も変わるわけじゃなかった。

それで、本格的に収拾しだしたのが三月一一日かな。いろいろ経緯があるけれども、議長が、ある程度職責に従って対応しなきゃならぬ場合もある、というぐらいの意向を示して、それで、警務部長が退去勧告したんだよね。一一日にもうやったのかな。基本的には同じなんだよ。要するに、「封鎖を解除しなさい、それから、予算の状態は三月一日の時点に白紙に戻して改めて話し合う」、大ざっぱに言えばそういう内容なんだけど、そのときに、秩序回復しなきゃ、議長としては乗り出さざるを得ないような趣旨のことを言っているわけだよね。それに基づいて、警務部長に退去勧告を出させていましたよ。

議長の命令権というのは、事務総長は関係ないんだよ。院内秩序の警察権の行使は、法規上、議長からダイレクトに警務部長に行くことになっているから。

赤坂　それは不思議なシステムですね。

谷　統帥権の名残があるんじゃないの。

赤坂　事務系は口を出せないと。

谷　うん。だから、議長は、警察権の行使についてはそういうシステムなんだよね。

赤坂　それは、国会法の規定ではそうなっているということですか。不思議ですね。

谷　ただ、その関連で言えば、今度は国対委員長、あれは一一日ぐらいに来たのかな。九日、私が勧告をやって終わった後に、西岡国対委員長から「何でお前が、何の権限があってそんな退去を要請できたんだ」と電話でわあわあわあったけど、正式な申し入れが来たんだよ。「そういう事務総長のような権限のない者が、管理の権限があると僭称して何だ」とかいって。それはたしか一一日だと思ったよ。そういう文書がありますよ。もう新進党も、その頃になってきたら、振り上げたこぶしの下ろしようがなくなってきたんだよね。

◆問題の収拾

谷　だから、三月一一日が一つの節目になったのかな。この頃からどこか新進党も、要するに落としどころがなくなっちゃったんだよね。それで、小沢さんを呼んだり橋本さんを呼んだりして、最終的には二人で話し合ったんだけど、それも結局折り合えなくてね。結局、それが済んで、いろいろ議長も本当に辛抱強くやってくれたと思うんですよ。自民党の相当大物の議員から、とにかく、「衛視を使ってなぜ排除しない」とか、何かわあわあね。終わってから、「あのときは排除してくれなくてよかった」なんて。だけど、そのころ自民党も、もうにっちもさっちもいかないいから。

ただ、自民党は、そのころになったら、いろいろ政治的な計算もあったんだろうけど、予算がおくれても大幅な暫定を組むという覚悟を決めた。追加措置とか何かを発表して、暫定を大幅に組むという腹を固めれば、まだ若干日にちがあるのと、暫定予算と日切れ法案は、新進党もそこまでけ飛ばしたんじゃもろに逆風を受けるから。だから、本当に苦慮していたと思うんですよ。

ただ、それでも解決できない。岐阜の補欠選挙、大野明さん(30)という、大野伴睦さん(31)の息子さんが亡くなった後に補欠選挙で奥さん〔大野つや子(32)〕が出て、それが三月二四日にあるんですが、自民党が圧勝するわけです。その前に、小沢さんと橋本さんが会談してもうまくいかなくて、退去勧告したのは三月の一五日かな。その後、警告を準備していたんですよ、いよいよ議長警察権を行使しますよという前提で。

でも、土井さんがそういう意思を固めていたかというと、そうじゃない。土井さんは、やはり辛抱強く、話し合いによるということで、そこまで議員もひどくないであろうという信頼があったんでしょう。幾ら国会議員といえども、そこまではという信頼があったんだと思います。だから、その間は議長と副議長が議長室にこもっていろいろ動くんだけど、動けばまた後でずっといろいろね。私らも呼ばれて、いろいろ相談したり話し合った。事務方もいろいろ斡旋の議長の発言内容とか発言ぶりを用意するんだけど、土井さんは自分で一生懸命書いていた。それはやはりいいことだよね。

あの人で面白いのは、やはり昔のお嬢さんだから、ソファーの上にちゃんと正座して原稿を書いたりなんたりしていたね。それで、前にも言ったけど、今でも覚えているのは、あの人はたばこを吸っていなかったんだ、たばこを吸うのはやめたんだろうな。鯨岡さんというのはたばこ吸いで、横に並んでいても、何かの宴席でもこそっと、土井さんに煙が行っちゃいかぬからと横を向いて吸っていたんだけど、あの住専のときになったら二人でぷかぷか、ドアをあけたら煙がわあって、たばこを吸っていたね。

それで、要するに、一一日過ぎたころから、もうとにかくお互いに打つ手がないんだよ。特に、新進党は打つ手がなかったんだと思うよ。振り上げたこぶしを簡単におろしちゃあれだから。といって、物わかりのいい、普通だったら、その頃になったら何か妥協案みたいなものが出て、例えば予算凍結して何とかとか、いろいろ今までの例だってあるけれども、初手から断固削減以外は受け付けないみたいな姿勢で臨んできて、しかも、それは委員室をブロックしてまでの姿勢だから、ちょっとやそっとの妥協では「お前ら何した」というふうに風が吹きかねない。だから、私らの勘で言ったら、だんだん進退がきわまってきたのはむしろ新進党の方だと思いますよ。自民党はちゃんと暫定予算の確保をすれば構わないしね。

結局、二四日の選挙の結果で、それからは早かったんだ、ぱっと議長の収拾案に乗った。別に変わった収拾案じゃないんだよ、前と変わらぬような収拾案だけど、要するに、妥協の機運が高まっていたんだね、それで、正常化になりました。あれはいろいろあったけど、土井さんは、最後に記者会見では「議員の良心と自覚を信じて私は対処しました」みたいなことを言っているけど、それは頑張ったと思いますよ。もしあれでうかつに、もし自民党か何かの議長だったら「あんたの権限で全部これをやりなさい」とかいってやっていたら、やはりそれは議会史上に大きな暴挙の汚点を一つ、残しただろうと思う。

それほどの暴挙というのは、警職法とか昔の、私らが知らない日韓〔基本条約〕のときもそうかな、それぐらいまでは一回か二回警察官を導入したことがありますけれども、日韓以降は、議長の本会議場入場を阻止するために、廊下にピケみたいにわあっと座り込むまではいかぬけど、入らせない、阻止するとか、そういう事態は多少あったけれども、衛視を使って議員を排除してというのは絶えてやっていない。だから、年月がたってまた先祖返りするみたいな国会の騒乱の状況になるというのは、私らは耐えられないみたいな話だから、それは大変よかったと思っていますよ。衛視を使ってどうのこうの言ったけど、終わった後には「議長、よくやってくれた、衛視を使わなくてよかった」と言われたということを、土井さんから聞いたような気がする。

結果として、そういう経緯で済んだと思いますよ。事柄から考えたら、本当にあれは何だったんだろうなと思うけどね。

中澤　自民党の側は、途中までは「衛視を積極的に使え」という論調が強かったということでしょうか。

谷　これは事務局も私らもちょっといかぬのだけど、むしろ昔の方が乱暴なことはしていますよ、警察官を導入したり衛視をどうのこうのと。ただ、気持ちの上では、そういうときには議員が全部立ち居振る舞うという気構えはあったような気がするんですよ。だから、例えば山新さん、山村新治郎(33)というハイジャック事件のあの人とか、どっちかといったら勇ましい人、ハマコー〔浜田幸一〕さん(34)なんかも、ハマコーさんはその後か、金丸信さんだって若いときはそういうものだと思いますよ。要するに、「野党とのことはおれらが守る」というような感じで、本会議場で野党がわあっと来たら自分たちが議長を守るとか。委員会でもそうですよ。一つは、本館の委員室だから狭いということもあるんだよね。

だけど、分館ができて広い委員室になると、今度は自民党や委員長から「衛視を入れろ」という話がしょっちゅう来ていた。どっちかといったら「おれらを守れ」ということですよ。だけど、自民党を守って強行採決なんて、そんなばかなことあるかと。今はテレビも入っているから、衛視の帽子が議員より多く委員室に見えたんじゃ、これは、悪いけど後進国だってそんなことはしないでしょうという話ですよ。だから、それは断っていた。それでも、私も気が弱いから「じゃ、委員長を守るだけ、何人かは衛視を入れましょう」と言ったけどね。だから、国会議員そのものが、ちょっとそういう気構えがやわになっているところがありますね。どっちかといったら、体を張ってでも委員長はおれらが守るんだから要らぬ世話はやくな、こういうぐらいの気質が昔はあったと思うけど、そういうのはなくなってきた。

その典型が、一遍、高輪宿舎か何かで、新聞記者やカメラマンとかが押しかけて騒動になったことがあるんですよ。「宿舎を衛視で守れ」と言うから、「何を言っているの、宿舎は居住の場所で、院内警察権のはるか遠く及ばぬところ、そんなところまでできませんよ」と。「もしそれをやったら、私は全部の報告を受けますよ、夕べ誰がどうしてどうしたとかの報告を全部受けたら、私は、悪いけどフーバーみたいになりますよ」と。

だから、国会議員がそういう意識になってきているんだ。そういう国会議員たる身分につく弁えみたいなのがちょっとおかしくなっているんじゃないか。若い人なんかも、何かサラリーマンみたいな感じで、総長時代もいろいろありましたけど、「労働基準法はなぜおれらに適用できない」みたいな話だって出てくるわけだから、ちょっと気質が変わってきている。それで、私に言わせれば、これはやはり政党綱紀の緩みの一端ですよ。今までは、それはいろいろ乱暴なことはいっぱいあるよ。警察官導入もひどいけど、そういう時代を過ぎて、審議の場で争うぐらいの弁えはあった。牛歩なんというのはまさしく審議の場での抵抗だから。だけど、これはドアを閉めて審議させないというちょっと議会制度から外れた話なんだよね。それだけ永田町は、最高裁もさわれない、院内自治だというみたいに、「何でもやっていいぞ」みたいな感じで。

過去には、公報に載せた委員室とは別の委員室に突然呼んで開会したとか、戦後間もない時期にはあるけれども、そんなことは絶えて、わきまえて、もうそれ以後やってないからね。だから、それが、何十年か、五五年体制が終わって壊れたら、また一に戻って何でもあるみたいな話になってくると、日本の議会はまた昭和二〇年代に戻ったような感じになっちゃうわけだ。現に、この後にも、何かあったときに「別のところで国会を開こう」なんて新進党が言い出したことがあるんだよ、憲政記念館か何かで。だから、そういう発想が出てくるわけよ。民主主義というのは、どこか形式が伴わないと正当化されないところがあるからね。「どこか全然別のところで有志だけ集まって会議を開きましたら、人数これだけいました」というだけで済む話じゃないと思うんだよね。だから、幾つか私が言う綱紀の緩みの中のこれもまた一つだと思うんだ。

それとの関連で一つ思い出したのは、私らのときは韓国の事務総長と割に交流していたんですよ。あそこは、事務総長というのは、代々、選挙で落選した大物の人がなるんだよね。私のときは、金大中(35)の側近、ナンバーツーかフォーの人が落選して、金何とかさんという人が、忘れちゃったけど、事務総長をしていました。いい人でね。あそこは、いわゆる事務方の事務総長、日本の事務総長に当たる人は次長なんだね。次長が二人いるんだよね、行政担当と運営担当と。それで、あそこも結構乱闘国会がある。

昔、韓国の議事部長と議事課長か何かが海外出張を命ぜられて、結構、世界一周みたいな出張で日本にやってきたんだ。私は次長をしていたのかな、「では飯をごちそうするわ」といって、赤坂のちょっとした小料理屋に議事部長とで二人を呼んで。それは何でかといったら、あそこは、強行採決するときに議事部長を押さえていると議事ができないらしいんだよ。その議事課長というのが身を張って議事部長を守ったらしいんですよ。それでつつがなくその議事が進行したんでしょう。その論功行賞で旅行しているというんですよ。

そのときも面白い話があった。記名投票を起立採決みたいにするんでしょう。数えるのは、列に女性が立って数えるというんですよ。その女性は、美人コンテストみたいに、背丈が一メーター何とかで容姿端麗な人が選ばれて、職員なのかどうか知らぬけど、その人が数えるというんですよ。身長が何センチ以上あって容姿端麗じゃないと選ばれないんだというんですよね。日本もそういうのを入れたら牛歩なんか減るんじゃないかなんて。

ただ、全体としてあそこの国会議員さんというのはやはり溌剌としているわね。目つきが。やはりどこか生き生きとしていますよ。日本の国会議員はちょっと、いい意味でも悪い意味でも、何となく、まとまっているといえばまとまっているけど、何かちょっといい面構えの人が少なくなった感じがするわね。我々が年をとったんだと思いますけどね。私らが若いときの日本の国会議員もやはりそういう気構えだったですよ。当時は、体力勝負をする人がちゃんと議員で役割が決まっていましたよ。「おまえは体を張って防げ」とか、そういう役割ですよ。だから、やはり議員がちゃんと自分たちで始末する気構えがあったんですよ。

しかし、私のころになると、総長室に来て、委員室が広くなったせいもあるんだよ、だけど、「衛視を入れろ」とかね。

牧原　今は、小沢一郎が出てきて、小沢の意を酌んで動くのが谷亮子[36]とかですね。何でもっとぎらぎらした男がこういうところに出ないのかと思う。谷亮子は、男みたいな、そのくらいの力はいろいろある人だと思いますけれども、やはり世間の目を気にして、ぎらっとした人は今は余り表に出さないようにしていますよね、明らかに。

谷　それと、忠勤を励んでいるのはいいけど、国会議員がそういう使いに行くみたいなことは……。そんなことは言っちゃいかぬけど。私らは年をとって古いといえばそれまでだけど、我々の常識にちょっとかなわないようなことはあるわね。

この前の一二〇年の式典でも、上から、確かに携帯電話が鳴ったのは聞こえた。あれはよく聞こえるんだね。だけど、新聞記者が忘れて鳴らしているのかなと思っていた。確かに、天皇陛下が来るまでに少し時間があってみんな立っていた、私らもじっと立っていたけど、しかし、そんなことで余り言わないでしょう、あんなことは。また、懲罰動議を出すとか何か。確かに、院内のことといったって、議事の中じゃないから、式典の中で[37]。

牧原　若者みたいですね。大学生、学生と同じような感じに見えます、今の国会議員の行動というのは。優柔不断であって、何となく周りの目線を気にしたりとか、何をしたいのかよく分からない、就職したいのかよく分からないとか、似ていますね。

谷　それはあるんですよね。請暇願の項目があるんだよね。法改正になって産休だけ書き込んだんじゃないのかな。ただ、歳費をもらっているんだから、出産のときにはそれは出さなくてもいいじゃないかみたいな、百歩譲っても法律を改正するほどのことはないと思うけど、まともな顔で「どうして生理休暇がないんですか」なんて言われたんじゃ、私らも……。

牧原　そういう雰囲気というのは、いつぐらいから変わったというふうに思われますか。

谷　どうなのかね。やはり女性の社会進出がごく当たり前になってくる風潮の中で、ちょっと変わり目のときぐらいに、何かそういう問題がわあっと出たね。中には、今保育室を作っているけど、私のときに、どなたかが子供を産むことになったんだよ。そうしたら、与野党で何とか議員連盟(38)というのができてきて、「保育所をつくってくれ」というんだよ。保育所を作るのは別にいいんですよ、業者を連れてきて院内営業してもらえば、場所さえ探せばいいわけだから。そうじゃないんだよ。要するに、保育士を衆議院職員として雇って、国会議員が率先してそういう保育の充実を図っているみたいな姿勢を示したいからと。それは気持ちは分からぬでもないけど、悪いけど、渋谷の飲み屋のねえちゃんだって自分でお金払って保育しているんでしょう、それを国会議員だからって国で保育したんじゃ、それは共産主義国家と変わらぬじゃないかと言ったことがある。

だけど、新しい会館が出来たら、だれか院内営業を連れてきなさいよと。場所はちゃんと用意することにした。だから、今は院内営業でね。それは構わないんだよ、院内営業でやるんだから。だけど、そのときはそうじゃないんだ。要するに、保育士を職員で雇って国会で面倒見てくれと。「私らだけじゃだめだから、全部、衆議院の職員も参議院の職員も全部使用していいから」と言うんだ。だれが満員電車に乗ってきて子供を預けるかというんだよ。

だから、何かわあっと世の中に注目する話があったら、すぐ議員連盟を作ったり、そういう動きが盛んな時期がありましたよね。

牧原　国会議員の雰囲気の変化が出てきたという話は多分すごく大事で、運営にそれがまたはね返ってきている面もあると思うんですよね。そういう話は、御感想でも結構だと思いますので、やはり記録にとれるものはとっておいて、また後でいろいろほかの方の記録とつき合わせていったら、どうやらこのころで何かあったとか、いろいろ見えてくることはあるかもしれませんね。

Ⅳ

◆行政監視とGAO構想

谷　その後、橋本内閣になって今度は行財政改革という話が持ち上がって、行財政改革の目玉が省庁再編、こういうことなんだよね。その流れの中で国会改革というのがいろいろ出てきたんだけど、実際問題の政府委員の廃止とか副大臣制とか、ああいう話になるのは、むしろ政治絡みの話では小渕内閣のときの話です。

省庁再編の話は、正直、私は余り記憶にないんだよね。議運でいろいろやっていたのは、橋本内閣だから委員長は平沼〔赳夫〕さん(39)とか亀井〔善之〕さんの時代だったと思うんだけど、そのときは筆頭が大島理森さんだったの。省庁再編は橋本内閣の目玉みたいだから、とにかくいろいろ出てくるわけだよ、省庁の数を減らすわけだから。「どこにどうつける、こうつける」なんて議運でもしょっちゅう議論していましたけど、例えば「一六の数をとにかく一〇に減らせ」みたいな、減らすことが優先で、理屈がどうのこうのじゃなかったような気がするな。とにかく、「これをあれしてこっちにくっつけて、どうのこうの」と。だから、あの当時は各省には大変評判が悪かったんじゃないのかな。「何で旧自治省と郵政がくっつかなきゃいかぬ」とか、そういう話がいっぱいあって、整合性があるような理屈も何もなくて、ただ内閣の目玉として数だけ減らそうという。

その流れの中で、橋本総理の下での選挙のときに、行財政改革の一環みたいにして行政監視の権限の強化というのが、みんな各党それなりに、今で言う選挙公約の一つみたいにして入っていた。選挙が終わって、自社さきがけ政権だけど、そのときに三党合意みたいに、行政監視権限の強化というのを与党としても取り組む姿勢は見せたわけですよ。第四一回選挙は平成八年で、その後、第一三九回に、枝野幸男さん(40)が中心になってまとめた行政監視院法案というのを提出してくるんだよね。これがいわゆるGAO(41)というか、アメリカの会計検査院制度。日本は、会計検査院というのは憲法上位置づけられていて、動かすわけにはいかないから、アメリカのＧＡＯが持っている、会計検査の権限じゃなくて、それに伴う行政評価の分野だけを独立して国会に附属する機関を作ろうというわけ。それがまたとんでもない構想で、調査員八〇〇人というんだよね。今一生懸命、仕分けをする人が見たらちょっと皮肉な話だけど。トップは議員外の人がトップになる組織を作る、そういう法案です。

これは、役人としては、自分たちの機構が広がってそういう大きな機構が一つできるんだから、下世話に言えば大変ありがたい法案で、文句言う筋合いは何もないようなことなんだけど、ただ、ちょっと問題があるのは、一つは国政調査権。今の国政調査権というのは、議院が実際に委員会におろして国政調査権を行使する、委員会が行使するというような建前が定着しているからね。この法案は何かあいまいなんだよ。憲法に規定する国政調査権じゃないんだよね、国会の内閣に対する行政監督権全体に根拠を置いて、もっと危険なのは、どうも、議員個人としても国政調査権を行使できるみたいな考え方があるんですよ。現に、この法案にそういう趣旨のことが書いてあったと思ったよ。

皆さん御存じだと思うけど、過去にもいろいろ事件があって、それぞれ共産党議員がどこかに行って、勝手に国政調査権限だと称して立入検査していたのが問題になって、独立権能とか補助権能とか何か、そういう学説があったじゃないですか。あれは、大体、今はもうそういうことは片づいて定着していると思うんだけど。行政監視院法案は、八〇〇人の調査員に立入検査までの権限を与えて、調査する権限を与えて、衆議院の職員とか国会職員、どういう言い方をするにしても、「平清盛がかむろを京都の町に放したみたいになるんじゃないかい」なんて冗談で言っていたんだけど、そういう問題が一つある。

それから、会計検査機能を抜きにして行政評価だけするというのは一体何なんだろうかというのが、よく分からないんだよね。私はもともとそのとき、今も思っているけれども、国会というか、特に衆議院の決算審議のあり方がちょっとおかしいんだよ。これはやはり一番は、政権交代しなかったから真っ当に育っていないんだ。あら探しの機関になりやすいんですよ。過去にも行政監察特別委員会とか隠退蔵物資特別委員会とか、名前は忘れたけど、終戦後すぐ幾つかの特別委員会、これは独自の予算をつけて閉会中も自由に活動できる、そういう委員会を作ったことがあるんですよ。だけど、まだまだ五五年体制の前の話だけど、何かあったら、結局、不正摘発と言えば聞こえがいいけれども、政権党にとってみれば、いろいろな不当なこととか悪事とか、そういうことを摘発するだけの委員会になって、それはすぐなくなっちゃったのね。

そういうのがあったその上に、これは私の近くの炭鉱を経営していたんだけど、新潟から選出された、田中角栄さんとは違う選挙区だけど、田中彰治さん[42]という決算委員長がいたの。この人が、九頭竜川事件とか、電源開発に絡んだマッチポンプみたいなことをやったんだ。私らのふるさとの田川の、私の生まれたところのすぐ近くに中小炭鉱があったんですよ。この人はそこを一時期経営していてね。余り評判のいい炭鉱じゃないんだよ。やめるきっかけになったのは、虎ノ門事件[43]という、ちょっと事件の内容は忘れたけど、国有財産の土地が絡むような取引の不正のあれで。そういう者が決算委員長でそういうことをやったものだから、決算のイメージが悪くなったのに加えて、政権交代がないから、一生懸命やればやるほど、与党にしてみれば、政府の悪事とか不当なことを暴くだけの委員会が専らになっちゃうからね。そういうことがあって、決算は余り機能していないと思うんだ。

そういうことだから、審議の形態も議案と同じように、不当事項というのを選び出してそれを議決したら、そのほかについては大体異議ないとか承認すべきものであるとか、何かそういう形で、法案みたいにして処理するようになっちゃったんだよね。本来、決算は会期の適用もないし両院関係もないし、閉会中もずっとやれるんだから、例えば分科会とか小委員会とかそういうのを作って、よく私も言っていたんだけど、極端なことを言えば、一月は厚生省、二月は防衛庁とか、月割りでずっと地道にやれば、行政改革なんて言わなくたって、おのずから行政監視の目的を果たすわけですよ。だから、前々から、決算というのは審査方法を変えた方がいいというのが私の持論であった。だけど、なかなか簡単には直らないんだね。

確かに、私のいる頃は、参議院がそういうのに目覚めて、決算を割に大事に扱うようになって、本会議で報告をちゃんとして質疑してとやるようになって、全閣僚が、総理も出席してやるようになっていったけど、昔、平成になるまでくらいは、衆議院だってちゃんと決算報告を本会議でやっていたんだよね。平成になったころからは全然やらなくなった。決算だけじゃない。昔は、林業白書だって、農業白書だって、中小企業白書だって、全部本会議でやっていましたよ。それがだんだんやらなくなって、結局、ずっと審議が縮小してきたんですよ。ある程度合理的になったといえば合理的になったのかもしれぬ。形式的行為だけ見て、国会の承認を得るのを短時間に合理的にこなすようになったといえばそれまでだけど、国会のありようを議論すれば、言論の府として機能が縮小してきたみたいな感じなんだね。唯一今でも残っているのが、地財白書だけぐらいはまだやっているんじゃないかな。あとはもうほとんど白書はやらなくなった。

だから、前にも話したかもしれぬけど、国会審議そのものは、活性化というよりも、だんだん非活性化、審議が縮小している。その典型が、委員会の開会度数とか審議時間が減っているということに端的にあらわれているんだよね。そういうのが一つありますね。

◆常任委員会調査室の問題

赤坂　行政監視の話と関連して、従来からあった常任委員会調査室との関係、それから、後の調査局との関係について教えて頂けますか。

谷　後々お話ししたいと思いますけれども、前々から、もう私が衆議院に入ったときから、衆議院、特に調査室は、それぞれの調査室が独立していて、若い人でその調査室に入ったら、動かないでずっといるんですよ。その中の一〇人程度でやっているわけです。ある面、本当に専門家になっていくからいい面はあるけれども、一体として仕事ができない。一つは、特別委員会のテーマが大きくなっちゃったんだよ。そうすると、各省にわたるようなテーマが出てくるものですから、その前から調査室の中で調査部門を担当する一つのプロジェクトチームみたいなのを作ってもらってた、そういうのがあったんだから、では、ついでと言っちゃいかぬけれども、この際、調査局を作って一体で仕事するようにしようと。

その前から少しずつ人事交流もしていたんですよ。委員部から調査室にやったり。それをだんだん拡充して、私が庶務部長か次長になった頃、少しずつ交流をして、要するに、一カ所で二〇年も三〇年も過ごすのはやめようと。

赤坂　調査室同士の交流ではなく、委員部と各常任委員会の調査室との交流という話ですね。

谷　逆に調査室からも来てもらうとか、そういうのを少しずつやり始めてた。

赤坂　谷さんが総長になられる前あたりまでは、固定化した人事が行われていたのでしょうか。

谷　そうそう。要するに、本籍、生まれたところが庶務部だったら、あれは庶務部育ちとかいって、庶務部の仕事しかできないみたいなことになっちゃうわけだよ。

赤坂　それは調査室に限った事柄ではなくて……

谷　どこでもそうだった。調査室は、調査室という大枠の中で内閣委員会担当とか法務担当とか、それぞれがみんな個別になっているわけです。それを二〇年も三〇年もやっているから、確かに詳しいですよ。だけれども、七、八人の中で順繰り専門員になる、そういう話だから。でも、やはりやりこなせないから、その半分ぐらいは各省から来てもらっていた。幹部、専門員とか主任調査員になる人は、そのころは随分、各省からもらっていました。

赤坂　それが現在では内部登用に変わっているということですね。

谷　私の頃は幸いに、社会党がまだ、五五年体制の壊れた後だけれども、それでも何か、その前からずっとプロパー主義みたいな話があって、外部からは嫌がる時代だった。それで、内部から育てますと。専門員の人事というのは議運にかけなきゃいかぬから、外部の人をもらってくるたびに社会党から嫌みを言われるんだよ。そのときには必ず、「もうしばらく待ってください、必ずうちのプロパーが育ちますから」とかなんとか言って。それでも、おいおいプロパーを登用するようにした。

だけれども、どうしてもやりこなせないところがあるんだよ、外務とか。外務は半分ぐらいはうちでやれたけれども、特に法務、あれはうちの連中もなりたいと言う人がいない。やはり法務の仕事というのは専門的なところがあるからね。そういうのは多少今でも残っているんじゃないかな。今は、もう法務もプロパーになっているのかな。

赤坂　今の関連で、従来の専門員と調査室長、この二つは別の概念なんですか。それとも、専門員が調査室長になるということですか。

谷　法規上は専門員なんだよ[44]。委員会に専門員を置くとかなんとかなっている。ところが、実際の機構上の通称は室長でやっているわけです。ちょっと分かりづらいんだよ。だから、調査局にするときに、そんな、専門員、専門員と山ごもりしているようなものはもう要らないから、それぞれの部屋の室長さんにしようと。普通の課長さんとか、そういう概念の組織にしようなんて言ったら、いろいろ御先輩とか専門員を経験した人がいっぱいいるわけだよ(笑)。そうすると、おまえ、けしからぬことをするみたいな話になって、やはり専門員というのはちゃんと法規にあるから置いておかなきゃいかぬとかいって、名前は残っている。だけれども、実際は室長さんと専門員というのは同じ人だから。別にいるわけじゃない。だから、法規の名前が専門員で、通称は室長。

赤坂　辞令としては、専門員を命ずると。同じ人を指す概念なんですね。その各調査室長が、調査局長のもとに統括されることになったわけですね。

谷　だから、まあ感謝しているんだよ、枝野さんがそういう大構想をぶち上げなければそういう話にもならなかっただろうから。与党も積極的にプロジェクトチームを作って、それに対抗する動きをしたから、我々もそれに乗っていったんだ[45]。だから、調査局を作ったときにも割にみんな理解してくれて、衆議院は次長と同格のポスト、参議院はそんなの要らないとかいって乗って来なかったけれども[46]、衆議院は次長より上ぐらいの位置づけにしてポスト〔調査局長〕をもらった。そのかわり予備的調査というのも導入したけれどもね。ある程度の人事権と予算は調査局長に任せるみたいな暗黙の了解でやっていたんだけれども、その後はどうかしらぬ。当時はそういう感じでした。悪いけれども近藤誠治君に初代に行ってもらったのは、もう次長に発令してから行ってもらった。そういう意味では、調査局長というのは格が高い地位ということです。

赤坂　今の予備的調査との関係で、予備的調査が命じられた場合にだけ各調査室長が調査局長の指揮系統下に置かれるのだという話を聞いたことがあるんですけれども、これと、調査局長にある程度の人事権を与えるということとの関係について、ご教示ください。

谷　理屈を言えば、全部事務総長の人事権の範囲なんだから、要するに、調査局長が人事権をもつということまでは書けない。「調査局長が」といったら、何か事務局のほかにもう一つ外局を作るみたいな話になるからね。だからそれは書いていない。ただ、実際問題としては、一義的には、局内の人事と予算を調査局長にある程度任せるということです。ただ、辞令を調査局長が出すかというとそれはできないから、全部事務総長が出すわけです。しかし、本来、事務総長の指揮下にあって、ただ、ある程度お互いを尊重し合うみたいな気風が育ってくれなきゃと思っていたら、逆に、どうもぎくしゃくすることもあり得ます。

◆ 衆議院調査局の新設構想

谷　そういう行政監視機能の強化という経緯があって、亀井さんが座長になって自社さきがけでプロジェクトチームを作ってくれたのね。そこに私らも何回か呼ばれて、私も、今までのそういう思いは述べさせてもらった。そのついでにもう一つあったのが調査局の話なんだね。その合意事項の中にあったんじゃないかな。与党三党の合意事項の中に、法制局と調査室の機能強化みたいな話があった。だから、これはまたこれで私も一つ構想があって。

一つは、環境とか、今で言ったらテロ対策とかそういう特別委員会を作ると、所管が外務省一つだけじゃ済まないんですよ。多岐にわたっちゃうわけ。そうすると、それぞれ三つなら三つ、四つなりの調査室から人を出してもらって、一つの合同の調査室を作っていたわけ。もうそういうのがある程度当たり前になっていたからね。だから、それなら調査局一体として仕事した方がいいんじゃないか、こういう一つの背景があったわけ。

それともう一つは、その前からずっとあるんだけど、衆議院の調査室と参議院の調査室、それから国会図書館の調立、三つばらばらにいる必要があるのかと。極端なことを言うと、一緒になってしまえみたいな議論があったわけですよ。今のままばらばらに仕事していたんじゃいかぬから、一つの局にした方がいいんじゃないかなという思いはありました。それで、自社さきがけのプロジェクトチームで政策要綱をまとめたんだよね。それを議長に提出して、議長のもとで今度はこれを議会制度協議会におろして議論をした。当時は、民主党はやはり反対だったんだね。共産党も反対だけど断固反対というんじゃないんだよ。民主党もそのころ、今度は八〇〇人じゃなくて三〇〇人に縮小したような対案を作ってきたけど、基本的にはまだ反対なんだよね。だけど、政策要綱を議会制度協議会におろして、民主党も何か自分たちの要綱を作って、それで協議して、折り合わないけど一応議会制度協議会で政策要綱をまとめて、与党三党のプロジェクトチームがまとめた政策要綱の大体そのままでまとめて、それを今度議運の委員会にかけて、議運委員長提出法律案にして提出して成立した、こういうことですかね。

その中身は、要するに、一つは、決算委員会を決算行政監視委員会に名称を変えて規模も大きくして、行政監視機能の権限の強化を図る、こういうことを見えるような形にしたということですね。それと、会計検査院に特別調査事項を依頼できるようになった。特定の問題について会計検査院に調査を依頼する。

それから、一番大きなのは予備的調査という制度を入れたということですかね。これは、委員会が、あれは議員二〇人か、忘れたな。共産党が「二〇人にしろ」と言ってたけど、今は四〇人かな。議員四〇人以上の要求があれば、予備的調査を調査局とか法制局に命ずることができるようにしたということだね。あれは結構今使っているみたいだけどね。

それから、個別の調査室をやめて調査局を作った、こういうことですね。これは一つ議論があったのは、調査局を作った以上、外務委員会専門員なんて要らない、室長さんでいいんじゃないかと。調査局長のもとに各室長がいれば、それで全部局長が統括すればいいんだからと。だけど、先輩諸氏とかいろいろいるんですよ。「法規にあるじゃないか、何で専門員をやめてしまうんだ」という話になって、では専門員だけは、名前だけだから、専門員と室長さんというのは同じ人なんだから事実上変わらないわけだから、まあいいやと。だから、今でもまだ専門員というのは残っていると思いますけどね。そういう問題がありましたね(47)。

この件については、余り予算がかかる話じゃないから、それでも、やはり局長ポストは少なくとも次長並みのをもらうということを言ったら、これもすんなり大蔵省はくれた。参議院は、調査局にはしないと言って、そのままにした。それは私にとっても一つ有難かったのは、同期生に近いのが五人いて、総長には一人しか上げられないし、そうすると、あと、みんなそこそこの地位で、次長ぐらいの地位で退職できるようになればと思っていたら、おかげさまでそれが一つできたおかげで、大体みんなそういうところで退職できて、有難かったんだよね。

この件については、総務課とか、局にすると官房が要るわけだよね。官房の課もちゃんと大蔵省はくれましたね。これは、ほかのことと違って割にすんなり予算措置、人の配置もうまくいったと思いますね。

赤坂　先ほどの、室長を調査局長の統括下に置く案についてですけれども、それがうまくいかなかったのは、室長というのは、今まで、部長クラスが終わった後、いわば上がりのポストとして専門員がありましたよね。そういういわば次長待遇の人たちが室長になっていたがゆえに、調査局長のもとに一段下に置くということに対して抵抗が強かったという理解になりますか。

谷　調査局を作ったときには、そういう実態はなかったと思う。むしろ、個々独立の調査室が無くなることに抵抗があったのではないか。法規の正式な位置づけは専門員なんだよね〔国会法四三条〕。室長の方が、執務規程か何かにあるぐらいの感じで。だから、法規上は、局になるまでは、それぞれ委員会に直属する、アメリカのシステムをまねているわけだから。そうすると、専門員がいわゆる調査のそこのトップなんだよね。専門知識を有している人がそこに入っていて、その下に何人か部下がいるというような感じの組織だから。調査室はその集合体であったのに、だから、昔のOBの方にしてみれば、専門員というのがやはり本来格式高い地位であるのに、「世俗の室長に変えて専門員をなくしてしまうとは何事か」という感じなんだね。

私は、「実質的にはそんなに変わらないじゃないの、室長であれ専門員であれ同じ人がやるんだから」というような感覚だったけど、それはやはり通らなかったね。そこまで喧嘩してやるような話じゃないから、はいはいということで妥協しましたけどね。

赤坂　さきほど、調査局長というのは次官待遇だというお話でしたが、ということは、調査局長の定年というのは、六〇歳ではなくてもう少し上だということになりますか。

谷　それは難しいんだけれども。事務次官は、あとで少し延ばしたから、今そういうことになっているわね。だけれども、衆議院の場合は、やりくりの話だからさ。それまでは六〇で一応退職していました、事務総長は別としてね。というのは、事務総長は、一応建前は院の選挙になっているから、役人の世界を離れたということになっちゃうんだよね。だから、事務次長が衆議院の役人としてのトップでしょう。それと調査局長を同じ地位にしたと私は認識しています。近藤〔誠治〕君は、一たん次長に発令して、半年ぐらいして調査局ができたから、初代で行ってもらったんだ。だから、そういう意味でも、調査局長の方が、事務次長と同格かそれ以上の地位だと私は認識していました。

◆衆議院退職後のルート

赤坂　幹部ポストの運用で苦労されたお話を伺いましたが、一般の省庁ですと、肩たたきがありまして、いろいろなポストがありますよね。衆議院の場合は、例えば事務総長ですと、以前は会計検査院に行かれたり、谷様はたまたま国土緑化推進機構でしたか、こういうポストがありましたけれども、次長クラスあるいは調査局長あたりになると、何か特定の、ある程度のルートというのは存在しているのでしょうか。

谷　私もいろいろ経緯があったけれども(48)、これは御時世ですよね。それは理屈を言われたら、衆議院事務総長が「何で会計検査に堪能なんだ」と言われたら、図書館だって図書館業務に堪能かといったら、それは何もね。だから、それは御時世だと思うんです。

難しいのは、ある程度、管理職にする人というのは、やはり事務屋かたぎを、何かもう事務局にいるのか自民党の職員でいるのかわからぬようなのは、組織としては余りいいことじゃないし、大体そういう人は、そういうところにできるだけ進まないというような雰囲気があって。ところが、退職年限になると、逆に言うと、何も自分のテリトリーを持っていないから、後、世過ぎ身過ぎのポストがないわけですよ。ところが、そうえらくならないと、逆にいろいろな先生と親しくなって、中には、ブレーンみたいなのになってくると、先生に頼んでいろいろお世話になるとか。むしろそっちの方が……。

今でも見ていると、退職してそういうことで活躍した人の方が豊かな生活をしていて、まじめに衆議院のためにした人の方が何もね。だから、これは難しい。どれがどうというわけではないけれどもね。

中澤　では、管理職にならない方の方が……。

谷　管理職でも、ただ「公正中立に仕事をしてきました」というよりは、「特定の議員のために一生懸命半分働いていました」という方が、退職後はそちらの方がいいという感じです。

下世話な話をすれば、調査局なんかはそういう点は向いているんですよ。自分の専門の分野のところを作ろうと思ったら、役所にもいろいろな関係ができるし、政治家ともできるし、特に自民党時代は、族議員とかなんとかが固まった時代はね。だから、終わっても、そういう世界でまだいろいろコネクションがあるという人が多いけれども、なまじっか事務方の正しいあり方なんといってやっていたのでは、ないんですよね。

だから、よく言うのは、委員部の運営職なんかでわあわあ言って調査局へ行ったら泣いていたけれども、おまえさん方考えてみなって、運営職とかなんとかいったって、退職したときは何もないよって。だから、調査局へ行ったら一生懸命専門家みたいになって、自分の力でそういう開拓をする。昔から批判がましいことを言う人もいるんだよ。でも、私はどちらかといったら、もう何もないんだから、そういう与えられた場所で人と親しくなって、本人の努力だから、それはそれでいいんじゃないかと。ただ、秘書課長とか議事部長とか、特に要路につく人が何か常に後ろに議員を、党派を背中に背負っていたんでは、逆に言うとそういう人はえらくできない。それはあると思うんですよ。

赤坂　秘書課長ぐらいが一つの分かれ目なんですか。

谷　だって、野党の人から見たら、「あれは自民党のために働いているんじゃないか」なんて言われたら、野党の方から批判を受ければ国会職員は勤まらぬ。だから、そこらはやはり難しいんですよ。

「そんなことは絶対やってはだめ」という人間関係の掟みたいなことを言っても、衆議院の職場を考えたときに、後々のことを考えたら、それはそれで分からないでもない。だけれども、それは誰でもできることじゃないからね。そういう関係ができるというのも、そういう人間関係を築くだけの魅力とか能力が本人にないと難しい。大なり小なり、どこの社会でもそれは同じことだと思うけれどもね。

中澤　適性な職かポストか、ポストによって向いているか向いていないかにかかってくるんでしょうか。

谷　でも、これは何とも言えない。私だって、衆議院職員に結果として向いていたから偉くしてもらったんだろうと思うけれども、では自分で向いているかといったら「いやいや、私は向いていませんよ」と言うだろうし。だから、難しいと思うんですけれどもね。

◆調査局の課題

赤坂　従来の常任委員会調査室の問題としてタコつぼ化するという話があって、それで、調査局を設置するに当たっては旧弊を一掃すべく、省庁横断的な、委員会横断的な調査をもっとするべきだとか、そういう能力をつけるべきだという話があったと思うんですけれども、今現在は、予備的調査が発令されたときに限って調査局長の指揮下に各室長が置かれる、そういうシステムで、それ以外のときはいわば独立でそれぞれ調査しているというわけですね。

こういうところがひょっとしたら将来の課題になるのかもしれないんですけれども、そういった点も含めまして、調査局の運用、当初の滑り出しをごらんになって、何か今後の問題点が残されているとすればどんなところがあるのか、教えて頂ければと思います。

谷　一番の問題は、これは法制局に言ったら怒られるけれども、政策要綱までは調査室がやるべきだと思うんですよ。法制局というのはドラフトマンだと私は思っているんだよ。だから、極端なことを言ったら、法制局こそ、内閣法制局とも、三つ一緒になれとは言わぬけど、衆参で一緒になっても構わぬと思いますよ。

私の頭の中の整理からいえばドラフトマンです。いわゆる技術者なんだよ。ところが、議員立法というと、今は政策要綱の段階から法制局がタッチする。そうすると、どっちかといったら調査部門の、政策要綱をまとめるような仕事も、みんな調査局じゃなくて法制局に行っているわけですよ。

これは、そういう意味では、むしろ逆に言えば、人とのパイプを調査室がもうちょっとしっかり持っていかなきゃいかぬと思うんだけど、これまた難しいんだよね。それを言うと、「あんたが交流を図って」という話になってくるわけだよ。それは人との関係からいえば、二〇年も三〇年もというのは極端だけど、一〇年とか二〇年つき合って、そういう人の方がいいわけだよ。交流してうろうろさせたのではそんなパイプなんかできないじゃないか、こういう話になりかねない。

だから、これが難しいのは、要するに一〇人だけでじっと専門職みたいにしてその分野の専門家だ、こういくのも弊害があるし、だからといって、ある程度そういうのをやらないと今度は専門知識が育たないし、人との信頼関係も生まれない。だからこれは難しいけど、今まで私はそういう弊害の方が強かったと思うから、それは交流して、調査局だったら調査局の中でせめてどんどん動くとか、それで一体にしようとした。昔は、担当する法律案の分野まで決まっていたんだよ。一〇人いると、農林の世界だったら、それぞれ分担が決まっていて、あれは漁業、これは林業とか。それがまた横並びで平等だというわけだよ、専門員から何から、持っている分野はね。それは、漁業だけ一〇年もやれば専門家になりますよ、各省との関係もあるし、議員との関係もあって。

長いことやっていると、政権交代がないと、どっちかといったら今度は野党の調査機関みたいになってしまうんだよね。これまた表に出せないようないろいろな人間の、関係が深いと言えばいい言葉だけど、癒着と言われかねないようなことだってあるわけだよ。

牧原　そうすると、例えば民主党政権になったときに、こういう方が少し調査局をやめてなんということも今回実際にはあるわけですか。

谷　ない。

牧原　さすがにそこまではいかないですか。

谷　そこまではいかない。残念なことに、今の政権交代前までについても、やはりどっちかといったら五五年体制で運行しているから、民主党の議員なんかは野党のときも割に調査室を使っていないんだよ。今はもう立派になっているある人に、「調査室というのは一体何をしているの」なんて、議員を四回ぐらい通っているのにというぐあいで、意外と民主党の若い議員は使っていない。逆にそれは、調査室の食い込みというか信頼関係が、仕事をやっていないということなんですよ。

さっき言った法制局の方がそういう分野に手を伸ばしているというのは、逆に言えば、今の人は野党で議員立法を、法律案を割にすぐつくるから。そうすると、調査室に何かこれの起案、要綱をまとめてきてくれというよりも、法制局に全部頼んだ方が早いんだよ。だから、法制局がそこらのテリトリーをね。彼らもまた、言っちゃ悪いけど、存亡を問われかねないぐらいの恐れがあるから、やはり一生懸命働いて存在感を示しておかないと、「衆参一緒になれ」とか、いつそういう動きにもなりかねないから。

V

◆参議院の問責決議案

谷　それで、橋本内閣で自民党が参議院選挙で負けて小渕内閣になるんだけど、参議院選挙で負けたものだから、ねじれ国会になっちゃったんだ。それで、最初は金融国会か何かだったたと思うんだよ。そのころは、いわゆる部分連合かな、法案ごとにいろいろ連合して乗り切っていたんだけど、一四三回国会かな、臨時会が平成一〇年の七月ごろ始まって、その最終日に防衛庁長官の額賀福志郎さんの問責決議案が参議院で可決されたんだよ。

それで、今、仙谷由人さん(49)とかが事例として出てくるけれども、理屈を言えば、法的拘束力のない決議だから辞職勧告決議案と同じだけど、ただ、やはり一院で可決されると、従来の手法からいくと、政治的には審議拒否の口実になっちゃうんだよね。そうすると、結局、内閣としては代えざるを得ないような状況が生じてくるわけだよ。これからの問題だけど、普通の大臣だって問責決議が可決されちゃうとそんなふうになってくると、事実上の内閣改造を参議院が行うことになっちゃうから、これは議院内閣制じゃなくなっちゃうんだよね。まして内閣の問責決議案なんといったら、自分たちは解散の危険がないわけだから、衆議院だけそれで事実上解散になるなんといったら、これはちょっと議院内閣制のチェック・アンド・バランスの関係からいってもおかしい話になっちゃうと思うんだ。だから、制度上も大きな問題があると思う。

ただ、額賀さんのときは、私もちょっと相談を受けたんだけれども、あのとき、やはりこれは重く受けとめなきゃしようがないですよと。というのは、問責の理由が施設庁の不祥事だったんだよ。防衛施設庁の不祥事というのも、またいろいろマスコミで出てきたからね。あの当時の施設庁の長官は、私ら割に知っていて親しかったんだよ。当時、瓦力さん[50]がよく、北陸でタラがとれると総長公邸に持ってきて、あの人がタラをさばいてくれて、鍋やらあるから。あの人は防衛庁長官で、例の潜水艦の事件[51]でやめたからね。それで、たまに当時の次官とか施設庁長官だった人がみんな寄り集まって、私らも一緒にタラをごちそうになっていたよ。守屋武昌[52]なんかもそのころまだ課長ぐらいで、これは将来見込みのある男だからなんて紹介された記憶がありますけれどもね。

だから、「法的拘束力がないからおれはやめぬ」と言うには、問責の背景がちょっと悪過ぎた。やはり不祥事だからね。結局、それがあって額賀さんはやめるんだけど、小渕内閣も真剣になって連立工作を始めたんじゃないのかな。それで出てくるのが小沢一郎さんとの自自連立合意なんだよね。それからがいわゆる始まりになるわけですよ。

◆ 政府委員制度の廃止

谷　自由党が言ったのが、一つは国会改革。政府委員制度の廃止とかはずっと前からいろいろな党が言っていた。国会審議の活性化とか、政府委員の廃止まで明確に言ったかどうかは知らぬけど、議員定数とかそういうのは土井〔たか子〕さんのあの調査会でもあるし、そういうことは縷々言っていたんだけど、そのときに具体的に小沢さんの方から、要するに、政府委員制度の廃止、それからもう一つは選挙法、定数是正というのを明確に言われたんだと思いますね。最初に取っかかったのがいわゆる国会改革、むしろ定数是正じゃなくて政府委員の廃止なんだよね。

普通、そういう話は具体的には議会制度協議会を窓口に議論する。たしかそこでも議論はしていたと思うんだけど、ちょっと記憶にないが、政党間の勉強会があったんだと思う。その勉強会でイギリスに調査に行ったんだよ。当時、今警務部長をしている岸本君が駐在していた時代で、どこの党首討論を見たのか。クエスチョンタイムだったら二時ぐらいで、首相のクエスチョンタイムはいつも大体水曜日だから。それは大体、翌週の議事とか何かは党首でお互いにやるけど、中身の議論というのは余りしない。当面の、次週の審議予定とか、あるいはちょっとトピックな問題とかです。

だから、どこをご覧になったのか知らぬけど、帰ってきたら突然、こういう党首討論の場を作ろうという話がにわかに持ち上がって、それからいろいろ試行錯誤を重ねて、実際に練習期間があって、予算委員会を合同でやって、試行期間をとって実現したのが国家基本政策委員会。政府委員の方は「それは廃止する、これから議員同士で議論します」と言われたら、結構なことでございますよという話で。ただ問題は、従来の政府委員は政府参考人にするということで片づいたんだけど、例の人事院総裁とか法制局長官とか、ああいうのは政府特別補佐人とかいう名称にするということになった。まさか法制局長官の人事が答弁させるかさせないかという問題に後々なろうとは当時は思わないから、そんなに大きな議論はなかったと思いますよ。

それから、副大臣制。要するに、国会答弁の関係で、それも、イギリス流に言えば、キャビネットに入るセクレタリー・オブ・ステート〔Secretary of State〕と、入らないミニスター〔Minister〕というのがいる、ミニスターを副大臣にして。私の感じでは、パーラメンタリー・プライベート・セクレタリー〔Parliamentary Private Secretary〕というのが、大臣について回る。英国は議場に政府委員なんかが入れないから、本当に若い議員が、戦前日本にも議員大臣秘書官というのがあったんだよね、そういう人がいて、連絡役に当たるんですよね。そういうイメージで政務官というのをつくって、いわゆる昔の政務次官が副大臣に格上げされたんだと思っていたら、私のイメージと違って、政務官が従来の政務次官で、その上にもう一つ、格の高い副大臣ができたみたいな感じにはなりました。

その中で、委員会の配置の構造から何からいろいろ検討したのを覚えているよ、対面方式で議論できるように、学校式はやめて対面式にしなきゃいかぬとか。そういうのも割に一生懸命、もちろん、当時の自由党がイニシアチブをとってやった話だけど、小沢さんも随分いろいろ意見を言ったんじゃないのかな。実際に来てあれこれ指示したこともあると思う。とにかく、当時の自由民主党は、もう小沢の言うことなら何でも聞くというような感じがあったから、現実に運営面でも、法案でも野党案を丸のみするとか、そういうこともありましたから。

だから、何というか、自由党と公明党、後に公明党が絡んでくるんだけど、ねじれの中で、何か与党もちょっと犬のしっぽで振り回されているような感じはありましたよね。

◆自民党にとっての国会改革

谷　ただ、後の定数是正もそう思うんだけど、このときも、小渕恵三さんがどうのこうのというんじゃないよ、内閣というか党の姿勢そのものがやはり議会政治に対して後ろ向きだったと思うんだよね。それは何かというと、片一方では審議の活性化を言いながら、片一方で自由民主党が腐心していたのは、総理大臣の本会議とか委員会の出席をいかに減らすかということなんだよ。内閣が率先して国会で説明する視点とは逆の姿勢だから、今でも残っている重要広範議案、いわゆる全党物とかなんとかいうくくりはそのときに生まれた発想なんですよ。要するに、総理大臣が出るのはもうこれとこれとこれに限定しようという話なんだよ。これは、小渕さん自身もそうだったのか、内閣の官房長官なりなんなり、そういう人の発想だったのか知らぬけど、とにかく当時の国対の方針は。

だから、趣旨説明の区分けなんというのも、そのときに、重要広範議案のときは総理が出るけれども、あとはほかの大臣に質疑するとか、予算委員会も、昔は総括質疑と、今でも私ら総括質疑、総括質疑と言うけど、そのときに基本的質疑に名前が変わったんじゃないのかな、その基本的質疑のときだけは総理は出るけど、あとは出ないとか。

だから、表は政府委員の廃止の議論の中で、一方では、要するに、国会に総理がいかに出席しないで済むかということを自由民主党は一生懸命やっていたような気がするな。

赤坂　二点あるんですけれども、一つは、今の、総理の出席等を減らすということですけれども、従来の国会運営というのは、身柄を押さえるということで、例えば他の委員会が開けないとか、そういう審議日程の闘争になりがちであったという問題もまた逆にあるわけですよね。

谷　それはある。そこらもちょっと絡んでいて、副大臣制というのは、やはりそういうのを解消しようというのが一つあったわけですよね。要するに、大臣の取り合いになるから、主管委員会以外は副大臣で済ませるとか、そういう動きになってきたわけだね。だから、活性化の方向と、一方ではそういう流れがあったということですね。率先して議会で説明する姿勢とは逆の方向だった。

赤坂　あともう一つは、政党間の勉強会等で国会審議の活性化へとつながっていったわけですけれども、この過程で、例えば対面式の議論のあり方などを検討された御記憶がおありだというお話でした。この場合に、事務局側の関与というものはどういう形で行われたのですか。

谷　それは、そのとき、いろいろ御下問があるから。だから、A案、B案なんという何か配置図みたいなものが私の手元にも残っているよ、予算委員会はこう変えようとかああ変えようとか。要するに、議員同士で議論するから今の学校式じゃだめだとか、そういう議論になって、では対面式に、与野党が対立する形で別々に机を配置してとか、そういうのもいろいろ検討したのは事実ですよ。だけど、結果はごらんのとおりになっているから、実らなかったのは実らなかったんだけどね。そういういろいろなことは検討しましたよ、政府委員がなくなるについて、どういう国会の姿になるかというのは。

どこが中心にしたのか、議事課で中心になったのか、委員部の総務課で中心になってやったのか、ちょっと今定かに記憶はないけど。

赤坂　何か公式な調査団ないし検討会というのを設けて、そこに対して事務局が関与するということだったのでしょうか。

谷　それは、調査団といったら正式な議員派遣だから、形は。

赤坂　調査団の関係で事務局が補佐したんですか。

谷　いや、それだけじゃないけど、前からその話が起こったときは、ずっと、議会制度協議会だったら議運の担当が調査するとか、それはそれぞれの部署で、御下問を受けて勉強したはずですよ。それと、やはり各党のいろいろな依頼があるでしょうから。各党いろいろ意見を持っているから、いろんな部署でお手伝いしたと思います。

ただ、政治的には、割に、大きな駆け引きとかそんなのはありませんでしたよ。方向としては、国会審議の活性化というのはみんな同じ方向を向いているわけだから。自由党が一生懸命主導権もとって、自由民主党が「とにかく何でも自由党の言うことは聞きましょう」というぐらいの姿勢でやったということは印象に残っているけど、あれこれ、政府委員の廃止について、「これはけしからぬ」とかなんとかという政党間の対立みたいなものは記憶にない。

◆ 衆議院憲法調査会

谷　ただ、もう一つあるのは、国家基本政策委員会と同時に憲法調査会ができたんだよ。これは大きな議論があったが、別系統なんだ。ずっと議会制度協議会で、秘密会議録の公開問題のときから自主憲法の制定論議等があって、自民党はそういう憲法の改正の動きというのはずっとあったわけだから。

現に、自民党の中にも憲法調査会というのがあって事務局もあった。そこの事務局長をしていたのは村川一郎さん(53)というんだけど、気の毒に、私が現職の頃かな、那須の方で大水害があったとき、別荘を持っていたんだろうな、そこの別荘で流されて亡くなってしまった。北陸大学の教授かなんかをしていましたよ。「谷さん、終わったら私の後に来てちょうだい」なんて言われていたんだけどな。彼なんかがずっと自民党の中の憲法調査会をやっていて、中山太郎さんとかがそっちの方では一生懸命やっていた。

私の記憶があるのは、秘書課長のころに、春日一幸さん(54)という有名な議員がいて、議長に建白書みたいなものを持って来た、封書に墨で書いたものを。それは何かといったら、昔、両院法規委員会というのがあったんだけど、私は名前だけ知っていて、あれは昭和三〇年ぐらいかそこらにはもうなくなったんじゃないのかな。

赤坂　四、五年でしたね。

谷　自由討議とかああいうのもあったことがあるから、そのとき一緒になくなったのかもしれぬけど、その両院法規委員会を復活させて憲法問題をここでやろう、公の場でのせようという一つの提言だと思うけど、それは実らなかった。私も、そういうのがちょっと引っかかっていたのかな、愛媛かどこかから、もうお亡くなりになったけど、石橋一弥さんという自民党の古い人がいて、中山さんの下で事務局長か何かをやっていて、それで私のところに来て、「何とかならぬだろうか」と言うから、「では、それは法規にちゃんとした委員会ができぬわけじゃないから、委員会を作って検討するようにしたらどうですか」と。いわゆる常任委員会というわけにはいかぬけれども、特別なそういう委員会だってないわけじゃないから、ではと。

そうしたら、何か促進議員連盟みたいなものができて、それから一年か二年で憲法調査会ができたんじゃないのかな。ただ、あれは五年間の時限立法だったんだよ。私も、今考えたら、そんなことまですることなかったと思ったんだけど、ちょうど法制局長でやめる人がいて、五年だから、憲法問題だから、法制局長の退官後にふさわしい、指定職の相当高い地位のポストをもらったんだよね。参議院は、「いえいえ、私らは普通のポストでいいです」というわけで、参議院の方が利口だった。私は、くれるんだから、まあ法制局長さんにと。まさかずっと……。

今、名前が審査会になっているんだってね。だから、常設の機関になっているわけだよ。そうすると、法制局の世襲のポストみたいにしちゃったのもちょっと問題だったかなと。ずっと歴代法制局長さんが退職して行くポストになっているからね。

調査会というのは、会長さんは議員だけど、事務局があるんですよ。その事務局長というのは、そのときに指定職の最高俸ぐらいのポストをもらったんだ。事務次官クラスのポストだったんですよ。

牧原　調査会ごとに事務局ができるんですか、それとも憲法調査会だけですか。

谷　そういうのは憲法調査会だけ。昔は、常任委員会はそれぞれ調査室があったんだけど、それを統合して調査局にしちゃったから。

◆定数是正

谷　そういうことで、国会改革が終わったら、ほとんど前後していたと思うんだけど、定数是正の話になってくるわけだよ。定数是正も、小沢さんと小渕さんの連立の合意になってるんだけど、定数是正の前後のときから、公明党が方針転換して閣外協力に入っちゃったんだよ。それまでよろず野党の立場でやっていたのが、閣外協力の立場に変わった。

それで、国家基本政策委員会ができるのは一四五回国会か、それが終わったときに、最初の法案というのは、衛藤征士郎さん(55)、まあ後からもそうだけど、衛藤征士郎さんが出してきた法案というのは、もちろん自民党が出した議員立法だけど、五〇名削減なんだよ。これは、当時、自由党の意向なんです。比例部分を五〇削減するというのが小沢さんの最初の構想だから、それを盛り込んだ法案が出てきたんだよね。自自公の中では連立を巡って何か始まっていたのかもしれぬけど、表は、議員提出法律案で、そのときは、もう審議未了で閉中にするだけぐらいで、ろくに審議もしなかったと思うんですよね。それが終わったぐらいから、公明党が閣外協力以上に乗り出してきたんでしょう。それで結局、動きとしては、自自公の連立の動きになっていくわけだよね。

それで、次の一四六回国会に出てきたのがその修正案なんだよ。これが、五〇の数は変わらないんだけど、比例部分が二〇で、小選挙区を三〇減らす、こういう修正案なんだよね。これもよくわからない、我々、その裏の経緯は。それは委員会で採決するんだけど、自由党は、その採決の段階では反対に回ったんだよね。だから、それは後で総括すればいろいろ言い方はあると思うんだけど、自自公のときには一たん話はついていたのに、自由党は、結局、採決の段階になったら、当時、民主党とか共産党とか社民党は反対なんだから、要するに、そっちの方と組んじゃったんだよ。

だから、一たんは自公になっちゃったわけ。その段階は、議長が斡旋して、暮れだったから、預かる、閉会中審査にして次の国会で処理する、こういう話の斡旋で、それはそれでおさまった。

◆冒頭処理をめぐる混乱

谷 ただ、その後に、今度はまた自公の連立に自由党が帰ってくるんだよ。そのときの自民党と自由党の合意が、要するに、冒頭処理という約束なんだよ。だけど、これは政党間の、いわゆる二人のところだけの約束みたいなものだからね。

次の国会に入って、施政方針演説が国会の初めにやる議事なんだけど、一つは冒頭処理というのがある。だから、冒頭処理にこだわれば、施政方針演説の前に片づけろ、こういうのが、国会の慣行から言えば、冒頭というのはそういうことだと言えぬこともないわけです。

現実問題として、冒頭処理はやったことがないかといえば、それは幾らでもあるんですよ。一二月召集のときは、まず施政方針が始まる前に、いろいろな法案とか条約とか、補正予算とか何かもやったことがあるし、形の上だけだったら、施政方針の前にいろいろ議事はやったことがありますから、冒頭処理そのものは例がないわけじゃない。野党、要するに、民主党とか社会党は、定数是正に特段反対ではなかったと思うよ。共産党は反対かな。断固反対という意思はなかったと思うんだよね。民主党は、もともと定数是正に反対じゃないわけだから。

ところが、言葉は悪いけど、要するにつんぼ桟敷なんだよ、自自公でやっているみたいな感じでね。つんぼ桟敷なものだから、結局、その採決された法案には反対なんだよ。それがこじれて、結局、もう国会審議には応じられないみたいな状況になってきた。それで、これはいかぬというので、伊藤〔宗一郎〕さんがいろいろ斡旋するわけなんだけど、これも全くうまくいかない。表では、議長が立ち働くのは、与党と野党の関係で立ち働くしかないんだよ。だから、正常化の呼びかけだって、それは野党に協力してやってくれと。だけど、その混乱の根っこは与党の自自公の中にあるわけだから。

普通だったら、与党が、冒頭処理といったって「冒頭は分かりましたけれども、冒頭でといったら、まあ、施政方針が終わるまでにちゃんとやってくれればいいです」とか何かいろいろな解釈だってあるわね。だけど、自自公の中で、とにかく、自由党が「おれの言うことを聞かないと出ていく」、そういう感じで、自由党はすぐ連立を抜ける、こういう構えだから。要するに、冒頭処理といったら冒頭だということだよ。「何が何でも冒頭でやれ」と言ったってね。だって、施政方針演説というのは野党欠席でやったことがないんだよ。所信表明はあるよ。黒い霧国会のとき、あれは当時の自民党が単独で全部やった国会だから、わずかな期間だけど。あと一、二回、何かあったと思うな。所信表明にはあるんですよ。だけど、施政方針はないんだよ。

戦前もないと思うよ。戦前は、天皇陛下の勅語を賜って、イギリスと同じように、施政方針演説はその後でやるんだけど、タイトルは、「ありがたい勅語を賜りまして」という感謝文を奉呈する形でやるような議事だからね。だから、恐らく戦前もそんなことはないと思いますよ。

◆伊藤議長の斡旋

谷　だから、明治二三年議会開設以来ない事態に、我々だって黙って「結構です」というわけにはいかない。伊藤さんも一生懸命斡旋して、結局うまくいかなかったけれども、当時の内閣の姿勢は、議会政治をないがしろにする、私の言葉で言えばそういうことですよ。私の九年半の事務総長時代で、華々しいもめごとはいっぱいあったよ、住専だって何だっていっぱいあるけど、議会に与えたこの影響の大きさというのは、私は一番印象深い、一番残念に思っています。要するに、議会の形を無視して、自分たちの内々の争いを。だから、形を変えた四十日抗争と同じなんだよ。四十日抗争は、当時、自民党という家の中のもめごとを公の場に出した話だけど、これは与党三党の中のもめごとを結局表に持ち込んだ、形を変えた、そう思っていますよ。

これは、マスコミもやはりそういうところにとらわれて、議長の権威がないから伊藤さんの斡旋がうまくいかなかったんだとかなんとか、むしろ、議長の力量不足みたいな批判が多かったけど、私に言わせれば、あのときにそれを言わない議長の方が間違っていると思いますよ。要するに、「施政方針演説にみんな入ってくれ」ということ。斡旋をしなきゃ、議長の職務というのは成り立たないでしょう。そんなものを単独で、「自民党が言っているから、そのまま私やります」みたいなのはね。

だから、結局、夜遅く、内閣からもわんわん言われて、それはひどい言葉で言われていました、伊藤さんは。それでも斡旋していたんだけど、最終的には、伊藤さんも「じゃ、開こう」ということにあの人は決断して、冒頭で開くことになった。議事の流れからいえば、単に本会議のベルを押すか押さないかというのは、幾らでもある話です。だけど、事は、施政方針演説を野党抜きでやるかやらぬかということなんだよ。私に言わせれば、議会のそもそもの始まりは、施政方針演説を聞いて、それから始まるんでしょうというんだよ。議院内閣制議会の形でしょう。あのとき、議長と副議長の渡部恒三さんと三人、ぽつんと議長室に残って、もう矢折れ刀尽きてという感でいたことを覚えていますよ。そのとき伊藤さんが、「谷君どうする」と。「最後までここにいますよ」と私も腹をくくっていた。

だけど、その大きな背景は、一つ、やはり選挙が絡んでいるんだ。要するに、四年目だよね、夏にはもう選挙しなきゃいかぬ時なんだよ。だから、定数是正というのを世論にアピールする、それだけの背景はあったんだ、その年に選挙を控えているから。それは世間ではいいさ。当時、行政改革とかリストラとかいろいろあったから、そうすると、国会議員もまず身を切らなきゃとか、そういうことで定数是正になったわけだよね。

だけど、あのときの内閣の姿勢というのが、施政方針演説なんかはどうでもいい、やはり小沢との連立が大事だ、平たく言えばそういうことですよ。確かに、政治の力学からいえば、ねじれ国会だから、連立は大事に決まっているけどね。だけど、自由党だって、一日二日待ったっていいじゃないの、何もあした選挙するわけでもないんだから。冒頭処理といったら冒頭だ、とにかく、何が何でも冒頭でやらなきゃと。それじゃ、ほかの野党だってどうしようもない。そういうことがありましたね。

◆事務総長の見た自自公連立

赤坂　よく、自自公として、公明党を引き入れるために、ワンクッションとして自自だったんだということが言われますけれども、それは近くで見ておられて、実際そういうものでしたでしょうか。

谷　私らが知り得るのは、むしろ、いわゆる与野党の交渉事なんだよね。自自公の争いというのは表の話じゃないんだよ、家庭内の話なんだよ。だから、そのすさまじさは、議運の委員会の最中に、もうとにかく、森喜朗さんが来るわ、藤井裕久さん(56)が来るわでね。大変だったのは、はた目で見て、我々、議運の筆頭理事とか何か、わあわあ来たりなんたりしたのを覚えているけど、中のすさまじさというのは私らは分からぬ。むしろ、それは平野〔貞夫〕氏の世界だよ。

その間の議長の与野の動きを中でメモしたものは持っているよ。これはメモだから正確じゃないけど、どういう人が来て、どういう人がどういう話をしたかの概略ぐらいはわかる。しかし、それでは本当の真実は見えないんだよ。だから、これはまさしく核心は、自自公の、いわゆる政権に入るか入らぬかの駆け引きの中のものが、たまたま定数是正の形で表に出ているだけの話でね。だから、野党といったって、野党はそういうところからはつんぼ桟敷に置かれているからね。そこを伊藤さんが一生懸命やったって、それは片づく話じゃないんだよ。だけど、議長としては、それはやらざるを得ないんだよ。黙って、はいはい、結構ですよというような話にはできませんよ。

だから、新聞にいろいろ批判めいた記事があったけど、あれはやはり議長として言うべきことをあの人はちゃんと言ったんだよということなんだよ。昔々の議長だったら、それはやっているかもしれぬよ、ああ、わかりました、わかりましたとね。伊藤さんはもう亡くなってしまったけど、それはやはり一つの見識を示したんだと思いますよ。

赤坂　小渕内閣の議事運営については、今、議会軽視の側面が強くて、その例として最大のものが施政方針演説の話で、議会の出席不出席の問題がありましたけれども、その他、具体的な影響などありましたでしょうか。

谷　同じようなひどい事はありました。京都議定書(57)の、大木〔浩〕(58)環境庁長官がホスト国の議長をしていたんだ。平成九年だから、橋本内閣不信任案のときだ。「環境庁長官、帰ってこないと」という話になって、あの人、ホスト国の議長が席を投げ出して東京に帰ってきたんだよ[59]。こんなばかなことを、恥さらしですよ。国際会議の最終日の最終議事を取りまとめているときに、議長が国会に呼ばれて、それも何かといったら内閣不信任案なんて。それは全員そろわなきゃいかぬといったって、一人ぐらい欠けたってよかろうもんという話じゃないですか、内閣総理大臣じゃないんだから。そういうことがありましたよ。だから、これも裏からいえば国会軽視の、やはり、「おれらのためだったら何でもいい」というような話がどこか出てきたわけだよ。

Ⅵ

◆衆議院改革に関する調査会

中澤　次に、森内閣に入った後の話をお願いします。

谷　〔衆議院改革に関する〕調査会は、政府臨調〔第二次臨時行政調査会〕がその前にあったかな。若干違うけど、このメンバーはほとんど政府臨調のメンバーじゃないかな。半分ぐらいはダブっていると思うんだよね。

牧原　そうですね。

谷　これは、最初、綿貫さんが議長になって、どこかで瀬島龍三さん[60]に会ったらしいんだよ。瀬島さんは富山で、昔から御懇意なんでしょう。綿貫さんの方から、国会問題について調査会でもやりたいというような話を持ちかけたんじゃないかな。瀬島さんに会長になっていただいて、人選とか何かは瀬島さんにお任せするみたいな話があったんだと思いますよ[61]。

それで、瀬島さんだけが全部選定したんじゃないだろうけど、うちからも上田章さんに入ってもらったし、長岡實さん[62]とか氏家齋一郎さん[63]とか、石原信雄さんも入っている。諸井虔さん[64]、加藤寛さん[65]、そこらの人はみんな、ちょっと今は思い出せないけど、その前に臨調か何かのメンバーだったんじゃないかと思う。

この調査会は大変格調が高い。実際、事務局は鬼塚がやったから。鬼塚は、あのころは庶務部長かな。次長じゃないから、委員部長をしていたのかな。大体、事務局は鬼塚が中心になってやったと思うよ。調査会の答申に書いていることは、格調が高くて我々もあれこれ言う筋合いの話は余りないけど、簡単に実現できるテーマは、つるしとか日常の運営のことは別にあれだけど、なかなかね。議員の諸経費なんというのもいろいろ難しい問題がある、議員歳費の日割りなんというのは最近実現しましたけれども。

ここらであるとすれば、一つは、議員特権みたいなのがいろいろあったのは、順次廃止の方向に行きましたね。一つは、永年表彰も、小泉純一郎さんが「掲額なんかおれはしない」とか何か言ったので、あれで一挙になくなった。あれも大野功統さん(66)のときじゃないかな。大野功統さんの頃は、何か小泉さんが言うことには忠実に反応して、改革をしようとしていたところがあったな。

そのころ、国家公務員給与の引き下げ論があったから、事務総長の月給も高いから下げなきゃいかぬじゃないかと。「いいよ、結構ですよ」と。だけど、国会図書館長というのは月給が法律事項になっているんだよ、各省大臣並みの何とかとか。ところが、我々の月給はそういう法律事項もない、ただ内規みたいなもので位置づけされているだけで。衆議院規則、分掌規程にはこういう月給ですと書いているかもしれぬけど、そんなもの法律事項じゃない。

だから、時の議運委員長の意向で上がったり下がったりするのはいかぬから、「ちゃんと法律事項にしてください」と。「分かった、法律事項にしよう」と。だけど、法律事項にするのは、参議院があるからそう簡単にいかないんだよ。だから、図書館もわあわあ心配していたけど、「そう心配することないよ」なんて言っていた。

私のときは済んだけど、その後になったら、何か知らぬけど、図書館長も下げちゃって、衆議院法制局長、みんな一緒にしちゃった。衆議院事務局も頑張ればいいのに、たった七、八〇人の組織と一三〇〇人の組織の長を同じ月給にするなど、法規の立て方から違うでしょう、議員の選挙で選ばれる身分と議長の承認事項と、そんなものは。どうしてそんなことを一生懸命したのかよく分からぬけど。

赤坂　先生は、この調査会の検討過程には直接にはタッチしておられないんですか。

谷　鬼塚に任せていて、私は会議にはほとんど出ていない。何回かは、節目節目のところには出た記憶はあるけど、ずっとは出ていない。特にこれは小委員会、分科会みたいなものを作ってやりましたから、そういうのはやっていない。親しい人といったって余り、屋山太郎さん(67)とか、ああいう人は何回かお会いしたことはある。稲盛和夫さん(68)も穏やかないい人だった気がする。

◆事務局組織の統合構想

赤坂　事務局側からしますと、このとき事務局組織の統合の話がございましたね。これはやはり大分シビアになられたかと思うんですけれども、どんな御印象をお持ちですか。

谷　こんなことを言ってはいかぬけど、そんなに、昨日の今日みたいに慌てふためいた記憶はない。

赤坂　実現しないだろうという雰囲気があったということですか。

谷　統合の話といったら、それは事務局の中だけだったら、いろいろな部署の改革というのはあるけど、これが衆参に絡んでくると、参議院はまた、「衆議院が勝手なことを言って何でおれら」みたいなね。結局、そんなにはかばかしく、実現することは余りなかったんだよ。それでまた、綿貫議長に呼ばれて、「何か実現できるものはないのか」と言うので、何かということで、そのときに私らが持っていったのは、「速記者養成所ぐらいは合併してこういう改革はできましょうから」と。結果的にはできなかったんだけど、そのときそういう具申をした。

その当時一生懸命議論したのは、小さな話で、議会制度協議会で実を上げるといったら、自動車課の整備工場があったんだ。これは、衆参二つ持っていたんだよ。だけど、そのときだってもう整備工場は使っていないんだよ、町の整備工場に出した方が早いんだから。それを統合する話。これも、何かいろいろ参議院に言われたようで、なかなか簡単にいかなかった記憶があるけど、それぐらいは実現したのかな。整備工場の統合というのは大した問題じゃないからね。どこにあるんだって、一遍見たことがあるよ。ジャッキみたいなものを一つ置いて、工場というほどのことはないような気がしたけどね。自動車を百何台も持っていて、緊急に直すこともあったから、それぞれが工場を持つ理由は多少あったんだけど、そういうことがありました。

◆加藤の乱

谷　その次に加藤の乱というのがあった。加藤の乱は、何で唐突にああなったのかよく分からないんだよ。普通、国会の中では、ずっと煙が立って、火がくすぶってから表に出てくるんだけど。確かに、森嘉朗さんがちょっと気の毒だと思うのは、マスコミが森さんに対しては物すごく厳しかったよね。綿貫さんに聞いたんだけど、神の国発言というのは、綿貫さんは神主さんだから(69)、森さんが神道政治連盟の会合に出て、それは政治家がそういうところに行けば多少いいこと言うじゃないの。みめ麗しくない花嫁さんだって、結婚式のときはちゃんとみめ麗しいなんと言うのと同じでね。だから、ああいうのまで取り上げてわあわあ言うのもちょっと気の毒なような気がするんだけどね。それはそれとして、確かに、小渕さんの後、ああいう経緯で選ばれたということが一つあったのかもしれぬ。普通なら、党大会をやってちゃんと次期総裁を選んでということなんだけど、当時は開会中だし、そういういとまもなかったということもあるだろうからね。だけど、ちょっと厳しかったよな。

その中で、加藤〔紘一〕さんの方で政局にして勝算があったのかというと、私も分からないね。あれで野党が同調したって、では可決したら、選択肢は解散か総辞職といったって、野党が簡単に解散には。確かに、選挙が近いときだから、言えば、新しい総理で戦えば、看板をかえた方が選挙に有利だとか、そういう話があったのかもしれぬ。だけど、ちょっと分からない。分からないけど、不信任案が出て、それでいよいよ夕方やるということになったんだよ。そうしたら、当時、野中広務さんが幹事長かな、藤井孝男さん(70)が議運委員長で。藤井さんは、「とにかく一二時までに終わってくれ」と言うんだよね。それは、自民党の方から言われていたんでしょう、とにかく終われと。

それで、「とにかく今日中に終わってくれ、終われるだろうか」と言うから、「八時からだから、普通にやれば終わりますよ」と。でも、不信任案の議事というのは、討論とかに割に時間をかけて、余り時間制限してどうのこうのという話じゃないから、下手をすると、記名投票で牛歩でもされたらあっという間に時間が過ぎちゃうから、牛歩とかそんな雰囲気じゃないけど、もし何かあったらこれは終わりませんよと。終わらなきゃ、それこそ延会してやるしかない、投票中でも一二時を過ぎてしまえばもう一回やり直しだから。

それで、始めたのはいいんだけど、順調にいっていたんだよ、そしたら、まさか水ぶっかけて……。だけど、永田寿康(71)がやじっていたというのはわかるんだけど、野党の席は、議長のところが壁になっていて、事務総長のところから余りよく見えないんだよ。正確に、どういうやじをしたから水をかけたのか知らぬけど、一瞬思ったのが、「えっ、これはそういう筋書きになっていたのか」と。松浪健四郎さん(72)というのは保守党だからね。

それで、松浪さんが水をかけて、議場内交渉係がわあわあ言ってきたけど、まだそんな騒ぎではなかったんだよね。それから、「松本善明君」と呼んだら、松本さんが上がってきたんだよ。「ではもうやってくださいよ」と言ったら、松本さんも、「では」となったんだけど、そのころわあっと演壇も占拠されて、もうどうにもならなかった。

だから、水をかけたのは、たしか終わるときにかけたんだと思うんだ、松本善明さんが上がってきたんだから。そのまま松本さんがやっておけばひょっとしたらそのままいったのかもしれぬけど、松本さんも、やろうと思ったんだけど、みんながわあっと上がってきちゃったものだから、何となく、どうしていいか、ちょっと状況がね。それで、議場内交渉の成り行きを見るような形になった。

あのときは、綿貫さんが議長宣告で、懲罰委員会に付すということにした。これは珍しいんだ。昔はよくあったけど、この頃は、わあっと騒いだら、議場内交渉係が上がってきて、それで大体ずっと、懲罰動議を出すような雰囲気になっている。動議だと三日以内に出せばいいということになっているから。そういうことで、大体、議長も、そういうのに任せるような姿勢になってきていた。

◆議長の振鈴

谷　だけど、あのときは、おさまりがつかないから、結局、松浪さんに、懲罰委員会に付すということで退場を命じた。あのとき、先例集には載っているのかな、綿貫さんは号鈴を鳴らしたんだよ(73)。これは、戦後の第一回か第二回か〔第九〇回帝国議会〕、樋貝詮三さん(74)が鳴らしたことがあるんだよ。そのときは、逆に、それを鳴らしたせいだけじゃないんだよ、国会の混乱の責任みたいな話だけど、結局、形の上では、そういうのがきっかけになったような形になって、号鈴を鳴らしたから議長が辞職したみたいな話になっているものだから、あれは触っちゃいけないみたいになっちゃったんだな(75)。それにしてはぼろぼろの汚い号鈴だからあれだけど。

前に話したことがあるけど、有馬〔輝武〕さんという九年九カ月ぐらいで年金資格がなくてという鹿児島の社会党の人が、牛歩のときに号鈴をさわって、懲罰に付されたことがあるんですよ。牛歩のときに、下から手を伸ばして議長席の号鈴をつかんで振って懲罰になったということがある。だから、何となく、議長も軽々しく振っちゃならぬみたいな雰囲気があった。そのとき、綿貫さんは振ったんだけど、あれを振るということは、静粛に、こういう意味なんだけど、静粛にならなかった。恐らくは、あの騒動の中で、振っても音も聞こえなかったんだろうし、意味も知らなくなっていたんだと思うけれども。

それで、懲罰委員会に付して、松浪さんが退場して、そうしたら、野党の方から議長不信任案を持ってきたんだよ。『先例集』によれば、内閣の不信任案とか信任案はすべての案件に先立ってと書いているけど、先例では、院の構成にかかわることはそれより先にやるということになっているから、それが出たときはもう休憩するしかないんだよね。でも、綿貫さんは、号鈴を鳴らす前から「これは休憩しかないだろう」と言うんだね。私もそうは思ったけど、何せ、議運の委員長が「一二時までに終われ」ということになっているから。

それは、事の筋合いからいったら、議長が宣告すればそれで済む話なんだから、それはそうなんだよ。だけど、議運の委員長にそう言われているから、「ちょっと待ってください、議運の委員長を呼んで」と。普通は議運の委員長がそんなところに上がってこない、交渉係の筆頭理事が上がってくるんだよ。ところが、筆頭理事は逢沢一郎さんで、逢沢さんは加藤さんの方だから、ホテルにこもっているわけだよ。筆頭理事がいないんだよ。しょうがないから議運の委員長〔藤井孝男氏〕に来てもらって、総長と議長の間に議運の委員長がちょこっとかがんで、「では休憩にしましょう」と。今でも、たまに会うと「あのとき、おれはおまえに呼びつけられた」みたいなことを言われる。それで休憩しましたけどね。

今の反省点からいえば、休憩の宣告の権限は議長にあるんだから、それはそれで議長が宣告したら済む話なんだけどね。ただ、私らも、長い運営の慣例みたいなのがしみついているから、すべて、議場内交渉係とか議運で決めた筋書きを無視できないような運営になっているから、そういうことになった。私は見ていないんだけど、後で秘書官に聞いたら、議長は怒って「藤井と谷は何をやっているんだ」とドアをけ飛ばして出ていったと。議長は自分の始末でできる話だから、それは怒っていたんでしょう。

それで休憩に。休憩になったら、これはしようがない、一二時近かったんだけど、再開は議長不信任案からやらなきゃいかぬ。内閣不信任案の議事というのは、どんな混乱のときでも、それまでは大体きれいにやってきたんだ。それはいろいろあるけれども、それでも、そんなに乱闘しないでちゃんとやってきていたから、その議事の途中に別の議事を挟むなんというのは、これまた前代未聞のことであります。そのことそのものは、議事の流れは別に問題があったわけじゃないけれども、ただ、あのとき、棄権した人の数は微妙だったと思う。だから、岡目八目みたいなことで言えば、ホテルにこもらないでなだれ込んで出席していれば、数は分からなかったと思うよ。現に中に入ってくれれば、またそれに同調した人もいたかもしれぬしね。足せば、ほとんど一票あるかないかの話だと思ったよ。政治の力学からすれば、そういうことでありました。

やはり加藤の乱というのは、結局、私の経験から見れば、四十日抗争の出来事の教訓が何も生きていなかったという気がするんだよね。全く同じことをやっている。「立てこもった方が保守本流だ、おまえらが間違っている」といったって、それは数の上から違うわけだし、ましてそういうところにこもって議事を放棄することそのものが、四十日抗争のあの教訓は一体何だったのか、みんな忘れてしまっていたのか。あのとき、忘れてしまったというよりも、あんなことをやったって許されるというようなことだったんだと思うよね。ああいうことは二度とやっちゃいけないという反省は何もなかった。そういう感じがするんだけどね。

中澤　野中広務氏は、「加藤紘一氏はネットでの支持を見込んで、加藤の乱を起こした」という趣旨のことを後に語っているんですけれども[76]。

第150回国会　森内閣不信任決議案を審議中の本会議が混乱

谷　でも、支持があろうとなかろうと、内閣不信任案の議事にそういうことをするということそのものが、私はやはり国会としてあっちゃならぬ話だと思うんだよね。それだったらそれで、ちゃんと明確に党を出ればいいじゃないの。私に言わせれば、そういうことなんだよ。党内の争いを本会議場に持ち込むというのは、基本的には政党の規律がなっていないということなんだ。

四十日抗争もまさしくそういうことだったんだけど、そのことが何も教訓として生かされないで、また同じことをやっちゃった。だから、今後もまたそれは起こり得る話なんでしょうけど、少なくとも、今の国会のありさまを見て、そんなことは二度とやっちゃいけないというような反省をしているとは到底思えないけどね。再三言いましたけれども、結局、政党の規律が日本は育たなかったということなんだね。

中澤　加藤の乱についてお話し頂きましたけれども、森内閣のその後の中で御印象に残っている案件はございますでしょうか。

谷　その他に大きな混乱は記憶にない。ただ、綿貫さんのときは、私も申しわけないと思うんだけど、議長が自民党の長老だったし、副議長が渡部恒三さんで、同期生だし、ずっと同じかまで飯を食ってきた仲間だから。こっちは民主党の対策をする。だから、本来なら、議長の補佐といったら、事務総長だって、野党の意向を受けてどうのこうのとか情報を上げることもあるけど、私らは出なくてもいいぐらいに、二人でちゃんと何でもやっていました。

それで、普通、もめごとのときには何かいろいろ書いたりなんたりするんだけど、綿貫さんは、あいさつだって余り原稿を見ないでやっていました。あの人は、自分の言葉で、外国のお客さんが来たときでも、大体、原稿を読むような感じではなく、自分の言葉でしゃべる。だから、そういういろいろなもめごとのときだって、やはり自分の言葉でしゃべっていましたよ。渡部さんも、そういう点では補佐役として。野党は、やはり副議長の言うことを尊重してとか。だから、そういう運営面では、本当に私は楽させてもらったことは事実で、「こんな月給もらっていいのかな」という思いはありましたけどね。

◆綿貫議長時代の国会運営

谷　それで、あのとき、国旗・国歌法案があった。あれは、法律の中でも簡単な法律で、びっくりしちゃったけどさ。国旗は日の丸とする、国歌は君が代とするしか書いていないのかな、一条しかないんじゃないかな。これは、党議拘束を外すの外さぬのとか、いろいろ議論があったんだけど。それが成立して「じゃ、本会議場に国旗を飾ろう」という話があった。それまで、前の委員長とかそうなんだけれども、話に出すと、それは共産党だって何だって、建前上反対するわね。だって、法案に反対しているのに、議運に話を出されたら「分かりました」というわけにはいかぬから、みんな反対するんだ。だから、藤井孝男さんのときに「国旗ぐらい飾りたい」というから、「閉会中でもいいから、黙って、委員長の指示で、私らが立てるから指示してくれれば」と。議論したらまた、全会一致で立てようなんて、そんなものはできるわけないんだから。だから、黙って、閉会中にでも委員長の責任で立てなさいと。

それで、立てていて、次の国会になって、委員長が「こういうことになりました」と言ったら、共産党も余り反対しない、何も言わなかったな。だから、あれは既成事実だけでさ。共産党でも、反対して「撤去しなさい」なんて言うかと思ったら、そんなことは何も言わなかった。大体、共産党の人だって、国旗を見て礼するとまで言わなくても、何かそれなりの敬意は払っていたんじゃないのかな。

もっと面白いのは、綿貫さんのとき公邸で、「ふだん着の政治家」写真展というのをやったんだよ。どなたかが大きな写真を撮って公邸の中に全部掲げた。それにみんな御賛同したのはいいんだけど、不破哲三さん[7]から土井さんからみんな、畳一畳ぐらいの大きなポートレートですよ、浴衣を着たりなんたりしてね。普通、そんなものには参加しませんと言うかと思ったら、みんな参加したな。

そういうのは綿貫さんの人徳もあるんだろうけど、国会運営としては、表では反対しても、裏ではちゃんと通じているところがあったんだと思いますよ。綿貫さんは、割にお酒も好きだったから、各党との懇談会なんかもよくやったんじゃないかな、共産党も呼んで。共産党は公の施設じゃないと来れないから、そうすると、公邸でやることになるんだけど、公邸でやると、下世話に言えば高いんですよ、あれはケータリングを全部外から呼ばなきゃいかぬから。

赤坂　共産党の話は、料亭だからだめだ、ということでしたか。

谷　うん、料亭はだめだから、ホテルぐらいいいだろうといって持ちかけたことがあるんだけど、当時、やはりホテルもだめだったな。

赤坂　そういう私的なところではだめだということなんですかね。

谷　よくわからぬけど、とにかく、公の施設じゃないとね。だから、要するに、議長公邸とか院内の何とかとか、それはいいんだよ。

赤坂　余計お金が高くかかっても、公的な施設であればいいわけですね。少し脱線しますが、別の機会に、海外に調査に行くときに、共産党も含めて夫人の同伴費用を内閣の機密費から一部手当てして、それがうまく潤滑油になっていたということを聞いたことがあるんですけれども。

谷　我々は、そんな話は知らぬけど。ただ、お金の出どころはあれだけど、議長が行くときだって、それなりの気配りはしていましたよ。日本の社会というのは、やはり議長が行くときには、それなりの心遣いはするのがね。だから、私が秘書課長のころは、少なくとも、「全部私が経理しますから」といって、議長にお金をもらっていましたよ。議長のお金といったって、旅費とか何か、そういうのはもちろんあるけど、それじゃ足りない話だから。航空運賃とか、ああいうのはだめなんだよ。あれは現物主義だから、勝手に切符を買ってもらってというわけにはいかぬから。だけど、ホテル代ぐらいは、一括して全部払いますからみたいな感じではね。それにプラスアルファ、議長がどうするかというのは、私らのころは大方は政務秘書がする。自分で工面した金かどういう金か、それは私らも全然知らない。だけど、ホテル代ぐらいは持つ、多少の心遣いはしていましたよ。

だから、それもけしからぬという話になるかもしれないが、それは議長の、いわゆる日本の社会ではそれぐらいの気配りをする。まして、当時は何かいろいろあった時代、国対がマージャンをすれば、みんなわざと負けて何かとか、そういううわさのあった時代だから。だから、それぐらいの気配りは議長でさえしていましたよ。

ただ、夫人同伴で行くというのは、確かに当時も、議長と議運は大体、夫人同伴で行っていました。これは何かといったら、議長は公式訪問なんだよね。向こうから来た人の答礼みたいなのが多い、答礼じゃなかったら向こうの招待とか。向こうも来るときは、大体、同伴なんだよね。こっちから行くときは、おのずから同伴になるんだけど、中には、御夫人がいなかったりというケースがあると、議運の人が奥さん連れで行ってかわりを務めるとか、国対委員長が御夫婦で行ってそういう代理を務めるとか。これは単に物見遊山というんじゃなくて、多少、そういうプロトコール上の話が絡んでいると思いますよ。

Ⅶ

◆議員辞職勧告決議案

谷 次に辞職勧告決議案。これは長い経緯がありまして、最初に出たのは佐藤孝行さん。昭和五七年、あれは一審判決が出たときに、佐藤孝行さんにまず辞職勧告決議案が出たんだね(78)。これはロッキード事件がずっと引いていて、そのロッキード事件の、要するに起訴されて最初の判決が佐藤孝行さんに出たということで、辞職勧告決議案が提出された。これは初めてなんだよね。

帝国議会には、処決を促す決議[79]というのが二回か三回か出たことがあるんだ。それは事柄からいえば同じような決議案なんだけど、辞職勧告決議案と題するものが出たのは佐藤孝行さんが初めてで、その次に今度は、同じ、田中角栄さんの辞職勧告決議案がその翌年に出るんだけど、これは、判決が出る前の、起訴されて論告求刑の段階で出たんだよね[80]。

それがあって、二つの、特に田中さんの辞職勧告決議案が出てからは、もうその前からずっとロッキードを中心に国会が回っているような感じがあったけど、この決議案も、その取り扱いが国会の運営に大きな影響を及ぼしてきたというのはあると思いますね。ただ、ロッキードに関する辞職勧告決議案というのはこの二件だけなんだけど、その後は竹下登さんね。竹下さんは皇民党事件だったのかな。それから藤波孝生さんね。藤波さんのはリクルート事件の最高裁判決が出てから出るんだよね。それから中村喜四郎さんは例のゼネコンの汚職事件で出てくるし、それからもう一人、中島洋次郎さん[81]というのは秘書の政党助成金流用か何かだった。

だから、だんだん辞職勧告決議案が手軽になってきたと言ったらいいかぬし、事柄が小さいと言ったら語弊があるけれども、要するに何かちょっと事件があるとすぐ辞職勧告決議案というように結びつくようになってきた。それで、鈴木宗男さんが、例の官房副長官時代のいろいろな、やまりんの事件[82]、収賄罪みたいな容疑で平成一四年に提出された。これは逮捕許諾の要求があったからね。逮捕許諾が出て、許諾したその次の日に辞職勧告決議案。それからその次の年には、坂井隆憲さん[83]という佐賀県の議員が、これは政治資金規正法違反か何かで、献金をたくさん受けていて、それを記載漏れしていたか何かで。

結局、最後の二つの鈴木さんと坂井さんの件は、それまで自民党も辞職勧告決議案なんかはやるべきではないということでずっときたんだけど、この二つのケースになってくると、一つは国会運営上の政党間の駆け引きもあったんだろうけど、二つとも意外とすんなりと応じたからね。それで可決されたということだと思うんです。

佐藤孝行さんや田中角栄さんのころから議論はもう尽くされているわけ。釈迦に説法する類の話で、今さら言うまでもないことだけど、自民党の主張というのは、国会議員の身分は憲法五五条なり五八条で保障されている、それ以外に、特に除名するのは三分の二だから、それを普通の決議案で過半数で議員を辞職させるというのは、法的拘束力がないといっても、効力のない決議をすべきじゃないというのが自民党の主張だけれども。

野党も、それはいろいろ党によっては違うけど、突き詰めていけば、特にロッキードのときは真相究明の国会決議をやったから、それを一つ論拠にして、要するに国会としての自浄作用の努力を見せるんだという。「辞職勧告、それはもう法的効力のないことは重々承知している、私らはやめろと言っているんじゃないんだ、やめなさいと勧告するだけで、国会の真相究明の自助努力を見せる、こういうことで決議してどこが悪い」、こういうことなんだよね。

中国のことわざに「刑は大夫に上らず、礼は庶人に下らず」という話があるけれども、日本でもそれは同じだと思うんですよ、「武士は縄目の辱めを受けない」というのはね。要するに士大夫クラス、エスタブリッシュメントが、分かりやすく言えば国会議員なんかはそういう刑法の適用を受けるような身分じゃないというか、そういう前にちゃんと一つの道義というか、そういう心構えがあってしかるべきという考え方があるんでしょう。

それはヨーロッパだって同じだよね。アメリカなんかも、特にキリスト教の倫理観かもしれぬけど、割に早く自分の始末をするでしょう、辞職したりなんたりね。だから、これはやはり社会のそういうことに対する熟成度というのが違うのかもしれぬ。特にヨーロッパというのは政争でいろいろ経験しているからね。だから、そういうのが一つの考え方として、倫理観みたいなのが定着してきているんだと思う。それとやはり選挙制度もあると思うんだよね。要するに、どうしようもないんだ、やめないで頑張ったって次の選挙におっこちちゃうだろうから。特に小選挙区の制度ではね。

だから、基本的には、私は国会議員というのは、無罪が証明されるかもしれぬから、それが確定するまで、普通の刑事事件の無罪推定のそういう世界にいるのじゃないと思いますよ。だから、「疑わしきは罰せず」だからとか、そういう倫理とは違うと思うんだ、国会議員というのは。それはやはり国政を担う以上、「刑は大夫に上らず」みたいな心構えが要求される地位にあるとは思いますけどね。

◆辞職勧告決議の「強制力」

谷　ただ、これをやっちゃいかぬというのは、そういう前提に立っても、私なりの考えでいえば、一つは、法的効力がないとはいいながら、結局、政治の世界では事実上の強制力を持つわけだよね。だから、問責決議も同じだと思うんだけれども、仮に可決されると、結局、国会の審議拒否だとか、運営上のそういう口実になっちゃうわけだよね。そうすると、事実上強制力を発揮しちゃうわけ。やめなきゃ国会が正常に動かないとなると、その人が所属する、無所属であろうと何であろうと、やはり本人に対しては、国会の運営上に差しさわるということになってくるから、事実上やめていく要因になってくると思うんだよ。

そうすると、結局、憲法に保障された国会議員の身分と兼ね合いがちょっと、やはりそういうことで議員の身分を失わさせるのはいかがなものかという考え方が私にはあるんだ。そのことは最終的には選挙でしか決着がつけられないと思うんだ。それは参議院議員であれ衆議院議員であれ、永遠に選挙の洗礼を受けないでいいようにはなっていないわけだから、六年なり四年の時期を過ぎれば選挙の洗礼を受けるわけだから。ただ、日本は、また逆に、さっき話した成熟していない風土があって、そういう人だってまた選挙に通ってくるじゃないかという風土があるから、それを言ってしまえばまた何をか言わんやという話になってくるんだけどね。

それともう一つは、そのときぐらいからずっと感じてきたんだけど、日本は、懲罰とかなんとかというときの言葉は、「議院の品位を傷つけた」とかね。議院の品位を傷つけたというのは、必ずしも、国会の中以外の、ハウスの外での行為に対するということには日本の場合はなっていないけれども、抽象的にそういう言葉で言うと、日本の社会そのものにそういう意味のコンセンサスがないんだよ。言葉の問題もあると思うんだよね。漢字の持つ力というのは大変抽象的でしょう。何が品位を傷つけるのかという具体的なコンセンサスはないわけだよ。そういう抽象的な言葉で攻撃することになっちゃうからね。特に、一つ具体的に問題なのは、不穏当な発言の処理の仕方、あれは不穏当な言辞としか書いていないのに、とにかく議運で議論されるのは、要するに政治的発言も不穏当な言辞になるわけですよ。野党だって、「公党を誹謗した」とか、そういう言い方をするわけだから。不穏当な発言が、不穏当な言辞として政治的な解決のされ方をずっとしてきた。そういう先例があるから、そういう先例の上に立って言うと、多数党がしつらえて攻撃しようと思ったら幾らでもできるわけですよ(84)。

この決議案で、世間に政治的なアピールをするのはやむを得ないとしても、私は、事柄からいって、野党が余り主張する筋合いの決議案ではないんじゃないかと思う。むしろ、圧倒的な多数を持つ与党が事を構えてやろうと思ったら、政治生命を絶つことぐらいできるわけですよ、そういう日本の風土の中で。まして、院外で議員としてハウスの権威、品位を傷つけるような行為があったからとか言うことになるとね。

この決議の提出の流れもそうだけれども、ロッキードというのは大変大きな、内閣総理大臣とか運輸大臣をした人の犯罪なんだけど、だんだん、中島洋次郎さんに至っては、そのものはけしからぬけど、では、そのことで直ちに辞職勧告ということを言い出したら、そういう類のことはいっぱいあるわけでしょう、議員の職務遂行の上において、言葉だけじゃなくても。そういうのでも必ず辞職勧告決議案でどんどん処理していくことになったら、それはちょっと国会議員の身分の保障というのは何なんだという話になりかねない、そういう問題も一つあるわけなんです。

◆ 先例の「ひとり歩き」

谷 それからもう一つは、長いこと見ていてやはりおっかないのは、先例がひとり歩きするときがあるんですよ。何かというと、我々もいかぬけれども、「国会運営の知恵を出せ」とかなんか、事務局にそういうことを要望されるときに、向こうの要求は、「何か先例がないか」という話になってくるわけだよね。そうすると、先例といったって、私らも、昭和二五年の時代なんか知りませんよ、背景とかそういうことを。だけど、事実として、こういうことをやったという事実だけは残っているわけ。

そうすると、それをどういう具合に使うかは、ケース・バイ・ケースになるんだろうけど、場合によっては、先例があるということだけで、「おお、これはあるじゃないか」ということになっちゃうわけ。そうすると、そういう時代の背景もそのときの国会の情景も全然違うのに、「辞職勧告決議案はこういうときこれでやったじゃないか、ではこれもやろう」というように、今度はもっと手軽に使うようになるということも大変危険ですよ[85]。

特に、政治の世界というのは、前にも話したけれども、やはり権力闘争の世界だから、いろいろな謀りごとがあると思いますよ。そうすると、要するに、そのときの権力闘争の場面で、いわゆる政治生命を絶てばいいわけでしょう、別に命まで絶つわけじゃないから。そういう中にこういうものが手軽に使われるようになってくると、やはりこれは望ましいことではない。こういう危惧を私はずっともっていたものだから、「これはやってはいけないことじゃないでしょうか」とはずっと申し上げてきた。

だけれども、それまでも自民党も、確かに、議員が、田中角栄さんであり、竹下さんであり、藤波さんだって、当時の、将来の輿望を担っていた人だったから、その地位を守ろうとする意向は自民党の中にも大きかったと思うけれども、鈴木さんと坂井さんのときになると、いとも簡単にと言ったら語弊があるけれども、そういう慎重審議じゃなくて、あっさりと審議に応じて可決されてしまった。

ただ、鈴木さんの場合は逮捕許諾だったから、逮捕許諾の後に起訴される段階になっていて、その前で決議したけど、逮捕許諾の請求が来たというのはやはり国会の中では大きなことだから、辞職勧告を上程するだけの、議題にのせるだけの背景はあったのかと思いますけど。

赤坂　今のところで、先例がひとり歩きしてしまった一つの例として、辞職勧告決議案の、昔やったから今回もできるんじゃないか、だんだんそんな風潮になってくると、最近はいとも簡単に可決されていく、そういう話になるというお話でありましたけれども、そういった先例がひとり歩きを始めた例というのは、他に何かご記憶でしょうか。

谷　ちょっと具体的に今すぐ急にこれこれと思い出さないけれども、先例といったって、昭和二五年ぐらいの先例というのが結構あるんだよね、もうそれっきりのものが。だから、牛歩なんというのも、言えばそういうものですよ。昭和二二年かなんか、石炭の国営化かなんかのときに、当時、野党の自由党かなんかが始めたことが、政権がかわったら今度は社会党が使ったとか。それはちょっと極端な、先例というよりも、その後すぐ使ったんでしょうから、ひとり歩きした例とはちょっと違うのかもしれぬけれどもね。小泉内閣のとき「強行採決」が度々行われたのは、手軽に先例に倣った例でしょうね。

赤坂　今の、「先例を探せ」と言われるその先例というのは、先例集に載っていない幅広いいろいろな事例があるわけですよね。

谷　先例集に載っけるような事例じゃないようなものを探してこい、そういうことなのね。要するに、先例の柱にはなっていないけれども、こういう場面に何かこうしたことがあるだろう、ないかと探すと、二五年にこういうものがありました、こうなっちゃうわけでね。

赤坂　そういうのが事務局としてうまく探せるようなシステムになっているんですね。どういうインデックスないし検索システムを作っておられるのでしょうか。

谷　すぐは出てこないよ。それは探すんですよ。そういうのは割に議事課の方が整っている。

赤坂　『先例集』に載せるようなものじゃないけれども、ひょっとしたら逸脱事例と言っていいのかもしれませんが、そういうものが割と体系的に、検索すれば出てくるように議事課では整えられているわけですね、本会議については。

谷　体系的というほどじゃないけど、『先例集』に載っけられるような事例じゃないけれども、そういうのはやはり探せば出てくるわけですよ。だから、そういう類のことがいっぱいあるわけ。

だから、ちょっと事例をぱぱっと今、これがこれでそうだというのは思い浮かばないけれども、割によく自民党の国対から、社会党の場合もあるんだけれども、自分たちが強行採決しようとか、こういうことで解決を図ろうとするときに、こういう例はあるかとかないかとか問合せがある。そうすると「何回国会にありました」と係が言ってきたときに、「これは二五年の例じゃないか、ちょっとこれは古いよ」とか、そう言った記憶は何回かありますね。

中澤　何十年前のものを直接適用するというのは、さすがに議員の先生方もやっていなかったんですか。

谷　それは多少、あるからといったって。ただ、実際にやるというんじゃなくて、また、相手を論破する一つの根拠に使う場合もあるんだよね、こういう事例があるとかなんとかと。だから、それが一歩間違って、論破して、そのまま今度は実行に移されることだってあるわけだから。だから、そういう意味の危惧というのはやはりあると思いますね。

だから、この決議案だって、逮捕許諾が可決されるというような事態になってくると、これはまだ起訴の段階以前に、逮捕されたらもう辞職勧告決議案だという。許諾までいくのは、開会中だからいいけど、閉会中の話だとかいうことになるとね。ちょっとした現行犯みたいな事件で、交通違反だとかそういうことだってなりかねないよね。だから、地方議員とか何かいろいろ探せば、飲酒運転で議員辞職したケースだってあるじゃないかとか、そういう話になってくるかもしれぬけど、国会議員というのは、やはりそういう意味では、憲法にちゃんと身分の保障が書かれてあるわけだから、ちょっとそこらは慎重になってしかるべきだろうというのが私のずっと長年の考えだったんだけどね。だけど、そんな念仏みたいなことを私が言ったって、政治の力学の前じゃ何の役にも立ちませんで、この二つのケースに、自民党が応じちゃったから、いとも簡単にね。これは全会一致で議運で可決されて、本会議も恐らく全会一致だと思うけれども。

◆辞職勧告決議と懲罰動議

谷　結局、辞職勧告決議案提出後もなかなか辞めないものだから、それまでの過程の中で出てきたのは、要するに、可決しても辞めなきゃ、今度は院議無視ということで懲罰にかけて除名にしよう、そういう一つの議論が出てきたね。

赤坂　鈴木隆夫さんの『国会運営の理論』にも、それができると書いてあったような記憶があります。

谷　それはあるんだけれども、私はちょっと違うと思うのは、やはり懲罰というのは、どう考えたって、日本の今の法規の建前からいうと、あれは会議中としか書いていないんだよね。だから、会議中というのは、たとえ拡大解釈をしても院内ということでしょう、やはり院内で職務にかかわることでないといかぬということ。

昔は、実態はどうだったのか知らぬけれども、大蔵大臣の泉山三六さん(86)が、酒に酔っぱらって女性議員に抱きついてどうのこうのという話があるけれども、そういうのも懲罰の対象にしちゃいかぬかといったら、それは少なくとも院内で起こったそういう事態は議論の余地があると思うけれども。

赤坂　今の形式的な論理からいくと、国会の中で、辞職勧告決議案が可決されて、それを守らないというのは院内のことにはならないんですか、もとの事件は外であったかもしれませんけれども。

谷　だから、「もともとの前提は法的効力がない決議ですよ、勧告ですよ」と言いながら、「従わないからそれは院議無視だ」と言って。そうすると、何かもう勧告そのものが一つの法的効力を持っているような解釈をして、それで懲罰にかけてというのは、それこそ、要するに政治的陰謀に使う道を開くみたいな話になってくるから、それはやはりちょっと乱暴でしょう、こういう気がするんだけど。

鈴木隆夫さんの当時は、理念上、国会は国権の最高機関という思いが強かったと思うんだ。もう一つは、やはり勉強する過程で、アメリカの議会とかイギリスの議会とかいろいろ一生懸命勉強されたでしょうから、そうするとやはり、法廷侮辱罪みたいな、イギリスはまさしく議会侮辱罪みたいな考え方があるから、そういう考え方があったんでしょう。要するに、議会を誹謗中傷する院外の者だって議会が罰するみたいな、まして院外でそういうことをする議員は当然罰せられるべきみたいな考え方があるんだと思うけれども、ただ、日本はちょっとそこまで成熟していない。

当時はまだ政権交代前だから、私らの考え方も、こういうのはやはり政権交代が成熟してくれば、おのずから、こういう程度のことはやってもいいけど、これまではやっちゃいかぬとか、そういう一つの考え方の基準みたいなのが、先例の積み重ねでもいいけど、そういうものができてからの話であって、それがないうちに、政権交代もないうちに、そういうのを野党が手軽に「やれやれ」というのは大変危険なことですよ、こういう感じの方が強かったね。

中澤　例えば野党の側としては、過半数を与党にとられている状況で、これは本気で通ると思って勧告を出しているんでしょうか。

谷　それは、世論にアピールする力はあったと思いますよ。要するに、少なくともいいことをしているとは世間は誰も思わないじゃないの。だから、「その人に対して、辞めなさい、こう言うのは国会の働きとして当然だ」みたいな、それは世間に分かりやすい一つの行為としてあると思いますよ。少なくとも、問責決議よりは辞職勧告決議の方が分かりやすいんじゃないの、世間に対しては。問責というのは、何が問責か、国民にちょっとよく分からぬところがあるからね。

◆小泉内閣と国会改革

中澤　今は、特に辞職勧告決議案を中心にお話し頂きましたが、その他、小泉内閣で印象に残っていることはありますか。

谷　その前に、この前、調査会のことをざっとお話ししたと思いますけれども、調査会の答申、大変格調は高い、おっしゃることはごもっともで。だけど、じゃ、すぐ実現できるかというと、特に運営に関わることは、それは議会制度協議会なり議運で協議しなきゃならぬことだから、方向性としてはいいんだけれども、本当に国会改革の熱が政党間に高まっていて、ぱっぱっと議論できればいいんだけれど、何かそういう雰囲気ではなかったね。というのは、庶務的な、議員の経費とかそういう面では何度か庶務小で議論した記憶がありますけどね。まれに実現に向かった話もあると思うんだけど。

一つは、またこれも後に関わるんだけど、小泉純一郎さんが総理になったときにこの調査会ができるんだけど、小泉内閣については政策的な評価というのはいろいろあるでしょうが、総理として、今までの流れの中で、細川内閣からずっとぐじゅぐじゅして政党間はいろいろ離合集散を重ねてきていたから、そうすると、何か一つの、いわゆる二大政党というのじゃないけど、すっきりした形の総理になって、世論も大変支持が高かったと思うんだよね。あの人は、これは私も総理の資質として大変大事なことだと思うんだけど、言葉の力を持っていたと思うんですね。簡潔な言葉で国民に訴えるというか、説得するだけの言葉の力があったと思うんだよ。そういうので割に自民党内がまとまったと言ったらちょっと語弊があるけど、どっちかといったら官邸主導になっちゃったんだね。

だから、前にも話したように、何か小泉さんがどこかで漏らしたつぶやきみたいな話を国会の中で一生懸命、例えば「衆参で施政方針なんか一つにすればいい」と、それは前からいろいろ議論があった話だから、どこかでそうおっしゃったんでしょう。そうすると、議運辺りでやれないかという話になってくるし、どこかで、公務員の給与の引き下げの話がずっと続いていた問題だったから、「国会図書館の館長の月給はどうしてこんなに高いんだ」とかなんか言ったらしい、そしたらそれをというような。

これは小さな次元の話だけど、割にいろいろ総理周辺で言ったことが国会の中のそういう話に反映される面はあったような気がするね。それが官邸主導とまでは言えないにしても、何となくそういう雰囲気はあった気がしますよ。

それで、この答申の中だって、小泉さんが「永年表彰の掲額なんかおれはしない」とか言ったらすぐぱっと廃止になるとか、そういうのはありましたけどね。この中で、幾つかの問題、政治倫理基本法の制定とか、こういうのは、それこそ私の危惧するところをそのまま法律に書きなさいみたいなことで、基本的にはこんなのはやるべき筋合いじゃないと思うんだね。余り道徳を麗々しく書くのは私好きじゃないから。

そういうのはあるけれども、ほかのことについては、別に方向性としては当時の国会の状況から見たら望ましい方向なんだけど、例えばシャドーキャビネットを視野に入れるというのは、これは運営の話だから、それは党首討論の国家基本政策委員会の理事会か何かでいろいろ運営を考えていけば済む話だ。しかし、例えば国会を長期化するとかになると、それは臨時会、特別国会をどうするかとか、会期不継続の原則をどう考えるかとか、そういういろいろな問題が出てくるから、やはりそれは議会制度協議会なりで熱心に議論を重ねないと。簡単にはできない問題が多かったと思いますよね。

だけど、さっき言ったように、当時、そういう問題を一生懸命議論するような雰囲気ではなかった。せっかく答申を頂いたので、前に話したように、綿貫さんからも、何か実現できるものがないのかという御下問を受けましたよ。一応私らも整理して、これはやはり法改正を要するとか、これは議会制度協議会なり政党間の合意を要するとか、いろいろ仕分けしたのは覚えています。

◆速記者養成所の統合構想

谷　「事務方でできる範囲のことでこれぐらいはできますよ」といって具申したのは、速記養成所の統合の話です。

赤坂　廃止じゃなくて統合ですね。

谷　廃止じゃない、統合。衆参で統合しようと。それはなぜかというと、要するに大蔵省の理財局は、速記養成所のあるところは用賀の一等地だから、もう前から「返せ、返せ」と、こういう話なんだよね。その話の段階で、私が庶務部長の頃かな、「浦安に倍ぐらいの土地を提供しますから移りませんか」という話があった。これは各省もいろいろあったんだと思いますよ。一等地に施設を持っているところ、研修所とか何か持っているところは土地を交換してさ。

あれは会計検査院だと思うんだけど、立派な研修所、その隣がゴルフ場で、全然知らずにそこの隣でゴルフしていたら、「あの立派な建物は何だ」と言ったら、「会計検査院の研修所です」とかね。都内の土地を交換してそういうところに移ったんでしょう。その当時、バブルのピークか、その前かだから、要するに、わずかな土地を手放せば、群馬県の山の中では広大なところに立派な施設ができるぐらいのね。

だから、「衆議院も浦安に倍ぐらいの土地を提供しますから用賀から移りませんか」という話があったんだけど、これはまたうちの記録部の悪口になるんだけど、明治以来の伝統あるみたいなね。だけど、明治以来といったって、終戦直後なんかは三年町かそこらのところに速記養成所があったんだろうから、別に用賀に明治以来いたわけじゃないんだから。だけど、何かいろいろ言って、一応養成所だから、授業するから、そうすると一般教養もあるから、「浦安の遠いところに移ったらそういう先生が集まらない」とかね。今考えたら、浦安なんか遠いところじゃないじゃないかという気がするんだけど、そういう話があってね。何となく、記録部が後ろ向きな姿勢であるという印象はずっと持っていた。

大蔵省も、調査会答申の中にもあると思うんだけれども、衆参で速記養成所は二つも要らないんじゃないかと。しかも、やり方が違うんだよね。これはやり方が違うといったって、不合理なような話じゃないんだよね。速記の人に聞くと、結局、速記者一人一人が独特な速記法になっちゃうらしいんだよ。だから、やり方が違う、それをちょっと大きくしたみたいな話で、それは統合反対の理由にするほどのことはないんだけど。

確かに二つも、いい土地のところに持ってそれぞれの院で養成することはないというのは前々からあったから、この答申が出る前からその話はずっと指摘されていたから、話は担当に投げかけていたんだけど、なかなかはかばかしく進まない。だけど、議長の御下問もあるから「これぐらいはやります」と、こういって具申して。

埒が明かぬから、もうやめているけれども、薄葉〔威士〕君というのがいて、記録の人なんだけれども、テレビが行き詰まっていたんだよ。テレビ小委員会というのを作って、ずっと何年もやっていたんだけど、結局、全然進まないんだよ、発想もないのでね。今でこそ結果的にはパソコンで流せるようになって解決したけど、それまでは、ケーブルテレビだ、CSチャンネルもらって、BSチャンネルもらってとかね。けれども、大蔵は金くれるわけじゃないんだから。だけど、結構、国会が四の五の言って前向きじゃないからそういうのができないんだとか言う業者だとか、何かいろいろあってね。だから薄葉君が前々から何となく発想のありそうな男だから、速記者なんだけど、「悪いけど、こっち来い」といって事務方に移して、テレビを担当してもらったことがあるんですよ。

そのときの経験があるから、彼はもうそれが終わって、記録なのに事務方に余り引っ張っていると、記録で管理職になる道をふさいじゃうからと帰ってもらっていたんだけど、そのときちょうど帰っていて、課長くらいになっていたんじゃないかな。ちょっとこれを参議院と交渉して、統合の話を進めてくれと。「もし参議院が嫌がったら、衆議院はもう用賀を捨ててもいいよ、参議院と一緒になってもいいから」と。大体そういう話になると衆議院に合併するというような話になっちゃうけど、「いいよ、参議院がしたいと言ったら参議院に合併してもいいから」と。私も具体的にそういうことがすぐできるとは思わぬけど、当時は独立行政法人の話がもうぽつぽつ出かかっていたころだから、「もし独立行政法人にでも移行するというのなら、それも検討してみてちょうだいよ」と。彼も一生懸命やってくれたんだけど、参議院がどうしてもだめで、「自分たちは録音に変えてやります」みたいな話になって、それで結局、話がそれ以上進まなかった。

それで、進まなくて、私の現職のころまではまだはっきり参議院も廃止は打ち出さなかったのかな、ちょっとそこは記憶があいまいだけど、結局、統合の話はだめになって「参議院は参議院の独自の道を選択します」みたいな話で。その選択が結果的には、速記養成所を廃止するという独自の意向を参議院が衆議院より先に示したんだと思いますよね。

これは後の話だけど、私がやめてから、河野〔洋平〕議長のときに衆議院も廃止の方向を打ち出すんだけどね。

赤坂　廃止というのは、参議院の側はまた独自に何かしら廃止の契機というものはあったわけでしょうか、衆議院から統合の話を受ける前に。

谷　詳しいやりとりはもう忘れちゃったな、参議院とどういう交渉をしたのか。だけど、一緒になりましょうという話は、向こうが協議にも乗らなかったんだ。結局、速記に対する考えの違いがあったんだよね。最高裁なんかも新しい独自のタイプ式の速記とかそういうのを考えていた時期で、だから参議院なんかはそういう方向を、録音機で録音してそれを起こせば、それを主流にするみたいなことだったと思いますよ。だから、養成所を合併するなんというよりも、もっと言えば、速記者なんかはもう要らないみたいな傾向になっていったんでしょう。

◆「正史」としての国会議事録

谷　もう衆議院もないからね。おととし〔平成二一年〕になるかな、日本速記協会というのがあるんだ、これは衆参の速記者のOBの人が主な構成メンバーなんだけど、そこで講演を頼まれて。そこで研修するのは地方議会の速記者とか事務方の人なんだけど、そこで講演したときに話したんだけど、要するに、速記養成所を廃止するのはいかがなものかということは申し上げましたけどね。

それはなぜかというと、ちょっと話が古過ぎるかもしれぬけど、中国の斉の国、春秋時代に、最初の覇者になるのは斉の桓公というんだよ。その三代目か四代目の荘公というのが、余りできのよくない君主なんだよね。それが、宰相の崔杼に美人の奥さんがいるんだ。臣下の、臣下といったって、日本でいえば総理の家なんだろうけど、懸想して、そこにのこのこ出かけていって殺されちゃうんだ。そういう話がある。そのときに、太史というのか、史官、記録する人が、「崔杼、其の君を弑す」と、弑すというのは君主を殺すことだから、書いたら、崔杼に殺されちゃうんだ。その弟が同じことを書いたらまた殺されちゃう。そうしたら、それは大変といって、全国の、ほかの国の史官もみんな、当時の斉の国の都は臨淄《りんし》とか何かいうんじゃないかな、そこに、昔でいうと竹簡というのかな、あれを持って上ってくるわけです。そうなってくると、もう崔杼はさすがにそのことを書いたから殺すというわけにもいかないで、そのまま記録に残っている。それは何かというと、記録を大事にするエピソードにそういう話がたまに出てくるわけだよね。

日本の国というのは、中国のそういう文化圏の中で今日あるわけでしょう、今の中国がどうのこうのじゃなくて、漢字の文化圏の中、そういう思想の中で文化があるわけだから。そうすると、中国と同じようにやはり日本人も、記録というのは中国ほどじゃないとしても大事に考えてきたと思うんだよね。中国は、王朝が倒れて何代かかかわったら正史というのを編纂するからね。清の国の正史はまだ編纂されてないんじゃないか。相当時間がたって正史を編纂するんですよ。

赤坂 今、明までしかないということですか。

谷 そんなものですよ。だから、そのもとになるものはやはり記録なんだよね。それはまた百年とかになったときにその記録を集めて、正史を編纂するんでしょう。日本は確かに正史を編纂する伝統はない。増鏡とか大鏡とか、正史とは言えぬような、そのときのことを書いたものはあるにしても。だけど、私流に言わせれば、議会開設以来、国会の会議録はまさしく日本流に言えば正史に当たるんじゃないかと思うんだよね。時の政治の唯一ちゃんとした公の記録ではないかと思うんですよ。それはやはり熟練した技術を持った人が、中立公正、客観的にその事実を記したという信頼感、共通の認識があるから会議録として権威を持つのであって、これが、だれかが勝手に書いたというような、特に録音というのは。

私は偏見があるのかもしれぬけど、よく新聞広告でリライティングのアルバイトの広告が出るじゃないですか、あれと同じなんだよね。会社の社長さんがしゃべったことを会社の社報に載せるのを、ちゃんと録音を聞いて書き直すんですよ。会議録がそういうことになっちゃうと、これはやはり会議録の権威がなくなってくると思うんだよね。イギリスのハンサード〔Hansard〕と通称言われているものは、もともと、国王と議会の対立があったときに、議会の中のことは外にはしゃべっちゃいかぬことになっているんだ。議会の会議の模様を「女王陛下に誰々さんはこういうことを言いました」と告口する。だから、そういう歴史があるから、議会の中の会議の模様はしゃべっちゃいかぬことになっていたんだけど、そうは言ってもやはり政治の世界だから、選挙制度とか何かがだんだん整ってくると、自分の活躍を勝手に会議録にして書いて配るようになって。それが余り甚だしくなったから、ハンサード[87]という人がちゃんと速記録をとって、それで売るようになったんです。それは今は名前だけがハンサードと残っているけど、あれは正式にはオフィシャルレポートとなっているよね。だから、ハンサードというのはそういうこと。

だけど、日本は議会開設以来ちゃんとした会議録が残っているわけだから、それはやはり高度な技術を持った技能者が書いたということで権威があると思うんだよ。だから、その高度な技能を有する養成機関を、何か知らぬけど経費削減みたいな話で簡単にやめることはないんじゃないか。

◆速記の廃止について

中澤　速記の廃止というのは、経費節減がやはり大きな理由ですか。

谷　それはそうだと思いますよ。大蔵省もそういう意向ですよ、用賀の土地を返せとね。大蔵省は別に「養成所を廃止しろ」とは言わないだろうけどね。だから、国会の方が積極的に、国会も無駄をなくさなきゃというので、まず何かといったら養成所を廃止したということでしょう。だけど、私に言わせれば、ちょっと考えが浅いんじゃござんせんかということ。

赤坂　明治の最初に帝国議会が開設されたときに、諸外国並みの速記システムを整えるということが金子堅太郎[88]にとっては一流国に入るための前提条件で、しっかりこういうのが作れるからこそ、そこでちゃんとした議論が行われて、諸外国にも馬鹿にされない、文明国の仲間入りが出来る。だから金子は物すごく頑張って、採用されるかどうか、速記システムでやるかどうかというのは結構微妙だったんですよね。だけれども、何とか速記を残すというので頑張って養成所も作ったわけですが[89]、それがちょうど今なくなろうとしているというところで、おっしゃるように、実は議会文化についても大きな変化なのかもしれませんね、葉山の洗心寮をなくす[90]というだけのことはちょっと違って。

谷　そのレベルで処置したとしたら、私は、大変残念だということ。だって、やはり公式な記録が土台にならないと、そういうベースがないと、議会政治は後世に語れなくなっちゃうでしょう。何か知らぬけど、録音で起こして、きれいごとばかり手直しして書きましたなんという話になっちゃうとね。

その一方で、確かに問題はあるんだよ。話は全然変わるけど、記録の速記録というのは確かに問題があって、会議録になるまで一〇日か二週間ぐらいかかるんだよ。これは、反訳というか速記録を起こす問題もあるんだけど、それ以上に、あれは大蔵の印刷局でやってくれるんだけど、印刷所が長野かどこかあのあたりで、刷り上がるまでに物すごい時間がかかるんですよ。だから、一つ日本の会議録の問題点としては前々からあるわけですよ。イギリスなんかでも、ハンサードはすぐ翌日ぐらいにちゃんと出るんだよ。それは確かに速記の仕方も違うと思うよ。向こうはタイプみたいに打てば出てくるのと、日本は書いたものを反訳するのに時間がかかると思うけれども。それで、そういう問題があったから、速記録を、反訳したものをそのまますぐ翌日に出すようにはしていたんですよ。

それはそれでいいんだけど、今度は、会議録の発言の処理が細かくなってきた。なぜそうなったかというのはちょっと私も分からぬけど、政権交代して細川内閣ができたころ、自民党が野党になったときあたりか、何もかも趣旨説明をつけたのと同じような流れだったのかもしれぬけど、とにかく数字の間違いから何から全部、議運の理事会に言うようになったんだよ。単に不穏当だとかけしからぬとかいう話じゃなくて、昔は、私の記憶にあるのは、その程度の言い間違いなんというのは、発言者が記録の速記者に電話して、「ちょっとここを間違ったから直してくれ」と言ったらそれで済むような話だったんだよ。それまでもみんな議運の理事会に持ち出すようになったからね。

だから、ますます、片一方では「早く会議録を出せ、会議録を出せ」と言いながら、発言の処理がまたえらい細かくなってきたんだよ。そうすると、それが片づくまで会議録が出せない。だから、そういうふうになってきた頃から、一方では会議録を早く出すという要望に速記録を出すようにして応えていったんだけど、それに反比例するように、議運の中では会議録の取り扱いがえらい細かくなってきた。

◆郵政解散の是非について

谷　それと、小泉さんの時代で何か特徴的なことといったら、運営の話は、前にも申し上げたけど、綿貫議長と渡部〔恒三〕副議長だったから、多少もめごとはあったけど、いわゆる審議拒否が続いて徹夜国会になるような、そんな大きなもめごとはなかったと思いますよ。委員会が多少もめたりなんたりする事態は、議長が自民党対策、副議長が民主党対策みたいに、大体平穏に解決するような話で、余り紛糾した記憶はない。

ないけれども、これは私がやめた後のことになるのかね、むしろ郵政選挙ね。あれで結局、自公で再議決するだけの数を、今までそんなことないから、結果として再議決したことはあるけれども、数として、再議決権を有するほどの数を持ったのは初めてだ。

その後、平成一九年、参議院選挙で、自民党が過半数を失って、完全なねじれ国会になっちゃったんだよね。まさしく民主党が参議院で第一党になって、衆議院では自公で再議決権を持っている、こういうようないわゆるねじれのきわまりみたいな形になって。そうすると、はたから見ただけの話だからよく分からぬけれども、何か毎日毎日、強行採決していたような印象があるけどね。要するに、運営が硬直化して、手間暇かけて相手を説得して妥協の道を探るというような雰囲気じゃなくなったような気がしたな。とにかく、強行採決が採決の一方法みたいな感じで、数を持っているから何でもかんでも強行採決だみたいな印象は持っていますけどね。

ただ、その関連でいえば、郵政選挙は、私からすると、あれはやはり国会の立場としては両院協議会は開くべきだったと思う。だって、内閣が最重要法案だと言っているんだから、それで参議院が否決したら、筋合いからいったら、衆議院は両院協議会の申入れをね。それは、解散権を縛るとか縛らぬとかいう話とは別に、要するに、議会の筋道からいえば、内閣が最重要法案だといって審議してきて、それが参議院で否決されたら直ちに解散だというのは、ちょっと手続にもおかしい。そんなことをしたって何の意味もない、結果は同じじゃないかと、両院協議会の実態を見ればそのとおりだけど、国会の立場からいったら、結果はどうにもならないにしても、それは両院協議会を開くべき筋合いのことじゃないかと思うんだよ、事柄からいって。

ずっといろいろ起こって乱暴になってきたんだよね。国会の強行採決もそうだけど、要するに、手続なんかが、どっちかといったらだんだん軽んじられるような風潮になってきた。議会主義というのは手続を踏まなきゃ成り立たないでしょう。だから、やはり定められた手続をちゃんと使うべきで、そういう声を少なくとも上げてほしかったとは思いますよ。だから、小泉内閣で世論の支持が高いからといって、国会が両院協議会の道を模索しないで、「どうぞ解散をおやりください」というような話じゃないと思うんだけどね。

それは、内閣というよりも国会の働きとして、当然、両院協議会を開くべきだ。それで、内閣がその結果を見て解散したって何だって、それは別にあれだけど、少なくとも両院協議会を開くべきじゃなかったかなと思います。

赤坂　違憲の解散だ、憲法条文に反しているというよりは、立憲主義という考え方に反している、アンコンスティチューショナルな解散だと言う人は結構たくさんいらっしゃいますね。他方で、三分の二の再可決ができるようにするために衆議院を解散するということは別にあっていいんだと、割とドライなことを言う人もいて。でも、国会の審議の重要性とか審議手続というのを強調する人、重視する人というのは、一般にアンコンスティチューショナルだという話ですね。谷先生のおっしゃった考え方が強いかなと思いますね。

谷　アンコンスティチューショナルとまでは、議会主義というのは。解散することが縛られるということはないけれども、やはり論理の筋道はあると思うんだよね、議会主義というのは。それは当然、手続に連なっていくわけだから。そうすると、内閣は最重要法案だといって、参議院で否決されたら、やはり最後まで成立させる努力をするというのが国会の務めだと思うんだよね。

中澤　先に総理の言葉の力ということを仰っていましたけれども、議会の議論の中で、例えば小泉さんの発言というものは、問題発言と言われたものもあったにせよ、言葉の力に対する評価というものは強調されるべきなんでしょうか。

谷　やはり、例え話を引く話にしても分かりやすい。これは『ディズレイリ』の中にもあるんだけど、ベルリン会議というのは、特にディズレイリとビスマルクが会談の主要人物なんだけど、ビスマルクは「あの老いぼれユダヤ人は物事を簡にして要を得て話す」と評したという。だから、政治の世界というのは、やはりそういう演技、演技するというのはせりふに、言葉に力強さがないとだめだから、そういう意味ではいい素質だったんだと思いますよ。

◆事務総長の退職、引継

赤坂　最後に、事務総長を退職されるとき、いつごろからそういうことが視野に入ってこられたのか、どうやってそのタイミングが決まったのかということと、あわせて、後継の事務局体制を整えていかないといけないわけですけれども、それに際してどういう配慮をなされたのかということをお伺いします。

谷　二〇〇〇年になったときかな、六〇歳になったときかな、一遍、辞表は書いたことはあるんですよ。綿貫さんのときね。それで、何日もしないうちに食事に呼ばれて。それは言われたときから分かっている、何で食事に呼ばれるかといったら、それはね。綿貫さんとは、私が秘書課長、総務課長のころからずっといろいろ、あの人も議運が長かったから、それは言われれば、私も「分かりました」と。そのときは、辞表を書いた時点で駒崎〔義弘〕に、「おれはもう辞めるから」とは言っていた。だけど、そう言った以上「悪いけど綿貫さんの代だけは仕えることにしたから」と。それはそれで、駒崎はもうそのときは次長に上げているから、何もそれ以上考えることはない。彼に引き継ぎするつもりだったから。

ただ、実際は特別国会の最終日にやめるんだけど、難しいんだよ、解散になるとき、やめづらいんだよ。

赤坂　そうですね。解散があって選挙があって。

谷　本来は解散のときにやめたら一番すっきりするんだけど、やめるといったって、解散詔書が来る前にやめると諮るといったって、あれは建前上、突然来ることになっているから、ちょっとやめづらいんだよね。何日か前にやめるというなら別だけど、それも取ってつけたみたいな話だから。

だから、特別会は、また気の毒なのは、いきなりでは、あれは事務総長が議長、副議長の選挙をしなきゃいかぬ、そういうのもあるし。だからって、特別国会の召集日に事務総長がいなかったら、それもできないから。仮議長というのはあっても、仮事務総長というのはないから。だから、特別国会の、召集日に機会があればいいんだけど、開会式もあるし、やはりなかなかうまくいかない。幸い短い会期だったから、それでやめたということで。これはまた難しかったのは、そうすると今度、議長が選挙されたら、新しい議長に、「次はこれでお願いします」と言わざるを得ないんだよ。親しい今までの議長だったら何とかというのがあるけど、その人は辞めるわけだから。新しい議長に、もう何があっても自分は辞めなきゃいかぬのだから。ただ、幸いにして、そういうことで「後はこれでお願いします」と言えば、一応、それは日本の社会のならわしとして若干の慰留の言葉をするのはプロトコール上あったとしても、それはみんな快く了承してもらって。

赤坂　後継体制は波乱なくスムーズにできましたか。

谷　私も、駒崎を次長にしたときは、それは多少近しい人にも相談して、後をどうするかということで、次は駒崎に任せる、こういうことで決めているから。私は、割にそういうのは、決めたら、よほどのことがない限り迷うことはない。ただ、彼を気の毒だと思ったのは、庶務部長をさせる期間がなかった。だから、彼に言ったのは、「一応庶務的な事項は任せるから、おまえ、率先してやりな」と言ったんだけど、あれもそういうのは遠慮がちな男だから。また周りも悪いんだよ。私のところに先に来て、何かかんか言って、「次長はどう言っているか」と言ったら「いや、これから行くんです」みたいな話でね。だから「それはお前逆だよ」と言うんだけどね。来たのに追い返すわけにもいかぬから。彼も積極的にもうちょっとやってほしかったと思うけど。基本的には、庶務部長をちゃんと経験させなかったから若干気の毒だったとは思うけども。

◆後継人事には口を出さず

赤坂　部長クラスというのは議運理事会で了承を得ないといけないのでしょうか。

谷　何もない、でも専門員だけはね。ただ、昔は、大久保さんぐらいまでは、人事のときには、理事会にいる部長クラスは出して話していたと思うんだけど、弥富〔啓之助〕さんの頃から、あの人は平気でみんなのいる前で話していた。だから、私も全然そんな気を使わなかったな。でも、そこで諮るというのは大体専門員の人事ですよ。次長とか部長をお諮りしたことは記憶にない。ただ、議運の委員長には事前にそれとなく報告方々了承をとっていたと思いますよ。

赤坂　幹部クラスについて。

谷　幹部というか、部長クラスも言っていたかな。ただ、理事会で諮らない。

赤坂　ちなみに、次、次長の方が総長に上がるとすると、その後もいろいろ動くわけですけれども、その後継体制については次の方にお任せするのですか。

谷　むしろどっちかといったら、「私はもう一切口出しはしないから」とは言った記憶はあるけど。

赤坂　では、後に出てきたメンツを見て、ああ、やはりこうしたのかと。

谷　次長までぐらいは、次の総長を選ぶときに、だれを次長にするかというのはちゃんと聞いて。でも、「あれを次長にしろ」とかというのは言わない。でも、長年いれば次に次長になるのは大体分かっているから。もっと細かく言えば、要するに、鬼塚〔誠〕と二人で、「おまえら、私の後は支えていけ」と言って、それは当然のごとく鬼塚は、彼も、そういうことになっていたから。それから先の人事は、私は一切言った記憶はない。そのときは駒崎にちゃんと言ったと思いますよ「私は人事のことはこれからは関わらない」と。そうはいっても、何かの雑談のときに、一回か二回、駒崎から「こうしますけど」とか何か相談を受けたかもしれぬけど、それも初めのうちの話であって、それから先は知らぬ。私も余り近寄らないようにしていたから。

赤坂　その後、例えば元事務総長であるとか事務局の幹部の方がOB会のようなもので顔を合わせたり、あるいは幹部だけでお会いになるような機会というのは、衆議院事務局の場合、あるのでしょうか。

谷　私が悪かったのかもしれぬけど、それは先輩には一々御報告したことはないな。何かついでのときに「こうしましたから」とかね。

赤坂　そういうついでの機会というのは、よくあるんでしょうか。

谷　そういう会合は、私が秘書課長のころは若干やっていたけど、それ以降はなかった。弥富さんとはその後多少接触はあったけど、知野〔虎雄〕さんなんかは大先輩だから、そういうことはない。緒方〔信一郎〕さんには、私も相談しなかったのは悪いのかもしれぬけど、余り相談しなかったね。した記憶がない。「こうしましたから」とか、「ああしましたから」ぐらいの話をして、緒方さんも内心、「えっ」というのは思ったかどうか知らぬけど、緒方さんにお伺いを立ててしたという記憶はない。

赤坂　退職後にも、そういう関係は余りないですか、OBの人たちの集まりとか。

谷　もう、いなくなっちゃったんだよ。知野さんは御存命だったけど、知野さんにしたってお年で。大久保孟さんも亡くなったし、弥富さんも亡くなったし、荒尾正浩さんも亡くなって、あとは緒方さんしかいないし。緒方さんも、こう言ってはあれだけど、ずっと衆議院にいらっしゃった方じゃないからね。だから、そういう意味ではOBがいなくなった。それがよかったか悪かったかは別にして。

(1)『佐藤吉弘オーラルヒストリー』（二〇一一年）五五頁以下を参照。
(2)河野義克氏ではなく、元参議院議長の河野謙三氏のことが念頭に置かれていると思われる。
(3)一九三二年〜。福岡県出身。拓殖大学政経学部卒業。東洋紡、生長の家本部職員。参議院議員玉置和郎秘書。一九八〇（昭和五五）年以降、参議院議員に当選通算五回（自由民主党）。一九九二年、宮澤内閣の労働大臣として初入閣。参議院自民党幹事長。二〇〇三年、KSD中小企業経営者福祉事業団の不正経理疑惑事件（KSD事件）に絡んで国会で証人喚問され、議員を辞職。同年、受託収賄容疑で逮捕・起訴。二〇〇八年、実刑確定（懲役二年二か月）。
(4)今野彧男（著）、赤坂幸一・奈良岡聰智（編著）『国会運営の裏方たち ―― 衆議院事務局の戦後史』（信山社、二〇一一年）第2章Ⅰを参照。
(5)かつて職員の委員部志向が存在したことについては、今野ほか・前掲書、第1章Ⅲを参照。
(6)一九二五〜一九九八年。熊本県出身。明治大学法学部卒業。衆議院議員坂田道太の秘書を経て、一九九〇（平成二）年以降、衆議院議員に当選通算二回（自由民主党）。
(7)一九四三年〜。旧満洲国で生まれる。東京大学文学部卒業。一九八二（昭和五七）年、弁護士登録。一九九〇年以降、衆議院議員に当選通算二回（日本社会党）。一九九五年、北海道知事選に出馬（次点）。
(8)一九三四年〜。千葉県出身。慶應義塾大学法学部卒業。富士繊維勤務。一九七九（昭和五四）年以降、衆議院議員に当選通算九回（自由民主党）。一九九一年、宮澤内閣の環境庁長官として初入閣。一九九四〜一九九五年、衆議院議院運営委員長。小渕内閣の法務大臣。
(9)一九二六年〜。岐阜県出身。京都大学法学部卒業。元参議院法制局長。慶應義塾大学講師。徳山大学学長。「参議院の将来像を考える有識者懇談会」委員。LEC東京リーガルマインド教授。
(10)一九二八年〜。東京都出身。衆議院議員保利茂の政務秘書官。政治評論家。麗澤大学教授。編著に『一誠の道 保利茂

写真譜』、著書に『読本・日本の議会政治』ほか。今野ほか・前掲書、三八〇～三八四頁も参照。

(11) 一九九四（平成六）年一二月一日改正。衆議院規則第五八条（委員会会議録の持ち出し禁止）を削除した。

(12) この点につき参議院の側でも警鐘を鳴らすものとして、『指宿清秀オーラルヒストリー』（二〇一二）第一一回記録を参照。

(13) 奥村牧人「大韓民国の議会制度」レファレンス平成二一年八月号、一一二頁。

(14) Early Day Motions. イギリス下院において提出される動議の一方式。動議について実際に討議されることは極めて少なく、その目的はもっぱら、議員が自らの見解を公表し、問題に対する関心を集めることにある。

(15) 一九四七年～。東京都出身。東京大学工学部卒業。スタンフォード大学 Ph. D. 専修大学経営学部助教授。一九八六（昭和六一）年以降、衆議院議員に当選通算八回（自由民主党、新党さきがけ、新進党、民主党）。細川内閣の内閣官房副長官。民主党代表。二〇〇九～二〇一〇年、内閣総理大臣。祖父は内閣総理大臣の鳩山一郎。父は参議院議員の鳩山威一郎。弟は衆議院議員の鳩山邦夫。

(16) 臓器の移植に関する法律（平成九年七月一六日法律第一〇四号）。臓器移植法。一九九七（平成九）年六月一七日成立、同年七月一六日公布、同年一〇月一六日施行。この法律は、衆議院議員中山太郎らが一九九六年一二月、一三九国会衆議院に提出した議員立法である。採決に際して、日本共産党を除く全政党が、人の死を定義する宗教的価値観に関わるとして、党議拘束を外した（共産党は党議拘束をかけた上で採決を棄権した）。二〇〇九年の同法改正の際も、共産党以外の各政党は党議拘束を外して採決を行った。近藤誠治（著）、赤坂幸一・奈良岡聰智（編著）『議事運営と立法過程——衆議院事務局の三十五年』（信山社、二〇一一年）五九～六〇頁、およびその脚注を参照。

(17) 同指針では、「国会の立法補佐機構である議院法制局、常任委員会調査室及び国立国会図書館調査及び立法考査局の機能を質・量とも拡充すること。また、その枢要な役割を担う職について人材を行政府に依存することとならないよう計画的に人材育成を図るとともに、現に行政府からの出向者を当てている当該職については、計画的に速やかに国会職員を登用すること」が謳われている。

(18) 一九一一～二〇〇四年。Ronald Wilson Reagan. 元俳優。カリフォルニア州知事。一九八一～一九八九年、第四〇代アメリカ合衆国大統領。一九八三年一一月来日。同月一一日、衆議院で演説。

(19) 一九一八年～。Nelson Rolihlahla Mandela. 一九九一～一九九七年、第一一代アフリカ民族会議（ＡＮＣ）議長。一九九三年、ノーベル平和賞受賞。一九九四～一九九九年、第九代南アフリカ共和国大統領。一九九〇年一〇月、来日。同月三〇日、衆議院で演説。

(20) 一九三一年〜。Михаил Сергеевич Горбачёв. 一九八五〜一九九一年、第八代ソ連最高指導者（共産党中央委員会書記長、最高会議議長）。一九九〇年、初代ソ連大統領。一九八九年、ノーベル平和賞受賞。一九九一年四月、来日。同月一七日、衆議院で演説。

(21) 一九二六年〜。中国共産党中央委員会総書記、一九九三〜二〇〇三年、中華人民共和国国家主席。一九九八年一一月、来日。

(22) 一九〇二〜一九九七年。第四代中華人民共和国全人代常務委員会委員長。一九八五年四月、来日。同月二四日、衆議院で演説。

(23) 一九二四年〜。第六代中華人民共和国全人代常務委員会委員長。一九九五年四月、来日。

(24) 一九二八年〜。一九八八〜一九九八年、中華人民共和国国務院総理。一九九八〜二〇〇三年、全人代常務委員会委員長。一九八四年八月、一九九七年四月及び二〇〇二年四月、来日。

(25) 一九四二年〜。奈良県出身。関西大学法学部卒業。一九八三（昭和五八）年以降、衆議院議員に当選通算四回（公明党、公明、新進党）。一九九四年、羽田内閣の建設大臣。一九九八年、参議院議員に当選一回（公明党）。公明党国対委員長。奈良県立大学客員教授。

(26) 一九三六年〜二〇一一年。旧満洲国奉天省奉天市に生まれる。関西大学二部法学部卒業。弁護士。一九八六（昭和五一）年以降、衆議院議員に当選通算七回（公明党、公明新党、新進党、新党平和）。公明党幹事長。二〇〇六年、安倍内閣の国土交通大臣として初入閣。福田内閣の国土交通大臣。

(27) 一九四〇年〜。鹿児島県出身。京都大学法学部卒業。旭化成勤務。宮崎県会議員。一九七六（昭和五一）年以降、衆議院議員に当選通算九回（民社党、新進党、民主党）。新進党幹事長。細川内閣と羽田内閣の要として、小沢一郎、市川雄一とともに、「ワン・ワン・ライス」と呼ばれた。

(28) 一九四〇年〜。福岡県出身。日本大学商学部卒業。参議院議員鬼丸勝之秘書。一九八〇（昭和五五）年以降、衆議院議員に当選通算一〇回（自由民主党）。一九九六年、橋本内閣の運輸大臣として初入閣。自民党国対委員長、自民党幹事長。宏池会会長。日本遺族会会長。

(29) 一九三二年〜。沖縄県出身。沖縄県立北山高等学校卒業。前沖縄軍労働組合連合会委員長。一九七〇（昭和四五）年以降、衆議院議員に当選通算一〇回（日本社会党、社民党、民主党）。一九九三年、細川内閣の北海道開発庁長官（兼沖縄開発庁長官、国土庁長官）。

(30) 一九二八〜一九九六年。岐阜県出身。慶應義塾大学法学部卒業。一九六四（昭和三九年以降、衆議院議員に当選通算

九回（自由民主党）。一九八二年、中曽根内閣の労働大臣として初入閣。海部内閣の運輸大臣。一九九五年、参議院議員に当選（一回）。父は衆議院議長の大野伴睦。妻は参議院議員の大野つや子。

(31) 一八九〇～一九六四年。岐阜県出身。明治大学政経学部中退。一九三〇（昭和五）年以降、衆議院議員に当選通算一三回（立憲政友会、自由党、自由民主党）。一九五二～一九五三年、衆議院議長。一九五四年、第五次吉田内閣の北海道開発庁長官。自民党副総裁。

(32) 一九三四年～。岐阜県出身。国府台女子学院高等部卒業。一九九六年、参議院議員に当選通算二回（自由民主党）。夫は衆議院議員、参議院議員の大野明。

(33) 一九三三～一九九二年。千葉県出身。学習院大学法学部中退。一九六四（昭和三九）年以降、衆議院議員に当選通算九回（自由民主党）。運輸政務次官時代の一九七〇年、よど号ハイジャック事件が発生、乗客の身代わりとして人質となる（その後解放）。一九八三年、第二次中曽根内閣の農林水産大臣として初入閣。宇野内閣の運輸大臣。父の山村新治郎（一〇代目）は衆議院議員。

(34) 一九二八年～。千葉県出身。日本大学農獣医学部中退。富津町会議員、千葉県会議員。一九六九（昭和四四）年以降、衆議院議員に当選通算七回（自由民主党）。著書に『日本をダメにした九人の政治家』（講談社、一九九三年）等がある。

(35) 一九二五～二〇〇九年。一九九八～二〇〇三年、第一五代韓国大統領。二〇〇〇年、ノーベル平和賞受賞。一九九八年一〇月に来日、同月八日、参議院で演説。

(36) 一九七五年～。福岡県出身。旧姓は田村。帝京大学文学部卒業、日本体育大学大学院前期課程修了。二〇〇〇年のシドニーオリンピック、二〇〇四年のアテネオリンピック女子柔道で金メダルを獲得するなど、女子柔道家として活躍。二〇一〇年以降、参議院議員に当選（民主党）。

(37) たとえば二〇一〇年一二月二日付朝日新聞朝刊記事「『ヤジではない』記念式典での発言、民主・中井氏が釈明」を参照。

(38) 「国会に保育所を！推進議員連盟」。二〇〇〇年、橋本聖子参議院議員（自由民主党）の出産を契機に、超党派の国会議員で発足。会長は馳浩衆議院議員（自由民主党）。二〇一〇年九月、衆議院第二議員会館に保育所が新設された。

(39) 一九三九年～。東京都出身。慶應義塾大学法学部卒業。日東紡績入社。一九八〇（昭和五五）年以降、衆議院議員に当選通算一〇回（自由民主党、たちあがれ日本）。一九九五年、村山改造内閣の運輸大臣として初入閣。第二次森内閣の通産大臣。第二次森内閣、第一次小泉内閣の経済産業大臣。二〇一〇年、たちあがれ日本代表。実父は群馬県知事中山友次郎の四男恭四郎。実母は早稲田大学総長平沼淑郎の孫節子。養父は内閣総理大臣の平沼騏一郎。

(40)　一九六四年〜。栃木県出身。東北大学法学部卒業後、弁護士業務。一九九三（平成五）年以降、衆議院議員に当選通算六回（日本新党、新党さきがけ、民主党）。二〇一〇年、鳩山内閣の行政刷新担当大臣として初入閣。菅内閣の官房長官（兼沖縄及び北方対策担当）、行政刷新担当大臣、野田内閣の経済産業大臣、原子力損害賠償支援機構担当大臣。二〇〇二年、民主党政策調査会長、二〇一〇年、民主党幹事長。

(41)　General Accountability Office. 連邦議会行政監査局。行政部門から独立した、米国連邦議会の補佐機関として、一九二一年設置される。連邦議会の要請を受けて、各省庁の施策や予算の執行状況を監査・調査することが、その役割である。

(42)　一九〇三〜一九七五年。新潟県出身。岩倉鉄道学校卒業。一九四九（昭和二四）年以降、衆議院議員に当選通算七回（自由党、日本民主党、自由民主党）。一九六六年、黒い霧事件に関与して議員辞職。一九七四年、東京地裁で実刑判決（控訴中に死去）。

(43)　いわゆる黒い霧事件の発端となった不正事件。一九六六年八月、田中彰治衆議院決算委員長が、自ら払下げ問題として取り上げた虎ノ門公園跡地の国有地について、同地を入手した小佐野賢治（国際興業会長）を脅迫し、手形決済を延期させたとして、脅迫・恐喝容疑で逮捕された。決算審査を利用したマッチポンプ型犯罪として禍根を残した。この事件に端を発した一連の不正事件を受けて、佐藤栄作内閣は一九六六年一二月二七日、議会召集日に衆議院を解散した（黒い霧解散）。

(44)　国会法四三条および国会職員法一条一号を参照。

(45)　この間の事情については、『衆議院調査局一〇年の歩み ── 常任委員会調査室制度発足六〇年を迎えて』（衆議院調査局、平成二〇年七月）二五頁以下を参照。

(46)　大西勉「予備的調査の実態と最近の調査局改革 ── 国会改革の動き」北法五八巻二号（二〇〇六年）四五九頁以下も参照。

(47)　近藤ほか・前掲書、三八一〜三八七頁を参照。

(48)　二〇〇七年三月一五日付の朝日新聞記事を参照。

(49)　一九四六年〜。徳島県出身。東京大学法学部中退。弁護士。一九九〇（平成二）年以降、衆議院議員に当選通算六回（日本社会党、社民党、民主党）。二〇〇九年、鳩山由紀夫内閣の行政刷新担当大臣として初入閣。鳩山内閣の「新しい公共」担当大臣。菅内閣の官房長官、法務大臣、官房副長官。二〇一〇年一一月二六日、参議院で仙谷官房長官に対する問責決議案が可決された。

(50)　一九三七年〜。石川県出身。中央大学法学部卒業。衆議院議員益谷秀次秘書。一九七二（昭和四七）年以降、衆議院

議員に当選通算一二回（自由民主党）。一九八七年、竹下内閣の防衛庁長官として初入閣。第二次橋本内閣の建設大臣、小渕再改造内閣と森内閣の防衛庁長官。

(51) なだしお事件。一九八八年七月二三日、海上自衛隊潜水艦「なだしお」と遊漁船「第一富士丸」が衝突し、遊漁船が沈没、乗員乗客三〇名が死亡、一七名が重軽傷を負った。瓦力防衛庁長官が引責辞任した。

(52) 一九四四年〜。宮城県出身。東北大学法学部卒業。日本通運入社。一九七一（昭和四六）年、防衛庁に入庁。二〇〇三年、防衛事務次官。二〇〇九年、守屋の退任人事をめぐって小池百合子防衛大臣と衝突、小池が大臣を辞任した三日後の二〇〇七年八月三一日付で退官。二〇〇七年一一月、防衛庁在職中に山田洋行から接待を受けたとして、収賄罪で逮捕、次いで起訴。二〇一〇年、最高裁への上告取下げ、実刑確定（懲役二年六か月）。父は衆議院議員の守屋栄夫。

(53) 一九三九〜一九九八年。東京都出身。早稲田大学大学院政治学研究科卒業。自由民主党政務調査会職員、専門調査員。北陸大学教授。一九九八年八月二七日の那須山地の集中豪雨で死去。生前に収集した資料の一部が、憲政記念館に「村川一郎資料」「村川一郎文庫」として寄贈された。著書に『政策決定過程』（教育社、一九七九年、信山社、二〇〇〇年）。

(54) 一九一〇〜一九八九年。岐阜県出身。名古屋逓信講習所卒業。名古屋中央電話局勤務。愛知県会議員。一九五二（昭和二七）年以降、衆議院議員に当選通算一四回（右派日本社会党、日本社会党、民社党）。民社党委員長。

(55) 一九四一年〜。大分県出身。早稲田大学大学院政治学研究科修士課程修了。大分県玖珠町長。一九七七（昭和五二）年、参議院議員に当選一回（自由民主党）。一九八三年以降、衆議院議員に当選通算九回。一九九五年、村山改造内閣の防衛庁長官として初入閣。二〇〇九年、衆議院副議長。

(56) 一九三二年〜。東京都出身。一九五五（昭和三〇）年、東京大学法学部卒業、大蔵省に入省。一九七七年、参議院議員に当選通算二回（自由民主党）。一九九〇年以降、衆議院議員に当選通算七回（自由民主党、新生党、新進党、自由党、民主党）。一九九三年、細川内閣の大蔵大臣として初入閣。羽田内閣の大蔵大臣。鳩山内閣の財務大臣、菅再改造内閣の内閣官房副長官。自由党幹事長、民主党幹事長。

(57) 正式名称は「気候変動に関する国際連合枠組条約の京都議定書」。第三回気候変動枠組条約締約国会議（地球温暖化防止京都会議）において、一九九七年一二月一一日に採択された。

(58) 一九二七年〜。愛知県出身。東京大学法学部卒業。外務省に入省。一九八〇（昭和五五）年以降、参議院議員に当選通算三回（自由民主党）。二〇〇〇年、衆議院議員に当選一回（自由民主党）。一九九七年、第二次橋本改造内閣の環境庁長官として初入閣。第一次小泉内閣の環境大臣。

(59) 実際には、各方面からの批判を受けて、数十分後に会場に戻っている。一九九七年一二月一一日付京都新聞記事「大木環境庁長官が大失態 ── 国会出席で一時帰途、猛反発受けUターン」を参照。

(60) 一九一一〜二〇〇七年。富山県出身。陸軍大学校卒業。大本営作戦参謀。陸軍中佐。終戦時、関東軍参謀としてソ連軍の捕虜となり、一九五六（昭和三一）年までシベリアに抑留。帰国後、伊藤忠商事に入社。一九七八年、同社会長。第二次臨時行政調査会（土光臨調）委員。著書に『幾山河 ── 瀬島龍三回想録』（産経新聞社、一九九六年）がある。

(61) 綿貫民輔『わが半生の記』（北日本新聞社、二〇一〇年）一四二頁以下も参照。

(62) 一九二四年〜。東京都出身。海軍経理学校を経て、一九四七（昭和二二）年、東京帝国大学法学部卒業、大蔵省に入省。一九七九年、大蔵事務次官。

(63) 一九二六〜二〇一一年。東京都出身。東京大学経済学部卒業。読売新聞社に入社。一九九二年、日本テレビ代表取締役社長。

(64) 一九二八〜二〇〇六年。埼玉県出身。一九八六（昭和六一）年、秩父セメント株式会社代表取締役会長。一九九五年、地方分権推進委員会委員長。一九九八年、太平洋セメント株式会社取締役相談役。父は作曲家の諸井三郎。

(65) 一九二六年〜。岩手県出身。慶應義塾大学経済学部卒業。慶應義塾大学経済学部教授。千葉商科大学学長。嘉悦大学学長。第二次臨時行政調査会（土光臨調）委員。

(66) 一九三五年〜。台湾に生まれる。一九五八（昭和三三）年、東京大学法学部卒業、大蔵省に入省。一九八六年以降、衆議院議員に当選通算八回（自由民主党）。二〇〇四年、第二次小泉改造内閣の防衛庁長官として初入閣。

(67) 一九三二年〜。福岡県出身。東北大学文学部卒業。時事通信社入社。政治評論家。第二次臨時行政調査会（土光臨調）委員。著書に『日本の政治はどう変わったのか ── 戦後総決算の意味するもの』（ＰＨＰ研究所、一九八七年）など。

(68) 一九三二年〜。鹿児島県出身。鹿児島大学工学部卒業。一九五九（昭和三四）年、京都セラミック（現京セラ）設立。一九八四年、第二電電（現KDDI）設立。鳩山内閣の内閣特別顧問。

(69) 綿貫民輔『八十一歳は人生これから』（幻冬舎新書、二〇〇九年）一六頁以下も参照。

(70) 一九四三年〜。東京都出身。成城大学経済学部出身。アラビア石油入社。一九八一（昭和五六）年以降、参議院議員に当選通算四回（自由民主党）。一九九三年以降、衆議院議員に当選通算四回（自由民主党、無所属、たちあがれ日本）。一九九七年、第二次橋本改造内閣の運輸大臣として初入閣。二〇〇〇〜二〇〇二年、衆議院議院運営委員長。二〇一〇年、たちあがれ日本参議院代表。

(71) 一九六九〜二〇〇九年。愛知県出身。一九九三（平成五）年、東京大学工学部卒業、大蔵省に入省。二〇〇〇年以降、衆議院議員に当選通算三回（民主党）。二〇〇六年二月、ライブドア元社長の堀江貴文のメールを根拠に、堀江から武部勤自民党幹事長の次男への献金問題を取り上げるが、のちにメールが偽物だと判明、永田も偽物と認める。同年四月に議員辞職（前原誠司党代表も混乱の責任をとり、代表を辞任）。二〇〇九年一月、自殺。

(72) 一九四六年〜。大阪府出身。日本体育大学体育学部卒業。レスリング選手、専修大学教授。一九九六（平成八）年以降、衆議院議員に当選通算三回（新進党、自由党、保守党、保守新党、自由民主党）。日本アフガニスタン協会理事長、日本レスリング協会副会長。

(73) 正確には、綿貫議長が号鈴を鳴らしたのは、松浪氏の水まき事件が起こる前の出来事である。すなわち、不信任決議案の二人目の討論者（松浪氏はこの後五人目）が申し合わせ時間を大幅に超過したため、再三注意の後、ごくわずかな時間号鈴を鳴らしたが、議場騒然のためよく聞こえなかったとされる。

(74) 一八九〇〜一九五三年。官僚、法学者。一九四六（昭和二一）年以降、衆議院議員に当選通算三回（日本自由党）。衆議院議長。第三次吉田内閣の賠償庁長官として初入閣。

(75) 今野ほか・前掲書、二三一頁以下、および綿貫・前掲『わが半生の記』二三六頁以下も参照。

(76) ＮＨＫ「永田町　権力の攻防」取材班『ＮＨＫスペシャル証言ドキュメント　永田町　権力の攻防　一九九三〜二〇〇九』（ＮＨＫ出版、二〇一〇年）一六六頁を参照。

(77) 一九三〇年〜。本名、上田建二郎。東京都出身。東京大学理学部卒業。一九六九年以降、衆議院議員に当選通算一〇回（日本共産党）。二〇〇〇年、日本共産党中央委員会議長。二〇〇六年、日本共産党付属社会科学研究所所長。著書に『不破哲三――時代の証言』（中央公論新社、二〇一一年）など多数。兄は日本共産党副委員長の上田耕一郎。

(78) 佐藤孝行に対する辞職勧告決議案は、一九八二（昭和五七）年六月八日に日本社会党と日本共産党が、同月一八日に民社党、公明党、新自由クラブ・民主連合が衆議院に提出。一九八三年五月二五日、賛成少数で否決。

(79) 例として、一九〇四（明治三七）年三月二八日、衆議院議員秋山定輔に対する処決を促す決議が衆議院本会議に提出され、可決された。同年二月に日露戦争が勃発しており、二六新報社長の秋山は、同紙での非戦論を理由に「露探」（ロシアのスパイ）との事実無根の疑いをかけられた。秋山は翌二九日、議員辞職した。

(80) 田中角栄に対する辞職勧告決議案は、一九八三（昭和五八）年二月一日に日本共産党が、二月四日に日本社会党、公明党、民社党、新自連がそれぞれ衆議院に提出。一九八三年五月二五日、賛成少数で否決。

(81) 一九五九〜二〇〇一年。群馬県出身。慶應義塾大学商学部卒業。ＮＨＫに入社。一九九二（平成四）年以降、衆議院議員に当選通算三回（自由民主党）。一九九八年、政党交付金の流用による政党助成法違反、公職選挙法違反、政策秘書給与の詐欺容疑、海上自衛隊の救難飛空艇開発に関する富士重工業からの受託収賄罪容疑で逮捕される（同年一二月起訴）。一九九九年一月、議員辞職。一審、二審で実刑判決を受け、上告中の二〇〇一年一月に自殺。祖父は中島飛行機（現富士重工業）社長で衆議院議員の中島知久平。

(82)　いわゆる鈴木宗男事件と呼ばれる一連の事件で、鈴木本人が起訴された初めての事件である。二〇〇二（平成一四）年六月一九日、東京地検特捜部は、鈴木宗男衆議院議員（当時）の逮捕許諾を衆議院に請求した。理由は、鈴木が官房副長官時代の一九九八年八月、製材会社「やまりん」から、林野庁の行政処分に関する口利きの見返りとして五〇〇万円を受け取ったとするあっせん収賄容疑である。衆議院本会議は同日、逮捕許諾決議を可決し、東京地検特捜部は同じ一九日に鈴木を逮捕した。同月二一日、衆議院本会議は、鈴木の逮捕を理由に、議員勧告決議を可決した（鈴木は辞職拒否。二〇〇三年九月の衆議院解散まで在職）。同じ二一日、東京地検特捜部は鈴木を起訴した。公判では、被告人は、林野庁への口利きを請託された事実はないこと、「やまりん」から受領したのは四〇〇万円で、官房副長官就任のお祝い金であること、事件は検察の国策捜査であることを主張し、公訴棄却を申し立てた（鈴木宗男ＨＰ「ムネオ日記」二〇〇七年一二月一一日 http://www.muneo.gr.jp/html/diary200712.html）。鈴木は一審、二審で有罪となり、二〇一〇年九月に最高裁が上告を棄却して、有罪が確定した。鈴木はこの間、二〇〇五年、二〇〇九年の衆議院選挙に新党大地代表として立候補し、当選したが、有罪が確定したことで議員を失職した。

(83)　二〇〇三年、坂井隆憲は業際研事件をきっかけに、政治資金規正法違反と詐取容疑で東京地検特捜部の捜査を受ける。特捜部は証拠隠滅の恐れありとして坂井の逮捕を請求し、三月七日、衆議院本会議で逮捕許諾請求が可決される。同日、坂井は逮捕され、自民党を除名された。さらに同月二五日、衆議院本会議で議員辞職勧告決議案が可決されたが、坂井は辞職を拒否し、同年一〇月の衆議院解散まで在職した。二〇〇四年一〇月、坂井の有罪が確定した。

(84)　同様の懸念を指摘するものとして、今野ほか・前掲書、三八七頁以下を参照。

(85)　この点については、赤坂幸一「統治システムの運用の記憶 —— 議会先例の形成」レヴァイアサン四八号（二〇一一年）八五頁以下、および今野ほか・前掲書、二九七頁以下も参照。

(86)　一八九六～一九八一年。山形県出身。東京帝国大学政治学科卒業。三井銀行に入行。一九四七（昭和二二）年以降、衆議院議員に当選一回（民主自由党）。一九四八年、第二次吉田内閣の大蔵大臣として初入閣。一九五〇年以降、参議院議員に当選通算三回（民主自由党、自由党、自由民主党）。蔵相在任中の一九四八年一二月一三日、泥酔状態で登院し、女性議員にキスを迫る不祥事を起こす。泉山は一四日に蔵相を引責辞任するとともに議員を辞職した。同月二二日、衆議院は、国会議員の酒気帯び登院を禁止する「議院内粛正に関する決議案」を可決した。

(87)　ハンサード家はイギリスの著名な印刷業者。創始者はルーク・ハンサード（Luke Hansard. 一七五二～一八二八年）。

英国議会議事録（別名ハンサード）の発行に携わる。現在は一八〇三年から二〇〇五年の議事録を下記のＨＰで閲覧できる。http://hansard.millbanksystems.com/

(88) 一八五三〜一九四二年。筑前国（福岡県）出身。福岡藩士。岩倉使節団に随行、ハーバード大学法学部卒業。帰国後、嚶鳴社の沼間守一の推薦で元老院に出仕。内閣総理大臣秘書官として伊藤博文の下で明治憲法の起草作業に従事。一八九〇（明治二三）年、貴族院議員。貴族院書記官長。一八九八年、第三次伊藤内閣の農商務大臣として初入閣。一九〇〇年、第四次伊藤内閣の司法大臣。一九〇六年、枢密顧問官。

(89) 赤坂・前掲論文「統治システムの運用の記憶」七九頁。

(90) 今野ほか・前掲書、二一〇頁および二七四頁以下を参照。

オーラルヒストリーを終えて

◆オーラルヒストリーを終えて

赤坂　最後に当たりまして、これから衆議院事務局も、国会がどうなるかよく分からない状態で、新しい議事運営に困惑し、攻守ところを変えて戸惑っているところで、時々お話を聞くと、事務局の方も今までの前例が通用せず、困っておられる様子があります。後輩の方々、あるいは我々後の世代に、何か特に伝えたい、語り残したいことがございましたらお願いします。

谷　国会の職員というのは議員と親しくなるチャンスはいっぱいあるわけだよね、それは大なり小なり、どういう職場の人だって。職員としてのけじめとしては、やはりそれにおぼれちゃだめなんだよね。要するに、国会議員とお友達づき合いできるように親しくなってというのは分かるけれども、それは職員として、そこらはやはりけじめとして。だからといって、では知らぬ顔して「私ら全然政党にも関係ございません、ただ言われた仕事をするだけです」では、また勤まらぬ職場だから。よく私も言っていたんだけれども、基本的にはうちはサービス産業だよって、お仕えする職業だから。だけど、そのお仕えする職業というのは、やはり難しいのは、そういうけじめ、弁えをしておかなきゃいかぬというのはあると思うんだよね。

その根本は、中でいろいろ喧嘩するのはいいですよ。だけどやはり、特定の議員につながったり、四十日抗争じゃないけど、それを外に持ち出して何とかするとか、そういうのは慎んでいかなきゃいかぬと思うよ。外に対しては一致団結して事務局の組織を守るという姿勢をみんな持っていかないと、何でもかんでも自分一人でと、議員を使って何とかかんとかという話は、それは一時期いい面があっても、やはり長い目で見たら組織にとってもよくないし。

だから、基本的には余りつまらぬことで喧嘩しちゃいけない。喧嘩するなら大きなことで喧嘩すればいいと思いますけど、例えば「議院運営のこれはやっちゃいけません」とか何かで、事務局の中で議論して、あるいは議員とそういう喧嘩をしていく、そんなのはいいけど、ちょっと月給が安いとか、おれは何とかの地位とか、そういうつまらぬ次元で喧嘩するのはよしてくださいよということ。

赤坂　事務局の中でということですか。

谷　そう。それは下世話ではいっぱいあるんですよ。女性だって男だって、それは昔からあるの、うちの職場というのは。議員に泣きついたりね。そうすると議員は「あの職員を何とかするのはけしからぬ」とか「事務総長に言うぞ」とか、そういう話が古くから結構ある。それに負けてまた事務総長がそれに取り合って、「分かりました」みたいにやっていると、また組織がもたないわけだよね。

だから、組織としてみんなが支えていかないと、それが当たり前みたいになってくると組織が壊れちゃうからね。だから、言うなれば、特に事務局の幹部クラスになると議員に信頼感がないといかぬということですよ。特定の議員からの信頼だけじゃここではやっていけませんよということなんだよ。共産党の議員にも信頼されるし。言葉じゃ難しいけど、どこかそういう弁えがないと。親しくしなきゃいかぬけど、それ以上になれ親しんでもいけませんよというその弁えをね。そうじゃないと、ここの職場の信頼感というのは出てこないと思うんだよ。

赤坂　議会職員の方は、そこは独特ですよね。

谷　これは難しいんだよね。仕事といったって、多少、サービス業というのは気が利くとかやはりみめ麗しい方がかわいがられたりなんたりするからね、仕事ができるというよりも。そうすると、「あれは愛いやつじゃ」みたいな話になりかねないし、そうするのもまた頼って。そういう話は余り言えませんけれども、見聞きしたり自分で実際に経験したりしたのはいろいろありますよ。ただ、総長になってからは余りそういうひどい話は聞かないね、具体的に。まあ私に取り合ってもしようがないと思うんだけど、余りない。

私が庶務部長の頃にはだんだん試験制度が整ってきた。それはそれでいろいろまた、知野さんから皮肉めいて言われたことがあるけど、「うちはそんなことを無理してきれいごとでしなくてもいいんだよ」と。確かに、それは議員からいろいろ頼まれたら、総長の立場からいったら「うちは試験ですから」と、そんな木で鼻をくくったような態度じゃつとまらぬしね。だからといって、そればかりに行くというのもいかぬから、試験制度を整えてきたんだけど、それはそれでまたいろいろあるのはあるんでしょうけどね。これは人間関係だからしようがないんだよ。だって、気の効いてかわいがられる人はかわいがられるし、気の効かないのは気の効かないで、議員にしてみれば、全然役に立たないというような感じにだんだんなってくるしね。

でも、縁故採用のような職員はもういないね。多少あったのは、試験を落ちていても、いわゆるアルバイトみたいに臨時職員で雇っていて、そうすると、何年間か臨時職員をしてみれば大体なじんでくる。でも、またそれも気の毒なんだよ。もう一回一からやり直すから、月給下がって。でも、もう今はそういう余地もだんだんなくなってきたんじゃないかね。というのは、逆に言うと、競争率が高くなっちゃったんだよ。

赤坂　人気になってきたんですね。

谷　昔は、そうはいってもそんなにね。まだ多少、遊びのあるような段階だったけど、今は、競争率が高くなっちゃうとなかなか難しいんじゃないのかな。後にだんだん、大変有り難いけど、国会職員は競争率が高くて全国から集まるようになったけど、それまでは本当に来手がいなかった。だから、谷福丸が事務総長になったのも、それは国会に来手がいなかった時代のこと。

終りに、大袈裟なことをいえば、いま議会は真当に育つかどうかの過渡期というか、生みの苦しみのときだと思うんだよね。帝国議会時代、大正年間に政友会、憲政会の二大政党政治がやっと芽生えたら軍部の支配に屈してしまう。

新国会になって、五十五年体制ができて二大政党らしき姿になったが、三十八年間で一応終えんしたけれども、実質的には、五十数年間政権交代がなかった。議院内閣制議会のあり様としては異様です。これからどういう議会に育っていくのか、三度目の正直になるのか、同じ石にまた躓くのか。

幸い、私たちの頃にくらべて優秀な人が揃っていると承知しています。よりよい議会制度を目指して一所に懸命して欲しいと思います。

＊本書の作成に当たっては、その経費の一部につき、次の助成金からの援助を受けた。

①平成二十一年度〜二十三年度科学研究費（基盤研究A）「衆議院事務局の未公開資料群に基づく議会法制・議会先例と議院事務局機能の研究」（研究代表者：大石眞）

②平成二十三〜二十四年度科学研究費（若手B）「議会法・議会先例の形成過程の解明」（研究代表者：赤坂幸一）

③JFE二十一世紀財団二〇一〇年度アジア歴史研究助成（研究代表者：赤坂幸一）

④旭硝子財団平成二十四年度研究助成（研究代表者：赤坂幸一）

以上

谷福丸氏履歴

昭和14年2月	福岡県田川市に生まれる
昭和32年3月	福岡県立田川東高等学校卒業
昭和38年3月	九州大学法学部法律学科卒業
5月	福岡県鞍手福祉事務所勤務
9月	国家公務員採用上級甲種試験(行政)合格
昭和39年4月	法務事務官（副看守長）
昭和40年4月	衆議院参事
昭和43年7月	先例第二係長
昭和48年4月	外務省へ出向（在イギリス２等書記官）
昭和52年6月	衆議院参事
昭和54年2月	議長秘書
昭和56年7月	委員部総務課長
昭和58年1月	秘書課長
昭和62年12月	議事部副部長（秘書課長事務取扱）
平成元年7月	庶務部長 議会制度百年史編纂委員会幹事 国立国会図書館建築協議会委員
平成3年1月	事務次長
平成5年4月	国会等移転調査会幹事
平成6年6月	事務総長に当選
平成15年11月	辞　任

〈資料〉

1 衆議院事務局幹部一覧（昭22〜）／2 衆議院事務局幹部一覧（平元〜平23）／

3 衆議院内全体図（現在）

〈資料1〉衆議院事務局幹部一覧

◆一　衆議院事務総長

〈歴代〉	〈氏名〉	〈国会回次〉	〈当選年月日〉〈辞任年月日〉
1	大池眞	自一回 至一五回	昭和22・5・22—昭和27・11・7
2	大池眞	自一五回 至二三回	27・11・7—30・11・22
3	鈴木隆夫	自二三回 至三五回	30・11・22—35・7・22
4	山﨑高	自三五回 至四六回（閉）	35・7・22—39・8・22
職務代行	久保田義麿	自四六回（閉） 至四六回（閉）	39・8・22—39・11・8
5	久保田義麿	自四七回 至五五回	39・11・9—42・7・21
6	知野虎雄	自五五回 至七一回	42・7・21—48・9・27
7	藤野重信	自七一回 至七七回（閉）	48・9・27—51・7・4
職務代行	大久保孟	自七七回（閉） 至七八回	51・7・4—51・9・16
8	大久保孟	自七八回 至九二回	51・9・16—55・7・25
9	荒尾正浩	自九二回 至九六回	55・7・25—57・8・5
10	弥富啓之助	自九六回 至一一四回	57・8・5—平成元・6・8
11	緒方信一郎	自一一四回 至一二九回	平成元・6・8—6・6・16
12	谷福丸	自一二九回 至一五八回	6・6・16—15・11・27
13	駒崎義弘	自一五八回 至一七一回	15・11・27—21・7・9
14	鬼塚誠	自一七一回 現職	21・7・9—現職

◆二　衆議院事務次長、部長（＊は、願いにより免職）

〈肩書〉	〈氏名〉	〈就任年月日〉〈退任年月日〉
事務次長	西澤哲四郎	昭和22・5・24—昭和28・3・5
	鈴木隆夫	28・3・5—30・11・22
	山﨑高	30・11・28—35・7・22
	久保田義麿	35・7・23—39・11・9
	知野虎雄	39・11・9—42・7・21
	藤野重信	42・7・22—48・9・27
	大久保孟	48・9・27—51・9・16
	荒尾正浩	51・9・16—55・7・25
	弥富啓之助	55・7・25—57・8・5
	泉清	57・8・5—58・8・5
	星野秀夫	58・8・5—60・8・12
	中島隆	60・8・12—62・3・20
	緒方信一郎	62・3・20—平成元・6・8
	池田稔	平成元・6・8—3・1・10

	谷　福丸	3・1・10—6・6・16
	川上　均	6・6・16—9・11・19*
	近藤誠治	9・11・19—10・7・1
	駒崎義弘	10・7・1—15・11・27
	鬼塚　誠	15・11・27—21・7・9
	清土恒雄	21・7・9—22・6・30*
	井上茂男	22・7・1—23・6・30*
	清野宗広	23・7・1—現職
部長（注＝カッコ内の部課は廃止となったものである。）		
（調査部長）兼	西澤哲四郎	昭和22・5・24—昭和22・7・5
	三浦義男	22・7・5—22・8・23
事務取扱	西澤哲四郎	22・8・23—23・9・8
調査局長	近藤誠治	平成10・1・12—平成6・1・16*
	（平成10・7・1までは、事務次長との兼職。）	
	大西　勉	16・1・19—19・7・12*
	清土恒雄	19・7・13—21・7・9
	井上茂男	21・7・9—22・7・1
	山本直和	22・7・1—現職
（法制部長）	諸橋　襄	昭和22・6・19—昭和22・8・20
	三浦義男	22・8・23—23・7・9
議事部長		
兼	西澤哲四郎	22・5・24—24・10・1
事務取扱	西澤哲四郎	24・10・1—28・3・5
事務取扱	鈴木隆夫	28・3・5—30・11・22

事務取扱	山崎　高	30・11・28—33・5・10
	内藤秀男	33・5・10—40・7・1
事務取扱	知野虎雄	40・7・1—42・7・21
	泉　清	42・7・22—57・8・5
事務取扱	泉　清	57・8・5—58・1・7
	中島　隆	58・1・7—58・8・5
	古田和也	58・8・5—60・7・1
	桂　俊夫	60・7・1—62・12・16
	木村俊之	62・12・16—平成元・2・6
	峰崎高次	平成元・2・6—4・6・30*
	谷　福丸	4・7・1—6・1・1
	（事務取扱（但し、一時的に事務取扱がほかの人に移った期間は換算しない。））	
	近藤誠治	6・1・1—10・1・12
	杉谷正秀	10・1・12—10・7・1
	鬼塚　誠	10・7・1—11・8・20
	清土恒雄	11・8・20—15・8・1
	山本直和	15・8・1—16・7・1
	井上茂男	16・7・1—17・1・1
	山下　登	17・1・1—20・6・30*
	白井　誠	20・7・1—22・7・1
	向大野新治	22・7・1—23・7・1
兼	向大野新治	23・7・1—23・9・1
	岸本俊介	23・9・1—現職
委員部長	鈴木隆夫	昭和22・5・24—昭和28・3・5
	山崎　高	28・3・5—30・11・28

〈肩書〉	〈氏名〉	〈就任年月日〉	〈退任年月日〉
	茨木純一	30・11・28	33・5・10
	久保田義麿	3・5・10	35・7・23
	知野虎雄	35・7・23	39・11・9
	藤野重信	39・11・9	42・7・22
	大久保孟	42・7・22	48・9・27
	三樹秀夫	48・9・27	51・1・6
事務代理	荒尾正浩	51・1・6	51・1・22
	荒尾正浩	51・1・22	51・9・16
	弥富啓之助	51・9・16	55・7・25
	進藤秀雄	55・7・25	56・12・15
事務取扱	弥富啓之助	56・12・15	57・1・4
	星野秀夫	57・1・4	58・8・5
	中島隆	58・8・5	60・8・12
事務取扱	中島隆	60・8・12	60・9・1
	右田健次郎	60・9・1	61・8・11
	池田稔	61・8・11	平成元・9・25（平成元・6・8〜同年9・25は、事務取扱。）
	平野貞夫	平成元・9・25	4・2・28*
	川上均	4・3・1	6・10・7（平成6・6・16〜同年10・7は、事務取扱。）
	松下英彦	6・10・7	7・7・1
	大坪道信	7・7・1	8・7・1
	大西勉	8・7・1	9・7・1
	駒崎義弘	9・7・1	11・8・20（平成10・7・1〜11・8・20は、事務取扱。）
	鬼塚誠	11・8・20	16・1・1（平成15・11・27〜16・1・1は、事務取扱。）
	緒方輝男	16・1・1	20・6・30*
	山本直和	20・7・1	22・7・1
	清野宗広	22・7・1	23・7・1
事務取扱	清野宗広	23・7・1	23・9・1
	向大野新治	23・9・1	現職
記録部長			
	小泉弘	昭和22・6・19	昭和23・9・24
心得	小池元男	23・9・24	24・11・11
	小池元男	24・11・11	30・11・28
	久保田義麿	30・11・28	33・5・10
	茨木純一	33・5・10	38・4・1
事務取扱	久保田義麿	38・4・1	38・6・12
	藤野重信	38・6・12	39・11・9
	弥富啓之助	39・11・9	42・7・22
	福水達郎	42・7・22	48・9・27
	進藤秀雄	48・9・27	51・1・22
	中嶋米夫	51・1・22	53・9・8
	中島隆	53・9・8	55・7・25
	古田和也	55・7・25	57・1・4
	馬渕善七	57・1・4	57・12・27
事務代理	池田稔	57・12・27	58・1・7
	多田俊幸	58・1・7	61・8・11

	内野林郎	61・8・11	62・12・16
	堀口一郎	62・12・16	平成2・1・23
	岩永英一	平成2・1・23	3・1・1
	川上均	3・1・1	3・11・13
	宮嵜道男	3・11・13	4・3・1
	鳥越善弘	4・3・1	4・7・1
	砂田大	4・7・1	5・6・30
	松下英彦	5・7・1	6・10・7
	中島勝	6・10・7	7・7・1
	清土恒雄	7・7・1	8・7・1
	駒崎義弘	8・7・1	9・7・1
	杉谷正秀	9・7・1	10・1・12
	土田喜代治	10・1・12	11・8・20
	高橋徳光	11・8・20	12・8・1
	小林英紀	12・8・1	14・8・1
	田島秀安	14・8・1	15・12・31
	池田義明	16・1・1	16・4・1
	亀井爲幸	16・4・1	16・7・1
	遠藤茂男	16・7・1	17・8・31
	菅谷治	17・9・1	18・7・1
	五十島善家	18・7・1	20・12・31
	清野宗広	21・1・5	21・8・1
	辻本頼昭	21・8・1	22・7・1
	阿部優子	22・7・1	現職
庶務部長			
	山崎高	昭和22・5・24	昭和28・3・5
兼	山崎高	28・3・5	28・4・1
	久保田義麿	28・4・1	30・11・28
	知野虎雄	30・11・28	35・7・23
兼	知野虎雄	35・7・23	35・10・14
	山野雄吉	35・10・14	36・3・10
	藤野重信	36・3・10	38・6・12
	大久保孟	38・6・12	42・7・22
	三樹秀夫	42・7・22	48・9・27
	荒尾正浩	48・9・27	51・1・22
	弥富啓之助	51・1・22	51・9・16
	福水達郎	51・9・16	55・7・25
	星野秀夫	55・7・25	57・1・4
	中島隆	57・1・4	58・1・7
	右田健次郎	58・1・7	60・9・1
	緒方信一郎	60・9・1	62・3・20
事務取扱	緒方信一郎	62・3・20	62・7・1
	中里煥	62・7・1	平成元・6・30
	谷福丸	平成元・7・1	3・1・10
事務取扱	谷福丸	3・1・10	4・7・1
	鳥越善弘	4・7・1	8・7・1
	清土恒雄	8・7・1	11・8・20
	仁田山良雄	11・8・20	12・7・31
	稲垣雅朗	12・8・1	13・6・30
	土田喜代治	13・7・1	15・7・31
	井上茂男	15・8・1	16・7・1
	齊藤正	16・7・1	17・9・1
	山本直和	17・9・1	20・7・1
	向大野新治	20・7・1	21・7・31
	齋藤裕人	21・8・1	22・6・30
	小島克美	22・7・1	現職

〈肩書〉	〈氏名〉	〈就任年月日〉	〈退任年月日〉
管理部長	内藤秀男	昭和30・12・26	昭和33・5・10
兼	内藤秀男	33・5・10	33・6・16
	藤野重信	33・6・16	36・3・10
	大久保孟	36・3・10	38・6・12
	三樹秀夫	38・6・12	42・7・22
	荒尾正浩	42・7・22	48・9・27
	弥富啓之助	48・9・27	51・1・22
	福水達郎	51・1・22	51・9・16
	進藤秀雄	51・9・16	55・7・25
	中島隆	55・7・25	57・1・4
	古田和也	57・1・4	58・8・5
	池田稔	58・8・5	61・8・11
	中里煥	61・8・11	62・7・1
	多田俊幸	62・7・1	平成元・11・6
	山田理平	平成元・11・6	3・3・31
	富成敏夫	3・4・1	3・10・1
	松村淳治	3・10・1	5・1・1
	石村八郎	5・1・1	5・12・31
	大坪道信	6・1・1	7・7・1
	中島勝	7・7・1	8・7・1
	宮武太郎	8・7・1	9・7・1
	稲垣雅朗	9・7・1	12・8・1
	川城正彰	12・8・1	13・7・1
	上野昭宣	13・7・1	14・12・31
	奥村卓石	15・1・1	16・7・1
	山本直和	16・7・1	17・9・1
	瀧澤洋行	17・9・1	18・6・30
	菅谷治	18・7・1	19・7・13
	向大野新治	19・7・13	20・7・1
	齋藤裕人	20・7・1	21・8・1
	清野宗広	21・8・1	22・7・1
	辻本頼昭	22・7・1	現職
警務部長	小泉弘	昭和22・5・3	昭和22・6・19
	茨木純一	22・6・19	30・11・28
	山野雄吉	30・11・28	35・10・14
兼	山野雄吉	35・10・14	36・3・10
	山野雄吉	36・3・10	39・3・23
	荒尾正浩	39・3・23	42・7・22
	弥富啓之助	42・7・22	48・9・27
	福水達郎	48・9・27	51・1・22
	進藤秀雄	51・1・22	51・9・16
	星野秀夫	51・9・16	55・7・25
	中川一郎	55・7・25	57・6・1
事務取扱	弥富啓之助	57・6・1	57・7・1
	池田稔	57・7・1	58・8・5
	中里煥	58・8・5	61・8・11
	多田俊幸	61・8・11	62・7・1
	有山茂夫	62・7・1	平成2・12・31
	岩永英一	平成3・1・1	3・11・13
	川上均	3・11・13	4・3・1
	宮嵜道男	4・3・1	6・6・30
	大西勉	6・7・1	8・7・1

役職	氏名	就任	退任
	鬼塚誠	8・7・1	10・7・1
	仁田山良雄	10・7・1	11・8・20
	土田喜代治	11・8・20	13・7・1
	井上茂男	13・7・1	15・8・1
	齊藤正	15・8・1	16・7・1
	瀧澤洋行	16・7・1	17・9・1
	白井始	17・9・1	18・2・20
	向大野新治	18・2・21	19・7・18
	齋藤裕人	19・7・18	20・7・1
	新小田敏明	20・7・1	21・7・31
	小島克美	21・8・1	22・7・1
	岸本俊介	22・7・1	23・9・1
	紅谷弘志	23・9・1	現職
（渉外課長）			
	島静一	昭和23・9・8	昭和27・4・16
（人事課長）			
	山野雄吉	昭和24・10・4	昭和28・4・1
事務取扱	久保田義麿	28・4・1	29・7・24
事務取扱	茨木純一	29・7・24	29・9・21
事務取扱	久保田義麿	29・9・21	30・11・28
事務取扱	知野虎雄	30・11・28	30・12・26
	長倉司郎	33・5・15	35・1・21
秘書課長			
	久保田義麿	昭和22・5・3	昭和28・4・1
	山野雄吉	28・4・1	30・11・28
	長倉司郎	30・11・28	33・5・15
事務取扱	山野雄吉	33・5・15	33・7・10
事務取扱	知野虎雄	33・7・10	33・9・9

役職	氏名	就任	退任
	吉瀬宏	33・10・1	36・7・16
	荒尾正浩	36・7・18	39・3・23
	福水達郎	39・3・23	42・7・22
事務取扱	福水達郎	42・7・22	42・11・1
	進藤秀雄	42・11・1	48・9・27
事務取扱	進藤秀雄	48・9・27	48・11・1
	中島隆	48・11・1	53・9・8
	多田俊幸	53・9・8	56・7・1
事務取扱	多田俊幸	56・7・1	58・1・7
	谷福丸	58・1・7	62・12・16
事務取扱	谷福丸	62・12・16	平成元・7・1
	川上均	平成元・7・1	2・7・1
事務取扱	川上均	2・7・1	3・1・1
	清土恒雄	3・1・1	6・1・1
事務取扱	清土恒雄	6・1・1	7・7・1
事務取扱	仁田山良雄	7・7・1	10・7・1
	斉藤正	10・7・1	13・7・1
事務取扱	斉藤正	13・7・1	16・1・1
事務取扱	向大野新治	16・1・1	18・2・21
事務取扱	齋藤裕人	18・2・21	19・7・13
事務取扱	白井誠	19・7・13	20・7・1
	紅谷弘志	20・7・1	21・8・1
事務取扱	岸本俊介	21・8・1	22・7・1
事務取扱	鹿村謙太郎	22・7・1	現職
（渉外室長）			
兼	長倉司郎	昭和32・6・1	昭和33・5・15
事務取扱	山野雄吉	33・5・15	33・7・10
	正岡寿	33・7・10	33・9・15

〈肩書〉	〈氏名〉	〈就任年月日〉	〈退任年月日〉
事務取扱	山野雄吉	33・9・15	33・10・1
兼	吉瀬宏	33・10・1	34・1・24
	松尾隆男	34・1・24	36・2・1
事務代理	吉瀬宏	36・2・17	36・3・20
	奥田直一	36・3・20	36・4・1
（渉外部長）			
事務取扱	久保田義麿	昭和36・4・1	昭和36・9・1
	光藤俊雄	36・9・1	39・11・20
	西村勘一	39・11・20	43・1・6
	中根正己	43・1・6	46・9・14
	奈良賀男	46・10・6	49・12・12
	前田正裕	49・12・12	53・10・27
	淺羽滿夫	53・10・27	56・5・19
	西宮一	56・5・19	59・1・20
	内田園生	59・1・20	60・7・20
	桑形昭正	60・7・20	平成4・3・23
事務取扱	谷福丸	平成4・3・23	4・4・1
	村田光平	4・4・1	8・1・19
	鈴木忠	8・1・19	9・7・1
国際部長[注1]			
	鈴木忠	9・7・1	11・7・1
	小畑紘一	11・7・1	14・8・1
	桂誠	14・8・1	16・7・29
	三田村秀人	16・7・30	17・9・1
	城田安紀夫	17・9・1	19・9・12
	加茂佳彦	19・9・13	21・7・30
	吉田雅治	21・7・31	現職
憲政記念館長			
事務取扱	大久保孟	昭和49・7・1	昭和50・1・14
	武井次男	50・1・14	51・9・29
	横倉市蔵	51・9・29	52・9・1
	後藤英三郎	52・9・1	55・7・23
事務取扱	荒尾正浩	55・7・23	55・7・25
	堀籠一矢	55・7・25	59・9・11
	桂俊夫	59・9・11	60・7・1
	内野林郎	60・7・1	61・8・11
	國廣貴代治	61・8・11	62・12・16
	大友武	62・12・16	平成2・9・30
	木村利雄	平成2・10・1	4・6・30
	石村八郎	4・7・1	5・1・1
	大坪道信	5・1・1	6・1・1
	小池浩	6・1・1	6・9・30
	塩田有義	6・10・1	7・12・31
	山崎茂吉	8・1・1	8・8・27
事務取扱	川上均	8・9・5	9・7・1
	仁田山良雄	9・7・1	10・7・1
	川城正彰	10・7・1	12・8・1
	岩崎恒雄	12・8・1	13・6・30
	田島秀安	13・7・1	14・8・1
	池田義明	14・8・1	16・1・1
	亀井爲幸	16・1・1	16・4・1
兼	亀井爲幸	16・4・1	16・7・1
	池田義明	16・7・1	17・8・31
	五十島善家	17・9・1	18・7・1

	板垣芳男	18・7・1－	19・7・13
	新小田敏明	19・7・13－	20・7・1
	清野宗広	20・7・1－	21・1・1
	芝　新一	21・1・1－	21・8・1
	天田要治	21・8・1－	23・6・30
兼	向大野新治	23・7・1－	23・9・1
	関根　弘	23・9・1－	現職

注1　衆議院事務局事務分掌規程の一部改正により、平成9年7月1日から「国際部」に改められた。

〈出　典〉

『職員録』（昭和64年－平成13年版：大蔵省印刷局、平成14年－15年版：財務省印刷局、平成16年版以降：国立印刷局発刊）

「官報情報検索サービス」国立印刷局（平成23年11月1日閲覧）

〈資料２〉：**衆議院事務局幹部一覧**（平成元年 〜 平成23年度）

平　成	事務総長	事務次長	調査局長	議事部長
元年度	緒方信一郎	池田　稔		峰崎高次
２年度	緒方信一郎	池田　稔		峰崎高次
３年度	緒方信一郎	谷　福丸		峰崎高次
４年度	緒方信一郎	谷　福丸		(事務取扱)谷福丸
５年度	緒方信一郎	谷　福丸		(事務取扱)谷福丸
６年度	谷　福丸	川上　均		近藤誠治
７年度	谷　福丸	川上　均		近藤誠治
８年度	谷　福丸	川上　均		近藤誠治
９年度	谷　福丸	川上　均 (9.11.19-近藤誠治)	10.1.12-(兼)近藤誠治	近藤誠治 (10.1.12-杉谷正秀)
10年度	谷　福丸	駒崎義弘	近藤誠治	鬼塚　誠
11年度	谷　福丸	駒崎義弘	近藤誠治	鬼塚　誠
12年度	谷　福丸	駒崎義弘	近藤誠治	清土恒雄
13年度	谷　福丸	駒崎義弘	近藤誠治	清土恒雄
14年度	谷　福丸	駒崎義弘	近藤誠治	清土恒雄
15年度	谷　福丸	駒崎義弘	近藤誠治	山本直和
16年度	駒崎義弘	鬼塚　誠	大西　勉	井上茂男
17年度	駒崎義弘	鬼塚　誠	大西　勉	山下　登
18年度	駒崎義弘	鬼塚　誠	大西　勉	山下　登
19年度	駒崎義弘	鬼塚　誠	清土恒雄	山下　登
20年度	駒崎義弘	鬼塚　誠	清土恒雄	白井　誠
21年度	鬼塚　誠	清土恒雄	井上茂男	白井　誠
22年度	鬼塚　誠	井上茂男	山本直和	向大野新治
23年度	鬼塚　誠	清野宗広	山本直和	(兼)向大野新治 (23.9.1-岸本俊介)

＊表は、当該年度の７月１日現在の在任者であり、就任・退任時期によっては適宜括弧内に補った。但し、８月１日付までの異動は、表に反映させている。

平　成	委員部長	庶務部長	管理部長	記録部長
元年度	(事務取扱)池田　稔	谷　福丸	多田俊幸	堀口一郎
2年度	平野貞夫	谷　福丸	山田理平	岩永英一
3年度	平野貞夫	(事務取扱)谷　福丸	富成敏夫	川上　均 (3.11.13-宮嵜道男) (4.3.1-鳥越善弘)
4年度	川上　均	鳥越善弘	松村淳治	砂田　大
5年度	川上　均	鳥越善弘	石村八郎	松下英彦
6年度	(事務取扱)川上　均 (6.10.7-松下英彦)	鳥越善弘	大坪道信	松下英彦 (6.10.7-中島　勝)
7年度	大坪道信	鳥越善弘	中島　勝	清土恒雄
8年度	大西　勉	清土恒雄	宮武太郎	駒崎義弘
9年度	駒崎義弘	清土恒雄	稲垣雅朗	杉谷正秀
10年度	(事務取扱)駒崎義弘	清土恒雄	稲垣雅朗	土田喜代治
11年度	(事務取扱)駒崎義弘	清土恒雄 (11.8.20-仁田山良雄)	稲垣雅朗	土田喜代治 (11.8.20-高橋徳光)
12年度	鬼塚　誠	稲垣雅朗	川城正彰	小林英紀
13年度	鬼塚　誠	土田喜代治	上野昭宣	小林英紀
14年度	鬼塚　誠	土田喜代治	上野昭宣	田島秀安
15年度	鬼塚　誠 (15.11.27-事務取扱)	井上茂男	奥村卓石	田島秀安 (16.1.1-池田義明) (16.4.1-亀井爲幸)
16年度	緒方輝男	齊藤　正	山本直和	遠藤茂男
17年度	緒方輝男	齊藤　正	山本直和 (17.9.1-瀧澤洋行)	遠藤茂男 (17.9.1-菅谷　治)
18年度	緒方輝男	山本直和	菅谷　治	五十島善家
19年度	緒方輝男	山本直和	向大野新治	五十島善家
20年度	山本直和	向大野新治	齋藤裕人	五十島善家 (21.1.5-清野宗広)
21年度	山本直和	齋藤裕人	清野宗広	辻本頼昭
22年度	清野宗広	小島克美	辻本頼昭	阿部優子
23年度	(事務取扱)清野宗広 (23.9.1-向大野新治)	小島克美	辻本頼昭	阿部優子

平　成	警務部長	秘書課長	渉外／国際部長	憲政記念館長
元年度	有山茂夫	川上　均	桑形昭正	大友　武
2年度	有山茂夫	(事務取扱)川上　均	桑形昭正	大友　武
3年度	岩永英一 (3.11.13-川上　均)	清土恒雄	桑形昭正 (4.3.23-(事務取扱)谷福丸)	木村利雄
4年度	宮嵜道男	清土恒雄	村田光平	石村八郎
5年度	宮嵜道男	清土恒雄	村田光平	大坪道信
6年度	大西　勉	(事務取扱)清土恒雄	村田光平	小池　浩
7年度	大西　勉	(事務取扱)仁田山良雄	村田光平	塩田有義
8年度	鬼塚　誠	(事務取扱)仁田山良雄	鈴木　忠	山崎茂吉 (8.9.5-(事務取扱)川上均)
9年度	鬼塚　誠	(事務取扱) 仁田山良雄	〈国際部〉 鈴木　忠	仁田山良雄
10年度	仁田山良雄	斉藤　正	鈴木　忠	川城正彰
11年度	仁田山良雄	斉藤　正	小畑紘一	川城正彰
12年度	土田喜代治	斉藤　正	小畑紘一	岩﨑恒雄
13年度	井上茂男	(事務取扱)斉藤　正	小畑紘一	田島秀安
14年度	井上茂男	(事務取扱)斉藤　正	桂　　誠	池田義明
15年度	齊藤　正	(事務取扱)斉藤　正	桂　　誠	池田義明 (16.1.1-亀井爲幸)
16年度	瀧澤洋行	(事務取扱)向大野新治	三田村秀人	池田義明
17年度	瀧澤洋行 (17.9.1-白井　始)	(事務取扱)向大野新治	三田村秀人	池田義明 (17.9.1-五十島善家)
18年度	向大野新治	(事務取扱)齋藤裕人	城田安紀夫	板垣芳男
19年度	齋藤裕人	(事務取扱)白井　誠	城田安紀夫	新小田敏明
20年度	新小田敏明	紅谷弘志	加茂佳彦	清野宗広 (21.1.1-芝　新一)
21年度	小島克美	(事務取扱)岸本俊介	吉田雅治	天田要治
22年度	岸本俊介	(事務取扱)鹿村謙太郎	吉田雅治	天田要治
23年度	岸本俊介 (23.9.1-紅谷弘志)	(事務取扱) 鹿村謙太郎	吉田雅治	(兼)向大野新治 (23.9.1-関根　弘)

出典：『職員録』(昭和64年－平成13年版：大蔵省印刷局、
平成14年－15年版：財務省印刷局、平成16年版－：国立印刷局発刊)
国立印刷局．官報情報検索サービス（最終閲覧日：2011/11/1）

〈資料3－1〉　衆議院内全体図〔1階〕

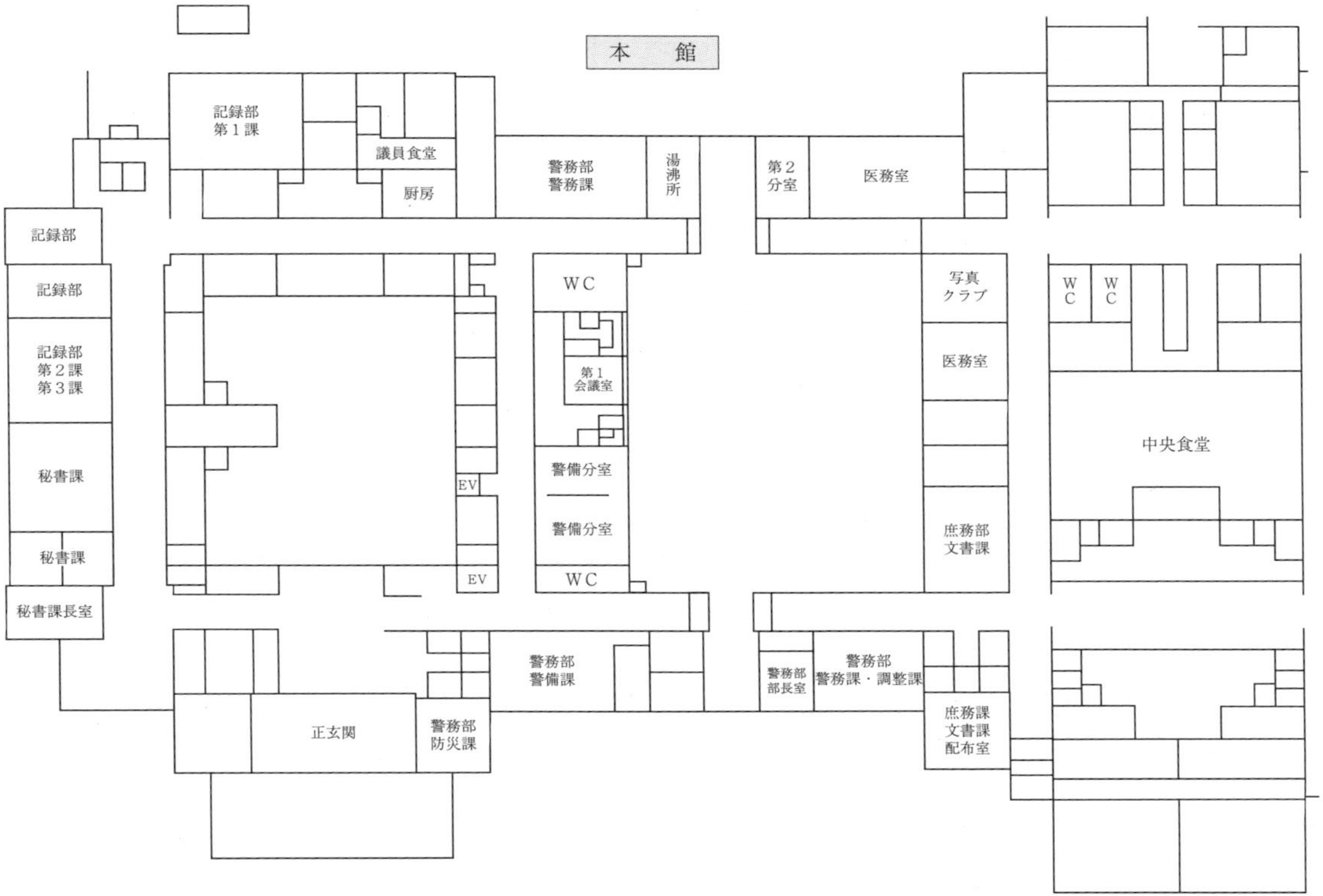

〈資料3－2〉　衆議院内全体図〔2階〕

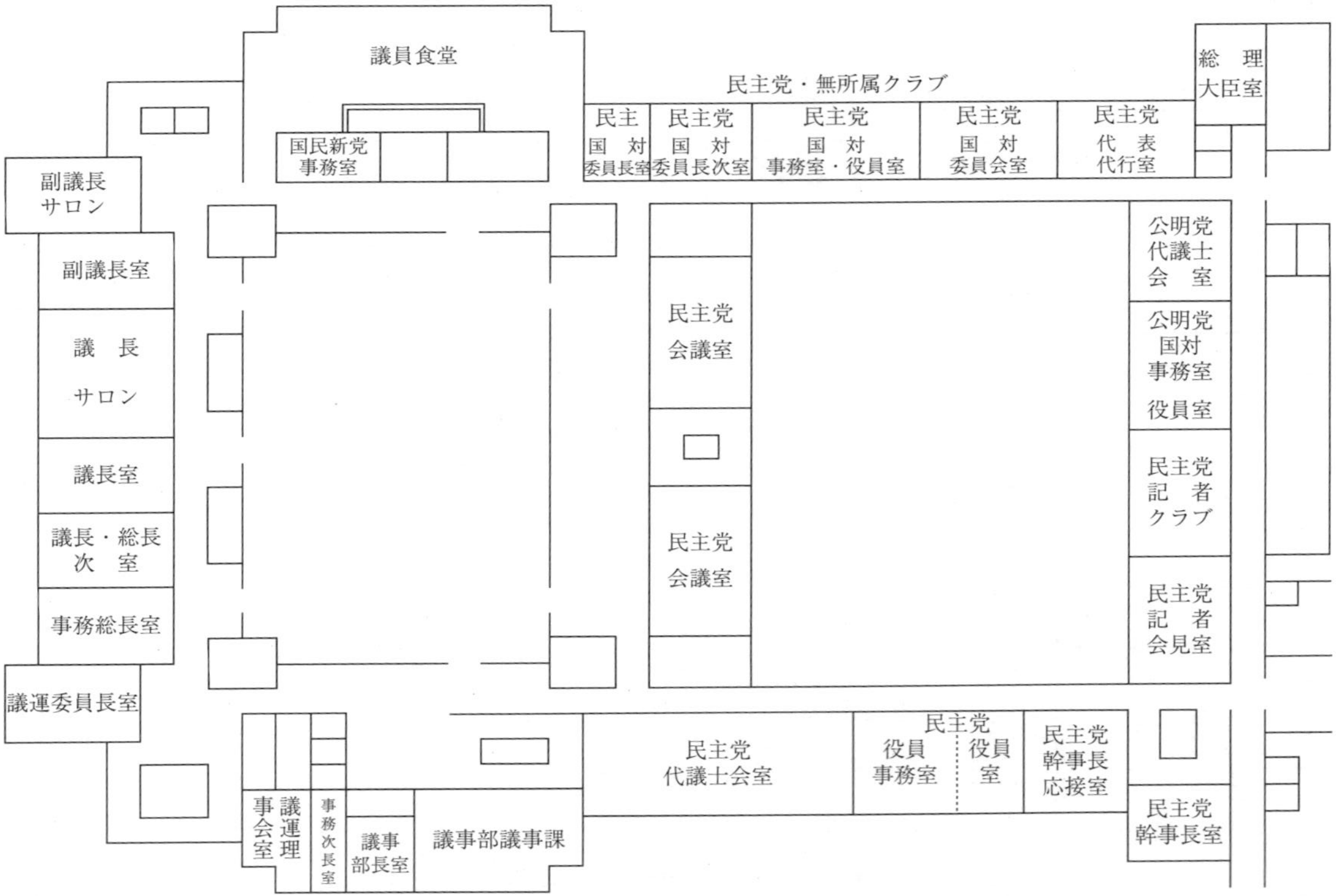

〈資料3－3〉 衆議院内全体図〔3階〕

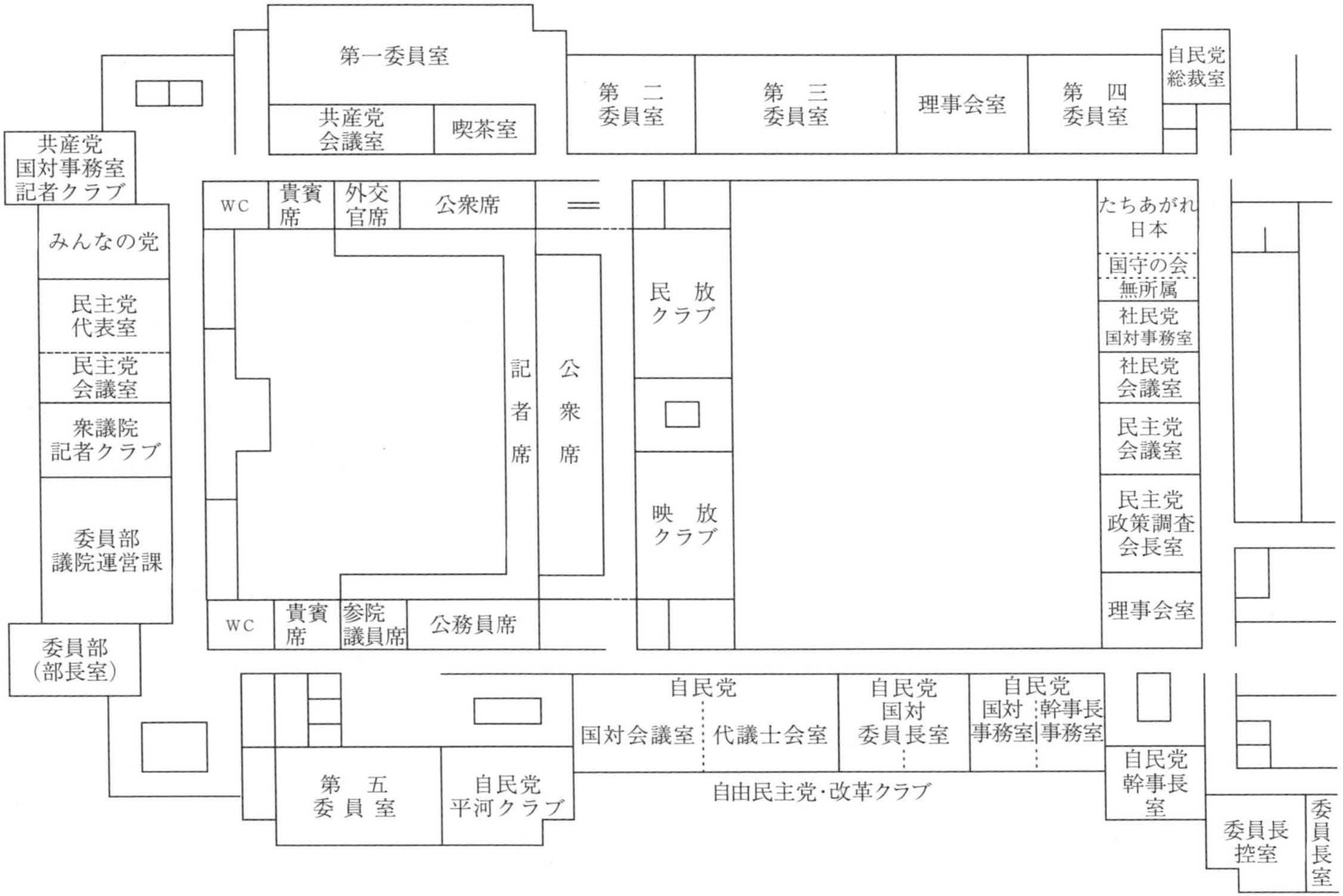

松本善明 ……………………………… 183, 413
マンデラ, ネルソン
（Nelson Rolihlahla Mandela） ………… 368
三浦義男 …………………………………… 332
三笠宮 ……………………………………… 102
三笠宮信子妃殿下 ………………………… 187
三木武夫 ………… 25, 29, 51, 131, 132, 247, 248
三木睦子 …………………………………… 247
三樹秀夫 …………………………………… 112
右田健次郎 ………………………………… 178
水田三喜男 ………………………………… 86
美濃部亮吉 ………………………………… 20
三宅正一 ………………………………… 70, 116
宮崎正之 …………………………………… 351
宮澤喜一 ………… 188, 211, 267, 274, 296, 370
武藤敏郎 …………………………………… 274
村岡兼造 ……………………… 209, 210, 371, 375
村上正邦 …………………………………… 334
村川一郎 …………………………………… 402
村山富市 …………………………… 21, 272, 370
メイ, アースキン（Erskine May） ………… 99
毛沢東 ……………………………………… 18
モーガン, ジャネット
（Janet P. Morgan） ……………… 91, 92, 105
森岡正宏 …………………………………… 219
森　清 …………………………………… 152, 187
森下元晴 …………………………………… 131
森喜朗 ……………… 10, 60, 221, 222, 408, 412
森治樹 ……………………………………… 101
森本晃司 ……………………… 371, 372, 375, 376
守屋武昌 …………………………………… 398
諸井虔 ……………………………………… 409

◈ ヤ　行 ◈

弥富啓之助 ………… 28, 34, 51, 53, 54, 74, 125,
131, 137, 155, 178–181, 188, 191,
192, 207, 209–211, 251–258, 289,
293, 331, 332, 344, 345, 440, 442
弥富破摩雄 ………………………………… 54
山口喜久一郎 ……………………………… 116
山口鶴男 ……………………… 110, 284, 298
山口敏夫 …………………………………… 282
山﨑高 ………………………………… 214, 337
山下元利 …………………………………… 121
山下徳夫 …………………………………… 220
山村新治郎 ………………………………… 379
山本五十六 ………………………………… 103
山本譲二 …………………………………… 193
屋山太郎 …………………………………… 411
与謝野馨 ………… 221, 222, 265, 274, 333, 353
吉田紘一 …………………………………… 16
吉田茂 ……………………………………… 188
米沢隆 ……………………………………… 371

◈ ラ　行 ◈

李　鵬 ……………………………………… 370
レーガン, ロナルド
（Ronald Wilson Reagan） ……………… 368
ロイド, セルウィン
（Selwyn Lloyd） ……………… 89, 95, 136

◈ ワ　行 ◈

涌井洋治 …………………………………… 297
渡瀬憲明 …………………………………… 341
渡部恒三 ……………… 211, 261, 291, 342,
407, 416, 417, 436
渡辺恒雄 …………………………………… 222
綿貫民輔 ……………… 60, 210, 227, 250, 291,
342, 370, 411–414, 416–418, 436, 439

永田寿康 …… 413
中西啓介 …… 265
中野寛成 …… 284, 298
中野四郎 …… 64, 184
中村喜四郎 …… 220, 221, 242, 420
中村正三郎 …… 349
中村信 …… 111
中山太郎 …… 402
中山正暉 …… 226
灘尾弘吉 …… 10, 17, 50, 51, 70, 104, 116, 118, 121, 123, 124, 126, 127, 130, 132–134, 191, 193, 198, 210, 216, 329, 331
成田憲彦 …… 296
西岡武夫 …… 10, 282, 371, 377
西山太吉 …… 101
額賀福志郎 …… 244, 371, 374, 398
野中広務 …… 302, 371, 374, 412, 415
野村一成 …… 102, 189
野呂昭彦 …… 244

◈ ハ　行 ◈

芳賀貢 …… 67
羽毛田信吾 …… 9
橋本恕 …… 83, 101, 103
橋本龍太郎 …… 221, 377
羽田孜 …… 242, 274, 298–300, 370
鳩山威一郎 …… 103
鳩山由紀夫 …… 362
浜田幸一 …… 379
浜中秀一郎 …… 213, 221
原健三郎 …… 192, 193, 205, 209, 247, 251, 291, 329, 341
ハンサード, ルーク（Luke Hansard）…… 434
ヒース, サー, エドワード（Sir Edward Richard George Heath）…… 89, 100
ピエール, ウージェーヌ（Eugene Pierre）…… 306
樋貝詮三 …… 413
ビスマルク, オットー, フォン（Otto von Bismarck）…… 438
兵藤長雄 …… 101
平岩外四 …… 276
平沼赳夫 …… 384
平野貞夫 …… 54, 55, 58, 59, 74, 77, 78, 107, 142, 148, 150, 152, 179, 206, 252–258, 296, 341, 374, 408
浩宮殿下 …… 250, 251
福田赳夫 …… 50, 103, 130, 132, 133, 263
福田一 …… 52, 70, 116, 177, 186, 194, 229, 331, 341
福田康夫 …… 239
福永健司 …… 103, 116, 137, 182, 187, 189, 197, 337
藤井孝男 …… 412, 414, 417
藤井裕久 …… 408
藤田正明 …… 217
藤波孝生 …… 189, 211, 420, 424
藤野重信 …… 32, 49
船田中 …… 116
冬柴鐵三 …… 371, 372
ブラッドショー, ケネス（Kenneth Bradshaw）…… 89, 92
古川貞二郎 …… 8, 9, 239, 240
不破哲三 …… 418
彭　真 …… 369
細川護熙 …… 273, 275, 283, 295, 297, 298, 370
細田博之 …… 244
保利茂 …… 70, 116, 118, 209, 341, 351
堀口一郎 …… 33, 55, 59, 74, 77, 78, 80, 308

◈ マ　行 ◈

前尾繁三郎 …… 70, 116, 120, 128, 182, 341
前田健治 …… 207
馬樹禮 …… 133
孫崎享 …… 102
松崎幸二 …… 57, 61
松浪健四郎 …… 413, 414
松野頼三 …… 120, 145

サッチャー, マーガレット
（Margaret Hilda Thatcher）……22, 89, 95
佐藤功……221, 222
佐藤栄作……61
佐藤孝行……144, 146, 147, 151, 419, 420
佐藤吉弘……42, 154
椎名悦三郎……128
塩崎潤……229, 231
嶋崎譲……17, 22
島津貴子……206
島本虎三……67
清水勇……220, 274
下尾晃正……128
鈴木隆夫……34, 49, 107, 119, 148, 154, 329, 332, 426, 427
鈴木宗男……147, 148, 260, 283, 302, 371, 374, 420, 424
スミス, アダム（Adam Smith）……302
瀬島龍三……210, 409
瀬戸寿太郎……329
清土恒雄……32
瀬戸内寂聴……56
仙谷由人……397
曽我剛……250
園田直……55, 74
園田博之……244

◈ タ　行 ◈

高岩淡……15
高橋文雄……57
高橋祥起……222
高松宮……72
多賀谷真稔……67, 192, 205
滝井義高……67
竹下登……9, 145, 192, 209, 210, 263, 420, 424
武部勤……60
武村正義……246
多田俊幸……53
田中角栄……9, 26, 55, 100, 128, 131, 132, 145, 151, 184, 218, 246, 420, 424
田中彰治……386
田中六助……184
田邊誠……121
谷井博美……23
谷垣禎一……60, 223, 371
谷伍平……205
谷亮子……382
田原総一朗……270
玉木林太朗……213
田村元……229
檀一雄……15
檀ふみ……15
知野虎雄……26, 29, 34, 47–49, 73, 82, 112, 118, 154, 155, 189, 287, 329, 332, 441, 453
土田喜代治……235, 351
ディズレーリ, ベンジャミン
（Benjamin Disraeli）……104–106, 127, 366, 438
寺島実郎……270
土井たか子……54, 72, 193, 268, 275, 290–292, 296, 329, 330, 337, 342, 347, 348, 350, 352, 364, 370, 371, 378, 379, 398
鄧穎超……133, 134
陶淵明……12
東條英機……25
道正邦彦……222
渡海元三郎……64
戸張正雄……370

◈ ナ　行 ◈

中井洽……239, 374
長岡實……409
中川昭一……135
中島隆……177–179, 294
中島敏次郎……101
中島洋次郎……420
中嶋米夫……61, 62
中曽根康弘……34, 131, 145, 186, 187, 189, 190, 209, 248, 263, 289

小沢一郎 …55, 56, 90, 142, 188, 217, 264, 274, 298, 299, 374, 377, 382, 398, 400, 404, 407
越智伊平 ……………………………………192
鬼塚誠 ……………………32, 88, 261, 409, 441
小野寺五一 …………………………………330
小渕恵三 …………………142, 208, 400, 404

◈ カ 行 ◈

海部俊樹 ………………10, 131, 218, 245, 262, 263, 295, 296, 301, 302, 357
海部八郎 ……………………………120, 145
梶山静六 ……………………………………274
梶山弘志 ……………………………………275
春日一幸 ……………………………………403
桂俊夫 ………………………………307, 351
加藤木理勝 …………………………267, 296
加藤紘一 …………………371, 372, 412, 415
加藤寛 ………………………………………409
加藤匡夫 ……………………………………103
金子原二郎 …………………………………244
金子堅太郎 …………………………………435
金丸信 ……………………121, 188, 217, 242, 295
亀井善之 ………………………244, 384, 390
亀岡高夫 ……………………………130, 131
カルステンス, カール（Karl Carstens）‥120
川上均 ………………………………………258
川崎秀二 ……………………………………137
川崎二郎 ……………………………………137
瓦　力 ………………………………………398
菊池勇夫 ……………………………………17
岸信介 ………………………………………123
岸本弘一 ……………………………………351
岸本俊介 ……………………………32, 399
北島三郎 ……………………………………193
北島信一 ……………………………………83
キャラハン, ジェームズ
（Leonard James Callaghan）…………89, 98
喬　石 ………………………………………369
清瀬一郎 ……………………………………119
金大中 ………………………………………381
具島兼三郎 …………………………………17
鯨岡兵輔 ………………………291, 342, 371, 378
久保田義磨 ………………………………48, 49
グラッドストーン, ウィリアム
（William Ewart Gladstone）………105, 279
クロスマン, リチャード
（Richard Crossman）………………105, 106
桑形昭正 ……59, 80, 82, 85–87, 179, 248, 308
小泉純一郎 ……………………74, 239, 245, 334, 410, 428, 429, 436
江沢民 ………………………………………369
河野正 ………………………………………58
河野洋平 ……………………………275, 282, 432
河野義克 ……………………………332, 333
河本敏夫 ……………………………………61
郡山芳一 ……………………………………351
古賀誠 ………………………………371, 374
小平久雄 ……………………………117, 118
後藤英三郎 …………………………………256
後藤田正晴 …………………………246, 247
小林旭 ………………………………………193
小林進 ………………………………………230
駒崎義弘 ………………32, 259, 261, 439–441
ゴルバチョフ, ミハイル
（Mikhail Sergeevich Gorbachev） 368, 369
近藤秋男 ……………………………………15
近藤誠治 ……32, 81, 88, 112, 258, 389, 393
権藤恒夫 ……………………………………55

◈ サ 行 ◈

斎藤十朗 ……………………………142, 369
斎藤次郎 ……………………………………297
坂井隆憲 ………………147, 244, 420, 424
堺屋太一 ……………………………………238
堺谷哲 ………………………………109, 112, 307
坂田道太 ………………134, 189, 291, 341
向坂逸郎 ……………………………………17
櫻内義雄 ……116, 193, 248, 266, 268, 291, 329

人名索引

◈ ア 行 ◈

逢沢一郎 ……244, 414
秋田大助 ……116
朝倉文夫 ……248
浅野一郎 ……351
芦田茂男 …48, 57–59, 68, 73, 75, 112, 308, 311
芦原義信 ……250
飛鳥田一雄 ……130
麻生太郎 ……187
安倍晋太郎 ……131
荒尾正浩 ……28, 34, 52, 54, 119, 125, 147, 257, 258, 331, 332, 442
荒木武 ……194
有馬輝武 ……228, 414
池田稔 ……252, 254
石井幹子 ……251
石井光次郎 ……117, 118
石橋一弥 ……403
石橋政嗣 ……290
石原慎太郎 ……72
石原信雄 ……22, 409
泉　清 ……34, 48, 57–59, 73, 112, 113
泉山三六 ……427
五木寛之 ……3
伊東秀子 ……349
伊藤宗一郎 ……193, 291, 342, 405–408
伊東正義 ……246, 247
糸山英太郎 ……192
稲盛和夫 ……411
伊能繁次郎 ……61
井上正治 ……17
ウィルソン, ジェームス, ハロルド (James Harold Wilson) ……97, 105
ウェザリル, ベルナルド (Bruce Bernard Weatherill) ……186
上田章 ……222, 351
上田哲 ……269, 270, 272, 273
上野英信 ……19
上原康助 ……371, 373
鵜崎多一 ……20
氏家齋一郎 ……409
薄葉威士 ……431
内海倫 ……253, 254
宇野宗佑 ……218, 245, 261, 262
梅本純正 ……58
江田五月 ……136
枝野幸男 ……384
衛藤瀋吉 ……222, 227
衛藤征士郎 ……404
エンゲルス, フリードリヒ (Friedrich Engels) ……18
大井民雄 ……331
大石義雄 ……82
大内力 ……20
大木浩 ……408
大久保昭三 ……152
大久保孟 ……28, 31, 49–52, 122, 123, 125, 128, 149, 256–258, 289, 331, 332, 440, 441
大沢一郎 ……26
大島理森 ……244, 384
大西勉 ……32, 81, 88
大野明 ……377
大野つや子 ……377
大野伴睦 ……377
大野功統 ……410
大橋和夫 ……28
大平正芳 …50, 51, 103, 121, 123, 130, 132, 263
大宅映子 ……222, 223
緒方信一郎 ……178, 179, 193, 211, 253, 258, 290, 293, 330, 331, 344, 350, 441, 442
奥田敬和 ……286, 288, 300, 301
奥野誠亮 ……219
尾崎行雄 ……248

〈編著者紹介〉（五十音順）

赤 坂 幸 一（あかさか・こういち）

1975 年　京都府長岡京市に生まれる
1998 年　京都大学法学部卒業
2003 年　金沢大学法学部助教授。広島大学大学院法務研究科准教授を経て、
2010 年　九州大学大学院法学研究院准教授

〈主要著作〉
「統治システムの運用の記憶──議会先例の形成」『レヴァイアサン』48号（2011年）
「解散の原理とその運用」『各国憲法の差異と接点　初宿正典先生還暦記念論文集』（成文堂、2010年）141頁以下
「事務局の衡量過程のÉpiphanie」（『逐条国会法〔第1巻〕』（信山社、2010年）所収）ほか

中 澤 俊 輔（なかざわ・しゅんすけ）

1979 年　新潟県南魚沼市に生まれる
2002 年　東京大学法学部卒業
2010 年　日本学術振興会特別研究員

〈主要著作〉
御厨貴編『宰相たちのデッサン』（共著、ゆまに書房、2007年）
御厨貴編著『近現代日本を史料で読む』（共著、中公新書、2011年）

牧 原　 出（まきはら・いづる）

1967年　愛知県生まれ
1990年　東京大学法学部卒業
1993年　東北大学法学部助教授
この間、LSE 客員研究員を経て、
2006年　東北大学大学院法学研究科教授
2009年　東北大学公共政策大学院長（～2012年）

〈主要著作〉
『行政改革と調整のシステム』（東京大学出版会、2009年）
『内閣政治と「大蔵省支配」』（中公叢書、2003年）

〈著者紹介〉

谷　福丸（たに・ふくまる）

1939年　福岡県田川市に生まれる
1963年　九州大学法学部卒業
1965年から衆議院事務局勤務。議長秘書、委員部総務課長、秘書課長、
　　庶務部長、事務次長等を経て、
1994年　衆議院事務総長（～2003年）
2003年　国土緑化推進機構副理事長（現在に至る）

◆ 谷 福丸 オーラル・ヒストリー ◆

議会政治と55年体制
――衆議院事務総長の回想――

2012(平成24)年6月30日　第1版第1刷発行

著　者　谷　福丸

編著者　赤坂幸一
　　　　中澤俊輔
　　　　牧原　出

発行者　今井　貴
　　　　今井　守

発行所　信　山　社
〒113-0033 東京都文京区本郷6-2-9-102
電　話 03（3818）1019
FAX　03（3818）0344
info@shinzansha.co.jp
出版契約 No.6047-0101　printed in Japan

印刷　亜細亜印刷／製本　渋谷文泉閣
ISBN978-4-7972-6047-2　C3332
6047-012-050-010：P5200E. P504
NDC 分類323.400　憲法・政治学